11

张远山作品集

庄子复原本

中

北京出版集团
北京出版社

秋水

题解

《秋水》被后于魏牟的《荀子》、《韩非子》,先于刘安的贾谊《吊屈原赋》钞引,必在魏牟版外篇。刘安版、郭象版仍在外篇。

本书把魏牟版、刘安版、郭象版外篇《秋水》2845字,复原于魏牟版外篇第六。校正郭象篡改和历代讹误:补脱文29字,删衍文4字,订讹文31字,厘正误倒4处。

《秋水》著录魏牟面斥公孙龙,证明撰于前256年(庄殁30年,蔺殁4年)魏牟自秦至赵,至前240年魏牟卒年(初始本成书下限)之间,撰者必非庄子或庄子弟子蔺且,当为庄子再传弟子魏牟。文风张扬夸诞,意旨鲜明辛辣。著录庄子三事。"庄拒楚聘"、"庄惠初见"发生之时,魏牟尚未出生。"庄惠辩鱼"发生之时,魏牟尚未失国。均非亲历亲闻,当属转闻于师(或即蔺且)。

魏撰《秋水》,可分七章。三章寓言,四章记事,没有专明篇旨的卮言章,异于内七篇之每篇均有卮言章。

第一河伯观海章为全文核心,章末五句具有卮言功能,其后六章演绎展开。

第二夔怜蚿章演绎庄学四境,因与郭象二境抵牾,郭象删去二节。本书根据三种旁证拟补206字,不入正文,附于注释,仅供参考。

《秋水》演绎《齐物论》义理,兼及内七篇其他义理。结构缜密,气势恢宏,文章之美,不逊庄子,尽管义理略有小失,仍为魏撰诸篇之冠,堪称千古不朽杰作。古今学者常把《秋水》视为《庄子》首屈一指之篇,误视为庄子亲撰。

一

秋水时至，百川灌河，泾流之大，两涘渚崖之间，不辨牛马[1]。于是焉河伯欣然自喜，以天下之美为尽在己[2]。顺流而东行，至于北海，东面而视，不见水端[3]，于是焉河伯始旋其面目，望洋向若而叹曰[4]："野语有之，曰'闻道百，以为莫己若'者，我之谓也。且夫我尝闻少仲尼之闻，而轻伯夷之义者[5]，始吾弗信，今我睹子之难穷也，吾非至于子之门则殆矣。吾长见笑于大方之家。"[6]

北海若曰[7]："井鱼不可以语于海者，拘于墟也；夏虫不可以语于冰者，笃于时也；曲士不可以语于道者，束于教也[8]。今尔出于崖涘，观于大海，乃知尔丑，尔将可与语大理矣[9]。天下之水，莫大于海。万川归之，不知何时止而不盈；尾闾泄之，不知何时已而不虚。春秋不变，水旱不知。此其过江河之流，不可为量数。而吾未尝以此自多者[10]，自以比形于天地，而受气于阴阳，吾在天地之间，犹小石小木之在泰山也[11]，方存乎见少，又奚以自多？

"计四海之在天地之间也，不似礨空之在大泽乎？计中国之在海内，不似稊米之在太仓乎？号物之数，谓之万，人处一焉[12]；人卒九州，谷食之所生，舟车之所通，人处一焉[13]。此其比万物也，不似毫末之在于马体乎？五帝之所禅，三王之所争，仁人之所忧，任士之所劳，尽此矣[14]。伯夷辞之以为名，仲尼语之以为博，此其自多也，不似尔向之自多于水乎？"[15]

今译

秋水适时而至，百川灌入黄河，河水流量之大，站在两边河岸，不能分辨牛马。于是河伯欣然自喜，以为天下之美尽在于己。顺着河流东行，抵达北海，向东远望，不见海水终端，于是河伯开始改变自得的面目，遥望汪洋向北海若感叹说："民间谚语，批评'闻道上百，以为无人及我'之人，说的正是我呀。而且我曾听说有人鄙视仲尼的见闻，轻视伯夷的义行，当初我不相信，如今我目睹你的浩渺无穷，我若非来到你的门前就危殆了。我将永远被大方之家耻笑。"

北海若说："不可与井鱼谈论海洋，是因为井鱼拘限于空间；不可与夏虫谈论冰雪，是因为夏虫局囿于时间；不可与曲士谈论大道，是因为曲士束缚于教条。如今你走出河岸，观看大海，方知你的鄙陋，才可与你谈论至理。天下之水，莫大于海。万川归流其中，不知何时停止而大海永不满溢；尾闾外泄海水，不知何时停止而大海永不枯竭。春潮秋汛不能改变，洪涝干旱没有知觉。因此大海超过江河之处，不可用数量计算。而我从未因此自以为多，自以为我受形于天地，而禀气于阴阳，我处于天地之间，犹如小石小树处于泰山，正自以为少，又怎敢自以为多？

"计算四海处于天地之间，不也类似于蚁穴处于大泽吗？计算中国处于四海之内，不也类似于米粒处于太仓？言说物类的数量，称为万物，人类仅居万分之一；人类聚居九州，五谷所生长的地方，舟车所通达的区域，人类仅居万分之一。因此人类处于万物之中，不也类似毫末处于马体吗？五帝所禅让的，三王所争夺的，仁人所忧虑的，百官所操劳的，都是毫末。伯夷辞让毫末的万分之一以追逐名誉，仲尼谈论毫末的万分之一以炫耀渊博，他们自以为多，不也类似于你原先自以为水量之多吗？"

校注

[1] 百川：隐喻"小知"。两涘 sì：两岸。渚 zhǔ 崖：河岸。

[2] 河伯：黄河之神，隐喻"大知"。欣然自喜，以天下之美为尽在己：魏撰《天下》"以其有，为不可加"、"得一察焉以自好"。

[3] 北海：渤海。东面而视，不见水端：从黄河入海口东望，看不见渤海的极端。

〔4〕旋其面目：改其自喜之色。若：北海若。

〔5〕少仲尼之闻，而轻伯夷之义：点破"河伯"隐喻"仲尼、伯夷"。○林希逸："意在夫子与伯夷，故借河海以言之。"

〔6〕大方之家：道术之家（《山木》辨析二）。○以上河伯第一问，仿拟内七篇之孔子自贬。

〔7〕北海若：渤海之神，隐喻"至知"。

〔8〕"井鱼"三句：演绎《逍遥游》"朝菌不知晦朔，蟪蛄不知春秋"。○井鱼（小鱼）、夏虫（小虫），隐喻曲士（小知），合于《逍遥游》四境动植范型。

【校勘】"鱼"旧讹为"蛙"。王引之、沈德鸿、刘文典、王叔岷、张默生据《吕览·谕大》、《淮南子·原道训》、《水经·赣水注》、《太平御览》、《困学纪闻》引文校正。

〔9〕大理："道"之变文。○"大理"异于"小理"。此物之"小理"与彼物之"小理"，有异有同。异者不具普遍性，同者具有普遍性，即"大理"（道）之一端。

〔10〕吾未尝以此自多：阐明"至知无知"，贬斥大知小知"自美""自多"、自矜其知。

〔11〕吾在天地之间，犹小石小木之在泰山也：此句与下"此其比万物也，不似毫末之在于马体乎"，演绎《齐物论》"天下莫大于秋毫之末，而泰山为小"。○旧多盲从郭注，谬解《齐物论》主张"秋毫"大于"泰山"，视为颠倒常识的相对主义诡辩。《秋水》足证其非。参看本章第四节："以差观之，因其所大而大之，则万物莫不大；因其所小而小之，则万物莫不小。"

〔12〕礨 lěi 空：蚁穴（成疏）。稊 tí 米：小米（司马彪）。稊似稗（《尔雅》郭璞注）。稗草之籽。

号物之数，谓之万，人处一焉：以人对万物言（马其昶）。

〔13〕人萃 cuì 九州，谷食之所生，舟车之所通，人处一焉：以一人对众人言（马其昶）。

【校勘】"萃"旧作"卒"，字通。于鬯、丁展成、方勇、陆永品校正。

[14]"五帝"五句：义同魏撰《则阳》蜗角蛮触之争。

【校勘】"禅"旧讹为"连"（连），《庄子阙误》引江南古藏本又讹为"运"（运）。王叔岷、张默生、陈鼓应校正。

[15]"伯夷"四句：再次点破"河伯"隐喻"伯夷、仲尼"。○撰者混淆"伯"、"仲"，不合四境排行隐喻。

◎第一章第一节：抉发《齐物论》贬斥大知小知、褒扬至知之义。贬斥小知（曲士）、大知（河伯、伯夷、仲尼）自多自矜、不"道"己德；褒扬至知（北海若）致无其知、自"道"己德。

河伯曰："然则吾大天地，而小毫末，可乎？"[1]

北海若曰："否。夫物，量无穷，时无止，分无常，终始无固[2]。是故至知观于远近，故小而不寡，大而不多，知量无穷[3]；证向今故，故遥而不闷，掇而不跂[4]，知时无止；察乎盈虚，故得而不喜，失而不忧，知分之无常也；明乎坦途，故生而不悦，死而不祸，知终始之不可固也。[5]

"计人之所知，不若其所不知；其生之时，不若未生之时。以其至小，求穷其至大之域，是故迷乱而不能自得也[6]。由此观之，又何以知毫末之足以定至细之倪？又何以知天地之足以穷至大之域？"

今译

河伯问："那么我视天地为至大，而视毫末为至小，是否可以呢？"

北海若答："不可以。万物，空间没有穷尽，时间没有终止，分化没有常态，死生没有固定。所以至知洞观远近，明白小物不应自小，大物不能自大，从而彻悟空间没有穷尽；所以至知求证古今，明白古代并不神秘，当代不应拔高，从而彻悟时间没有终止；所以至知考察盈虚，明白获得不必欢喜，失去不必忧愁，从而彻悟分化没有常态；所以至知明辨大道，明白生存不必欣悦，死亡不必悲戚，从而彻悟死生没有固定。

"计算人所知的空间，不及所不知的空间；人在世的时间，不及不在世的时间。以此至小之域，求索穷尽至大之域，所以至知自悟迷乱而不敢自得。由此看来，又如何能知毫末就足以定为至小之端？又如何能知天地就足以穷尽至大之域？"

校注

〔1〕河伯第二问：北海若既言天地大于河海，河海小如毫末，河伯遂问可否"大天地"、"小毫末"。

〔2〕夫物，量 liàng 无穷，时无止，分无常，终始无固：总提四义，下文分释。

【校勘】"终始无固"、下文"知终始之不可固也"之"固"，旧皆讹为"故"。高亨校正。

〔3〕至知观于远近，故小而不寡，大而不多：首句褒扬至知"以道观之"而无弊，次句超越"小知"，末句超越"大知"。○下节"自细视大者不尽"贬斥"小知"囿于小而有蔽，"自大视细者不明"贬斥"大知"囿于大而有蔽。

【校勘】郭象为了自圆谬解"褒大知、贬小知"，篡改"至知"为"大知"（郭象篡改本篇共计三处，此为第一处），证见郭注"大知"。本书复原。内七篇褒扬"至知"，贬斥"大知"，外杂篇亦然，本处不可能褒扬"大知观于远近"。

【辨析一】内七篇褒扬"至知"、"达人"，贬斥"大知"、"小知"，无一"大人"，外杂篇亦然。《秋水》、《则阳》各有一处"至知"，被郭象篡改为"大知"。《秋水》三处、《知北游》一处、《管仲》二处、《则阳》二处、《在宥》一处"达人"，被郭象篡改为"大人"。《管仲》二处"达"，被郭象篡改为"大"。《则阳》一处"人"，郭象妄增"大"字，变成"大人"。郭象为了自圆谬解"褒大知、贬小知"，篡改原文"至（知）"、"达（人）"，为"大（知）"、"大（人）"，涉及五篇十四处（详见其注）。

〔4〕遥而不闷：遥，训长，此言时长，即古代，扣"故"。不闷，不

神秘。

掇 duō 而不跂 qǐ：掇，通"短"（王念孙），此言时短，即当代，扣"今"。跂，同"企"，踮足，引申为拔高。不跂，不拔高。○儒墨"法先王"，拔高古代之君（神秘化亦属拔高）。法家"法后王"，拔高当代之君。道家"法自然"（《老子》），反对拔高先王、后王。

【校勘】"跂"或作"企"，字通。或撰《宇泰定》"人见其跂，犹之魁然"，刘安版新外篇《马蹄》"蹩跂为义"、"悬跂仁义"、"蹩跂好知"，刘安版杂篇《泰初》"儒墨乃始离跂自以为得"，均训拔高。

[5]坦途："道"之变文。

生而不悦，死而不祸：义本《大宗师》"不知悦生，不知恶死"。

终始之不可固：义本《大宗师》"返复终始，不知端倪"。○上言至人之四知：知"量无穷"，即彻悟空间之无穷。知"时无止"，即彻悟时间之无止。知"分之无常"，即彻悟物化之无常。知"终始之不可固"，即彻悟造化之循环。

[6]是故迷乱而不能自得也：至人自知迷乱，自知无知，故"不能自得"。义本《大宗师》"不自得"。

◎第一章第二节：抉发内七篇之"至知致无其知"、"不自得"、自"道"己德。

　　河伯曰："世之议者皆曰：'至精无形，至大不可围。'是信情乎?"[1]

　　北海若曰："夫自细视大者不尽，自大视细者不明[2]。夫精，小之微也[3]；垺，大之殷也[4]；故异便耳，此势之有也[5]。夫精粗者，期于有形者也[6]；无形者，数之所不能分也；不可围者，数之所不能穷也[7]。可以言谕者，物之粗也；可以意致者，物之精也；言之所不能谕，意之所不能致者，不期精粗焉。[8]

　　"是故达人之行[9]，不出乎害人，不多仁恩；动不为利，不贱门隶；货财弗争，不多辞让；事焉不借人，不多食乎力；不贵清廉，不贱贪污[10]；行殊乎俗，不多僻异[11]；为在从众，不贱佞谄；世之爵禄不足以为劝，戮耻不足以为辱；知是非之不可为分，细大之不可为倪[12]。闻曰：'至人不闻[13]，至德不得，达人无己[14]。'约分之至也。"

今译

河伯问："世上论者都说：'至精之道不见其形，至大之道不可范围。'此言可信而真实吗？"

北海若答："小物观照大物不能穷尽，大物观照小物不能分明。精微之物，比小物更小；巨大之物，比大物更大；所以每物各有方便与不便，这是情势固有之围。小大精粗，只能判断有形的万物；无形的至精，是数量所不能分明的；不可范围的至大，是数量所不能穷尽的。可用言语阐明的，是万物的粗略；可用心意达至的，是万物的精微；言语所不能阐明，心意所不能达至的至精至大之道，超越小大精粗的万物。

"因此达道至人的行为，既不存心害人，也不推崇仁恩；行动不为求利，也不鄙视求利之徒；既不争夺货财，也不虚假辞让；做事既不借重他人，也不矜夸自食其力；既不崇尚清高廉洁，也不鄙薄贪婪卑污；行为异于世俗，也不乖僻立异；为人随缘从众，也不鄙视巧言谄媚；庙堂爵禄不足以劝进之，庙堂刑戮也不足以羞辱之；知晓是非不可细分，小大不可终极。曾闻教诲说：'至人不求闻达，至德从不自得，达者无己丧我。'约束本分之至。"

校注

[1] 河伯第三问：北海若既言天地并非至大，毫末并非至小，河伯遂问何者"至小"、何者"至大"。

至精：元气最小单位，万物始基。至大：万物始基之总和。〇"至精"、"至大"均谓道。

至精无形，至大不可围：义同魏撰《则阳》"精至于无伦，大至于不可围"。

[2] 自细视大者不尽，自大视细者不明：小物视大物不能尽，大物视小物不能明。○小知、大知亦然。

[3] 精，小之微也："精"谓小物中的至微之物（异于"至精"之道），观照至大之道更不能尽。

[4] 垺 fú，大之殷也："垺"谓大物中的至大之物（异于"至大"之道），观照至精之道更不能明。○吴世尚："外城谓之'垺'，大外之大也。"方勇、陆永品："'垺'通'郭'，外城。"

[5] 故异便耳，此势之有也：万物无论小大，各有便与不便，无不有蔽，这由物德之本性决定。○蔺撰《山木》："人之不能有天，性也。"

【校勘】"耳"字旧脱。刘文典、王孝鱼、王叔岷据《庄子阙误》引张君房本校补。

[6] 有形者：有形之物。"精"、"粗"只可言说有形之物。

[7] 无形者：上扣"至精无形"之道。不可围者：上扣"至大不可围"之道。○道"至精无形"，故能遍在至小之物；道又"至大不可围"，故至大之物不能穷尽。参看刘安版杂篇《天道》所引庄言"夫道，于大不终，于小不遗，故万物备"，魏撰《知北游》"六合为巨，未离其内；秋毫为小，待之成体"。

[8] "可以言谕"七句：言谕，用言语阐明。意致，用心意达至。物之粗略表象，可用言语阐明。物之精微本质，可用心意达至。道既不能用言语阐明，又不能用心意达至。

【校勘】两"谕"旧讹为"論"（论），形近而讹，义不可通。据陆释一本作"谕"校正。○"意之所不能致者"，"致"前旧衍"察"字，当属注家旁注于"致"，后遂羼入正文。马叙伦、严灵峰、陈鼓应据上文"可以意致"校删。

[9] 达人：达，训至。即"至人"。

【校勘】郭象篡改"达人"为"大人"，证见郭注"大人"，本书复原。详见《秋水》辨析一。○"达人之行"义同蔺撰《达生》"至人之行"，足证郭版"大人之行"必非原文。

［10］【校勘】"不贱贪污"前，陶鸿庆、王叔岷据上下均为二句相对，疑有脱文。王叔岷据成疏"非关苟贵清廉，贱于贪污"，拟补"守贵清廉"。王补四字，缺成疏"非关"之义，多成疏所无之"守"。又相对二句之前句，均为否定式，此句不当独作肯定式。○《齐物论》"至廉不谦……廉清而不信"，《天运》所引庄言"忠信贞廉……不足多也"，亦证所脱前句当作"不贵清廉"，本书校补。

［11］行殊乎俗：此句足证庄学反对"从其俗"。旧多盲从郭象反注，谬解庄子主张"从其俗"（《天下》辨析二八）。

［12］细大之不可为倪：倪，极。物之细小、巨大尚无极限，天道更无极限。○《逍遥游》"无极之外，复无极也"，《齐物论》"天倪"、"天下莫大于秋毫之末，而泰山为小"。

［13］【校勘】"至"旧讹为"道"，据蔺撰《山木》"至人不闻"校正。"道人"仅此一见，必非原文。当属或人欲避"至人"、"至德"之词复而妄改。○外杂篇抉发内七篇的庄学至境，不避词复。证见《至乐》"至乐无乐，至誉无誉"，《田子方》"至阴肃肃，至阳赫赫。……夫得是，至美至乐也。得至美，而游乎至乐，谓之至人"，《知北游》"至言去言，至为去为"，《宇泰定》"至礼不人，至义不物，至知不谋，至仁无亲，至信辟金"，《天运》"至贵，国爵摒焉；至富，国财摒焉；至显，名誉摒焉"，《刻意》"心不忧乐，德之至也；一而不变，静之至也；无所与忤，虚之至也；不与物殽，淡之至也；无所与逆，粹之至也"。

［14］【校勘】郭象篡改"达人"为"大人"，证见郭注"大人"，本书复原。详见《秋水》辨析一。○"达人无己"义同《逍遥游》"至人无己"，足证郭版"大人无己"必非原文。

【辨析二】陈鼓应："'是故大人之行……约分之至也'这一段和上下文义不相干涉，显系他文错入，或为后人羼入。当删。"陈疑《庄子》不当褒扬"大人"，不无其理，删之轻率。北海若之言均分二层，第一层针对河伯之问，第二层展开。"是故达人之行"即本节第二层，其中"知是非之不可为分，细大之不可为倪"二句，与本节第一层"自细视大"、"自大视细"直接相涉，又伏下节"倪贵贱"、"倪小大"。

◎第一章第三节：抉发《齐物论》"至知致无其知、小知大知自矜其知"之义。

河伯曰："若物之外，若物之内，恶至而倪贵贱？恶至而倪小大？"[1]

北海若曰："以道观之，物无贵贱[2]。以物观之，自贵而相贱[3]。以俗观之，贵贱不在己[4]。以差观之，因其所大而大之，则万物莫不大；因其所小而小之，则万物莫不小；知天地之为稊米也，知毫末之为丘山也，则差数睹矣[5]。以功观之，因其所有而有之，则万物莫不有；因其所无而无之，则万物莫不无；知东西之相反，而不可以相无，则功分睹矣[6]。以趣观之，因其所然而然之，则万物莫不然；因其所非而非之，则万物莫不非；知尧桀之自然，而不可以相非，则趣舍睹矣。[7]

"昔者尧、舜让而帝，之、哙让而绝[8]；汤、武争而王，白公争而灭[9]。由此观之，争、让之礼，尧、桀之行，贵贱有时，未可以为常也[10]。梁檑可以冲城，而不可以窒穴，言殊器也；骐骥骅骝，一日而驰千里，捕鼠不如狸狌，言殊技也；鸱鸺夜撮蚤，察毫末，昼出瞋目而不见丘山，言殊性也[11]。故曰'盖师是而无非，师治而无乱乎'？[12]是未明天地之理、万物之情者也。是犹师天而无地，师阴而无阳，其不可行明矣，然且语而不舍，非愚则诬也[13]。五帝殊禅，三代殊继[14]；差其时、逆其俗者，谓之篡夫；当其时、顺其俗者，谓之义徒。默默乎河伯！汝恶知贵贱之门，小大之家？"

今译

河伯问："若从物的外形，若从物的内德，如何达至贵贱的分际？如何达至小大的分际？"

北海若说："用天道视角观照，万物没有贵贱。用每物视角观照，每物自贵而相互贱视。用世俗视角观照，贵贱不在自身。用差别视角观照，依据比别物大就视为大物，那么万物均属大物；依据比别物小就视为小物，那么万物均属小物；知晓天地相对小如米粒，知晓毫末相对大如山丘，就能洞观小大差别的相对。用功用视角观照，依据每物具有的功用就视为有用，那么万物均属有用；依据每物不具有的功用就视为无用，那么万物均属无用；知晓东方、西方虽然方向相反，却不能相互取消，就能洞观功用职分的相对。用取舍视角观照，依据每物之然而视之为然，那么万物均有其然；依据此物被彼物所非而视之为非，那么万物均有其非；知晓唐尧、夏桀虽然自以为然，却不能相互视之为非，就能洞观取舍选择的相对而然。

"从前唐尧、虞舜禅让却为帝，子之、燕哙禅让却绝灭；商汤、周武争夺却为王，白公争夺却灭绝。由此看来，争夺、禅让的礼法，唐尧、夏桀的行为，有时可贵有时可贱，不可视为恒常之道。梁柱可以冲垮城门，却不可挖掘蚁穴，说明器用有异；骏马一日奔驰千里，捕鼠不如狸猫，说明技能有异；鸱枭夜捕跳蚤，明察毫末，白昼出来瞪大双目而不能看见丘山，说明天性有异。所以有人说：'何不师法是而否定非，何不师法治而否定乱?'这是未明天地至理、万物真相的愚人。如同师法天而否定地，师法阴而否定阳，其不可行甚明，然而仍旧说个没完，若非愚蠢就是欺骗。五帝以不同方式禅让，三代以不同方式相继；不合时势、违逆民俗之人，称为篡窃之夫；符合时势、顺从民俗之人，称为正义之徒。闭嘴吧河伯！你怎能明白贵贱之门，小大之家?"

校注

[1] 河伯第四问：北海若既言天道既是至大又是至小，河伯遂问如何判断物与物的相对贵贱、相对小大。

[2] "以道观之"二句：以天道视角观物，万物齐同于道，没有贵贱。○抉发《齐物论》"道↘物"对待的绝对关系。

[3] "以物观之"二句：以每物视角观物，物皆自贵而互贱。○抉发《齐物论》"物/物"双向对待的相对关系。

［4］"以俗观之"二句：以世俗视角观物，贵贱标准是外在伪道，而非自身真德。盲从伪道者常处贵位，顺应天道者常处贱位。○抉发内七篇贬斥的价值颠倒。

［5］"以差观之"八句：以差别视角观物，与更小之物相比，万物皆大；与更大之物相比，万物皆小。○抉发《齐物论》"天下莫大于秋毫之末，而泰山为小"。此证《齐物论》并不主张秋毫大于泰山，而是以道极视点超越以秋毫为至小、以泰山为至大的俗见。

［6］"以功观之"八句：以功能视角观物，每物的物德之量皆异，功能亦异。每物皆有所具的功能，皆有不具的功能，故不可矜夸自己的功能，不可否定别物的功能。○第二章展开此义。

【校勘】郭象篡改"功分睹"为"功分定"，证见郭注"功分无时可定"。与下节抉发"贵贱小大"之"反衍谢施"，即"功分无定"抵牾，本书复原。上文"以差观之"，结以"差数睹"；下文"以趣观之"，结以"趣舍睹"；此处"以功观之"，亦当结以"功分睹"。○庄学言"分"，乃"自然"之分。郭象言"分"，乃"名教"之分。庄义"名教"悖于"自然"，认为名教之分，悖于自然之分。郭义"名教即自然"，认为名教之分，即自然之分。

［7］"以趣观之"八句：趣，同趋、取。以取舍视角观物，物皆有是有非，尧、桀亦然。○抉发《齐物论》"无物不然"、"然于然，不然于不然"、"与其誉尧而非桀也，不如两忘而化其道"。

尧桀 jié 之自然：尧桀之自是。成疏："'然'，犹'是'也。"

【校勘】"知尧桀之自然，而不可以相非"，"不可以"三字旧脱，乃持"尧桀相非"之成心者妄删；既与上句"知东西之相反，而不可以相无"不偕，又悖庄学。○"捨"（舍）旧讹为"操"，形近而讹。刘文典校正。

［8］之、哙 kuài 让而绝：前316年燕王哙禅让王位于燕相子之，齐宣王伐灭之。

［9］白公争而灭：前480年楚白公胜作乱，叶公子高伐灭之。

［10］"由此观之"五句：贬斥"尧、桀"、"汤、武"的庙堂人道均属相对是非，"未可为常"。

［11］梁欐 lì：栋梁。○"殊器"、"殊技"、"殊性"三喻，抉发"万物

殊理"（魏撰《则阳》），阐明"万物同道"。义本《逍遥游》"狸狌能执鼠，斄牛不能执鼠"，《齐物论》"毛嫱西施，人之所美也，鱼见之深入，鸟见之高飞"。

鸱chī鸺xiū：猫头鹰。蚤zǎo：跳蚤。瞋chēn目：张目（《说文》）。

［12］盍：何不。

［13］"是未明"至"非愚则诬也"六句：贬斥"故曰"二句，认为庙堂相对之是，并非绝对之是；庙堂有为之治，必致有为之乱。○或撰《天地》"治，乱之率也"，或撰《天运》"三王之治天下，名曰治之，而乱莫甚焉"。

［14］五帝殊禅，三代殊继：上扣"殊器"、"殊技"、"殊性"，"尧、舜让而帝，汤、武争而王"，阐明庙堂伪道并非永恒不变的真道。

【校勘】"五帝殊禅"旧讹为"帝王殊禅"，"帝王"与"三代"（三王）部分重迭，又与上文"尧、舜让而帝，汤、武争而王"抵牾。马叙伦校正。

◎第一章第四节：列举"以道观之"等价值六观，抉发《齐物论》"人道是非相对、天道是非绝对"之义。

河伯曰："然则我何为乎？何不为乎？吾辞受趣舍，吾终奈何？"[1]

北海若曰："以道观之[2]！何贵何贱？是谓反衍；无拘尔志，与道大蹇。何少何多？是谓谢施；无一尔行，与道参差[3]。俨俨乎若国之有君，其无私德；繇繇乎若祭之有社，其无私福；泛泛乎若四方之无穷，其无所畛域[4]；兼怀万物，其孰承翼[5]？是谓无方[6]。万物一齐，孰短孰长[7]？道无终始，物有死生[8]。不恃其成，一虚一盈，不位乎其形[9]。年不可举，时不可止；消息盈虚，终则有始[10]。是所以语大义之方，论万物之理也[11]。物之生也，若骤若驰，无动而不变，无时而不移[12]。何为乎？何不为乎？夫固将自化！"[13]

今译

河伯问："那么我应该怎么做？不该怎么做？我拒绝、接受、选择、舍弃，我终究应该如何？"

北海若说："用天道视角观照！万物有何恒定的贵贱？贵贱不断反向转化；不要拘限你的心志，从而与道违背。万物有何恒定的多少？多少不断代谢转移；不要坚执你的行为，从而与道错位。天道俨然有如邦国之君主，没有偏心的恩德；天道油然有如祭台之社神，没有偏心的福泽；天道广大有如四方之无穷，没有边界的拘限；天道兼怀万物，谁能独承羽翼？这叫不偏一方一隅。万物齐一于道，哪有什么短长？天道无终无始，万物有死有生。万物不可自恃有成，一时亏虚一时满盈，永不定位于一时之形。年岁不会穷尽，时间不会终止；消亡、生息、满盈、亏虚，旧物终结则新物开始。这是我所能奉告的天道大义，所能谈论的万物至理。每物的一生，如同骏马疾驰，没有举动不在变化，没有时刻不在移易。你应该怎么做？不该怎么做？你当然应该自适顺化！"

校注

[1] 河伯第五问：北海若既言价值六"观"，河伯遂问当以何者为至高价值观。

[2] 以道观之：此句直答河伯之问，阐明当以"以道观之"为最高价值观。○四字单独断句，与下"何贵何贱"不连。旧多连读，文义遂淆。"何贵何贱"以下，并非解释"以道观之"之义（上节"以道观之，物无贵贱"已释），而是阐明为何必须"以道观之"。

[3] 反衍：反向衍生。谢施：代谢分施。○物无常贵常贱，无不反向衍生，代谢循环，贵则趋贱，贱则趋贵。

【辨析三】"无拘尔志，与道大蹇"、"无一尔行，与道参差"，二"无"皆领下七字。旧多误释为撰者主张"与道大蹇"、"与道参差"。○"无拘尔志"乃谓庄学真谛"因循内德"，"无一尔行"乃谓庄学俗谛"因应外境"。

后句参看蔺撰《山木》所引庄言"与时俱化而无肯专为"，或撰《天地》"与物化而未始有恒"，刘安版杂篇《子张》"无专尔行"。《淮南子·俶真训》："至道无为，一龙一蛇，盈缩卷舒，与时变化。"东方朔《诫子书》："圣人之道，一龙一蛇，形见神灭，与物变化，随时之宜，无有常家。"

[4]"俨俨 yǎn 乎"二句、"繇繇 yóu 乎"二句、"泛泛乎"二句："以道观之"的至高价值观"无所畛域"，如同"国之有君"、"祭之有社"，统领"有所畛域"其他价值五观。○演绎《齐物论》"道未始有封，言未始有常，为是而有畛"。

【校勘】"俨俨乎"旧脱一"俨"。奚侗、刘文典、王叔岷、陈鼓应据下文"繇繇乎"、"泛泛乎"校补。○"泛泛乎"下旧衍"其"字，王叔岷据上文"俨俨乎"、"繇繇乎"下均无"其"字校正。

[5]兼怀万物，其孰承翼：天道兼怀万物，谁能独承羽翼？○《齐物论》"圣人怀之"。

[6]无方：道术（《大宗师》）。○"以道观之"属"道术"，并非"道体"。"无方"道术，仿效"无方"道体。

【辨析四】"大方"、"无方"均本《老子》"大方无隅"。《老子》"大方无隅"之"方"、"隅"互文同训，故"大方"直取《老子》，"无方"义取《老子》，义同《老子》"无隅"。○"大方"首见蔺撰《山木》，魏撰《秋水》、《则阳》、《管仲》承之。"无方"首见魏撰《秋水》，又见魏撰《知北游》"应物无方"，或撰《天运》"动于无方"、"无方之转"，刘安版新外篇《在宥》"行乎无方"。

[7]万物一齐，孰短孰长："短长"上扣"贵贱"、"少多"。抉发《齐物论》"天地与我并生，万物与我为一"的"齐物"之旨。

[8]"道"、"物"二句：抉发"道↘物"绝对关系。○《大宗师》"杀生者不死，生生者不生"。

[9]"不恃 shì 其成"三句：承上"物有死生"，省略主语"物"（直指河伯，泛指万物）。隐斥河伯恃秋水一时之盈，而自恃其成。

【校勘】"盈"旧讹为"满"，汉代避惠帝刘盈讳而改。杨树达、陈鼓应据下文"消息盈虚"（古人漏改）复原。

[10]年不可举，时不可止：贬斥河伯（孔子替身）欲使时间停止于"先王之治"。○或撰《天运》"时不可止，道不可壅"。

消息盈虚，终则有始：物化无尽，旧死新生。演绎《大宗师》"万化未始有极"、"弊而复新"。

[11]大义之方：上扣"大方"。"大义"为合道之义、天下公义。《齐物论》"忘义"，乃忘"小义"，即悖道之义、庙堂私"义"。

万物之理：上扣第一节"尔将可与语大理矣"，意为"万物同道殊理"。○《齐物论》上篇专明庄学俗谛"万物殊理"（魏撰《则阳》），参看《养生主》"依乎天理，因其固然"。《齐物论》下篇专明庄学真谛"万物同道"，参看《大宗师》道论章。

[12]"物之生也"四句：隐斥河伯之水不会永远盈满，大海之水"春秋不变"（隐喻天道恒定不变）。

[13]何为乎？何不为乎？夫固将自化：义本《老子》"道恒无为而无不为，侯王若能守之，万物将自化"、"我无为而民自化"。○《老子》、《秋水》以"道"为前提，主张顺"道"而"自化"。郭象否认"道"之存在，反注"自化"，主张无"道"而"独化"。

◎第一章第五节：重申"以道观之"为至高价值观，抉发内七篇"顺道循德"之义。

　　　河伯曰："然则何贵于道邪？"[1]

　　　北海若曰："知道者必达于理[2]，达于理者必明于权[3]，明于权者不以物害己[4]。至德者，火弗能热，水弗能溺，寒暑弗能害，禽兽弗能贼[5]。非谓其薄之也，言察乎安危，宁于祸福，谨于去就，莫之能害也[6]。故曰：天在内，人在外[7]，德在乎天[8]。知达人之行，本乎天，位乎德，蹢躅而屈伸[9]，返要而悟极。"[10]

今译

河伯问："那么为何要以天道为贵呢？"

北海若说："知晓天道之人必定达于物理，达于物理之人必定明于权衡，明于权衡之人不让外物伤害自己。至德之人，火不能灼热，水不能溺死，寒暑不能伤害，禽兽不能戕贼。不是说靠近这些不受伤害，而是说审察安危，安于祸福，谨慎去就，外物才不能伤害。所以说：天道内在于人，人道外在于人，物德受自于天道。须知达人的行为，顺应天道是根本，因循内德是本位，就能进退屈伸地因应外境，返归妙要地彻悟道极。"

校注

[1]河伯第六问：北海若既言"以道观之"为至高价值观，又言万物应该"自化"，河伯不明既然应该"自化"为何还要"贵道"，遂发此问。

[2]知道者必达于理："道↘理"之辨（《养生主》辨析七），阐明"天道高于物理"、"万物同道殊理"、"一道总摄万理"。

[3]达于理者必明于权：达于"万物殊理"（魏撰《则阳》），必明因应不同外物，必须权衡、选择适当之理。○不可偏于此物之理，亦不可偏于彼物之理，更不可把偏在一物之理，拔高为遍在万物之道。

[4]明于权者不以物害己：明于权衡此物、彼物之"殊理"，即可不让外物加害于己（也不加害于物）。○"道"、"理"、"权"三句，阐明每人应该"自化"自适，又当尊重他人的"自化"自适。故"自化"自适，必以"知道"为前提。

[5]"至德者"五句：仿拟《齐物论》"至人神矣！大泽焚而不能热，河汉冱而不能寒，疾雷破山而不能伤，飘风振海而不能惊"。

[6]"非谓其薄之"五句：点破"至德者"五句和《齐物论》关于至人的夸张描述，并非"神仙"之说，而是洞察安危，不被险恶外境戕害身心。○义本《老子》："盖闻善摄生者，陆行不遇兕虎，入军不被甲兵。兕无所投其角，虎无所措其爪，兵无所容其刃。夫何故？以其无死地。"参看下文第三章"陆行不避兕虎者，猎夫之勇也"。

[7]天在内，人在外：天道内在于人（内在真德，受于天道），人道外在于人（庙堂人道，实反人道）。

[8]德在乎天：物德为天道分施，故唯有"自化"（因循内德）才是"贵道"（顺应天道）。

[9]本乎天，位乎德，蹢zhí躅zhú而屈伸：分扣庄学三义"顺应天道，因循内德，因应外境"（《达生》辨析一）。

【校勘】"知达人之行"，郭象改"达人"为"大人"，"大"又讹为"天"，义不可通。据本节首句"知道者必达于理"及上文"达人之行"校正。初版校"大"为"天"，修订版重校"大"为"达"。○郭象篡改"位乎德"为"位乎得"（《达生》辨析七），证见郭注"常本乎天而位乎得矣"。褚伯秀、宣颖、王先谦、王叔岷据上句"德在乎天"校正。

[10]返要而悟极：要，道枢。极，道极。魏撰《则阳》"道，物之极"。

【校勘】"悟极"之"悟"，旧讹为"语"，形近而讹。王叔岷据《渔父》"子之难悟"讹为"子之难语"校正。上文谓道"言之所不能谕，意之所不能致"，魏撰《知北游》"道不可言"，魏撰《则阳》"道，物之极，言默不足以载"，均证不当作"语极"。

◎第一章第六节：重申"以道观之"为至高价值观，抉发内七篇"顺道循德"之义。

河伯曰："何谓天？何谓人？"[1]

北海若曰："牛马四足，是谓天；络马首，穿牛鼻，是谓人[2]。故曰：无以人灭天[3]，无以故灭命[4]，无以德殉名[5]。谨守而勿失，是谓返其真。"[6]

今译

河伯问："何为天道？何为人道？"

北海若说："牛马天生四足，这叫天道；络马头，穿牛鼻，这叫人道。所以说：不要运用人道僭代天道，不要自矜故德泯灭天命，不要牺牲物德博取声名。谨守物德而不丧失，这叫返归真德。"

校注

[1] 河伯第七问：最后一问。北海若既言"天在内，人在外"，河伯遂问"天"、"人"之异。

【校勘】"曰"前旧脱"河伯"二字。严灵峰、陈鼓应据上文六节均对举"河伯曰"、"北海若曰"校补。

[2] 天：无为天道（造化）。人：有为人道（文化）。

[3] 无以人灭天：义同魏撰《管仲》"不以人入天"。"灭"、"人"均兼"损"、"助"二义。均本《大宗师》"不以心损道，不以人助天"。〇第二章、第七章演绎此句。

[4] 无以故灭命：故，故德（或撰《天地》所引庄言，《天地》辨析二），初始真德。葆全故德而不灭天命，义同自"道"己德（"葆光"二义之后义）。〇第三章、第六章演绎此句。

[5] 无以德殉名：义本《大宗师》贬斥"殉名失己"。〇第四章、第五章演绎此句。

【校勘】郭象篡改"无以德殉名"为"无以得殉名"（《达生》辨析七），证见郭注"所得有常分，殉名则过也"。褚伯秀、宣颖、王先谦、王叔岷据上句"德在乎天"校正。〇撰者反对殉名而失"真德"，而非反对殉名而失"自得"。下二句主张"谨守"受自于道的"真德"，亦非"谨守"得己心的"自得"。

[6] 谨守而勿失，是谓返其真：二句总摄前三句，即本篇篇旨。〇下文六章分别演绎前三句，又均演绎总摄二句。

◎第一章第七节：抉发内七篇的"天↘人"之辨。

●第一河伯观海章：系统抉发《齐物论》义理（未及庄学真谛），兼及内七篇其他义理。

二

夔怜蚿，蚿怜蛇，蛇怜风，风怜目，目怜心。[1]

夔谓蚿曰："吾以一足趻踔而行，予无如矣。今子之使万足，独奈何?"[2]

蚿曰："不然。子不见夫唾者乎？喷则大者如珠，小者如雾，杂而下者不可胜数也。今予动吾天机，而不知其所以然。"[3]

蚿谓蛇曰："吾以众足行，而不及子之无足，何也?"[4]

蛇曰："夫天机之所动，何可易邪？吾安用足哉?"[5]

蛇谓风曰："予动吾脊胁而行，则似有也。今子蓬蓬然起于北海，蓬蓬然入于南海，而似无有，何也?"[6]

风曰："然。予蓬蓬然起于北海而入于南海也，然而指我则胜我，蝤我亦胜我[7]。虽然，夫折大木、飞大屋者，唯我能也，故以众小不胜为大胜也。为大胜者，唯圣人能之。"[8]

今译

夔羡慕蚿，蚿羡慕蛇，蛇羡慕风，风羡慕目，目羡慕心。

夔对蚿说："我以一足跳跃而行，我已难以操控。如今你驱使百足，如何操控?"

蚿说："不须操控。你不曾见过人吐唾沫吗？唾沫星子大者如珠，小者如雾，杂乱下坠不可胜数。如今我运动百足一任我的天机自然，而不知为何如此。"

蚿对蛇说："我用百足行走，却不及你无足，是何缘故?"

蛇说："天机的自然驱动，如何能够改易？我何须用足呢?"

蛇对风说："我耸动脊骨两肋而行，仍然近似有足。如今你呼呼起于北海，呼呼入于南海，却似乎无形而行，是何缘故?"

风说："确实如此。我呼呼起于北海而入于南海，然而用手一指即可胜我，用脚一踏也可胜我。尽管如此，折断大树，掀飞屋顶，唯有我能做到，所以我是凭借众多小不胜变成大胜。能够大胜，唯有圣人方能做到。"

校注

[1]夔kuí：独足之兽。怜：爱慕、羡慕。蚿xián：百足之虫。〇以下五节（旧脱后二节），分别展开章首"夔怜蚿"五句。

[2]趻chěn踔chuō：跳跃。夔一足尚难操控，不知蚿如何操控百足。夔故慕蚿。

[3]天机："物德"变文，语本《大宗师》。〇唾之万珠，譬解蚿之万足。唾者不操控万珠，蚿亦不操控万足，一任"天机"的自然驱动，因循真德的"自适其适"。

[4]吾以众足行，而不及子之无足：蛇无足而行，快于蚿之百足而行。蚿故慕蛇。

[5]夫天机之所动：重言"天机"。

【辨析五】或撰《宇泰定》："唯虫能虫，唯虫能天。"动物无心无知，永葆"天机"，永葆真德，因而一任"天机"自然驱动，因循真德，"自适其适"。《大宗师》："其嗜欲深者，其天机浅。"人类有心有知，嗜欲深的大知小知不能葆"天机"、葆真德，因而因循伪德，"役人之役，适人之适"。嗜欲浅的至知方能永葆"天机"，永葆真德，因而一任"天机"自然驱动，因循真德，"自适其适"。

[6]似有：蛇以脊胁而行，无足仍似有足。风无形而行，速度又快于蛇。蛇故慕风。

【校勘】"似有"旧误倒为"有似"，马叙伦、王叔岷据下句"似无有"校正。〇王先谦以"有似"为"似有"之倒装，释为"似有足"。

[7]【校勘】"蹴我亦胜我"，"蹴"旧作"踏"或"鰌"，字通。王敔、宣颖、郭嵩焘、郭庆藩、马其昶、刘文典、王叔岷据陆释一本、道藏成疏本、林希逸本、褚伯秀本、覆宋本均作"踏"校正。郭嵩焘："指者，手向

之；鳍者，足蹴之。"王叔岷："《释文》'踏音子六反'，则读与'蹴'同。"

[8] 以众小不胜为大胜：风之自况。为大胜者，唯圣人能之：圣人并未"众小不胜"，即可"为大胜"，异于风。

【校勘】"飞大屋者"，"飞"旧作"蜚"，字通。王叔岷据陆释"蜚音飞"、成疏训"飞"、《文选》陆士衡《演连珠》注引作"飞"、《淮南子·兵略训》变文"夫风之疾，至于飞屋折木"校正。〇郭象版仅有展开"夔怜蚿，蚿怜蛇，蛇怜风"之前三节，而无展开"风怜目，目怜心"之后两节。姚鼐、王叔岷认为脱文。早于郭象的司马彪注曰："夔，一足；蚿，多足；蛇，无足；风，无形；目，形缀于此，明流于彼；心则质幽，为神游外。"司马彪注，一向严守原文，从不任意发挥，可证原有后二节，后或脱或删。今据司马彪注、原文理路、庄学义理，拟补如下，仅供参考：

风谓目曰："予固无形，且不辨有形，而行止因缘万形。今子形缀于此，而明流于彼，子其圣人乎？"

目曰："吾尝闻之：'有形寄乎天地，无形寄乎阴阳。'子固无形，亦寄之者也。万物皆寄也。吾寄乎不寄，故能达乎彼物邪？吾于圣人，亦远矣！"

目谓心曰："予观乎彼物，察乎有形，而虽观无感，虽察不知。今子深藏若瞀，然不睹而知，子其有道乎？"

心曰："予固幽眇之质也！有感何如无感？有知何如无知？吾固知吾之无知而已矣。此可谓有道乎？吾不知也。"

【辨析六】本章譬解庄学四境：夔、蚿、蛇、风，均属物类，隐喻"无知"。目系于人，有观无感，有察无知，隐喻"小知"、"大知"。心系于人，不观而感，不察而知，又自"道"己德，致无己知，隐喻"至知忘知"。此下五章，公孙龙对应于"小知"，孔子、惠施对应于"大知"，庄子对应于"至知忘知"的至人。

●第二夔怜蚿章：演绎首章章末五句之第一句"无以人灭天"，抉发内七篇"顺道循德"之义。

三

孔子游于宋，匡人围之数匝，而弦歌不辍。[1]

子路入见[2]，曰："何夫子之娱也？"

孔子曰："由，来！吾语汝。我讳穷久矣，而不免，命也；求通久矣，而不得，时也。当尧舜之时而天下无穷人，非知得也；当桀纣之时而天下无通人，非知失也，时势适然[3]。夫水行不避蛟龙者，渔父之勇也；陆行不避兕虎者，猎夫之勇也[4]；白刃交于前，视死如归者，烈士之勇也[5]；知穷之有命，知通之有时，临大难而不惧者，圣人之勇也[6]。由，处矣！吾命有所制矣。"[7]

无几何，持甲者进，辞曰："以为阳虎也，故围之。今非也，请辞而退。"[8]

今译

孔子路过宋国，被匡人包围了几圈，而他弹琴唱歌不停。

子路进去拜见，说："为何夫子如此欢娱？"

孔子说："仲由，过来！我告诉你：我忌讳穷困很久，却不能免于穷困，这是天命；我寻求通达很久，而不能得到通达，这是时势。尧舜之时天下没有穷困之人，并非他们心知有得；桀纣之时天下没有通达之人，并非他们心知有失，都是时势使然。水行不避蛟龙，是渔父之勇；陆行不避犀虎，是猎夫之勇；白刃交错眼前，视死如归，是烈士之勇；明白穷困与否取决于天命，明白通达与否取决于时势，面临大难而不恐惧，才是圣人之勇。仲由啊，安处！我的命运由上天宰制。"

没过多久，持甲盾的匡人进来，告辞说："以为你是阳虎，所以包围你。如今明白不是，请准我告辞并撤退。"

校注

[1] 孔子：孔子之替身河伯经首章北海若教诲，至本章遂成真际孔子、庄学代言人，演绎首章章末五句之次句"无以故灭命"。

匡：或谓宋邑，或谓卫邑。○前496年，孔子56岁去卫西行过宋，匡人以其貌似阳虎而围之，后知误会而解围。本章据此史实，演为寓言。

【校勘】"宋"、"匡"二字旧误倒，刘文典据唐写本、《太平御览》四三七校正。○陆释："司马云：'宋'当作卫。'匡'，卫邑也。"成疏："'宋'当为卫，字之误也。'匡'，卫邑也。"均先释宋，后释匡，可证司马本、成疏本均作"孔子游于宋，匡人围之数匝"。

匝zā：一圈。辍chuò：停止。

[2] 子路（前542—前480）：孔子弟子仲由之字。鲁人，小孔子九岁。未见内七篇。本章孔子言"勇"，故出孔子弟子之勇者子路。

[3]【校勘】"孔子曰"下，旧脱"由"字。刘文典、王叔岷据《太平御览》四三七引文校补。○"尧舜"、"桀纣"下，旧均脱"之时"二字。刘文典、王叔岷、张默生、陈鼓应据《庄子阙误》引张君房本、成疏均作"当尧舜之时"、"当桀纣之时"校补。

[4] 蛟jiāo龙：水中神龙。兕sì：犀牛。

陆行不避兕虎者，猎夫之勇也：本《老子》"盖闻善摄生者，陆行不遇兕虎，入军不被甲兵。兕无所投其角，虎无所用其爪，兵无所容其刃。夫何故？以其无死地"。上扣首章"非谓其薄之，言察乎安危，宁于祸福，谨于去就，莫之能害也"。○此处真际孔子之言，隐斥实际孔子不能"察乎安危，宁于祸福，谨于去就"，自薄于危殆，自蹈于死地。

[5]【校勘】"视死如归"旧讹为"视死若生"，王叔岷、张默生据《白孔六帖》一五引文校正。○《齐物论》"不知其所归，可不哀邪"、"予恶乎知恶死之非弱丧而不知归者邪"，魏撰《田子方》"死有所乎归"、《知北游》"魂魄将往，乃身从之，乃大归乎"，可证"视死如归"既合庄义，又合魏义。

[6]"渔父之勇"、"猎夫之勇"、"烈士之勇"起譬，"知穷之有命，知通之有时，临大难而不惧者，圣人之勇也"终譬，取义于《德充符》"夫葆始

之征，不惧之实；勇士一人，雄入于九军"。"葆始"即葆故德，即"无以故灭命"之"故"。

［7］孔言"我讳穷久矣，而不免，命也"、"知穷之有命"、"吾命有所制矣"，三次重言"命"，上扣"无以故灭命"。

［8］【校勘】"持"旧讹为"将"，形近而讹。刘文典、王叔岷据陆释一本、《太平御览》四三七引文均作"持"校正。

●第三孔子穷困章：演绎首章章末五句之第二句"无以故灭命"，抉发内七篇"葆全故德而自逍己德"之义。

四

公孙龙问于魏牟曰[1]："龙少学先王之道，长而明仁义之行；别同异，离坚白[2]；然不然，可不可[3]；困百家之知，穷众口之辩[4]。吾自以为至达矣。今吾闻庄子之言，茫焉异之[5]。不知论之不及欤？知之弗若欤？今吾无所开吾喙，敢问其方。"[6]

公子牟隐几太息，仰天而笑曰："子独不闻夫坎井之蛙乎？谓东海之鳖曰：'吾乐欤！出跳乎井干之上，入休乎缺甃之崖[7]。赴水则接腋持颐，蹶泥则没足灭跗。还视虾蟹与蝌蚪，莫吾能若也[8]。且夫专擅一壑之水，而跨跱坎井之乐，此亦至矣[9]。夫子奚不时来入观乎？'

"东海之鳖左足未入，而右膝已絷矣。于是逡巡而却，告之曰：'夫海，万里之远不足以举其大，千仞之高不足以极其深[10]。禹之时十年九潦，而水弗为加益；汤之时八年七旱，而崖不为加损[11]。夫不为顷久推移，不以多少进退者，此亦东海之大乐也。'于是坎井之蛙闻之，适适然惊，规规然自失也。[12]

"且夫知不知是非之境，而犹欲观于庄子之言[13]，是犹使蚊负山，商蚷驰河也，必不胜任矣[14]。且夫知不知论极妙之言，而自得一时之利者，是非坎井之蛙欤[15]？且彼方蹶黄泉而登太皇，无南无北，释然四解，沦于不测；无西无东，始于玄冥，返于大通[16]。子乃规规然而求之以察，索之以辩[17]，是直用管窥天，用锥指地也，不亦小乎[18]？子往矣！且子独不闻夫寿陵余子之学步于邯郸欤？未得国能，又失其故步矣，直匍匐而归耳。今子不去，将忘子之故步，失子之业。"[19]

公孙龙口呿而不能合，舌举而不能下，乃逸而走。[20]

今译

公孙龙问魏牟说："我自幼学习先王之道，长大明白仁义之行；辨别名相之同异，离析石头之坚白；肯定他人否定的，赞成他人反对的；使百家的心知困惑，使众人的口辩穷竭。我自以为是至人达者了。如今我得闻庄子之言，茫然而又惊异。不知我是学问不及庄子呢？还是心知不如庄子呢？如今我已不敢开口，请问其中的奥妙。"

公子牟靠着凭几叹息，仰天而笑说："你难道不曾听闻坎井之蛙吗？它对东海之鳖说：'我快乐呀！出行就跳跃于井栏上面，返入就休息于井壁凹洞。悠游水洼，水面只淹到腋窝下巴；嬉戏泥塘，泥浆只浸没双足脚背。回看虫蟹与蝌蚪，没能与我相比的。况且我独占一沟的水域，而跨立坎井的快乐，也算达于极致了。夫子何不时常进来观瞻呢？'

"东海之鳖左脚尚未跨入，右膝已被绊住。于是徘徊而退出，对它说：'东海，万里之远不足以标举其大，千仞之高不足以穷极其深。夏禹之时十年九涝，然而东海的水量没有增加；商汤之时八年七旱，然而海岸的水位没有降低。不因时间久暂而推移水线，不因雨水多少而进退水量，这是东海的大乐。'于是坎井之蛙听了，以他人之适为己之适地大惊，奉他人之规为己之规地自失。

"况且心知不足以知解是非的境域，却仍想洞观庄子之言，这犹如让蚊子背负大山，让爬虫横渡大河，必定不能胜任。况且心知不足以知解论述极妙天道之言，却自得于一时小利，这不是坎井之蛙吗？况且庄子下抵黄泉而上达天极，无论南北，涣然冰释，达至神妙莫测境界；无论西东，始于玄冥，返归大通。你却奉他人之规为己之规而寻求苛察，热衷争辩，这只是用细管窥视天空，用小锥测量大地，不是格局太小吗？你走吧！况且你难道不曾听闻寿陵少年在邯郸学习步法吗？未曾学会赵国的技能，又忘了燕国的故步，只能爬回燕国。如今你再不离去，将会忘了你的故步，失去你的生业。"

公孙龙嘴巴张开不能合上，舌头举起不能言语，只能远逸而逃走。

校注

［1］公孙龙（前325—前250）：战国中期赵人，名家集大成者。

魏牟 móu：本篇撰者自称，下文自称"公子牟"。魏撰《让王》自称"中山公子牟"。《汉书·艺文志》著录《公子牟》四篇，书名当为魏牟自定。魏牟生平详见绪论一。○前305年左右，年仅二十一岁的公孙龙在魏都大梁与晚年惠施辩论而一举成名，年仅十六岁的魏牟崇信公孙龙。前296年赵灭中山，二十五岁的魏牟失国而流落天下，转为庄子再传弟子。前256年秦围邯郸失败之后，六十五岁的魏牟离秦至赵，面斥七十岁的赵相平原君之门客公孙龙，极赞庄子，极斥公孙龙。本章即存其事。其时庄子已殁30年，蔺且已殁4年，此为《秋水》非庄非蔺所撰、《庄子》初始本非庄非蔺所编的史实硬证。

［2］【校勘】"别同异"旧讹为"合同异"，王叔岷据《淮南子·齐俗训》"公孙龙折辩抗辞，别同异，离坚白"校正。○名家出于墨家。公孙龙主张"别同异，离坚白"，不合墨家正统。惠施主张"合同异，盈坚白"，合于墨家正统（证见《墨子·经上》"坚白不相外"）。魏牟早年崇信公孙龙，魏撰《秋水》不可能误为"合同异"。当属不通名家之学、不明施龙之异者妄改。

［3］然不然，可不可：魏牟误以为《齐物论》贬斥"然不然，是不是"（庄学真谛），又混淆于《齐物论》"可乎可，不可乎不可"（庄学俗谛），遂斥公孙龙"然不然，可不可"。所以首章系统抉发《齐物论》义理，未及庄学真谛。○魏牟此误，是后世混淆庄学二谛、不明庄学真谛之滥觞。刘安版杂篇《泰初》被魏撰《秋水》误导，亦斥"可不可，然不然"。因而积非

成是，积重难返。

［4］困百家之知，穷众口之辩：隐指公孙龙于大梁辩论战胜惠施。
〇参看魏撰《惠施》"桓团、公孙龙辩者之徒，饰人之心，易人之意；能胜
人之口，不能服人之心，辩者之囿也"。

［5］今吾闻庄子之言，茫焉异之：公孙龙阅读庄撰内七篇。亦证《秋
水》非庄所撰。

［6］不知论之不及欤？知之弗若欤：公孙龙极赞庄子。亦证《秋水》
非庄所撰。

喙 huì：本义鸟嘴，借指人嘴。

［7］坎井之蛙：喻公孙龙。甃 zhòu：砌井之砖。

【校勘】"出跳"、"入休"对举，"跳"下旧衍"梁"字。奚侗、马叙伦
据《庄子阙误》引江南古藏本、陆释均无"梁"字校正。

［8］跗 fū：足背。虷 hán：蚊之幼虫。

【校勘】"还"下，旧脱"视"字。马叙伦、刘文典、王叔岷、陈鼓应
据《太平御览》一八九引文及司马彪注、成疏校补。

［9］且夫专擅一壑 hè之水，而跨跱 zhì坎井之乐，此亦至矣：仿拟《逍
遥游》尺鷃语："我腾跃而上，不过数仞而下，翱翔蓬蒿之间，此亦飞之至
也。"讽刺公孙龙是自矜"至知"的鷃型"小知"。

【校勘】"专擅"、"跨跱"对举，"专"字旧脱。王叔岷据陆云《逸民赋
序》"专一丘之欢，擅一壑之美"、王安石《偶书》"我亦暮年专一壑，每逢
车马便惊猜"校补。

［10］逡 qūn巡而却：徘徊退却。

【校勘】"海"字旧误移于前句"告之"之后，俞樾、刘文典、王叔
岷、张默生据《艺文类聚》八、《太平御览》六〇、《事类赋》六引文校正。
〇"万"字旧讹为"千"，刘文典据《太平御览》一一九引文校正。"万里"、
"千仞"错综，"千里"、"千仞"词复。

［11］"禹之时"四句：上扣首章"（大海）春秋不变，水旱不知"。义
同魏撰《知北游》"益之而不加益，损之而不加损"。均本《齐物论》"无益
损乎其真"。〇"水"、"崖"互文，"崖不为加损"指水位不降。

〔12〕适适然：适人之适的样子。规规然：规人之规的样子，下以"邯郸学步"譬解。

【辨析七】"适适"、"规规"，"适人之适"（《大宗师》）、"规人之规"之缩略。构词法仿拟《齐物论》"役役"（《大宗师》"役人之役"之缩略）。○"规规然"又见魏撰《庚桑楚》。参看或撰《胠箧》"种种"。

〔13〕且夫知不知是非之境，而犹欲观于庄子之言：贬斥公孙不知绝对是非，仅知相对是非，难观庄子之言。此证庄学决非不言是非。

〔14〕商蚷jù：马蚿（司马彪）。学名"马陆"，俗称"百脚"，节肢动物。"是犹使蚊负山"三句：语本《大宗师》"犹涉海凿河而使蚊负山也"。"蚊"、"商蚷"喻公孙，"山"、"海"喻庄子。

〔15〕【校勘】郭象篡改"自得"为"自适"，原义贬斥"自得一时之利"，遂反转为贬斥"自适一时之利"。既与首章贬斥大知小知"自多"、褒扬至人"不能自得"抵牾，又与《大宗师》褒扬至人"自适其适"、"不自得"抵牾。本书复原。○郭象通过篡改使《秋水》贬斥"自得"反转为贬斥"自适"，又通过篡改使《让王》褒扬"自适"反转为褒扬"自得"，乃是把庄义"逍遥即自适"反注为郭义"逍遥即自得"的系统篡改。参看《让王》辨析一,《达生》辨析七。

极妙之言：即上"庄子之言"。自得一时之利：上扣首章贬斥"自好"、"自多"、"以天下之美为尽在己"。

〔16〕"且彼"七句：彼，庄子。跐cǐ：足踏。黄泉，至低之处。太皇，至高之处。极赞庄子通天彻地。亦证《秋水》非庄所撰。○林云铭："庄叟断无毁人自誉至此。"王叔岷："庄子固未尝自是者也。"

【校勘】"无西无东"旧误倒为"无东无西"。姚鼐、王念孙、郭庆藩、王叔岷据"无西无东"、"返于大通"为韵校正。

〔17〕规规然而求之以察，索之以辩：重言"规规然"。贬斥公孙把他人之规奉为自己之规，而求察索辩。

〔18〕用管窥天，用锥指地："管"、"锥"喻公孙，"天"、"地"喻庄子。参看《德充符》"吾以夫子为天地"，魏牟即以庄子为天地。○钱锺书《管锥编》，书名本此。

［19］寿陵：燕邑。余子：少年。邯郸：赵都。故步：隐喻"故德"。

【校勘】"寿陵余子之学步"、"失其故步"二"步"，旧皆讹为"行"。"忘子之故步"，旧脱"步"字。刘文典、王叔岷据成疏、《汉书叙传》、《太平御览》三九四、《白孔六帖》七及二六引文、《抱朴子》之《杂应篇》及《讥惑篇》、《文心雕龙·杂文》、李白《古风》五九首之三五、杜甫《风疾舟中伏枕书怀》校正校补。

［20］呿qū：开。乃逸而走：逃逸而走。

【校勘】二"不"下，旧皆脱"能"字。王叔岷据《荀子·正论》杨倞注引作"口呿而不能合，舌举而不能下"、成疏"口开而不能合，舌举而不能下"、江南古藏本《天运》"口张而不能噙，舌举而不能讱"校补。

●第四魏牟颂庄斥龙章：演绎首章章末五句之第三句"无以德殉名"，极赞庄子，极斥公孙。

五

庄子钓于濮水之上[1]。楚王使大夫二人往先焉[2]，曰："愿以境内累夫子！"[3]

庄子持竿不顾，曰："吾闻楚有神龟[4]，死已三千岁矣，王以巾笥而藏之于庙堂之上[5]。此龟者，宁其死留骨而贵乎？[6]宁其生而曳尾于涂中乎？"

二大夫曰："宁生而曳尾涂中。"

庄子曰："往矣！吾将曳尾于涂中。"[7]

今译

庄子在濮水岸边钓鱼。楚王派大夫二人前往先达其意，说："吾王愿以国事劳累夫子！"

庄子手持钓竿头也不回，说："我听说楚有神龟，死去已经三千年了，楚王用丝巾包着，竹箱装着，收藏在庙堂之上。这只神龟，是宁愿死而留骨于尊贵的庙堂之上呢？还是宁愿生而摆尾于泥涂之中呢？"

二位大夫说："宁愿生而摆尾于泥涂之中。"

庄子说："请回吧！我将摆尾于泥涂之中。"

校注

[1]濮pú水：在濮州濮阳县（成疏）。庄子之时在宋国境内（今属河南），南与楚邻。〇旧因楚王聘庄，遂谓庄子为楚人。无据。

【校勘】"濮水"下，旧脱"之上"二字。刘文典、王叔岷据《史记·老子韩非列传》正义、《高士传》及《艺文类聚》三六引《高士传》、《文选》嵇康《赠秀才入军诗》注、《太平御览》七六七及八三四引文均有"之上"校补。

[2]楚王：楚威王（前339—前329在位）。当庄子（前369—前286）三十岁至四十岁之间。〇蔺撰《曹商》业已著录庄子拒聘，未言来聘何君。魏撰《秋水》为本文所需而重述，明言来聘之君为"楚王"。《史记·老子韩非列传》根据《秋水》，考定为"楚威王"，司马彪、成疏、陆释从之。

[3]愿以境内累夫子：聘庄为相的外交辞令。

【校勘】"夫子"旧讹为"矣"。刘文典、王叔岷据《文选》潘岳《秋兴赋》注、《艺文类聚》九六、《太平御览》九三一、《事类赋》二八《鳞介部一》注引皆作"累子"、《世说新语·言语》注引作"累庄子"、《太平御览》八四三引文"累夫子"校正。〇刘、王视为无意脱讹，实为儒生视"夫子"为孔子专名而妄改（《泰初》辨析二）。

[4]吾闻楚有神龟：参看《逍遥游》"楚之南有冥灵者"。〇抉发"四境动植范型"的大知范型"冥灵"，即以庄拒楚聘所言"神龟"为原型（《逍遥游》辨析一）。

【辨析八】蔺撰《曹商》初述庄子拒聘，庄以"牺牛"为喻。魏撰《秋水》重述庄子拒楚聘，庄以"神龟"为喻。二述不同，或有二因。其一，庄喻原或有二。蔺且文简，仅录"牺牛"（《史记》同）。魏牟重述，补录"神龟”。其二，庄喻原仅"牺牛"，魏牟重述改喻，意在抉发《逍遥游》"冥灵"即"神龟"。无论何因，"牺牛"、"神龟"、"冥灵"均属大兽，都是隐喻、贬斥倚待庙堂的大知。

［5］庙堂："江湖"之对词。〇内七篇仅言"江湖"，未言"庙堂"。魏撰《秋水》所引庄言"庙堂"，抉发内七篇蕴含的"江湖↘庙堂"之辨。

【校勘】"王"下旧脱"以"，"藏之"下旧脱"于"。马叙伦、刘文典、王叔岷、陈鼓应据《后汉书·冯衍传》注引"王"下有"以"、《白孔六帖》九八、《古今合璧事类备要》别集六三引文"藏之"下有"于"校补。

［6］【校勘】"宁其死"下，旧衍"为"字。刘文典据《后汉书·冯衍传》注、《太平御览》九三一引文校删。

［7］吾将曳yè尾于涂中：曳，拖曳。涂，泥污。参看《史记·老子韩非列传》庄子之言"我宁游戏污渎之中"。

【辨析九】《史记·老子韩非列传》："庄子笑谓楚使者曰：'子亟去，无污我。我宁游戏污渎之中自快，无为有国者所羁，终身不仕，以快吾志焉。'"所引庄言，必非杜撰，当属采自刘安版《庄子》大全本之《曹商》。所引庄言之"游戏"，今为汉语史首见，当属庄子首创。所引庄言"终身不仕，以快吾志"，不见郭象版《庄子》，因与郭象为人抵触，又与郭注宗旨"圣人虽在庙堂之上，然其心无异于山林之中"抵牾，当属郭象删去。

●第五庄拒楚聘章：著录庄事，演绎首章章末五句之第三句"无以德殉名"。抉发内七篇贬斥"倚待庙堂"、主张"逍遥江湖"之义，褒扬庄子"终身不仕，以快吾志"。

六

惠子相梁，庄子往见之。[1]

或谓惠子曰："庄子来，欲代子相。"[2]

于是惠子恐，搜于国中三日三夜。[3]

庄子往见之，曰："南方有鸟，其名为鹓雏，子知之乎？夫鹓雏，发于南海，而飞于北海[4]，非梧桐不栖[5]，非楝实不食，非醴泉不饮[6]。于是鸱鸢得腐鼠[7]，鹓雏过之，仰而视之曰：'吓！'今子欲以子之梁国而吓我邪?"[8]

今译

惠施担任魏相，庄子前往拜见。

有人对惠施说："庄子前来大梁，意欲代你为相。"

于是惠施惊恐，在城中搜寻庄子三天三夜。

庄子前往拜见，说："南方有鸟，名叫鹓雏，你知道吗？鹓雏，从南海起飞，欲飞往北海，不是梧桐就不栖，不是楝果就不食，不是甘泉就不饮。这时鸱鹰得到腐烂的老鼠，看见鹓雏飞过头顶，就仰头瞪眼大叫：'吓！'如今你想用你的魏国相位吓我吗？"

校注

[1]惠子相梁，庄子往见之：此为庄惠初见。

【辨析十】惠子相梁，庄子往见而初识，其事当在庄拒楚聘（前329楚威王卒）、惠施罢相（前322）之间。在魏国被齐、秦夹击而连败之际，惠施临危受命担任魏相（前340—前322在位），任相早期，成功与齐、秦偃兵媾和，消泯魏国危殆，极得魏惠王倚重。前323年惠施、公孙衍建议魏惠王主持"五国相王"，魏国已成中原诸国之盟主，魏势复振，魏惠王遂欲报齐杀子之仇。次年（前322）秦相张仪使魏，许诺秦为魏报齐仇之后援，魏惠王遂罢惠施之相，转拜张仪为相。惠施担忧他人代相，必在任相后期、罢相之前。

[2]"庄子来"二句：楚威王既闻庄子贤名而欲聘为相，惠施左右之人，或亦有闻庄子贤名，故有此疑。疑者与惠施都不知庄子"终身不仕"之志。

[3]惠子恐，搜于国中三日三夜：惠施恐庄代相，亦证庄惠尚未相识相知。至惠施罢相返宋之后，已知庄子"终身不仕"之志，遂讥庄子："今

子之言，大而无用，众所同去也。"（《逍遥游》）

[4] 鹓yuān雏chú："凤"之别名。

发于南海，而飞于北海：庄子自宋至魏，宋在南，魏在北，为合语境，故异于《逍遥游》之鹏（凤）自"北溟"往"南溟"。〇第二章重言"凤蓬蓬然起于北海，蓬蓬然入于南海"，乃是魏牟自撰寓言，则合《逍遥游》之鹏（凤）自"北溟"往"南溟"。

[5]（凤）非梧桐不栖：参看《诗经·大雅·卷阿》"凤凰鸣矣，于彼高冈。梧桐生矣，于彼朝阳"。

【校勘】"栖"旧讹为"止"。刘文典、王叔岷据《太平御览》九一五、《文选》鲍照《芜城赋》李周翰注、《白孔六帖》二九、《记纂渊海》四、《古今事文类聚》后集二三及四二、《古今合璧事类备要》别集五三及六二引文均作"栖"校正。

[6] 楝liàn：落叶乔木，果实、树皮均可入药。醴lǐ泉：醴，甜酒。此谓甘甜之泉。

【校勘】"楝"旧讹为"练"（练），后或改为"竹"。武延绪："《淮南子·时则训》：'七月官库，其树楝。'注：'楝食，凤凰所食。'疑此所谓'练食'，即'楝食'。"王叔岷："武说是。桓宽《盐铁论·毁学篇》、郑玄《诗经·卷阿·笺》亦并云'竹实'作'练食'。《广雅·去声》四：'楝，木名，鹓鶵食其实。'即本此文。"〇"楝"讹为"练"，其义难明，或人遂改"练"为"竹"。或谓"竹实"取义于"洁白"，义不可通。当取义于竹子三十年一开花结实，以状凤之择食。义虽可通，但非原义。

[7]【校勘】"鸢"字旧脱。王叔岷据《白孔六帖》二九、《古今合璧事类备要》别集六六引文、萧统《陶渊明集序》校补。〇成疏"凡猥之鸢"，亦证"鸢"字之脱。

[8] 庄言数句：参看《庄子》佚文："惠子始与庄子相见而问焉。庄子曰：'今日自以为见凤皇，而徒遭燕雀耳。'坐者俱笑。""凤皇"、"燕雀"之喻，合于本章"鹓雏"、"鸱鸢"之喻。〇旧多误以为惠施离宋仕魏之前，已与庄子相识。本章及佚文可证其非。

●第六庄惠初见章：著录庄事，演绎首章章末五句之第二句"无以故灭命"。抉发内七篇贬斥"以隶相尊"、"众人役役"之义，褒扬庄子"终身不仕，以快吾志"。

七

庄子与惠子游于濠梁之上。[1]

庄子曰："儵鱼出游从容[2]，是鱼之乐也。"

惠子曰："子非鱼，安知鱼之乐邪?"[3]

庄子曰："子非我，安知我不知鱼之乐邪?"

惠子曰："我非子，固不知子矣；子固非鱼也，子之不知鱼之乐，全矣。"

庄子曰："请循其本。子曰'汝安知鱼乐'云者，既已知吾知之而问我。我知之濠上也。"[4]

今译

庄子与惠施同游于濠水的桥梁之上。

庄子说："鲦鱼出游从容，这是鱼的快乐。"

惠施说："你不是鱼，如何得知鱼的快乐?"

庄子说："你不是我，如何得知我不知鱼的快乐?"

惠施说："我不是你，原本不知你；你原本不是鱼，所以你也不知鱼的快乐，论证完毕。"

庄子说："请回到开头。你问'你如何得知鱼的快乐'，是已知我得知鱼的快乐而后问我。我得知鱼的快乐是在濠水之上。"

校注

[1] 濠háo梁：濠水上的桥梁。〇濠水，庄子之时在宋国境内，今在

安徽凤阳境内。

【辨析十一】庄惠辩鱼，事在惠施罢相（前322）、惠施卒年（前300）之间。○前322年惠施罢相返宋，与庄首次盘桓。前319年魏惠王死，惠施由宋返魏图谋复相未果，淡出魏国政坛而转向学术。前305年左右，惠施与公孙龙辩论于大梁而失败（详见魏撰《惠施》），再次返宋与庄盘桓。前300年惠施死于宋，葬于宋（详见魏撰《徐无鬼》）。○魏撰《秋水》著录庄子三事，庄拒楚聘（前329之前）、庄惠初见（前322之前）之时，魏牟（前320—前240）均未出生。庄惠辩鱼（前322～前300）之时，魏牟或未出生，或在襁褓，或未失国（前296）。可证魏牟著录的庄事庄言，均非亲历亲闻，而是转闻于师。

［2］鯈tiáo：同"鲦"。白鲦鱼。

【校勘】"鯈"旧讹为"儵"（倏），形近而讹。卢文弨、刘文典、王叔岷据《道藏》白文本、成疏本、《文选》之《秋兴赋》及《答何劭诗》注、《太平御览》四六八及九三七引文校正。

［3］【校勘】旧脱"邪"字，下句同。刘文典、王叔岷据《文选·秋兴赋》注、《世说新语·言语》注、《意林》、《艺文类聚》二八、《太平御览》一六九及九三七引文校补。

［4］惠施问"安知"，"安"训如何，即问：人如何能知鱼之乐？庄子答以"知之濠上"，乃训"安"为何处，即答：吾于濠上知鱼之乐。庄子答非所问，并未圆满回答惠施之反诘，颇有"能服人之口，不能服人之心"（魏撰《惠施》斥公孙龙语）之嫌。但当得意忘言，明于魏牟著录庄惠辩鱼之旨：庄谓鱼乐，属"无以人灭天"；惠施诘之，属"以人灭天"。

●第七庄惠辩鱼章：著录庄事，演绎首章章末五句之首句"无以人灭天"。抉发内七篇"知天之所为，知人之所为，至矣"之义，褒扬庄子是"知人知天"的博大真人。

田子方

题解

《田子方》被后于魏牟的《吕览》、先于刘安的贾谊《鹏鸟赋》钞引，必在魏牟版外篇。刘安版、郭象版仍在外篇。

郭象版外篇《田子方》十一章，"田子方"五章，"百里奚"六章，两大部分结构断裂、义理脱节，证明郭象裁剪刘安版杂篇《百里奚》834字，拼接于刘安版外篇《田子方》1367字，合为郭象版外篇《田子方》2201字。详见绪论三《刘安版大全本篇目考》，参看《百里奚》题解。

本书从郭象版外篇《田子方》2201字中，摘出魏牟版、刘安版外篇《田子方》1367字，复原于魏牟版外篇第七。校正郭象篡改和历代讹误：补脱文13字，订讹文8字。

《田子方》虚构"庄子见鲁哀公"，异于蔺撰五篇著录庄子九事无一虚构。文风张扬夸诞，意旨鲜明辛辣，撰者当为庄子再传弟子魏牟。

魏撰《田子方》，可分五章，通篇贯彻改宗主题。

第一子方见文侯章，虚构子夏弟子改宗，又教诲魏文侯改宗。

第二孔子见温伯章，虚构孔子改宗。

第三孔教颜回章，虚构颜回改宗。

第四老聃教孔章，重言孔子、颜回改宗。

第五庄子见哀公章，虚构庄事，赞扬能够欣然改宗的，仅有"儒者一人"（真际孔子）。

一

田子方侍坐于魏文侯，数称谿工。[1]

文侯曰："谿工，子之师邪？"

子方曰："非也，无择之里人也。称道数当，故无择称之。"

文侯曰："然则子无师邪？"

子方曰："有。"

曰："子之师谁邪？"

子方曰："东郭顺子。"[2]

文侯曰："然则夫子何故未尝称之？"

子方曰："其为人也真[3]，人貌而天[4]，虚缘而葆真[5]，清而容物。物无道，正容以悟之，使人之意也消[6]。无择何足以称之？"

子方出，文侯傥然终日不言，召前立臣，而语之曰："远矣，全德之君子[7]！始吾以圣知之言、仁义之行为至矣[8]。吾闻子方之师，吾形解而不欲动，口钳而不欲言。吾所学者，直土梗耳[9]！夫魏，真为我累耳！"[10]

今译

田子方侍坐于魏文侯，数次称赞谿工。

文侯问："谿工，是你的老师吗？"

子方说："不是，是我的邻居。谈论大道屡屡恰当，所以我称赞他。"

文侯问："那么你没有老师吗？"

子方说："有。"

文侯问："你的老师是谁呢？"

子方说："东郭顺子。"

文侯问："那么夫子为何从不称赞他？"

子方说："吾师为人本真，外貌如人而内德如天，虚己随缘而葆全真德，心性清寂而宽容外物。他人不合于道，端正容色以助人开悟，使他人的悖道意欲消除。我哪有资格称赞他？"

子方辞出，文侯怅然终日不言，召来侍立的近臣，对他们说："太深远啦，葆全真德的君子！原先我以为圣知之言、仁义之行属于至境。我听闻子方之师所达至境，我身形解脱而不欲妄动，嘴巴钳结而不欲妄言。我原先所学，只是土牛木马罢了！魏国，真是拖累我的身外之物啊！"

校注

[1] 田子方（前475—前400）：姓田，名无择，字子方，战国初期魏人，孔子再传弟子。《史记·儒林列传》谓其"受业于子夏"，《吕览·当染》谓其"学于子贡"。

魏文侯：前445—前396在位。《吕览·举难》谓其"师子夏，友田子方"，《史记·魏世家》谓其"师田子方"。〇撰者魏牟的曾祖父魏挚，是魏文侯幼子，封于中山。

谿xī工：衬托东郭顺子的虚构至人。

[2] 东郭顺子：虚构的达道至人。〇田子方之师为孔子弟子子夏或子贡，撰者改为"东郭顺子"，虚构田子方改宗。

[3] 其为人也真：真人（《大宗师》）。

[4] 人貌而天：《德充符》"有人之形，无人之情"，《大宗师》"畸于人而侔于天"，魏撰《列御寇》所引庄言"古之至人，天而不人"。

[5] 虚缘：庄学俗谛"因应外境"。葆真：义本《齐物论》"葆光"，庄学真谛"因循内德"。

[6] 使人之意也消：消，自"道"己德。东郭顺子正己，而后使人自正。

[7] 远："遥"达彼道。全德：语本《德充符》。〇"葆真"、"全德"，合词"葆全真德"。

[8] "始吾"二句：贬斥"圣知之言"、"仁义之行"。义本《齐物论》"忘

义"、《大宗师》"坐忘仁义礼乐"。〇或撰《胠箧》"诸侯……窃仁义圣知"。

[9]土梗 gěng：土，土偶。梗，木偶。土木神像。

[10]夫魏，真为我累耳：虚构魏文侯改宗。〇蔺撰《山木》市南宜僚教诲鲁侯"去君之累"，亦虚构鲁侯改宗。

●第一子方见文侯章：仿拟内七篇晦藏、蔺撰《寓言》抉发的"孔子改宗"范式，虚构孔子再传弟子田子方改宗，又虚构田子方教诲魏文侯使之改宗。

二

温伯雪子适齐，舍于鲁。鲁人有请见之者[1]。温伯雪子曰："不可。吾闻中国之君子，明乎礼义而陋于知人心，吾不欲见也。"[2]

至于齐，返舍于鲁。是人也，又请见。温伯雪子曰："往也祈见我，今也又祈见我，是必有以振我也。"

出而见客，入而叹。明日见客，又入而叹。

其仆曰："每见之客也，必入而叹，何耶？"

曰："吾固告子矣：'中国之君子，明乎礼义而陋乎知人心。'[3]昔之见我者，进退一成规，一成矩；从容一若龙，一若虎。其谏我也似子，其导我也似父，是以叹也。"[4]

仲尼见之而不言[5]。及出，子路曰："夫子欲见温伯雪子久矣，今也见之而不言，何邪？"[6]

仲尼曰："若夫人者，目击而道存矣，亦不可以容声矣。"[7]

今译

温伯雪子前往齐国，投宿于鲁国。有个鲁人请求拜见，温伯雪子说："不行。我听说中原的君子，明于礼义而陋于知解人心，我不愿见。"

到了齐国以后，返回又投宿于鲁国。那个鲁人，又请求拜见。温伯雪子说："上次请求见我，如今又请求见我，必有能够振拔我的高见。"

出去见客，返入内室就叹气。明日又出去见客，又返入内室就叹气。

仆人问："每天会见这个客人，必定返入内室就叹气，是何缘故？"

温伯雪子说："我原本告诉过你：'中原的君子，明于礼义而陋于知解人心。'连日见我的客人，进退一时中规，一时中矩；仪容一时如龙，一时如虎。他规谏我时像儿子，他开导我时像父亲，因此叹气。"

仲尼见了温伯雪子却不言语。等到出来，子路问："夫子想见温伯雪子很久了，如今见他却不言语，是何缘故？"

仲尼说："像那样的人，我举目一瞥即明道存其身，已经无须言语。"

校注

[1] 温伯雪子：虚构至人。隐指与孔子同时的吴人季札。"伯"，四境排行隐喻"至知无知"的"至人"。○李颐释"温伯雪子"为"南国贤人"，似知"温伯雪子"隐指季札，未言何据。

适齐，舍于鲁：《史记·吴太伯世家》记载季札使齐过鲁。

鲁人有请见之者：隐指实际孔子。《礼记·檀弓》记载孔子观礼于季札。

[2] 鲁迅《魏晋风度及文章与药及酒之关系》："季札说：中国之君子，明于礼义而陋于知人心。"径以"温伯雪子"之言为季札之言，不详何据。

[3]【校勘】此处"君子"，旧讹为"民"。王叔岷据唐写本作"君子"及上文作"君子"校正。

[4] "进退"至"似父"六句：摹状实际孔子，貌恭"似子"，实傲"似父"。

[5] 仲尼：真际孔子。仲，四境排行隐喻定位于"大知"。○至知"温伯"、大知"仲尼"，合于四境排行隐喻。

见之而不言：异于实际孔子（"客"）之有"谏"有"导"。○魏牟深明蔺撰《寓言》抉发内七篇的两个"孔子"及其"孔子改宗"范式，遂让改宗之前的实际孔子，改宗之后的真际孔子，分别拜见温伯雪子。

[6]【校勘】"及出"二字旧脱，王叔岷据《吕览·精谕》、《大方广佛华

严经随疏演义钞》一二引文均有"及出"校补。〇"夫子"旧讹为"吾子"，刘文典、王叔岷据《吕览·精谕》、《大方广佛华严经随疏演义钞》一二引文均作"夫子"校正。〇"今也"二字旧脱，王叔岷据唐写本校补。

[7] 目击而道存：真际孔子既见温伯，已知天道存于其人之身，故而不"谏"不"导"。

亦不可以容声矣：真际孔子否定"客"（实际孔子）之"谏"、"导"，即蔺撰《寓言》抉发的孔子"始时所是，卒而非之"。

●第二孔子见温伯章：仿拟内七篇晦藏、蔺撰《寓言》抉发的两个"孔子"及其"孔子改宗"范式，让信仰天道的真际孔子否定信奉人道的实际孔子。

三

颜渊问于仲尼曰[1]："夫子步亦步，夫子趋亦趋，夫子驰亦驰。夫子奔逸绝尘，而回瞠若乎后矣。"[2]

仲尼曰[3]："回，何谓邪？"

曰："夫子步亦步也者，夫子言，回亦言也。夫子趋亦趋也者，夫子辩，回亦辩也。夫子驰亦驰也者，夫子言道，回亦言道也。及夫子奔逸绝尘，而回瞠若乎后也者，夫子不言而信，不比而周，无器而民蹈乎前，而回不知所以然而已矣。"[4]

仲尼曰："恶！可不察欤[5]？夫哀莫大于心死，而人死亦次之[6]。日出东方而入于西极，万物莫不比方[7]。有目有趾者，待是而后成功[8]。是出则存，是入则亡，万物亦然[9]。有待也而死，有待也而生[10]。吾一受其成形，而不化以待尽[11]，效物而动[12]，日夜无隙[13]，而不知其所终。熏然其成形[14]，知命不能窥乎其前[15]，丘以是日徂[16]。

"吾终身与汝交一臂而失之，可不哀欤[17]？汝殆著乎吾所以著也[18]。彼已尽矣，而汝求之以为有，是求马于唐肆也[19]。吾服汝也，甚忘[20]；汝服吾也，亦甚忘[21]。虽然，汝奚患焉？虽忘乎故吾，吾有不忘者存。"[22]

今译

颜回问仲尼说："夫子慢步我也慢步，夫子快走我也快走，夫子疾驰我也疾驰。夫子飞奔绝尘，而我只能干瞪双眼落在后面！"

仲尼说："颜回，这是何意？"

颜回说："夫子慢步我也慢步，就是夫子如何言说，我也如何言说。夫子快走我也快走，就是夫子如何论辩，我也如何论辩；夫子疾驰我也疾驰，就是夫子如何论道，我也如何论道。等到夫子飞奔绝尘，而我只能干瞪双眼落在后面，就是夫子不须言说就能取信于人，不结朋党就能团结众人，不掌国政就能吸引民众，而我不知夫子为何能够如此。"

仲尼说："不！可以毫无洞察吗？悲哀无过于德心死亡，而身形死亡尚属其次。太阳升于东方而落于西极，万物无不比照仿效。有眼有足的动物，倚待天道而后成功。天道出显则存，天道入灭则亡，万物无不如此。有人倚待人道而死，有人倚待天道而生。我一旦禀受天道而成人形，在尚未物化之前只能静待气尽，仿效天道而动，日夜没有裂隙，却不知生命何时告终。禀受造化熏陶成形的万物，知晓天命不能尽窥于眼前，我因此日日趋近前往天道。

"我终身与你相处却失之交臂，能不悲哀吗？你恐怕只是寻求我的形迹。我的形迹早已消失，而你求之于形迹以为有道，这是求马于空荡荡的马市。我服膺你，是你坐忘仁义礼乐；你服膺我，也应丧忘我的形迹。尽管如此，你又有何患累？即使丧忘我的形迹，我还有不可丧忘之道存在。"

校注

[1] 颜渊：实际颜回。仲尼：真际孔子、庄学代言人（上章业已改宗）。

[2] 回瞠chēng若乎后矣：反向仿拟《大宗师》实际孔子对真际颜回

之言"丘也请从而后也"(《山木》辨析五)。

[3]【校勘】"仲尼"旧讹为"夫子"。马叙伦、陈鼓应据上下文均作"仲尼"校正。○此为撰者客观叙述,当称"仲尼"。参看《泰初》辨析二。

[4]夫子步亦步、夫子趋亦趋:《论语·先进》孔言"回于吾言,无所不说(悦)",可证本章"颜回"为实际颜回。

夫子不言而信,不比而周,无器而民蹈乎前:三句仿拟《德充符》"哀骀它未言而信,无功而亲"、"无君人之位"而"雌雄合乎前"。可证本章"仲尼"为真际孔子。

【校勘】"夫子……也者"三句,旧均作"夫子……也",句末均脱"者"字;"而回瞠若乎后也者","者"上旧脱"也"字。王叔岷据唐写本校补。○"亦言也"、"亦辩也"、"不知所以然"上均当有"回"字,"奔逸绝尘"上当有"夫子",否则文意不明。

[5]恶wū!可不察欤:实际孔子最爱"于吾言无所不悦"的实际颜回。真际孔子则斥"夫子步亦步,夫子趋亦趋"的实际颜回。

[6]夫哀莫大于心死,而人死亦次之:对他人亦步亦趋,即"适人之适"而"心死",其害大于身死。义本《齐物论》"其形化,其心与之然,可不谓大哀乎"、"近死之心,莫使复阳"。○《吕览·贵生》引子华子之言:"全生为上,亏生次之,死次之,迫生为下。"

[7]日出东方而入于西极:"日夜相代"(《齐物论》、《德充符》)是天道显证。

万物莫不比方:方,通"仿"。比方,比拟、仿效。万物无不比拟、仿效天道而动。参看下文"效物而动"。

[8]有目有趾者:人类。待是:义同《齐物论》"待彼"。○倚待天道,则"自适其适"而后成功。倚待人道,则"终身役役而不见其成功"(《齐物论》)。

[9]是出则存,是入则亡,万物亦然:天道出显则存,天道入灭则亡,万物无不如此。

[10]有待也而死,有待也而生:有人倚待人道而死,有人独待天道而生。○天道、人道"两行"(《齐物论》)。

〔11〕二句语本《齐物论》"一受其成形，不化以待尽"。

〔12〕效物而动：仿效天道而动。○称"道"为"物"（《人间世》辨析五），乃是"道不可言"（魏撰《知北游》）的无奈之举，均有上下文限定。

〔13〕日夜无隙：语本《德充符》"（灵府）日夜无隙"。参看蔺撰《达生》"其天守全，其神无隙"。

〔14〕熏然其成形：万物均被天道熏陶成形。○"熏"字旧作"薰"，字通。

〔15〕知命不能窥乎其前：知晓天命不能尽窥于眼前。语本《德充符》"日夜相代乎前，而知不能窥乎其始者"。

〔16〕丘以是日徂：徂cú，前往。我因此日日趋近前往彼道。

〔17〕吾终身与汝交一臂而失之，可不哀欤：真际孔子贬斥实际颜回对实际孔子之"亦步亦趋"，仅知从师，不知从道。

〔18〕著、所以著：义同或撰《天运》"迹"、"所以迹"。均本《德充符》"非爱其形也，爱使其形者也"。"形"、"迹"、"著"谓表象，"使其形"、"所以迹"、"所以著"谓本质。

〔19〕彼：著，迹。唐肆：唐，空。肆，市肆。无马的空马市，仅留马迹。○求吾道于吾道之迹，不能得吾道。正如求马于马蹄之迹，不能得马。

〔20〕吾服汝也，甚忘：服，服膺。吾服膺汝，乃是汝之"坐忘仁义礼乐"。○隐扣《大宗师》"坐忘"寓言之孔言："尔果其贤乎？丘也请从而后也。"

〔21〕汝服吾也，亦甚忘：汝服膺吾，亦当丧忘吾之形迹，而求吾之所以迹。

〔22〕忘乎故吾：丧忘改宗之前的实际孔子。即上章之"客"。

不忘者：不忘改宗之后的真际孔子。即上章"仲尼"。○实际颜回对实际孔子"亦步亦趋"、"适人之适"，真际孔子教诲实际颜回"以德为循，自适其适"。

●第三孔教颜回章：反向仿拟《大宗师》"坐忘"寓言，让真际孔子教诲实际颜回改宗，讽喻坚执孔子之迹的后儒改宗。

四

孔子见老聃。[1]

老聃新沐，方将披发而干[2]，慹然似非人[3]。孔子便而侍之[4]，少焉见，曰："丘也眩欤？其信然欤？向者先生，形体掘若槁木[5]，似遗物离人，而立于独也。"

老聃曰："吾游心于物之初。"[6]

孔子曰："何谓邪？"

曰："心困焉，而不能知；口辟焉，而不能言[7]。尝为汝议乎其将[8]：至阴肃肃，至阳赫赫；肃肃出乎天，赫赫发乎地；两者交通成和，而物生焉；或为之纪，而莫见其形[9]。消息盈虚[10]，一晦一明；日改月化，日有所为，而莫见其功。生有所乎萌，死有所乎归[11]，始终相返乎无端，而莫知乎其所穷[12]。非是也，且孰为之宗？"[13]

孔子曰："请问游是。"[14]

老聃曰："夫得是，至美至乐也。得至美，而游乎至乐，谓之至人。"

孔子曰："愿闻其方。"

曰："草食之兽，不疾易薮；水生之虫，不疾易水[15]。行小变而不失其大常也，喜怒哀乐不入于胸次[16]。夫天下也者，万物之所一也[17]。得其所一而同焉[18]，则四肢百体将为尘垢，而死生终始将为昼夜[19]，而莫之能滑，而况得丧祸福之所介乎[20]？弃隶者，若弃泥涂，知身贵于隶也[21]。贵在于我，而不失于变[22]。且万化而未始有极也[23]，夫孰足以患心[24]？已为道者，解乎此。"[25]

孔子曰："夫子德配天地，而犹假至言以修心[26]。古之君子，孰能脱焉？"[27]

老聃曰："不然[28]。夫水之于汋也，无为而才自然矣[29]。至人之于德也，不修而物不能离焉[30]。若天之自高，地之自厚，日月之自明，夫何修焉?"[31]

孔子出，以告颜回，曰："丘之于道也，其犹醯鸡欤[32]? 微夫子之发吾覆也，吾不知天地之大全也!"[33]

今译

孔子拜见老聃。

老聃刚洗过头，正在披散头发晾干，凝然不动似乎非人。孔子退在一侧侍立，少顷拜见，说："是我眼花? 还是真的? 刚才的先生，身形僵直如同枯木，似乎遗弃万物远离人世，而立身于见独之境。"

老聃说："我的德心遨游于万物之初始。"

孔子问："这是何意?"

老聃说："我德心困惑，而不能尽知；嘴巴张开，而不能尽言。只能尝试为你言其大略：至阴肃肃寒冷，至阳赫赫炎热；肃肃至阴出于天，赫赫至阳出于地；天地阴阳交媾和合，万物由此产生；或许可以视为主宰万物的纲纪，然而无法窥见其形。万物消亡、生息、满盈、亏虚，一时隐晦一时显明；天道使万物日日改易月月变化，日日均有作为，然而从来未曾居功。生命萌生于天道，死亡返归于天道，开始终结相互循环不见端倪，而无法知晓何时穷尽。除了天道，将以谁为万物之宗?"

孔子说："请问德心遨游于万物之初始的感受。"

老聃说："德心遨游于万物之初始，至美至乐。抵达至美，而遨游于至乐，谓之至人。"

孔子说："愿闻其中的奥妙。"

老聃说："食草之兽，不怕改易原野；水生之虫，不怕改易水域。因为外境小变而不失天道大常，所以喜怒哀乐不入于德心。天下，是万物共有的同一世界。得悟天地万物共有同一世界，那么四肢百体将被视为尘垢，死生存亡将被视为昼夜，而后不被死生存亡的大变搅扰德心，那么得失祸福的小变怎能介入德心呢？舍弃相互隶属的人道，如同舍弃泥块，知晓自身尊贵于相互隶属。可贵在于自我，而不失于应变。况且万物千变万化而永无终极，如何足以撄扰德心？已达天道之人，解脱于人道。”

孔子说："夫子的德心可配天地，而仍然假借至言用于修剪德心。古之君子，谁能解脱于修剪德心？"

老聃说："不对。水之流淌，无为而后才性自然；至人对于德性，不事修剪而后众人不能离弃。正如天的自然而高，地的自然而厚，日月的自然而明，何须修剪才德呢？"

孔子辞出，转告颜回，说："我对于天道，恐怕犹如醋瓮里的蠛蠓虫吧？若非夫子为我揭开覆盖醋瓮的泥封，我不知天地大全啊！"

校注

［1］【辨析一】孔子问道于老聃，内七篇无，蔺撰五篇承之亦无。魏撰《田子方》、《知北游》据《德充符》无趾问老聃"彼何宾宾以学子为"演绎，各有一例，老聃称孔子为"汝"、"尔"，孔子则称老聃为"夫子"。魏撰《外物》之老莱子，魏撰《盗跖》之盗跖，亦称孔子为"丘"、"汝"。魏牟版外篇《天运》承袭魏撰之篇，老子称孔子为"丘"、"子"、"吾子"。以上均在先秦。○刘安版新外篇《天道》之老聃，三称孔子为"夫子"，孔子对老聃则无称呼。而刘安版杂篇《泰初》，撰者客观叙述亦称孔子为"夫子"。渐变之迹甚明。

［2］披发：无冠。隐喻未被"黥劓"、"雕琢"，不遵庙堂伪道（《达生》辨析五）。○"披"旧作"被"，字通。

［3］慹zhé然：不动貌，义本《齐物论》南郭子綦"形如槁木"。似非人：庙堂伪道视奉行伪道者为"人"，视不奉行伪道者为"非人"。老聃"披发"，如同夷狄，故"似非人"。

［4］便píng而侍之：便借为屏（章太炎）。王叔岷是之："章说是。《礼记·曲礼》'左右屏而待'，郑注：'屏犹退也。'"

【校勘】"侍"旧讹为"待"，尊孔后儒妄改。据陆释一本作"侍"校正。

〇《渔父》孔子对渔父"侍于下风",尊孔后儒亦改"侍"为"待",刘文典据陆释一本、《庄子阙误》引张君房本均作"侍"校正。

[5] 形体掘若槁木：义本《齐物论》南郭子綦"形如槁木"。

[6] 游心于物之初：物之初，"道"之变文。句义略同《大宗师》"游于物之所不得遁"，蔺撰《山木》所引庄言"浮游乎万物之祖"，蔺撰《达生》"游乎万物之所终始"。

[7]"心困焉"四句：老聃自谓德心不能尽知天道，故不能言道。义本《老子》"道可道，非恒道"。参看魏撰《知北游》"道不可言，言而非也"。

[8] 尝为汝议乎其将：人难尽知天道，只能言其大略。〇《大宗师》"我为汝言其大略"。魏撰《知北游》"将为汝言其崖略"。

[9] 或为之纪，而莫见其形：义本《齐物论》"真宰可行已信，而不见其形"、"道有情有信，无为无形"。

[10]【校勘】"盈"旧讹为"满"。汉代避惠帝刘盈讳而改。

[11] 生有所乎萌，死有所乎归：义本《齐物论》贬斥大知小知"莫知其所萌"、"不知其所归"。〇魏撰《秋水》"视死如归"，魏撰《知北游》"魂魄将往，乃身从之，乃大归乎"。

[12] 始终相返乎无端，而莫知乎其所穷：义本《大宗师》"返复终始，不知端倪"。

[13]"非是也"二句：是，即"道"。以"道"为"宗"，义本《大宗师》篇名。

[14] 游是：游心于道。上扣"游心于物之初"。

[15]"草食之兽"四句：陆处之兽，不怕改易所处之陆，只怕改处于水；水生之虫，不怕改易所处之水，只怕改处于陆。〇义本《大宗师》"泉涸，鱼相与处于陆"，《老子》"鱼不可脱于渊"。参看魏撰《外物》引用庄子"涸辙之鱼"寓言"吾失我常与，我无所处"，刘安版新外篇《骈拇》"呴濡仁义，失其常然"。

[16]"行小变"二句：陆处之兽改处别陆，水生之虫改处别水，是顺道的"行小变而不失其大常"，未失"正处"（《齐物论》），故"喜怒哀乐不入于胸次"。〇陆处之兽改处于水，水生之虫改处于陆，则是悖道的"行

大变而失其大常"，失其"正处"（《齐物论》），故涸辙之鱼"忿然作色"而怒（《外物》）。

［17］"夫天下"二句：兽处陆，鱼处水，均处于天下，不应强制改易其所处。义本《大宗师》"藏天下于天下"之不治主义。

［18］得其所一而同焉：得悟物德之质齐一于天道，则无须修剪物德之量齐一于人道。

［19］则四肢百体将为尘垢，而死生终始将为昼夜：义本《大宗师》"死生，命也；其有夜旦之常，天也"、蔺撰《至乐》"死生为昼夜"。此斥孔子未窥天道，未勘破生死，未明物化被造化主宰。

［20］而莫之能滑 gǔ，而况得丧祸福之所介乎：滑，音骨，乱也（《广韵》）。此斥孔子滑乱于人道之外攖，而斤斤于得丧祸福。

［21］"弃隶者"三句：义本《齐物论》贬斥"以隶相尊"。鄙弃"以隶相尊"的庙堂人道，若弃泥涂，知晓道生之身尊贵于人道。

［22］"贵在于我"二句：贵在于我之"自适"（因循内德），而不失于应变（因应外境）。

［23］且万化而未始有极也：语本《大宗师》"万化而未始有极"。

［24］夫孰足以患心：何足以滑乱德心。上扣"莫之能滑"。此斥孔子被外境攖扰，自我修剪德心。

［25］已为道者，解乎此：义本《德充符》老聃问无趾为何不替孔子"解其桎梏"。本章承之，由老聃为孔子解除人道之桎梏。

［26］修心：孔义"修心"，即自我"黥劓"、自我"雕琢"。庄义"洗心"（《山木》），即洗去"黥劓"、"雕琢"，"既雕既琢，复归于朴"（《山木》）。二义对立、"两行"（《齐物论》）。

［27］古之君子，孰能脱焉：孔言"脱"，老言"解"，合词"解脱"。孔子未明老言之旨，遂赞老聃一如古之君子，又谓无人能够解脱"修心"。下文老聃斥之。

［28］不然：老聃否定孔言"修心"。

［29］汋 zhuó：音义均同"濯"，引申为流淌。才："德"之变文，避下之复。参看《德充符》"才全而德不形"。○二句起譬，引出下文。

［30］至人之于德也，不修而物不能离焉：语本《德充符》"德不形者，物不能离也"而变文，强调"不修"。

［31］"若天之自高"四句：天地日月不修剪真德，方能自然而高，自然而厚，自然而明，故至人仿效天道，亦不修剪真德，而是葆全真德。○"自高"、"自厚"、"自明"之"自"，均为上句"自然"之省文。"自然"乃老义"自道而然"。郭象反注为"自得"，即"自己而然"（《齐物论》郭注），意为天自己高、地自己厚、日月自己明，无需天道。

【辨析二】魏撰《田子方》老聃贬斥孔子主张"修心"，三次重言"不然"、"至人不修"、"夫何修焉"。义本《人间世》贬斥关龙逢、比干"修其身"。又承蔺撰《山木》太公任贬斥孔子"修身"，蔺撰《达生》子扁庆子贬斥孙休（孔子替身）"修身"。刘安版新外篇《刻意》亦斥"语仁义忠信，恭俭推让，为修而已矣"。○旧多盲从郭象反注，认为庄学不异孔学，亦主张"修心"、"修身"。

［32］醯 xī 鸡：醯，醋。醋瓮中蠛蠓（司马彪、郭注、成疏、林希逸）。醋瓮之口，覆以封泥。瓮中蠛蠓，一无所见。○孔子主张"修心"被老聃所斥，遂自贬为"醯鸡"，义本《大宗师》孔子自贬为"天之戮民"。

［33］"微夫子"二句：孔子接受老聃教诲，领悟"修心"是对真德的"黥劓"、"雕琢"，于是"息黥补劓"、"雕琢复朴"，欣然改宗。转告颜回，亦使之改宗。

●第四老聃教孔章：仿拟内七篇晦藏、蔺撰《寓言》抉发的"孔子改宗"范式，虚构老聃教诲孔子使之改宗，又虚构孔子教诲颜回使之改宗。

五

庄子见鲁哀公。[1]

哀公曰："鲁多儒士，少为先生方者。"[2]

庄子曰："鲁少儒。"

哀公曰："举鲁国而儒服，何谓少乎？"

庄子曰："周闻之，儒者冠圜冠者，知天时；履方屦者，知地形；绶珮玦者，事至而断[3]。君子有其道者，未必为其服也；为其服者，未必知其道也。公固以为不然，何不号于国中，曰'无此道而为此服者，其罪死'？"

于是哀公号之，五日而鲁国无敢儒服者[4]。独有一丈夫，儒服而立乎公门。公即召而问以国事，千转万变而不穷。[5]

庄子曰："以鲁国而儒者一人耳，可谓多乎？"[6]

今译

庄子拜见鲁哀公。

哀公说："鲁国多有儒士，少有学习先生方术之人。"

庄子说："鲁国少有儒士。"

哀公说："全体鲁人都穿儒服，怎么能说少呢？"

庄子说："我听说，儒者头戴圆冠，表示知晓天时；脚穿方鞋，表示知晓地形；身佩玉玦，表示临事决断。君子拥有某种道术，未必身穿某种服饰；身穿某种服饰，未必知晓某种道术。公侯定要以为不然，何不号令国中，说'没有某种道术而身穿某种服饰者，判为死罪'？"

于是哀公发布号令，五天以后鲁国无人再敢身穿儒服。独有一男子，身穿儒服而立于公门之外。哀公立即召他进来问以国事，他千变万化而滔滔不绝。

庄子说："整个鲁国仅有儒者一人罢了，可以称为多吗？"

校注

[1] 鲁哀公（前494—前467在位）：春秋末年鲁君，与孔子同时。

庄子（前369—前286）：战国中期宋人。○哀、庄首尾相距百年，本章实为寓言。蔺撰诸篇之庄事，均为亲历亲闻而实录，无一虚构。魏撰诸篇之庄事，多为闻之于师而转录，仅此虚构。本章庄事虽属虚构，章法仿拟内七篇之庄子四章均在篇末。

［2］鲁多儒士，少为先生方者：揭明庄子之学，异于儒学。

［3］圜yuán：平面之圆为"圆"，立体之圆为"圜"。古字分言，今均称"圆"。

珮玦jué：有缺口之玉环为玦。玦、决音同，故玉玦隐喻"决断"。

【校勘】"方"旧讹为"句"，形近而讹。刘文典据道藏成疏本、白文本、《太平御览》六七九引文均为"方"校正。○"绥"旧讹为"缓"，形近而讹。王叔岷据陆释引司马彪本、成疏引一本均作"绥"、《太平御览》六七二引文作"授"校正。

［4］五日而鲁国无敢儒服者：反扣上句"举鲁国而儒服"。上句贬斥儒生"就义若渴"（蔺撰《曹商》）、"利仁义者众"（魏撰《管仲》）。本句贬斥儒生"去义若热"（《曹商》）、"捐仁义者寡"（《管仲》）。

［5］千转万变而不穷：此非赞语，实为贬语。参看刘安版新外篇《天道》贬斥孔子"太蔓！愿闻其要"，司马谈《论六家之要指》"儒者博而寡要，劳而少功"，魏撰《惠施》"惠施不辞而应，不虑而对，遍为万物说；说而不休，多而无已，犹以为寡，益之以怪"，《德充符》斥孔"祈以諔诡幻怪之名闻"。

［6］儒者一人：上文第二章、第四章虚构孔子改宗天道，乃对实际孔子"不然于不然"（《齐物论》）。本章褒扬孔子为"儒者一人"，则对实际孔子"然于然"（《齐物论》），即孔子确为真儒，而俗儒多为假儒。

【辨析三】旧谓"儒者一人"隐指孔子，无误。唯视《田子方》为庄撰，复以"儒者一人"为据，谬解庄子推尊孔子为天下第一人，既与《田子方》第二章孔子服膺温伯雪子、第四章孔子服膺老聃而自比"醯鸡"抵牾，更与整部《庄子》大斥孔子抵牾。"儒者一人"仅谓孔子（无论真际、实际）是儒者第一人，非谓孔子为天下第一人。参看刘安版杂篇《泰初》子贡否定孔子为"天下一人"。○郭象及其追随者自可推尊孔子为天下第一人，但强加于大斥孔子的先秦道家宗师庄子，则失历史之真。郭象及其追随者亦可贬斥庄子之大斥孔子，但通过篡改原文、反注原义，而将庄子斥孔改造为庄子尊孔，则非学术之正。

●第五庄子见哀公章：继对孔子"不然于不然"之后，又对孔子"然于然"，褒扬孔子为真儒，贬斥俗儒为假儒。

【说明】

魏牟版外篇《田子方》1367字，至此文完义足。郭象版外篇《田子方》，此下拼接刘安版杂篇《百里奚》残篇834字，本书复原于刘安版之杂篇。

知北游

题解

《知北游》被后于魏牟的《吕览》、《韩非子》，先于刘安的贾谊《鵩鸟赋》钞引，必在魏牟版外篇。刘安版、郭象版仍在外篇。

本书把魏牟版、刘安版、郭象版外篇《知北游》2629字，复原于魏牟版外篇第八。校正郭象篡改和历代讹误：补脱文22字，删衍文7字，订讹文20字，厘正误倒2处，移正错简1处51字。

《知北游》文风张扬夸诞，意旨鲜明辛辣，撰者当为庄子再传弟子魏牟。著录庄子一事"东郭问道"，当属转闻于师（或即蔺且）。

魏撰《知北游》，可分十二章。

第一知北游章，总领全篇，阐明"道不可闻"、"道不可言"。

第二天地大美章，卮言点题。

其后十章寓言，反复重言演绎篇旨。其中第五孔问老聃章，老聃教诲孔子改宗。

第十一冉求问孔章，真际孔子教诲弟子冉求改宗。

第十二颜回问孔章，真际孔子教诲弟子颜回改宗。

一

知北游于玄水之北[1]，登隐弅之丘，而适遭无为谓焉。[2]

知谓无为谓曰："予欲有问乎若：何思何虑则知道？何处何服则安道？何从何道则得道？"[3] 三问而无为谓不答也。非不答，不知答也。[4]

知不得问，返于白水之南[5]，登狐阕之上[6]，而睹狂屈焉[7]。知以之言也问乎狂屈。

狂屈曰："唉！予知之，将语若。"[8]中欲言，而忘其所欲言。[9]

知不得问，返于帝宫，见黄帝而问焉。

黄帝曰[10]："无思无虑始知道，无处无服始安道，无从无道始得道。"[11]

知问黄帝曰："我与若知之，彼与彼不知也，其孰是邪？"[12]

黄帝曰："彼无为谓真是也，狂屈似之，我与汝终不近也[13]。夫知者不言，言者不知[14]，故圣人行不言之教[15]。道不可致，德不可至，仁可为也，义可亏也，礼相伪也[16]。故曰：'失道而后德，失德而后仁，失仁而后义，失义而后礼。礼者，道之华而乱之首也。'[17]故曰：'为道者日损，损之又损之，以至于无为，无为而无不为也。'[18]今已为物也，欲复归根，不亦难乎[19]？其易也，其唯达人乎[20]？生也死之徒，死也生之始，孰知其纪[21]？人之生，气之聚也；聚则为生，散则为死[22]。若死生为徒，吾又何患？故万物一也[23]。是其所美者为神奇，非其所恶者为臭腐[24]；臭腐复化为神奇，神奇复化为臭腐[25]。故曰：'通天下一气耳。圣人故贵一。'"[26]

知谓黄帝曰："吾问无为谓，无为谓不应我；非不我应，不知应我也。吾问狂屈，狂屈中欲告我而不我告；非不我告，中欲告而忘之也。今予问乎若，若知之，奚故不近？"

黄帝曰："彼其真是也，以其不知也。此其似之也，以其忘之也[27]。予与若终不近也，以其知之也。"

狂屈闻之，以黄帝为知言。

今译

知向北游历到达玄水北岸，登上隐藏厚德的山丘，巧遇无为谓。

知对无为谓说："我想请教于你：如何思索如何谋虑方能知解天道？如

何处世如何作为方能安于天道？如何依从如何言说方能得到天道？"连发三问，而无为谓不应答。并非不欲应答，而是不知应答。

知未得答案，返回白水南岸，登上疑问缺如的山丘，看见狂屈。知以三问请教于狂屈。

狂屈说："唉！我知晓答案，可以告诉你。"心中欲言，却丧忘了其所欲言。

知未得答案，返回帝宫，遇见黄帝又请教。

黄帝说："不思索不谋虑才算知解天道，不处世不作为才算安于天道，不依从不言说才算得到天道。"

知问黄帝："我与你知晓答案，无为谓与狂屈不知晓答案，究竟何人属是？"

黄帝说："无为谓属于真是，狂屈属于似是，我与你终究不近天道。知解天道之人不言天道，言说天道之人不知天道，所以圣人奉行不言之教。道不会至于此岸，德不能至于彼岸，仁可以有为达至，义可以人为亏损，礼使人相互虚伪。所以说：'失道而后降为德，失德而后降为仁，失仁而后降为义，失义而后降为礼。礼，是道的华饰和祸乱的根源。'所以说：'求道者日益减损，减损之又减损之，直至顺道无为，顺道无为而后循德无不为。'如今人类作为道生之物，意欲复归其根，不是很难吗？能够不难的，大概唯有达人吧？生是死的徒属，死是生的开始，谁能知解死生循环的纲纪？人类之生，是元气凝聚；元气凝聚就生，元气离散就死。既然死生互为徒属，吾人又何必怕死？所以万物一体。世人以生为美而视为神奇，以死为恶而视为臭腐；其实臭腐之死会重新变成神奇之生，神奇之生也会重新变成臭腐之死。所以说：'贯通天下的是同一元气。圣人因此推崇万物一体。'"

知又问黄帝说："我问无为谓，无为谓不应答我；并非不欲应答我，而是不知应答我。我问狂屈，狂屈意欲告诉我而未告诉我；并非不欲告诉我，而是心中欲言而丧忘其言。如今我问你，你知晓答案，为何不近于道？"

黄帝说："无为谓属于真是，因为已经致无其知；狂屈属于似是，因为正在丧忘其知。我与你终究不近天道，因为自以为知。"

狂屈听说以后，认为黄帝知晓言语的局限。

校注

[1] 知：隐喻"无知"。单字命名人物，内七篇无之。

玄水之北："玄"训黑，为北方之色。义本《老子》"玄之又玄"。隐喻至人无为谓达于"玄之又玄"之境。《逍遥游》"终北之北"、"无极之外，复无极也"亦然。

【校勘】"北"旧讹为"上"。王叔岷、方勇、陆永品据陆释引司马彪本、崔譔本均作"北"、成疏"北是幽冥之域"、"玄水之北"与"白水之南"对举校正。

[2] 隐弅fèn之丘：寓意地名。弅，隆起，音义均通"坟"。自隐己德之隆，隐喻至人无为谓自"道"己德。

无为谓：隐喻"至知"。其名取义于《老子》"圣人处无为之事，行不言之教"。

[3] 何处何服："服"通"伏"，与"处"对言。何从何道：道，动词，言说。

[4] 三问而无为谓不答也：无为谓彻悟人难尽知天道，故不妄言。○义本《齐物论》"六合之外，圣人存而不论"、"不道之道"。本篇反复演绎此义。

[5] 白水之南：反扣"玄水之北"。隐喻大知狂屈未达"玄之又玄"之境。

[6] 狐阒què：寓意地名。狐，训疑。阒，同缺。隐喻狂屈对道绝对信仰，并无狐疑。

[7] 狂屈：隐喻"大知"。"狂"谓庄学真谛"因循内德"，"猖狂妄行"（蔺撰《山木》）。"屈"谓庄学俗谛"因应外境"，推移屈伸。

[8] 予知之，将语若：狂屈自矜尽知天道，且欲妄言，故属大知。

[9] 中欲言，而忘其所欲言：狂屈欲妄言而忘其言，知殆而止。○旧多误断"中欲言，而忘其所欲言"为狂屈语。此与上节"三问而无为谓不答也。非不答，不知答也"相同，均为撰者插入的评述性卮言。下文知谓黄帝曰："吾问狂屈，狂屈中欲告我而不我告；非不我告，中欲告而忘之也。"可证。

[10] 黄帝：隐喻"小知"。黄帝自矜尽知天道，而且妄言，故属小知。

〔11〕"知道"、"安道"、"得道"三句：违背庄义人难尽知、尽缘、尽得天道（参看《齐物论》"不缘道"）。黄帝妄言，下文自己否定。○旧以黄帝自己否定之言，视为撰者之言，乃至视为庄子之言。

〔12〕彼与彼：无为谓与狂屈。

〔13〕我与汝终不近也：黄帝被知追问之后，经过反省，否定上文自己之言。是为"小知"之成长。

〔14〕知者不言，言者不知：语本《老子》。○无为谓"知者不言"，属"真是"。黄帝"言者不知"，属"不近"。狂屈居于两者之间，属"似之"。"无为谓"、"狂屈"、"黄帝"、"知"四人，分喻至知、大知、小知、无知，合于庄学四境。

〔15〕圣人行不言之教：语本《老子》"圣人处无为之事，行不言之教"、"不言之教，无为之益，天下希及之"。

〔16〕道不可致，德不可至：致，由彼至此。至，由此至彼。彼岸之道不会至于此岸之物，此岸之物不能至于彼岸之道。德低于道，人难尽知天道。○五句阐明道家价值序列"道↘德↘仁↘义↘礼"，异于儒家价值序列"仁义＝道德"。

〔17〕"故曰"六句：语本《老子》，文有小异。○"失道而后德"，非谓可从"失道"复归"得道"，仅谓万物之成即"失道"，禀"德"之物永远低于"道"。故"德"近于"道"，"仁"、"义"、"礼"远于"道"。

〔18〕"故曰"四句：语本《老子》，文有小异。○此言认识论"道术"的"无为而无不为"，非言本体论"道体"的"无为而无不为"（《大宗师》辨析十二）。

〔19〕"今已为物也"三句：化用《老子》"夫物芸芸，各复归其根"。

〔20〕其易也，其唯达人乎：归根对大知小知甚难，仅对达人至知较易。

【校勘】郭象篡改"达人"为"大人"，证见郭注"大人"，本书复原。详见《秋水》辨析一。

〔21〕"生也死之徒"三句：化用《老子》"出生入死。生之徒，十有三。死之徒，十有三"、"坚强者死之徒，柔弱者生之徒"、"能知古始，是谓道纪"。○此谓物化生死循环。义本《齐物论》"其分也，成也；其成也，毁

也。凡物无成与毁，复通为一"，《大宗师》"死生存亡之一体"、"返复终始，不知端倪"。

[22]"人之生"四句：演绎《大宗师》"万化未始有极，弊而复新"、"假于异物，托于同体"。参看蔺撰《达生》"合则成体，散则成始"，蔺撰《至乐》庄子妻死章、种有几章。

[23]"若死生为徒"三句：阐明"死生为徒"、"万物齐一"。

[24]二句举出俗见。未达"齐物"之境的大知小知，"是"其所美之"生"为"神奇"，"非"其所恶之"死"为"臭腐"。

【校勘】"非"字旧脱，义不可通。据郭注"各以所美为神奇，所恶为臭腐耳"、下句"臭腐复化为神奇，神奇复化为臭腐"校补。〇若无"非"字，当作"是以其所美者为神奇，以其所恶者为臭腐"。

[25]二句贬斥俗见。达于"齐物"之境的至知，则知"死生为徒"，"物化"循环，"生"非"神奇"，"死"非"臭腐"。

[26]通天下一气耳：略同《大宗师》"游乎天地之一气"。〇句前"故曰"二字，或为暗引庄言之标志。

圣人故贵一：此承上句。"一"谓"气"，即"道之用"，非谓"道之体"。

【辨析一】《老子》"道生一"、"天下万物生于有，有生于无"。"道"、"无"即道之体——抽象原理，客观规律，终极之"道"。"一"、"有"即道之用——万物始基，浑沌元气，万物总"德"。此为老、庄根本义。旧多混淆"道"、"无"与"一"、"有"，未明老、庄根本义，延至一切推演义。博大精深、圆融无间的老、庄义理，遂至支离难通。

[27]彼：无为谓。此：狂屈。

●第一知北游章：天道无极，人难尽知；知者不言，言者不知。

<h1 style="text-align:center">二</h1>

天地有大美而不言[1]，四时有明法而不议[2]，万物有成理而不说。[3]

圣人者，原天地之美，而达万物之理，是故至人无为，大圣不作，观于天地之谓也；合彼神明至精，与彼百化^[4]；物己死生方圆，莫知其根也。^[5]

遍然而万物，自古以固存^[6]；六合为巨，未离其内；秋毫为小，待之成体。^[7]

天下莫不沉浮，终身不固^[8]；阴阳四时运行，各得其序。^[9]

昏然若亡而存^[10]，油然不形而神^[11]，万物畜而不知^[12]，此之谓本根^[13]。可以观于天矣。^[14]

今译

天地具有至高之美却不言语，四季具有明显法则却不议论，万物具有既成原理却不阐说。

圣人，推原天地的至美，而通达万物的原理，因此至人顺道无为，圣人不事妄作，说的是静观天地；合于天道的神明至精，顺应天道而百般演化；外物与自己死生方圆，无一能够尽知根本。

天道遍在万物，自古以来永存；宇宙虽然巨大，不能超出天道范围；秋毫虽然微小，倚待天道得成形体。

天下万物无不沉浮，终身不会固定不变；阴阳四季循环运行，各从天道获得秩序。

昏冥若无而永存，油然无形而神妙，万物积蓄在身而不知，如此方能称为根本。明此方可观照天地。

校注

[1] 天地有大美而不言：本篇名言，影响深远。

[2] 四时有明法而不议：四季循环运行，是天道之显证。

[3] 万物有成理而不说：成理，"万物殊理"（魏撰《则阳》）同道。
◎第二章第一节：天道无言，万物同道殊理。

［4］合彼神明至精，与彼百化：二"彼"均谓"彼岸之道"，参看《齐物论》"待彼"。"合彼"即合于彼道，"与彼"即顺应彼道。○郭象反注："百化自化而神明不夺。"

【校勘】"合"旧讹为"今"，形近而讹。褚伯秀、奚侗、刘文典、王叔岷、王孝鱼、陈鼓应据《庄子阙误》引刘得一本作"合"校正。

［5］物己死生方圆，莫知其根也：方圆，万物"以不同形相禅"（蔺撰《寓言》）。万物与自己死生方圆，莫能尽知其根。此承上章，仍言有"德"万物，难以尽知彼"道"。

【校勘】"己"旧讹为"已"，形近而讹。马其昶校正："'物己'，犹'人我'。"

◎第二章第二节：至人顺道无为，万物莫知其根。

［6］遍然而万物，自古以固存：前句谓"道"遍在万物，义同第六章所引庄言"（道）无所不在"。后句谓"道"永在万物，义本《大宗师》"夫道，未有天地，自古以固存"。

【校勘】郭象篡改"徧"（遍）为"扁"，义不可通。本书据成疏作"徧"复原。○郭象连读"扁然而万物自古以固存"，原义"天道自古以固存"，遂成"万物自古以固存"。既与上章"聚则为生，散则为死"、上句"物己死生方圆"、下句"天下莫不沉浮，终身不固"抵牾，更与万物无不死生之事实抵牾。

［7］六合为巨，未离其内；秋毫为小，待之成体：四句展开"（道）遍然万物"，义同刘安版杂篇《天道》所引庄言"道，于大不终，于小不遗，故万物备"。"其"、"之"均指"道"，"待之"即《齐物论》"待彼"。意为：六合虽巨，不离彼道之内；秋毫虽小，亦待彼道成体。○郭象反注："不待为之。"

◎第二章第三节：天道遍在永在，万物无不待道。

［8］天下莫不沉浮，终身不固：天下万物莫不沉浮（死生方圆），终身没有固定。唯有彼道"独立不改"（《老子》）。

［9］阴阳四时运行，各得其序：阴阳四时运行变化，各从天道得其秩序。唯有彼道"春秋不变"（魏撰《秋水》）。

◎第二章第四节：万物死生方圆，天道独立不改。

［10］昏然若亡而存：彼"道"之征象"若存若亡"（《老子》），实为"物之所不得遁而皆存"（《大宗师》）。

［11］油然不形而神：参看《大宗师》"道无形"，又下文第九章"形形之不形"。

［12］万物畜而不知：上扣"六合为巨，未离其内；秋毫为小，待之成体"。

［13］此之谓本根：上扣万物"莫知其根"。

［14］可以观于天矣：上扣"至人观于天地"。彻悟道为万物本根，始可观照天地。否则所言之"道"，必属伪道。

◎第二章第五节：道为万物本根，明此可观天地。

●第二天地大美章：天道遍在永在，万物无不待道。

三

嚙缺问道乎被衣。[1]

被衣曰："若正汝形，一汝视，天和将至；摄汝知，一汝度，神将来舍[2]。德将为汝美，道将为汝居，汝蠢焉如新生之犊，而无求其故。"[3]

言未卒，嚙缺睡寐。[4]

被衣大悦，行歌而去之，曰："形若槁骸，心若死灰[5]；真其实知[6]，不以故自持[7]。昧昧晦晦，无心而不可与谋，彼何人哉！"[8]

今译

嚙缺询问道术于被衣。

被衣说："你端正你的身形，专一你的视线，天然和顺将会自至；收摄你的心知，专一你的思绪，神明将来投宿。真德将会使你美丽，天道将会与你同居，你无知如同新生的牛犊，而不必寻求其中的缘故。"

话没说完，啮缺已经入睡。

被衣大悦，一路唱歌而离开，唱的是："身形有如枯树残骸，德心有如死寂灰烬；葆真实有之知，不以故德自持。懵懵懂懂，毫无心机而不事谋虑，那是何等至人啊！"

校注

[1] 啮niè缺问道乎被衣：本章根据《应帝王》"啮缺问于王倪，四问而四不知。啮缺因跃而大喜，行以告蒲衣子"，演为寓言。"啮缺"不变，"蒲衣子"变文为"被衣"。

[2] 一汝视、一汝度：句法略同《人间世》"一若志"。神将来舍：语本《人间世》"鬼神将来舍"。

[3] 无求其故：被衣规劝啮缺不要妄求"天和将至"、"神将来舍"、"德将为汝美，道将为汝居"的缘故，即不要"问道"。因为人难尽知天道，妄求妄言天道，不如循德自适，即"正汝形，一汝视"、"摄汝知，一汝度"、"蠢焉如新生之犊"。

【校勘】"蠢"旧讹为"瞳"。杨树达、王叔岷、方勇、陆永品据《淮南子·道应训》"忞乎若新生之犊"校正。《说文》："惷，愚也。"

[4] 言未卒，啮缺睡寐：啮缺闻教而悟，付诸践行。《老子》："上士闻道，勤而行之。"

[5] 形若槁骸，心若死灰：语本《齐物论》"形如槁木，心如死灰"（《齐物论》辨析一）。

[6] 真其实知：真德之知，方为"真知"（《大宗师》）。此言永"葆"己德（"葆光"二义之前义）。

[7] 不以故自持：故，故德（《天地》所引庄言，《天地》辨析二）。此言自"逍"己德（"葆光"二义之后义）。

[8] 昧昧晦晦，无心而不可与谋：义同上文"蠢焉如新生之犊"。

●第三啮缺问道被衣章：道不可知，德不可矜；真其实知，不矜故德。

四

舜问乎丞曰："道可得而有乎?"[1]

曰："汝身非汝有也，汝何得有夫道?"[2]

舜曰："吾身非吾有也，孰有之哉?"

曰："是天地之委形也。生非汝有，是天地之委和也；性命非汝有，是天地之委顺也；子孙非汝有，是天地之委蜕也[3]。故行不知所往，处不知所持，食不知所味[4]，天地之徜徉气也[5]，又胡可得而有邪?"[6]

今译

舜问丞说："天道可以得到并拥有吗?"

丞说："你的身形也非你拥有，你如何得到并拥有天道?"

舜说："我的身形非我拥有，归谁拥有呢?"

丞说："你的身形只是天地委托的物形。你的生命非你拥有，只是天地委托的和气。你的德性天命非你拥有，只是天地委托的顺化；你的子孙非你拥有，只是天地委托的蜕皮。所以你欲行不知当往何处，欲居不知当留何地，欲食不知当求何味，你只是天地之间的徜徉之气，又怎能得到并拥有天道呢?"

校注

[1] 道可得而有乎：此指"道体"，非指"道术"（《大宗师》辨析

十二）。人不能得到、拥有"道体"，只能得到、拥有"道术"。

［2］汝身非汝有也，汝何得有夫道：首章否定人能"知道"、"得道"，本章再次否定人能"得道"、"有道"。

［3］"委"义七句：委，训"寄"，同"托"，合词"委托"。"身"为天地委托的暂时之"形"，"生"（性、德）为天地委托的暂时之"和"，"性命"（德性、天命）为天地委托的暂时之"顺"，"子孙"为天地委托的暂时之"蜕"。

【校勘】"子孙"旧误倒为"孙子"，义不可通。刘文典、王叔岷、陈鼓应、方勇、陆永品据《庄子阙误》引张君房本、唐写本、《白孔六帖》六、《太平御览》五一九引《列子·天瑞》及成疏、张湛注均作"子孙"校正。

［4］"故行不知所往"三句：义同魏撰《庚桑楚》"百姓猖狂不知所如往"、"行不知所之，居不知所为"、"动不知所为，行不知所之"。均承蔺撰《山木》"不知义之所适，不知礼之所将；猖狂妄行，乃蹈乎大方"。

［5］天地之徜chánɡ徉yánɡ气也：上扣首章"人之生，气之聚也；聚则为生，散则为死"。

【校勘】"徜徉"旧作"强阳"，字通。王闿运校正。成疏："强阳，运动之貌也。"宣颖："强阳，谓健动也。"

［6］又胡可得而有邪：天地万物均属道体（道无）驱动元气（道有、万物总德）徜徉所化，只能暂时得到、拥有部分物德，怎能得到、拥有全部道体？

●第四舜问丞章：万物拥有部分物德，不能拥有全部道体。唯有永葆物德，顺应道体，直至复归元气。

五

孔子问于老聃曰："今日晏闲，敢问至道？"[1]

老聃曰："汝斋戒，疏瀹尔心，澡雪尔精神，掊击尔知[2]。夫道，窅然难言哉！将为汝言其崖略[3]：夫昭昭生于冥冥，有伦生于无形，精神生于道[4]。形本生于精，而万物以形相生[5]，故九窍者胎生，八窍者卵生[6]。其来无迹，其往无崖[7]，无门无房[8]，四达之皇皇也[9]。邀于此者[10]，五藏宁，四肢强，思虑恂达，耳目聪明；其用心不劳，其应物无方[11]。天不得不高，地不得不广，日月不得不行，万物不得不昌，此其道欤[12]？且夫博之不必知，辩之不必慧，圣人已断之矣[13]。若夫益之而不加益，损之而不加损者[14]，圣人之所保也[15]。渊渊乎其若海，巍巍乎其若山[16]，终则复始也，运量万物而不遗[17]。则君子之道，彼其外欤[18]？万物皆往资焉而不匮，此其道欤？[19]

"中国有人焉，非阴非阳，处于天地之间，直且为人，将返于宗[20]。自本观之[21]，生者，喑噫物也[22]；虽有寿夭，相去几何？须臾之说也[23]。奚足以为尧桀之是非[24]？果蓏有理，人伦虽难，所以相齿[25]；圣人遭之而不违，过之而不守[26]。调而应之，德也[27]；偶而应之，道也[28]；帝之所兴，王之所起也。[29]

"人生天地之间，若白驹之过隙，忽然而已[30]。注然勃然，莫不出焉；油然漻然，莫不入焉[31]；已化而生，又化而死。生物哀之，人类悲之；解其天弢，堕其天袠[32]。纷乎宛乎，魂魄将往，乃身从之，乃大归乎[33]？不形之形，形之不形[34]，是至人之所同知也[35]。非将至之所务也，此众人之所同论也[36]。彼至则不论，论则不至[37]。明见无值，辩不若默[38]。道不可闻，闻不若塞[39]，此之谓大得。"[40]

今译

孔子问老聃说："今天安闲，请问至道？"

老聃说："你先斋戒，漱洗你的德心，澡雪你的精神，击溃你的心知。道，幽冥晦藏而难以言说啊！我将为你言说概略：昭明之物生于幽冥之道，有形之物生于无形之道，人的精神同样生于天道。有形万物之本生于元气之精，而后万物以不同形状相互衍生，所以九窍之物胎生，八窍之物卵生。天道来无形迹，去无际崖，出入无门居处无房，四通八达博大堂皇。顺应天道之人，五藏安宁，四肢强健，思虑通达，耳聪目明；运用德心不会疲劳，因应外物不圉一方。苍天不得道施之德不能高远，大地不得道施之德不能广袤，日月不得道施之德不能运行，万物不得道施之德不能昌盛，这些岂非天道之显征？博学者未必有真知，善辩者未必有智慧，圣人早已裁断了。人为增益不能使之增益，人为减损不能使之减损的，就是圣人保有的天道。渊深啊天道如海，巍然啊天道如山，终结以后又重新开始，运载万物却不遗一物。那么君子之道，怎能在于彼道之外呢？万物都往彼取资却永不匮乏，这才是至道吧？

"中国有人，负阴抱阳，处于天地之间，只是暂寄人形，终将返归本宗。以本宗之道观之，生命，仅是无言天道噫吐元气所成之物；虽有长寿早夭，相差又有多少？说起来只有须臾之别。何足以议论唐尧、夏桀的是非？树果、地瓜各有其理，人伦之理尽管繁难，无非长幼相齿之序。圣人遭遇外境不违长幼相齿之序，他人违过也不泥守年齿须臾之别。调适自己而因应外境，必须因循真德；匹偶万物而因应外境，必须顺应天道；天帝凭此而兴，人王凭此而起。

"人生天地之间，有如白驹跃过缝隙，一闪而过罢了。万物注然勃然地兴起，无不出于天道；万物油然漻然地迁化，无不返入天道；已然物化而生，又将物化而死。生物哀伤其死，人类悲苦其亡；其实死亡解脱了他们的天然皮囊，废除了他们的天然禁锢。纷纭宛转，魂魄即将往归，身形跟从往归，不是大归吗？从无形之气至于有形之物，再从有形之物至于无形之气，这是至人同知的至理。以为洞观死生并非达至天道的要务，这是众人同持的妄论。至人已达至境所以从不妄论，众人妄论所以未达至境。明确的断见没有价值，雄辩的言语不如沉默。道不可闻，有闻不如塞耳，这才是大有所得。"

校注

[1] 敢问至道：第一、第四章业已反复言明人不能"知道"、"得道"、"有道"，故本章孔子所问"至道"，乃指"道术"。

〔2〕疏瀹 yuè：疏通、洗濯。"疏"或通"漱"，"漱瀹"义同"澡雪"。○四句义同蔺撰《山木》"洗心"，均本《人间世》"心斋"。《人间世》"心斋"，由真际孔子（庄学代言人）教诲颜回，本章则由老子教诲实际孔子。

〔3〕将为汝言其崖略：义承《大宗师》"我为汝言其大略"。魏撰《田子方》"尝为汝议乎其将"亦然。

〔4〕"夫昭昭"三句：均谓"物生于道"。"昭昭"、"有伦"、"精神"，均谓物。"冥冥"、"无形"、"道"，均谓道。

〔5〕形本生于精，而万物以形相生：精，元气最小单位，万物始基。句谓有形万物之"本"，就是万物始基之"精"，而后万物以不同形状推衍产生。○二句义同蔺撰《寓言》"万物皆种，以不同形相禅"。均本《大宗师》"万化未始有极，弊而复新"。

〔6〕故九窍者胎生，八窍者卵生：二句举例，譬解前义。○成疏："人兽九窍而胎生，禽鱼八窍而卵生。"人与兽，上七窍，下二窍。禽与鱼，上七窍，下一窍。

【辨析二】"精"、"种"相同，即属同类，故物"德"、物"理"皆大同。"精"、"种"相异，即属异类，故物"德"、物"理"皆小异。"精"、"种"、"德"、"理"大同小异之万物，均属"通天下一气"（上文），故曰"万物殊理"（魏撰《则阳》）同道。○合观《大宗师》"万化未始有极，弊而复新"，蔺撰《寓言》"万物皆种也，以不同形相禅"，魏撰《知北游》"形本生于精，而万物以形相生"，庄子及其弟子概括的"物化"原理，即"以精为本，以形相禅，弊而复新，形异质同"。"精"同"神"（本篇二见、外杂篇八见"精神"），故庄学是主张"形/神"相合的"气一元论"。魏晋以降多以为庄学是主张"形/神"相离的"理气二元论"，不合庄学。

〔7〕其来无迹，其往无崖："其"即道。道无形迹，亦无际崖。

〔8〕无门无房：道无入口，亦无畛域。义本《齐物论》"道未始有封"。

〔9〕四达之皇皇：皇，堂皇，盛大。道四达于"六合之内"，居于"六合之外"，万物之上。义本《大宗师》"在太极之上，在六极之下"。○"夫昭昭生于冥冥"至此十一句，均言本体论之"道体"。

〔10〕邀于此者：邀，同"徼"，循也（俞樾引《说文》）。此，道体。

至人因循本体论之"道体"。

〔11〕恂xún达：迅疾通达。恂，借为"侚"（孙诒让）。《说文》："侚，疾也。"

无方：道术（《大宗师》，《秋水》辨析四）。○"邀于此者"至此七句，均言认识论之"道术"。

【校勘】"四肢强"上，旧脱"五藏宁"三字。武延绪据《文子·道原》有此三字校补。○"四肢强"下，奚侗疑脱"良"字，王叔岷疑脱"梁"字，说皆未允。

〔12〕"天不得不高"五句：前四句省略"道"，第五句点破"道"。义为"天不得（道）不高，地不得（道）不广，日月不得（道）不行，万物不得（道）不昌"。○郭象反注："言此皆不得不然而自然耳，非道能使然也。"

〔13〕博之不必知，辩之不必慧：化用《老子》"善者不辩，辩者不善。知者不博，博者不知"。○"圣人"隐指老子。

〔14〕益之而不加益，损之而不加损者：隐指"天道"。参看魏撰《秋水》"万川归之，不知何时止而不盈；尾闾泄之，不知何时已而不虚"，"禹之时十年九潦，而水弗为加益；汤之时八年七旱，而崖不为加损"。均本《齐物论》"无益损乎其真"。

〔15〕圣人之所保也：圣人保有天道，不予损益。○《大宗师》"不以心损道，不以人助天"。

〔16〕渊渊乎其若海，巍巍乎其若山：二"其"均谓道。

【校勘】"若山"二字旧脱，与上句不谐。马叙伦、王叔岷、陈鼓应校补。

〔17〕终则复始也，运量万物而不遗：天道循环往复，运载万物而不遗一物。○前句义本《大宗师》"返复终始，不知端倪"。后句参看或撰《天运》"道可载尔与之俱"。

【校勘】郭象为自圆"独化"谬说，据下文"万物皆往资焉而不匮"（义与此异），篡改此"遗"为"匮"（证见郭注"故不匮"），义不可通。林希逸、刘文典、于省吾、王叔岷、陈鼓应、方勇、陆永品据《庄子阙误》文如海本、刘得一本、《易传·系辞》"曲成万物而不遗"校正。

〔18〕君子之道，彼其外欤：老聃反问孔子，你所倡导的君子之道，能否外在于遍在永在的天道？

〔19〕万物皆往资焉而不匮，此其道欤：上扣第二章"六合为巨，未离其内；秋毫为小，待之成体"。老聃反问孔子，适用于万物的，岂非才是真道？你的君子之道不适用于小人，所以并非真道。○二句明谓"道不匮"。郭象反注："我不匮。"

◎老言第一层：道难尽言，仅言大略；道载万物，不遗一物。

〔20〕"中国有人焉"五句：人，人类。人类非阴非阳，处于天地之间，暂为人形，终将返归于道。

〔21〕自本观之：义同魏撰《秋水》"以道观之"。

〔22〕暗 yīn：无言。上扣第二章"天地有大美而不言"。

噫 ài：吐气。饱出息（《说文》）。语本《齐物论》"大块噫气"。

生者，暗噫物也：生者，乃是无言天道噫吐元气所成之物。

【校勘】"噫"旧讹为"醷"yì，形近而讹。奚侗、王叔岷据成疏、《一切经音义》十五均作"暗噫"校正。○成疏："暗噫，气聚也。"奚侗："醷当作噫。《一切经音义》十五：'暗噫，大呼也。《说文》：饱出息也。'"

〔23〕"虽有寿夭"三句：万物虽有寿夭，与"先天地生而不为久，长于上古而不为老"（《大宗师》）的天道相比，相去多少？须臾而已。

〔24〕奚足以为尧桀之是非：人道之是非，并非天道之是非。○魏撰《秋水》"计人之所知，不若其所不知；其生之时，不若未生之时。以其至小，求穷其至大之域，是故迷乱而不能自得也"。

〔25〕果蓏 luǒ：语见《人间世》。在树曰果，在地曰蓏（成疏）。

果蓏有理：果、蓏各有其理。此句譬解"万物殊理"（魏撰《则阳》），蕴涵"万物同道"。

人伦虽难，所以相齿：人伦之理虽然繁难，无非长幼相齿之序。○老聃教诲孔子，不应鼓吹违背天道、"以隶相尊"（《齐物论》）的宗法伦理。

〔26〕圣人遭之而不违，过之而不守：圣人遭遇外境，不违长幼相齿之理。他人违过，也不泥守长幼相齿之理。○老聃教诲孔子，不应拔高人

伦"相齿"之理为天地之道。因为寿夭须臾，"相去几何"，年齿亦然。故尧"不违"人伦而桀"过之"，无须"誉尧而非桀"，而当"两忘而化其道"（《大宗师》）。

〔27〕调而应之，德也：调适自我而因应外境，必须"因循内德"（庄学真谛）。

〔28〕偶而应之，道也：匹偶万物而因应外境，必须"顺应天道"（庄学宗旨）。

〔29〕帝之所兴，王之所起也：帝，天帝。王，人王。老聃教诲孔子，天"帝"之兴，人"王"之起，无不"因循内德，顺应天道"。〇"帝"、"王"二字分属二句，不可连读（《应帝王》题解）。

◎老言第二层：天地阴阳，以道为宗；万物殊理，无不同道。

〔30〕"人生天地之间"三句：本篇名言，影响深远。参看魏撰《盗跖》"操有时之具，而托于无穷之间，忽然无异骐骥之驰过隙也"。〇老聃教诲孔子，人生短暂，理应信仰"因循内德，顺应天道"。

〔31〕澎 liú：变化貌（《博雅》）。〇"出"、"入"谓"生"、"死"，义本《老子》"出生，入死"。

〔32〕解其天弢，堕其天褰：弢 tāo，弓衣（陆释引《字林》），弓袋。褰 zhì，箭衣，箭袋。"天弢"、"天褰"譬解身形为天道赋予万物的暂时皮囊，即"天地之委蜕"（上章）。句谓彻悟死为"帝之悬解"，即可"安时处顺"。〇《德充符》"以死生为一条"，《大宗师》"知死生存亡之一体"。

〔33〕"纷乎宛乎"四句：生命既死，身形、德心无不复归元气。上扣首章"人之生，气之聚也；聚则为生，散则为死"。〇参看魏撰《秋水》"视死如归"，魏撰《田子方》"死有所乎归"。均本《齐物论》"不知其所归，可不哀邪"、"予恶乎知恶死之非弱丧而不知归者邪"。

〔34〕不形之形，形之不形：二"之"均训"往"、"至"。万物从无形变为有形，又从有形变为无形。〇二句言造化主宰的物化，生死循环无尽。参看蔺撰《至乐》所引庄言"杂乎芒芴之间，变而有气，气变而有形，形变而有生，今又变而之死，是相与为春秋冬夏四时行也"。以四季循环无尽，譬解生死循环无尽。

［35］是至人之所同知也：生死循环无尽，为至人所同知。

【校勘】"至"字旧脱，"至人"与下句"众人"对举，否则义不可通。至人"至则不论"（下句）、"知者不言"（首章）。众人"论则不至"（下句）、"言者不知"（首章）。

［36］非将至之所务也，此众人之所同论也：（认为洞观生死循环）并非将至天道的要务，这是众人同持的妄论。○老聃教诲孔子，不知生死循环，必然不知人生要务。隐斥孔子之言"未知生，焉知死"（《论语·先进》）。

［37］彼至则不论、辩不若默：二句均扣上句"至人之所同知"，兼扣首章"知者不言"。

［38］论则不至、明见无值：二句均扣上句"众人之所同论"，兼扣首章"言者不知"。

［39］道不可闻，闻不若塞：老聃言毕，致无假言。义同第八章"道不可闻，闻而非也"。

［40］此之谓大得：这就是大有所得（得于道体之道术）。

◎老言第三层：人生短暂，天道永恒；道体难知，道术可得。

●第五老聃教孔章：孔子问道，老聃教之；虽言崖略，辩不若默。

六

东郭子问于庄子曰[1]："所谓道，恶乎在？"[2]

庄子曰："无所不在。"[3]

东郭子曰："期而后可。"[4]

庄子曰："在蝼蚁。"

曰："何其下邪？"

曰："在稊稗。"

曰："何其愈下邪？"

曰："在瓦甓。"

曰："何其愈甚邪?"

曰："在屎尿。"

东郭子不应。[5]

庄子曰："夫子之问也，固不及质[6]。正获之问于监市，履
狶也，每下愈况[7]。汝唯莫必，无乎逃物[8]。至道若是，言大
亦然[9]。周、遍、咸三者[10]，异名同实，其指一也[11]。尝相
与游乎无何有之宫[12]，同合而论，无所终穷乎?[13]尝相与无为
乎? 澹而静乎? 漠而清乎? 调而闲乎[14]? 寥矣吾志，既往焉，
而不知其所至；去而来，而不知其所止[15]。吾已往来焉，而不
知其所终，彷徨乎冯闳[16]。大知入焉，而不知其所穷[17]。物物
者，与物无际[18]；而物有际者，所谓物际者也[19]。不际之际，
际之不际者也，谓盈虚长杀[20]。彼为盈虚，非盈虚；彼为长杀，
非长杀；彼为本末，非本末；彼为积散，非积散也。"[21]

今译

东郭子问庄子说："所谓天道，究竟何在?"

庄子说："无所不在。"

东郭子说："期待指实而后认可。"

庄子说："在于蝼蛄、蚂蚁。"

东郭子问："为何如此卑下?"

庄子说："在于稊米、稗草。"

东郭子问："为何愈加卑下?"

庄子说："在于瓦片、砖头。"

东郭子问："为何更为卑下?"

庄子说："在于粪便、尿水。"

东郭子闭口不应。

庄子说："夫子之问，原本未及本质。市场小吏正获询问屠夫猪的肥
瘦，屠夫踩踩猪脚，因为越近下端越能比况肥瘦。除非你不要我指实，否

则无法逃离具体之物。至道既在这些小物，那么大物更是如此。周、遍、咸三名，名相虽异实质却同，所指之义实一。尝试共同遨游于无何有之宫，齐同综合万物而论，不能终结穷尽天道吧？只能共同无为吧？只能淡泊而寂静吧？只能淡漠而清虚吧？只能调和而闲适吧？寂寥啊吾人的心志，已经前往，却不知至于何处；去而复来，又不知止于何处。吾人已往又来，却不知天道终极，只能彷徨于广漠之野。大知入于无何有之宫，也不知天道终极。驾驭万物的天道，与万物没有界限；而万物各有界限，正是万物的界限。无限天道的界限，是在有限万物之中呈现其无限，就是说呈现于万物的盈亏生杀。万物的盈亏，并非天道自身的盈亏；万物的生杀，并非天道自身的生杀；万物的本末，并非天道自身的本末；万物的积散，并非天道自身的积散。"

校注

[1]东郭子：居于东郭，实有其人。年或长于庄子，故庄子称为"夫子"。○成疏、陈景元认为《知北游》"东郭子"即《田子方》"东郭顺子"（田子方之师），无据。田子方与魏文侯同时，庄子与魏文侯之孙魏惠王同时，相距百年。田子方之师为孔子弟子子夏或子贡，"东郭顺子"纯属虚构。"东郭子"问道庄子，虽非魏牟亲历亲闻，却是转闻于师之实录。

[2]所谓道，恶乎在：此问"道体"，非问"道术"。

[3]无所不在："道体"遍在万物（"道术"仅在至人）。上扣二章"六合为巨，未离其内；秋毫为小，待之成体。"参看《齐物论》"道恶乎往而不存"，《大宗师》"圣人将游于物之所不得遁而皆存"。

[4]期而后可：东郭子期待庄子指实道之所在，而后方予认可。

[5]蝼 lóu 蚁：蝼蛄、蚂蚁。稊 tí 稗 bài：稊米、稗草。瓦甓 pì：瓦片、砖头。

东郭子不应：庄子指实道体"在蝼蚁"、"在稊稗"、"在瓦甓"、"在屎尿"之后，东郭子不予认可，不信道体在于如此卑下之物。○东郭子视"屎尿"为"臭腐"，未明"臭腐复化为神奇，神奇复化为臭腐"（首章），未明天道"运量万物而不遗"一物（上章）。

[6]夫子之问也，固不及质："不及质"非谓首问"道恶乎在"，乃谓后三问"何其下邪"、"何其愈下邪"、"何其愈甚邪"。○东郭子被庙堂伪道"道在君子，不在小人"黥劓，以为道在高贵之物，不在卑贱之物。庄子谓其成心在胸，后三问皆"不及质"。

[7]正获：正，亭卒也（李颐），市令也（成疏）。获，其名也（李颐、成疏）。○管理市场之小吏名获，当属东郭子、庄子共知的同时之人。可证本章之为实录。

监市：市魁也，即今屠卒（李颐、成疏）。正获之问于监市：市场小吏获问屠夫猪之肥瘦。

履狶 xī 也，每下愈况：踩猪验肥瘦，愈近下面愈能比况。○后世成语转为"每况愈下"。

[8]汝唯莫必，无乎逃物：除非你不要我指实，否则无法逃离具体之物。○"无乎逃物"乃谓指实道体所在，不能逃离万物（因为万物不能逃离道体）。郭象反注："道不逃物。"

[9]至道若是，言大亦然：至道既然在于以上所言小物，那么若言大物亦然。○"道在小物"蕴涵"道在大物"，"道在大物"不蕴涵"道在小物"，故庄子上文仅言小物。

【校勘】"言大"旧倒为"大言"，当属郭象为自圆谬解"褒大言、贬小言"而妄改，义不可通，本书复原。上文"言小"物，此句"言大"物，不涉"小言"、"大言"。○宣颖："汝以我前四言为琐小，不知虽大言之，亦与四者同耳。"刘凤苞："四者特举其至小者言之耳，更易广大之言，亦无加乎此。"皆明文义，又均囿于倒文"大言"。宣语"虽大言之"，意为"虽言大物"。刘语"更易广大之言"，意为"更言广大之物"。

[10]周、遍、咸三者："道之质"周在、遍在、咸在万物。东郭子"不及质"，故惊异于"道在小物"。○《庄子》佚文："遍谓周曰：吾知道近乎无内，远乎无外。"当属慕庄后学综合魏撰《知北游》所引庄言"周、遍、咸"，魏撰《惠施》"至大无外，至小无内"，演为寓言。后被郭象删去。

[11]异名同实，其指一也：三名异名同实，其指（旨）实一。

［12］尝相与游乎无何有之宫：邀请东郭子同游无何有之宫。"无何有之宫"语本《逍遥游》"无何有之乡"。"无何有"意为"致无一切物德之自得性持有"。

［13］同合而论，无所终穷乎：齐同综合万物而论，不能终结穷尽天道吧？○此谓道体遍在万物，但是遍举万物，仍然不能终结穷尽天道。

［14］"尝相与无为乎"四句：既然人难终结穷尽天道，因此只能无为、澹静、漠清、调闲，即"无何有"（致无一切物德之自得性持有）。

［15］"寥矣吾志"五句：吾人心志之寂寥，在于不能尽知天道，因此欲往而不知至于何处，欲来而不知止于何所。

【校勘】"既"原作"无"，后讹为"无"，形近而讹。王叔岷据下句"去而来，而不知其所止"、下文"吾已往来焉，而不知其所终"校正："'无往'，自无所至，何待言'不适其所至'？'无'盖'无'之形近而讹。'无'，古'既'字。郭氏不知误字而强说。"○王辨甚是。《应帝王》"既其文"，"既"旧作"无"，后亦讹为"无其文"。

［16］冯 píng 闳：馮（冯），同"憑"（凭），皮冰反（陆释），训"气"。闳，同"宏"。义同《逍遥游》形容"无何有之乡"的"广漠之野"。

吾已往来焉，而不知其所终，彷徨乎冯闳：吾人"往来"（往归于道而死，来自于道而复生），仍难尽知天道终极（不能入于天道），因此只能因循真德而彷徨自适。

［17］大知入焉，而不知其所穷：大知自矜入于天道，仍然不知天道终极。○"大知"与上句之"吾"对比，隐斥"大知"之"自得"。若据郭象反注，以为庄子褒扬"大知"，则是庄子（吾）自矜"大知"（按郭义即至人），义不可通。

［18］物物者，与物无际："物物者"，构词法同于《大宗师》"生生者"，均谓道。参看下文第十一章"物物者非物"。"际"同"限"。"道未始有封"（《齐物论》），与物没有界限，遍在万物。

［19］而物有际者，所谓物际者也："物有封"（《齐物论》），所以自身有界限，与别物也有界限。

［20］不际：承上，"道"之变文。盈虚长杀：盈满、亏虚、生长、消杀。

下文"本末"、"积散"同训。四语均为《齐物论》"成亏"、"成毁"之变文。

不际之际，际之不际者也，谓盈虚长杀：无限天道的有限（表象），是在有限万物之中呈现其无限（本质），就是说（天道的无限呈现于）万物的盈虚长杀、循环往复。〇三句表述特殊，融会庄学，其义即明。

【校勘】三"長（长）杀"，旧皆讹为"衰杀"，形近而讹。王叔岷校正。

[21]"彼为盈虚"八句：万物的盈虚、长杀、本末、积散，并非天道的盈虚、长杀、本末、积散。〇《齐物论》"有成与亏，故昭氏之鼓琴也；无成与亏，故昭氏之不鼓琴也"。物有际限，故有成亏。道无际限，故无成亏。

●第六东郭问道章：庄论道体，遍在万物；物有成亏，道无成亏。

七

姽荷甘与神农同学于老龙吉。[1]

神农隐几[2]，阖户昼瞑。[3]

姽荷甘日中㤕户而入曰："老龙死矣。"[4]

神农拥杖而起，嚗然放杖而叹曰[5]："天知予僻陋慢诞[6]，故弃予而死。已矣！夫子无所发予之狂言而死矣夫？"[7]

弇堈吊，闻之曰[8]："夫体道者，天下之君子所系焉[9]。今于道，秋毫之端万分未得处一焉，而犹知藏其狂言而死，又况夫体道者乎[10]？视之无形，听之无声[11]，于人之论者，谓之冥冥[12]。所以论道，而非道也。"[13]

今译

姽荷甘与神农共同向老龙吉学习道术。

神农靠着凭几，关上房门白天睡觉。

姽荷甘中午推门而入说："老龙死了。"

神农拄着拐杖站起来，剥的一声扔掉拐杖感叹说："天知晓我乖僻浅陋散慢放诞，所以抛弃我而死。完了！夫子不留启发我的狂言就死了吗？"

弇堈前来吊丧，闻知以后说："体悟天道的至人，为天下的君子所敬仰。如今老龙吉对于天道，秋毫末端的万分之一尚未得到，却仍知自藏狂言而死，又何况体悟天道的至人呢？天道视之无形，听之无声，对于谈论天道之人，天道可谓幽冥深藏。用于谈论天道的名相，并非天道的实体。"

校注

[1] 妸ē荷甘与神农同学于老龙吉：仿拟《德充符》"申徒嘉与郑子产同师于伯昏无人"。伯昏无人、老龙吉均不出场。○钟泰："老龙吉，意指伏羲。《左传·昭公十七年》：'大皞氏以龙纪。'大皞氏即伏羲。神农继伏羲而王，故曰学于老龙吉。神农始教民稼穑。妸荷甘，意取于稼穑。《尚书·洪范传》'稼穑作甘'是也。"

[2] 神农隐几：仿拟《齐物论》"南郭子綦隐几"。

[3] 阖户昼瞑：上扣第三章"言未卒，啮缺睡寐"。○"昼瞑"或反讽孔子斥宰予"昼寝"为"朽木不可雕"（《论语·公冶长》）。

[4] 夌zhà户而入：夌，打开。推门而入。

[5] 嚗bó：拟声词。

【校勘】"拥杖"前，旧衍"隐几"二字。俞樾、王叔岷、陈鼓应、方勇、陆永品据成疏注引均无"隐几"校正。○"嘆"（叹）旧讹为"咲"（笑），形近而讹。后变为"笑"，义不可通。王叔岷校正："嘆误为咲，因易为笑耳。"

[6] 天：神农敬称老龙吉。《在宥》黄帝对广成子、云将对鸿蒙，《百里奚》文王对臧丈人，均称为"天"。

【校勘】"诞"旧作"訑"，异体字。刘文典、王叔岷、陈鼓应据《白孔六帖》八八、《太平御览》七八引文均作"诞"校正。

[7] 发予：启发我。狂言：字面义，疯话。深层义，至言（反对庙堂伪道之言）。义本《逍遥游》肩吾以接舆之言为"狂"而"不信"。又《德

充符》称"楚狂接舆"，《应帝王》称"狂接舆"。

[8] 弇yǎn堈gāng：虚构至人。弇，盖也（《说文》、《尔雅》）。堈，同"缸"。其名寓意，本如酒缸内之醯鸡，今其覆已发，已知天地之大全。参看魏撰《田子方》孔言"丘之于道也，其犹醯鸡欤？微夫子之发吾覆也，吾不知天地之大全也"。

吊：吊丧。○李颐误释"弇堈吊"为人名。宣颖驳正："弇堈来吊也。"王先谦是之。

[9]"夫体道者"二句：天下君子均欲闻道于体道者。

[10]"今于道"四句：老龙吉虽为至人，所得于道，不及秋毫之端的万分之一，仍知藏之而不妄言，何况体道者呢？○上扣第一章"知者不言"，第五章"至则不论"、"辩不若默"。

[11] 视之无形，听之无声：义本《老子》"视之不见名曰夷，听之不闻名曰希，搏之不得名曰微"。

[12] 于人之论者，谓之冥冥：对于谈论天道之人，天道可谓幽冥深藏。○上扣第一章"言者不知"，第五章"论则不至"、"明见无值"。

[13] 所以论道，而非道也：义本《齐物论》"一与言为二"。○严复："道与论道，截然两事。"

●第七神农闻道章：体道越深，越不妄言；名相之道，并非实体之道。

八

泰清问乎无穷曰："子知道乎？"

无穷曰："吾不知。"[1]

又问乎无为。

无为曰："吾知道。"[2]

曰："子之知道，亦有数乎？"[3]

曰："有。"

曰："其数若何？"[4]

无为曰："吾知道之可以贵，可以贱，可以约，可以散。此吾所以知道之数也。"[5]

泰清以之言也问乎无始曰："若是，则无穷之弗知，与无为之知，孰是而孰非乎?"[6]

无始曰："不知深矣，知之浅矣[7]；弗知内矣，知之外矣。"[8]

于是泰清仰而叹曰[9]："弗知乃知乎? 知乃不知乎? 孰知不知之知、知之不知乎?"[10]

无始曰："道不可闻，闻而非也[11]；道不可见，见而非也[12]；道不可言，言而非也[13]。孰知形形之不形乎[14]? 道不当名。"[15]

无始曰[16]："有问道而应之者，不知道也[17]；虽问道者，亦未闻道[18]。道无问，问无应[19]。无问问之，是问穷也[20]；无应应之，是无内也[21]。以无内，待问穷[22]，若是者，外不观乎宇宙，内不知乎太初[23]，是以不过乎昆仑，不游乎太虚。"[24]

今译

泰清问无穷说："你知道吗?"

无穷说："我不知。"

又问无为。

无为说："我知道。"

问："你的知道，可有路径?"

说："有。"

问："路径如何?"

无为说："我知道可以使人高贵，可以使人低贱，可以使人自我约束，可以使人自我散漫。这是我用于知晓天道的路径。"

泰清以无为之言请教无始说："像这样，那么无穷的不知，与无为的知，谁是谁非呢?"

无始说："自知无知的人深邃，自矜有知的人浅陋；自知无知的人在道之内，自矜有知的人在道之外。"

于是泰清仰天叹息说："自知无知方为真知吗？自矜有知实为不知吗？谁能知晓自知无知方为真知、自矜有知实为无知呢？"

无始说："道不可闻，可闻之道必非真道；道不可见，可见之道必非真道；道不可言，可言之道必非真道。谁能知晓形塑有形万物的道体是无形的呢？道体不当求诸名相。"

无始又说："有人询问道体而予回应之人，不知道体；询问道体之人，也未得闻道术。道体不可询问，询问不可回应。不可询问却询问，这是叩问虚空；不可回应却回应，这是内心没有道术。内心没有道术，却应对无穷追问，如此之人，外不能观照宇宙表象，内不能知解太初之道，因此不能越过昆仑之巅，遑论神游太虚之境。"

校注

［1］【校勘】章首旧衍"于是"二字。情节和人物无关的两章寓言之间有连缀语，仅此孤例。当涉下文"于是泰清仰而叹曰"而误衍。张默生校删。

泰清：虚构小知，略同首章之"知"。

无穷：虚构至人，略同首章之"无为谓"。故谓"吾不知（道）"。○无穷之自谓"吾不知"，仿拟蔺撰《达生》吕梁丈夫之自谓"吾无道"，下文无始赞之。

［2］无为：虚构大知，略同首章之"黄帝"。故谓"吾知道"。○无为之自矜"吾知道"，仿拟蔺撰《达生》承蜩丈人之自矜"我有道"，下文无始斥之。撰者以"无为"命名反面角色，隐斥其不知"无不为"。

［3］道，亦有数乎：数，同"术"。《说文》："術，邑中道也。"此问"道之径"，即如何能够知道。

［4］其数若何："道之径"为何。

［5］约：约束。散：散漫。○"吾知道"五句，旧多视为正面主张。泰清问"道之径"，无为答"道之用"，不仅答非所问，而且违背庄义，又违背魏撰《秋水》"以道观之，物无贵贱"，下文无始斥之。参看《老子》："（道）不可得而亲，亦不可得而疏；不可得而利，亦不可得而害；不可得

而贵，亦不可得而贱。"

［6］"若是"四句：泰清此问，义同首章知问黄帝："我与若知之，彼与彼不知也，其孰是邪？"

［7］不知深矣、弗知内矣：无穷自谓"吾不知"，无始赞其"深"而"内"。

［8］知之浅矣、知之外矣：无为自矜"吾知道"，无始斥其"浅"而"外"。

［9］【校勘】"仰"原作"卬"，后讹为"中"，形近而讹。褚伯秀、奚侗、于鬯、刘文典、王叔岷、陈鼓应、方勇、陆永品据陆释引崔譔本作"卬"、《淮南子·道应训》均作"仰"、《泰初》"为圃者仰而视之"之"仰"旧亦作"卬"、《庚桑楚》"南荣趎仰而叹曰"校正。

［10］弗知乃知、知乃不知：抉发庄学至境"至知不知"。义本《齐物论》"知止其所不知，至矣"。○魏撰《管仲》"其知之也，似不知之也。不知，而后知之"，刘安版新外篇《在宥》"若彼知之，乃是离之"。

孰知不知之知、知之不知乎：仿拟《齐物论》"庸讵知吾所谓知之非不知邪？庸讵知吾所谓不知之非知邪？"

【校勘】"知之不知乎"五字旧脱。奚侗、马叙伦、刘文典、王叔岷据《淮南子·道应训》"孰知知之为弗知，弗知为知邪"、《齐物论》"庸讵知吾所谓知之非不知邪？庸讵知吾所谓不知之非知邪"校补。

［11］道不可闻，闻而非也：上扣第五章"道不可闻，闻不若塞"。○旧多牵扯《大宗师》"吾闻道"与《知北游》"道不可闻"，妄斥庄子矛盾。《大宗师》乃言"道术"，《知北游》乃言"道体"（《大宗师》辨析十三）。

［12］道不可见，见而非也：上扣第二章"昏然若亡而存，油然不形而神"。语本《大宗师》"道……不可见"。

［13］道不可言，言而非也：上扣第七章"所以论道，而非道也"。义本《齐物论》"一与言为二"。

［14］形形之不形：义同下文第十一章"物物者非物"。句法略同《大宗师》"生生者不生"。

【校勘】"知"前，旧脱"孰"字。奚侗、刘文典、王叔岷据《淮南子·道应训》"知"前有"孰"字校补。

[15] 道不当名：先秦学术"形/名"对举。道既不"形"，故不当"名"。义本《老子》"道可道，非恒道；名可名，非恒名"，"吾不知其名，字之曰道"。古人"姓"从父，"名"为主，"字"为辅，老聃不言"名之曰道"，而言"字之曰道"，意为"道"非道体之"恒名"，仅为道体之假名。参看魏撰《则阳》"道之为名，所假而行"。

[16]【校勘】"某甲曰"之后又接"某甲曰"，仅此孤例。此处"无始曰"前，当脱泰清问语。○若未脱泰清问语，则"无始曰"三字误衍，以下数句均非无始之言，而是撰者之章末卮言（其例甚多）。

[17] 有问道而应之者，不知道也：泰清问道，无为应之"吾知道"，乃因"不知道"。○上扣首章"言者不知"。

[18] 虽问道者，亦未闻道：泰清问道于人，乃是误以为可以闻道（道体）于人，乃因"未闻道"（道术）。○"道术"首义：人难尽知"道体"。只可绝对信仰而顺应，不可自矜尽知而妄言。

[19] 道无问，问无应：道体不可问，若有人问，不可回应。○上扣首章"三问而无为谓不答"。

[20] 无问问之，是问穷也：道体不可问，而竟问之，就是欲问无穷。○《逍遥游》"无极之外，复无极也"。

[21] 无应应之，是无内也：道体不可应，而竟应之，就是内无道术。○本章之"道"，或谓"道体"，或谓"道术"。旧多不明二者之异（《大宗师》辨析十二），故而难明文义。

[22] 以无内，待问穷：内无道术，应对无穷追问。

[23] 宇宙：宇宙万物。太初：终极初始。○"若是者"三句，略同魏撰《列御寇》"若是者，迷惑于宇宙，形累不知太初"。均谓众人耳目感官迷惑于宇宙万物之表象，德心被身形所累，不知终极初始。

[24] 昆仑：人间至高之山，隐喻俗谛至高之境。太虚：义本《逍遥游》"无何有之乡"，隐喻真谛之境。○二句乃谓众人尚且未悟俗谛，遑论领悟真谛（道术），距离天道（道体）遥远之极。

●第八泰清闻道章：众人矜知，知乃不知；至人忘知，不知乃知。

九

光曜问乎无有曰[1]：“夫子有乎？其无有乎？”

无有弗应也。[2]

光曜不得问，而熟视其状貌，窅然空然[3]，终日视之而不见，听之而不闻，搏之而不得也。[4]

光曜曰：“至矣！其孰能至此乎[5]？予能有无矣，而未能无无也[6]；及为无，有矣，何从至此哉？”[7]

今译

光曜问无有说：“夫子是有呢？还是没有呢？”

无有不予应答。

光曜未得答案，就细看无有的状貌，渺渺空空，整天看他也看不见，整天听他也听不到，整天摸他也摸不着。

光曜说：“至境啊！谁能达此至境呢？我能保有致无，而未能丧忘致无；有为于致无，仍属有境，怎能达至此境呢？”

校注

[1] 光曜 yào：虚构大知，其名意为外耀德光，反扣《老子》“光而不曜”、《齐物论》“葆光”。

无有：虚构至人，其名意为“致无其有”，正扣《逍遥游》“无何有”、《齐物论》“寓诸无”。

[2] 无有弗应也：上扣首章“三问而无为谓不答”、第八章“问无应”。

【校勘】“无有弗应也”五字旧脱，俞樾、刘文典、王叔岷、张默生、陈鼓应据《淮南子·道应训》“光曜不得问”上有“无有弗应也”校补。

［3］熟视其状貌，窅yǎo然空然：此言至人无有之"无己"、"无何有"（《逍遥游》），"丧我"、"寓诸无"（《齐物论》）。〇此言"道术"，非言"道体"。

［4］视之而不见，听之而不闻，搏之而不得：语本《老子》"视之不见名曰夷，听之不闻名曰希，搏之不得名曰微"。〇老言"道体"，此言"道术"。

［5］至矣！其孰能至此乎：至人无有，不仅能够致无（无），而且能够丧忘致无（无无），所以"光而不曜"（《老子》）、"才全而德不形"（《德充符》），达于至境。〇参看《齐物论》辨析三八"葆光"二义。

［6］予能有无矣，而未能无无也：大知光曜，能够保有致无（有无），未能丧忘致无（无无），所以"光而曜之"、"才全而德形"，仅达大境。

【辨析三】"予能有无"之"无"，"（予）未能无无"之后"无"，均训"无己"（道术）。旧多盲从郭象，误训为"道无"（道体），进而误释"有无"为"拥有道体"，然后谬解庄子主张"遣之"；误释"无无"为"致无道体"，然后谬解庄子主张"又遣"；最后谬解庄子主张"遣之又遣"（郭注）、"有无双遣"（成疏阐释郭注）。与第四章"汝身非汝有也，汝何得有夫道"抵牾。道体不可拥有，遑论致无。〇误释"无无"，导致《泰初》"泰初有无，无有无名"，亦被误断为"泰初有无无，有无名"。张湛伪《列子》兼承郭义"有无双遣"、佛义"非有非无"，遂多"无无"名相，义皆不通。

［7］及为无，有矣，何从至此哉：有为于致无，仍属有境，怎能达至此境呢？〇郭象以降，无不错误连读"及为无有矣"五字，源于误解上句之"无无"。冯友兰认为郭象之"有无双遣"，超越王弼、何晏之"崇无"，向秀、裴之"崇有"，合于佛义"非有非无"，达于哲学至高之境，源于误解上句之"无无"，源于错误连读"及为无有矣"，源于未明"葆光"二义。

●第九光曜闻道章：至人无有，葆光不曜；大知光曜，葆光而曜。

十

大马之捶钩者[1]，年八十矣，而不失毫芒。[2]
大马曰："子巧欤？有道欤？"[3]

曰："臣有守也[4]。臣之年二十而好捶钩，于物无视也，非钩无察也[5]。是用之者，假不用者也，以长得其用[6]。而况乎无不用者乎?[7]物孰不资焉?"[8]

今译

大司马家锤制腰带钩的工匠，年已八十岁了，锤制的腰带钩仍然分毫不差。

大司马问："你是手巧呢？还是有道呢？"

钩匠说："我是有所持守。我年方二十就爱好锤制腰带钩，对于别物从来不看，若非腰带钩从不注意。我能够用心于此处，是凭借不用心于别处，所以长得其用。何况无所不用的天道呢？何物不取资于天道呢？"

校注

[1]大马：大司马。捶：锻。钩：腰带钩。

[2]不失毫芒：义同蔺撰《达生》佝偻者承蜩"失者锱铢"。

[3]"大马曰：子巧欤？有道欤？"仿拟蔺撰《达生》："仲尼曰：子巧乎！有道邪？"○仲尼、大马之问，均属"虽问道者，亦未闻道"（第八章），蕴涵儒义"人可有道"，故蔺撰《达生》、魏撰《知北游》均予贬斥。

[4]臣有守也：我保有的只是持守物德。断然否定大马妄问"有道欤"。

【辨析四】王念孙引《达生》承蜩丈人"我有道也"，训"守"为"道"，释"臣有守"为"臣有道"。未明《达生》第二章承蜩丈人自矜"我有道"，已被《达生》第九章蹈水丈夫"吾无道"超越性否定。又与上文第四章"汝身非汝有也，汝何得有夫道"抵牾。○外杂篇言"守"八例：蔺撰《达生》"纯气之守"、"其天守全"，魏撰《秋水》"谨守而勿失"，或撰《天运》"杜隙守神"，刘安版新外篇《刻意》"纯素之道，唯神是守；守而勿失，与神为一"，刘安版新外篇《在宥》"守其一，以处其和"，刘安版新外篇《天道》所引庄言"极物之真，能守其本"。均言"守德"（葆德），无一训"道"。

［5］"臣之年"三句：义同蔺撰《达生》承蜩丈人之言"虽天地之大，万物之多，而唯蜩翼之知。吾不反不侧，不以万物易蜩之翼"，梓庆之言"臣将为鐻，未尝敢以耗气也，必斋以静心"。均本《逍遥游》"其神凝"。均言"守德"（葆德），均非"有道"。

［6］"是用之者"三句：德心之用，凭借于德心之不滥用，方能长得其用。○以上七句为本章第一层：必先守"德"，"德"始长用。

［7］无不用者："道"之变文。道"无所不在"（第六章庄子之言），故"无所不用"。

［8］物孰不资焉：上扣第五章"万物皆往资焉"。○以上二句为本章第二层。"德"之用，即为"道"之用，因为德资于道，德为道施。因此人虽难以尽知天道，仅须"因循内德"，即为"顺应天道"。

●第十大马捶钩章：唯德是守，葆德方可长用；德资于道，循德即为顺道。

十一

冉求问于仲尼曰[1]："未有天地，可知邪?"[2]

仲尼曰："可。古犹今也。"[3]

冉求失问而退，明日复见曰："昔者吾问：'未有天地，可知乎?'夫子曰：'可。古犹今也。'昔日吾昭然，今日吾昧然[4]。敢问何谓也?"

仲尼曰："昔之昭然也，神者先受之[5]；今之昧然也，且又为不神者求邪[6]? 无古无今，无始无终[7]。未有子而有孙，可乎?"[8]

冉求未对。

仲尼曰："已矣，未应矣[9]! 不以生生死，不以死死生[10]。死生有待邪? 皆有所一体[11]。有先天地生者物邪[12]? 物物者非物[13]。物固不得先物也，犹其有物也，犹其有物也无已[14]。圣人之爱人也终无已者，亦乃取于是者也。"[15]

今译

冉求问仲尼说:"未有天地之前的道,可否知晓?"

仲尼说:"可以。古时的道犹如今日的道。"

冉求不再有疑而告退,第二天又来问:"昨天我问:'未有天地之前的道,可否知晓',夫子说:'可以。古时的道犹如今日的道。'昨天我领悟,今天我困惑。请问是何缘故?"

仲尼说:"昨天你领悟,是通于神明的德心先天所能承受;今天你困惑,莫非又想越出不通神明的德心极限之外?道无古今,也无始终。没有子却有孙,可以吗?"

冉求回答不出。

仲尼说:"罢了,不必回答了!道不是为了生才创造死,也不是为了死才毁灭生。死、生岂有对待呢?都共存于一体。哪有先天地生的物呢?造物者不可能是物。物当然不能先于物,每物之前必有别物,追溯别物永无终止。圣人爱人永无终止,正是有取于生养万物的天道。"

校注

[1] 冉求(前522—前462):孔子弟子,字子有。小孔子二十九岁,曾为季氏宰。○冉求仅见本篇。名"求",字"有",隐扣第九章光曜之"有矣"。

仲尼:经第五章老聃教诲而改宗,本章、下章之孔子均为真际孔子、庄学代言人。进而教诲冉求、颜回改宗。

[2] 未有天地:"道"之变文。义同"未有天地之先"。

可知邪:吾人后于天地,可否知晓先于天地之道?

[3] 可。古犹今也:古之道即今之道,故吾人虽然后于天地,仍可知晓先于天地之道(的存在)。义同刘安版新外篇《骈拇》"天下有常然,古今不二"。○《大宗师》"夫道,未有天地,自古以固存"。冉求之问,即扣《大宗师》"未有天地"。孔子之答,既扣《大宗师》"自古以固存",又扣第

二章"（道）遍然而万物，自古以固存"。○郭象反注："言天地常存，乃无未有之时。"自圆上文之错误连读"万物自古以固存"。天地实非常存，亦有覆坠崩坏。

[4] 昔日吾昭然，今日吾昧然：冉求昨日得闻孔言"道可知"，以为"昭然"，今日思及"道不可知"，遂又"昧然"。○上文所言"道不可知"，乃谓"人难尽知天道"。本章孔言"道可知"，乃谓"天道遍在永在"之可知。冉求未明二义之异，故而"昧然"。

[5] 神者：德心。德资于道（上章），通于神明之道。

昔之昭然也，神者先受之：昨日之冉求，德心感悟于实体之道遍在永在万物，当即昭然。

[6] 不神者：名相。名相之道，不通于实体之道。

今之昧然也，且又为不神者求邪：今日之冉求，德心迷惑于名相之道淆乱难通，又思及"道不可知"，遂又昧然。

[7] 无古无今，无始无终：省略主语"道"。道无古今、始终，天地万物（道之"子"、"孙"）方有古今、始终。○参看第六章所引庄言：道无"长杀、盈虚、本末、积散"，物有"长杀、盈虚、本末、积散"。

[8] 未有子而有孙，可乎：道为天地万物之父母（老子"以道为母"，庄子"以天为父"）。无"道"，即无"道之子"（"古"、"始"的天地万物）。无"道之子"，即无"道之孙"（"今"、"终"的天地万物）。

【校勘】"未有子而有孙"，旧讹为"未有子孙而有子孙"，义不可通。○郭注"天地常存，乃无未有之时"，与原文"未有天地"抵牾。强合原义、郭义，即为"未有天地而有天地"，义不可通。盲从郭象者欲为不通之义弥缝，遂改原文"未有子而有孙"为"未有子孙而有子孙"，仍与原文"可乎"抵牾。

[9] 末：勿（郑玄、方勇、陆永品）。同"蔑"，训无（《小尔雅·广诂》）。

【校勘】"末"旧讹为"未"，形近而讹。方勇、陆永品据唐写本、褚伯秀本均作"末"校正。

[10] 不以生生死，不以死死生：省略主语"道"。"生死"之"生"，"死生"之"死"，均为动词，意为创造、毁灭。句义：道不以生为目的才创造

死，也不以死为目的才毁灭生。即谓万物之生死成毁，均非天道有意为之，而是天道之循环往复使然。

[11] 死生有待邪？皆有所一体：生死成毁均非天道有意为之，故不对待，实为一体。义本《齐物论》"其成也，毁也"、《大宗师》"死生存亡之一体"，上扣第一章"死生为徒，万物一也"、"通天下一气"。○第一章"生也死之徒"之郭注"不以死生为异"，尚合原义。本章"死生有待邪？皆有所一体"之郭注"死与生各自成一体"，既反本章原义，又与第一章郭注自相矛盾。

[12] 有先天地生者物邪：有先天地生的物吗？只有先天地生的道。

[13] 物物者："道"之变文。义同"造物者"（《大宗师》）。○此处"物物者"乃言"道体"。蔺撰《山木》所引庄言"物物而不物于物"乃言"道术"，故无"者"字。

物物者非物：造物者非物。○郭象反注："物物者无物，而物自物耳。"易"非"为"无"，遂反原义。

[14] "物固不得先物也"三句：任何一物均不能先于万物而成为"物物者"，因为此物之先，犹有彼物，彼物之先，犹有别物，追溯至终，必然溯至"非物"之道。唯有"非物"之道，方为"物物者"、"造物者"。○郭象反注："犹有物无已，明物之自然，非有使然也。"

【校勘】"固"旧讹为"出"，义不可通。吴汝纶校正。

[15] "圣人"两句：圣人泛爱人类和天地万物，乃是有取于天地万物和人类全体均为天道所生，故不可"代大匠斫"地"役物"、"治人"，只能齐一万物地"爱人"、"爱物"。○魏撰《则阳》"圣人爱人也终无已"，刘安版新外篇《在宥》"明乎物物者之非物也，岂独治天下百姓而已哉"，均证庄学反复论证天道之遍在永在、道生万物，旨在反对庙堂伪道"代大匠斫"地"治天下百姓"，主张天道人道"两行"（《齐物论》）。反庄学的郭象伪庄学之所以否定"道"之存在，旨在为庙堂伪道辩护，主张可以"代大匠斫"地"治天下百姓"，"名教即自然"。

●第十一孔教冉求章：道先天地，古今永存；天道生万物，圣人爱万物。

十二

颜渊问乎仲尼曰[1]："回尝闻诸夫子曰：'无有所将，无有所迎。'回敢问其游。"[2]

仲尼曰："古之人外化而内不化[3]，今之人内化而外不化[4]。与物化者，一不化者也[5]。安化安不化[6]？安与之相磨[7]？必与之莫多[8]。狶韦氏之囿，黄帝之圃，有虞氏之宫，汤武之室[9]；山林欤！皋壤欤！与我无亲，使我欣欣然而乐欤[10]！乐未毕也，哀又继之[11]。哀乐之来吾不能御，其去弗能止[12]。悲夫，世人直为物逆旅耳！[13]

"夫知遇而不知所不遇，能能而不能所不能[14]。无知无能者，固人之所不免也[15]。夫务免乎人之所不免者，岂不亦悲哉[16]？至言去言，至为去为[17]。齐知之所知，则浅矣[18]。君子之人若儒墨者师，故以是非相赍也，而况今之人乎[19]？圣人处物，不伤物；不伤物者，物亦不能伤也。唯无所伤者，为能与之相将迎。"[20]

今译

颜渊问仲尼说："我曾听夫子说：'对待外物不要送，不要迎。'我想请问如何游心此境？"

仲尼说："古之至人因应外境不断变化而因循内德没有变化，今之众人因循内德不断变化而因应外境没有变化。因应外物有所变化之人，正是因循内德一直不变化之人。何者应该变化何者不该变化？如何因应外物的相刃相磨？必须不与外物过多盘桓。狶韦氏的园囿，黄帝的悬圃，虞舜的宫苑，商汤武王的静室；山林啊！原野啊！与我并非亲戚，却能使我欣然快乐！快乐尚未尽享，悲哀又继之而来。哀乐之来我不能抵御，哀乐之去我不能阻止。可悲啊，世人作为物只是暂住人间旅舍罢了！

"个人只是知解此生所遇之境而不能知解此生不遇之境，能有此生所有之能而不能有此生所无之能。必有无知无能之处，固为人所不可避免。务求避免个人不可避免的，岂不可悲？至高之言是去除语言，至高之为是去除有为。剪齐众人之知于一己有限之知，太浅陋了。君子之流比如儒墨之师，才会以相对是非相互攻击，何况今之众人呢？圣人与外物和谐相处，不伤害外物。不伤害外物之人，外物也不能伤害。唯有不伤害外物之人，方能与外物相互迎送。"

校注

[1] 仲尼：本章孔子仍为真际孔子、庄学代言人，同于上章。○上章孔子乃论本体论"道体"之"遍在永在"，本章孔子则论认识论"道术"之"外化内不化"。

[2] 无有所将，无有所迎：义本《应帝王》"至人之用心若镜，不将不迎"。可证本章乃论认识论之"道术"。

[3] 古之人外化而内不化：古之人即"至人"。至人因应外境有所变化，因循内德无所变化。○义同魏撰《田子方》"虚缘而葆真"，均本魏撰《外物》所引庄言"顺人而不失己"。

[4] 今之人内化而外不化：今之人即"众人"（大知小知）。众人因循内德有所变化，因应外境无所变化。○《齐物论》："其形化，其心与之然，可不谓大哀乎？"

[5] 与物化者，一不化者也：因应外物有所变化之人，正是因循内德一直不变化之人。○魏撰《则阳》亦言："日与物化者，一不化者也。"

[6] "安化安不化？"句义承上，"安"问"何者"。即问：因应外境与因循内德，何者应该有所变化？何者不应有所变化？○旧多误从郭注"任彼"、成疏"安任"，把疑问句视为陈述句，把疑问词"安"视为动词"安于"。林云铭驳正："'安化安不化'是诘词，言安所化乎，安所不化乎？"

[7] "安与之相磨？"句义承上，"安"问"如何"。即问：因应外境当如

何因应外物之"相刃相磨"(《齐物论》)? 〇旧多误从郭注、成疏把疑问句视为陈述句,把疑问词"安"视为动词"安于",变成安于外物的相刃相磨,与《齐物论》贬斥"与物相刃相磨,其行尽如驰,而莫之能止,不亦悲乎"抵牾。

[8]必与之莫多:必须与外物不要过多盘桓(方能避免"与物相刃相磨")。义本《大宗师》"乐通物,非圣人也"。

[9]"狶shǐ韦氏之囿"四句:举出避免"与物相刃相磨"的"古之人"四证。四处均指葆养内德之处,可以远离外物。参看魏撰《庚桑楚》"至人尸居环堵之室"、刘安版新外篇《在宥》"黄帝退,捐天下,筑特室,席白茅,闲居三月,复往邀之"。

【校勘】"汤武之室"后,"君子之人若儒墨者师"前,当为"山林欤……齐知之所知,则浅矣"一节109字,旧错简于"为能与之相将迎"之后,义不可通,移正后上下全通。〇初版失校,修订版采王业云说移正。

[10]"山林欤"四句:义同魏撰《外物》所引庄言"大樊丘山之善于人也,亦神者不胜也",为真际孔子代言庄义。

【校勘】"与我无亲"四字旧脱。刘文典、王叔岷、方勇、陆永品据郭注"山林皋壤,未善于我"、《庄子阙误》引江南古藏本有此四字校补。

[11]乐未毕也,哀又继之:乐于天道自然,义同魏撰《外物》所引庄言"大樊丘山之善于人";哀于人道名教,义同魏撰《外物》所引庄言"神者不胜"。〇郭注:"夫无故而乐,亦无故而哀也。"全不相干。

[12]哀乐之来吾不能御,其去弗能止:天道自然之乐,人道名教之哀,来去均不由人。

[13]悲夫,世人直为物逆旅耳:逆旅,旅舍。人生仅是物化寄形的暂居旅舍。义本《大宗师》"若人之形者,万化而未始有极者也,弊而复新"。〇或撰《天运》"蘧庐也,止可以一宿,而不可久处","蘧庐"义同"逆旅"。

◎孔言第一节:古之至人,外化而内不化;今之众人,内化而外不化。

[14]夫知遇而不知所不遇,能能而不能所不能:"万化未始有极"、"弊而复新"(《大宗师》)的每物,仅"知"此生之"遇","不知"此生之前之后所"遇",仅"能"此生之"能","不能"此生之前之后所"能"。〇郭注:

"知之所遇者即知之，知之所不遇者即不知也。所不能者，不能强能也。"全不相干。

【校勘】"能能"前，旧衍"知"字。马其昶、于省吾、王叔岷、陈鼓应据郭注、成疏均无"知能能"之义、唐写本无"知"字校正。

［15］无知无能者，固人之所不免也：语义承上。每物囿于道施之德，必有无知无能之处，故不能尽知天道。义本《逍遥游》"知有聋盲"、《齐物论》"人固受其黮暗"。

［16］夫务免乎人之所不免者，岂不亦悲哉：欲免人所不免的无知无能，强求尽知天道，比人生逆旅之短暂更为可悲。○人生逆旅短暂，乃是天道使然。强求尽知天道，则是悖道妄行。

［17］至言去言，至为去为：至人言道，无不假言，假言之后，进而忘言。至人为人，无不顺道无为、循德无不为，去除悖道有为、悖德妄为。○二句抉发庄学至境"至言忘言"、"至为无为"。

［18］齐知之所知，则浅矣：以一己有限之知，剪齐众人之知，太浅陋了。○义本《齐物论》"吹万不同"，参看或撰《天地》所引庄言"不同同之之谓大，有万不同之谓富"。

［19］"君子之人若儒墨者师"三句：举出"与物相刃相磨"的"今之人"二证。实际孔子正是"儒墨者师"，经第五章老聃教诲，本章让真际孔子贬斥实际孔子。齑，捣碎。儒墨以是非相残，义本《齐物论》"故有儒墨之是非，以是其所非而非其所是"。○郭象反注："齑，和也。"王叔岷驳正："郭训齑为和，此非其义。"

［20］"圣人处物"六句：义本《应帝王》"至人之用心若镜，不将不迎，应而不藏，故能胜物而不伤。"○颜回问"将迎"，孔子答"将迎"，至此文完意足，允分证明"山林欤皋壤欤"一节109字旧为错简。

【校勘】"为能与之相将迎"，"之"旧讹为"人"。王孝鱼据唐写本校正。

◎孔言第二节：至言去言，至为去为；处物不伤，与之将迎。

●第十二孔教颜回章：因循内德，因应外境；至言去言，至为去为。

庚桑楚

题解

《庚桑楚》被先于刘安的贾谊《吊屈原赋》钞引，必在魏牟版外篇。刘安版仍在外篇，郭象版贬入杂篇。

向秀《庄子注》"有外无杂"（陆序），郭象版杂篇《庚桑楚》九章，"庚桑楚"四章有陆引向注二十八条，"宇泰定"五章却无陆引向注，而且两大部分结构断裂、义理脱节。"庚桑楚"四章是没有卮言的长篇寓言，"宇泰定"五章是没有寓言的长篇卮言，风格迥异，反差强烈。证明郭象裁剪刘安版外篇《宇泰定》1197字，拼接于刘安版外篇《庚桑楚》1293字，合为篇幅超长的郭象版杂篇《庚桑楚》2490字，再移外入杂；同时证明向秀仅注刘安版外篇《庚桑楚》，未注刘安版外篇《宇泰定》。详见绪论三《刘安版大全本篇目考》，参看《宇泰定》题解。

本书从郭象版杂篇《庚桑楚》2490字中，摘出魏牟版、刘安版外篇《庚桑楚》1293字，复原于魏牟版外篇第九。校正郭象篡改和历代讹误：补脱文7字，删衍文8字，订讹文8字。

《庚桑楚》文风张扬夸诞，意旨鲜明辛辣，撰者当为庄子再传弟子魏牟。

魏撰《庚桑楚》，可分四章，是首尾连贯、结构完整的单一寓言，与魏撰《盗跖》《列御寇》同为中国短篇小说的祖构。魏撰《秋水》河伯观海章1641字，证明魏牟具有撰写长篇寓言的能力。

第一章，老聃弟子庚桑楚学成北归，使所居之地丰收，演绎《逍遥游》藐姑射神人"其神凝，使物不疵疠而年谷熟"，褒扬至人顺应江湖天道，恩泽及于民众。

第二章，庚桑楚拒绝民众奉其为君，演绎《逍遥游》"尘垢秕糠，陶铸尧舜"，贬斥尧舜鼓吹庙堂伪道，遗祸"千世之后"。

第三章，庚桑楚教诲南荣趎，演绎《齐物论》物德之量不齐，物德之质本齐，阐明"德（之质）非不同，才（之量）有巨小"。

第四章，南荣趎有惑南行，求教老聃，演绎《养生主》"缘督以为经"，阐明顺道循德的"卫生之经"。

一

老聃之役有庚桑楚者[1]，偏得老聃之道[2]，以北居畏垒之山[3]。其臣之画然知者，去之[4]；其妾之挈然仁者，远之[5]。拥肿之与居[6]，鞅掌之为使[7]。居三年[8]，畏垒大穰。[9]

今译

老聃的弟子庚桑楚，偏得老聃的道术，前往北方住在畏垒山。矫饰而自矜其知的男仆，一概摈退；洁身而自诩仁爱的使女，一概疏远。拥肿不中绳墨的男仆，留下同居；污渎不修容仪的使女，留下任用。住了三年，畏垒地区大获丰收。

校注

［1］老聃之役：老聃弟子。

庚桑楚：虚构的老聃弟子。"庚"为天干第七，言其非老聃首徒。"桑"为植物，四境动植范型定位于"至知无知"的"至人"。"楚"言其母邦。○《大宗师》有"子桑户"。"子"为地支第一。

［2］偏得老聃之道：未能尽得老聃之道术，伏下"今吾才小，不足以化子"。

［3］畏垒山：虚构的寓意地名。庚桑楚畏惧垒高之位，不欲"以隶相尊"（《齐物论》），"去名与功，还与众人同"（蔺撰《山木》），伏下拒绝为君。

以北居畏垒之山：伏下南荣趎"南见老子"。隐寓北方之民信奉人道，南方之民信仰天道。

〔4〕画然知者："画地而趋"（《人间世》），修剪真德，迎合人道"绳墨"，自矜为知。

〔5〕洁然仁者：自矜清洁仁爱，视人污秽不仁。○参看蔺撰《达生》斥孔"修身以明污"，魏撰《秋水》庄拒楚聘之言"吾将曳尾于涂中"，《史记·老子韩非列传》庄拒楚聘之言"无污我，我宁游戏污渎之中自快"。天道之"泥涂"、"污渎"，实不污秽。人道之"清洁"、"仁义"，实属污秽。庄谓"无污我"，即斥伪道之价值颠倒、洁污颠倒。

【校勘】"潔"（洁）原作"絜"，后讹为"挈"。王叔岷据道藏成疏本、覆宋本、林希逸本、郭注均作"絜"、伪《子华子·晏子篇》"絜然知者远之"、成疏释"絜"为"潔"（洁）校正。○魏撰《让王》"不如避之以絜吾行"，魏撰《管仲》"其为人絜廉"，"絜"均通"潔"（洁）。

〔6〕臃yōng肿："臃肿而不中绳墨"（《逍遥游》），不愿修剪真德，不愿迎合人道"绳墨"。反扣上句"画然知者"。

〔7〕鞅yāng掌：不修容仪（奚侗引《诗经·小雅·北山》"或王事鞅掌"《毛传》）。反扣上句"洁然仁者"。○郭象妄注："鞅掌，自得也。"

〔8〕三年：技有"小成"之年（《养生主》辨析六），距"技进于道"（《养生主》）尚远。○庚桑楚三年技有小成，唯恐"道隐于小成"（《齐物论》），故不自矜自得。

〔9〕畏垒大穰ráng：穰，五谷成熟。义本《逍遥游》藐姑射神人"其神凝，使物不疵疠而年谷熟"，譬解至人顺道，造福于民。

【校勘】"穰"旧作"壤"。王叔岷据陆释一本、覆宋本、道藏成疏本、道藏白文本、宋徽宗本、王元泽本、林希逸本均作"穰"校正。

●第一庚桑楚居畏垒章：老聃弟子庚桑楚顺应天道，远离人道，恩泽及于民众。

二

畏垒之民相与言曰："庚桑子之始来，吾洒然异之[1]。今吾日计之而不足，岁计之而有余[2]。庶几其圣人乎？子胡不相与尸而祝之，社而稷之乎？"[3]

庚桑子闻之，南面而不释然[4]。弟子异之。

庚桑子曰："弟子何异于予？夫春气发而百草生，正得秋而万实成[5]。夫春与秋，岂无得而然哉？天道已行矣[6]。吾闻至人尸居环堵之室[7]，而百姓猖狂不知所如往[8]。今以畏垒之细民，而窃窃焉欲俎豆予于贤人之间[9]，我其杓之人邪[10]？吾是以不释于老聃之言。"[11]

弟子曰："不然。夫寻常之沟[12]，巨鱼无所还其体，而鲵鳅为之制[13]；步仞之丘[14]，巨兽无所隐其躯，而孽狐为之祥。且夫尊贤授能，先善与利，自古尧舜已然，而况畏垒之民乎？夫子亦听矣！"[15]

庚桑子曰："小子来！夫函车之兽，介而离山，则不免于网罟之患[16]；吞舟之鱼，荡而失水，则蝼蚁能苦之[17]。故鸟兽不厌高，鱼鳖不厌深。夫全其形生之人，藏其身也[18]，不厌深渺而已矣[19]。且夫二子者，又何足以称扬哉？[20]是其于辨也，将妄凿垣墙而殖蓬蒿也[21]；简发而栉，数米而炊，窃窃乎又何足以济世哉？[22]举贤则民相轧，任知则民相盗[23]。之数物者，不足以厚民。民之于利甚勤，子有杀父，臣有杀君，正昼为盗，日中穴阫[24]。吾语汝，大乱之本，必生于尧舜之间，其末存乎千世之后。千世之后，其必有人与人相食者也。"[25]

今译

畏垒民众相互议论说:"庚桑子初来之时,吾人惊讶其异于众人。如今吾人按天计算似有不足,按年计算实已有余。恐怕他是圣人吧?你我何不尊他为君,奉于社稷呢?"

庚桑子听闻此事,面向南方而不能释怀。弟子不解。

庚桑子说:"弟子为何不解于我?春气发动而后百草萌生,秋气得正而后五谷成熟。春气与秋气,岂能不得天道就如此呢?丰收正是天道已经运行所致。我听闻至人静居方丈小室,而后百姓猖狂自适不知欲往何处。如今畏垒的小民,却窃窃商议用人道礼仪把我供奉于贤人之间,我岂是标的之人呢?我因此不能释怀于老聃的教诲。"

弟子说:"不是这样。数尺的水沟,大鱼不能回转身体,然而泥鳅可以折返;数仞的土丘,巨兽不能隐藏身躯,然而妖狐视为福地。况且尊崇贤者任用能人,奖赏善人给予利禄,自古尧舜以降已经如此,何况畏垒的民众呢?夫子不妨听从吧!"

庚桑子说:"小子过来!口能含车的巨兽,一旦独自离山,就不免于罗网的祸患;口能吞舟的大鱼,一旦游荡搁浅,就连蝼蛄、蚂蚁也能欺负它。所以鸟兽不厌高远,鱼鳖不厌深邃。全形全德之人,隐藏自身,也不厌深邃高远。况且尧舜二子,又何足以称扬呢?他们辨识力低下,只会乱凿泥墙而种植蓬草;数着头发梳头,数着米粒做饭,窃窃计议又何足以济世呢?举荐贤才民众就会竞相倾轧,任用知能民众就会竞相偷盗。此类小技,不足以淳厚民风。民众对于利益用力甚勤,子会杀父,臣会杀君,白天抢劫,正午穿墙。我告诉你,大乱的本源,必定生于尧舜之世,其恶果存于千世之后。千世之后,恐怕必定会有人吃人之事。"

校注

[1]洒然:惊貌。

[2]日计不足、岁计有余:譬解顺应天道虽无切近小利,却有长远大利。

〔3〕尸而祝之，社而稷之：畏垒之民欲奉庚桑楚为君。

〔4〕南面而不释然：语本《齐物论》，取义则异。庚桑楚面向南方，想起老聃教诲，不能释然，惭愧自己未能"支离其德"、"德不形"，又感慨北方之民深受人道"黥劓"、"雕琢"。

〔5〕正得秋而万实成：得秋气之正，则万实皆成。○无为乃正，有为则不正。

【校勘】"實"（实）旧讹为"寶"（宝），形近而讹。王叔岷据陆释引元嘉本、成疏一本、日本高山寺古钞本、覆宋本均作"实"校正。

〔6〕天道已行矣：丰收源于无为天道之运行，无关有为人道。

〔7〕尸居：静处。义同《齐物论》"形如槁木"。○或撰《天运》"至人尸居而龙见"。

环堵之室：一丈曰堵。四面一丈之室。

〔8〕猖狂：义同《大宗师》"恣睢"、"自适"。语本蔺撰《山木》"猖狂妄行"。参看刘安版新外篇《在宥》"猖狂不知所往"。

〔9〕俎豆：俎，切肉之几。豆，盛脯之具。庙堂礼器。

〔10〕杓dì：树末（陆释引《广雅》）。音"的"（向秀、郭注）。准的（陆释引王穆夜）。标杓（郭注、成疏）。○"标杓"，今作"标的"。参看刘安版杂篇《泰初》"上如标枝，民如野鹿"。

〔11〕吾是以不释于老聃之言：上扣"南面而不释然"。庚桑楚想起老聃之言"功成事遂，百姓皆谓我自然"。如今功成事遂，畏垒之民不谓"我自然"，而归功于"圣人"庚桑楚，庚桑楚视为己过。

【辨析一】郭注："聃云：'功成事遂，百姓皆谓我自尔。'今畏垒反此，故不释然。"篡改《老子》"自然"为"自尔"，郭于篡改老、庄原文，早已"习惯若自然"（孔子）。○老、庄"自然"，乃是"自道而然"。郭义"自尔"、"自然"，则是"自己而然"（《齐物论》郭注）。

〔12〕寻常：八尺曰寻，倍寻曰常。

〔13〕鲵鳅为之制：制，折（陆释引《广雅》）。小鱼得曲折（陆释）。○魏撰《外物》之"制河"，即"折（浙）河"。

〔14〕步仞：六尺曰步，七尺曰仞。

【校勘】"丘"下旧衍"陵"字，王叔岷、陈鼓应据崔譔注、《记纂渊海》五五、《韵府群玉》一四、伪《亢仓子》均无"陵"字校正。〇"寻常之沟"、"步仞之丘"，对偶成韵。

［15］"尊贤授能"五句：北方之民，自古皆以"尧舜"为"然"，庚桑楚之弟子亦"然"之，故"不然"庚桑楚之拒为君主。

【校勘】"孽狐"旧作"蘷狐"，王叔岷据《白孔六帖》二、《太平御览》五三均作"孽狐"校正。〇"已然"旧作"以然"，王先谦、王叔岷厘正。

［16］函车之兽：口能含车之巨兽。介：独（陆释引《广雅》），无偶（俞樾引《方言》）。

［17］荡而失水："荡"旧作"砀"，字通。隐喻真德外荡，失水陆处。〇《人间世》"德荡乎名"，《大宗师》"泉涸，鱼相与处于陆"。

【校勘】"蚁"上旧脱"蝼"字。马叙伦、刘文典、王叔岷据《太平御览》九三五及九四七、《文选》贾谊《吊屈原文》注引、《淮南子·主术训》、《史记·屈原贾生列传》索隐、《白孔六帖》二九、《翻译名义集》二、《事类赋》鳞介部二注引、《记纂渊海》九九及一〇〇、《古今事文类聚》后集三四、伪《亢仓子》校补。

［18］夫全其形生之人，藏其身也：义本《养生主》"全生"、"善刀而藏之"，《德充符》"才全而德不形，内葆之而外不荡"。自"逍"己德。

［19］不厌深渺：渺，或作"眇"，通"邈"，训"远"。"遥"达彼道。〇或撰《天地》所引庄言"王德之人……深之又深"。

［20］且夫二子者，又何足以称扬哉：二子，尧舜。此驳弟子称扬尧舜。义本《逍遥游》"尘垢秕糠，陶铸尧舜"。阐明江湖真道、庙堂伪道之对立、"两行"（《齐物论》）。

［21］是其于辨也，将妄凿垣yuán墙而殖蓬蒿：贬斥尧舜见识低下，不耕田地而妄凿垣墙，不种五谷而妄种蓬蒿。譬解用力用错地方。〇郭象反注："将令后世妄行穿凿而殖秽乱也。"《逍遥游》贬斥尧舜、《曹商》贬斥孔子，郭象均反注为贬斥"后世之民"。

［22］简发而栉zhì，数米而炊：义承上文。尧舜用力用错地方，而后国弱民贫。

［23］举贤则民相轧，任知则民相盗：此驳弟子称扬尧舜"尊贤授能"。

［24］"民之于利"五句：阫péi，墙。此驳弟子称扬尧舜"先善与利"。

［25］"大乱之本"五句：略同魏撰《管仲》"夫尧，畜畜然仁，吾恐其为天下笑，后世其人与人相食欤？"○尧舜之后千世，即战国之世。非谓战国之后千世。

●第二庚桑拒绝为君章：贬斥尧舜鼓吹庙堂伪道，遗祸"千世之后"。

三

南荣趎蹵然正坐曰："若趎之年者已长矣，将恶乎托业，以及此言邪？"［1］

庚桑子曰："全汝形，抱汝生，无使汝思虑营营。若此三年，则可以及此言矣。"［2］

南荣趎曰："目之与形，吾不知其异也，而盲者不能见；耳之与形，吾不知其异也，而聋者不能闻；心之与形，吾不知其异也，而狂者不能得［3］。形之与形亦辟矣，而物或间之邪？［4］欲相求，而不能相得［5］。今谓趎曰：'全汝形，抱汝生，勿使汝思虑营营。'趎晚闻道，达耳矣。"［6］

庚桑子曰："辞尽矣。奔蜂不能化藿蠋，而能化螟蛉［7］；越鸡不能伏鹄卵，鲁鸡固能矣［8］。鸡之与鸡，其德非不同也［9］；有能与不能者，其才固有巨小也［10］。今吾才小，不足以化子。子胡不南见老子？"［11］

今译

南荣趎怵然正坐说："像我这样年岁已长之人，将要如何托身学业，方能企及先生所言？"

庚桑子说："保全你的身形，葆养你的德心，不要使你的思虑用于钻营。如此三年，始可企及吾之所言。"

南荣趎说："眼与眼之形，我不知有何差异，然而盲人不能看见；耳与耳之形，我不知有何差异，然而聋人不能听闻；心与心之形，我不知有何差异，然而疯人不能得悟。有形之物与有形之物已经开通了，莫非有外物间隔其中呢？我欲求领悟，然而不能得悟。如今先生对我说：'保全你的身形，葆养你的德心，不要使你的思虑用于钻营。'我闻道太晚，仅达吾耳而止。"

庚桑子说："我已辞穷。土蜂不能驯化豆虫，只能驯化桑虫；越鸡不能孵化鹅蛋，鲁鸡却能孵化鹅蛋。鲁鸡与越鸡，物德之质并非不同；鲁鸡能孵化鹅蛋，越鸡不能孵化鹅蛋，物德之量确有大小。如今我德薄才小，不足以教化你。你何不南行拜见老子？"

校注

[1] 南荣趎 chú：南荣趎向往天道，并非上章信奉人道的其他"弟子"。"趎"训愚（参看下文"朱愚"）。其名寓意：自北溟往南溟，荣幸得到老聃"圣人愚钝"（《齐物论》）之教诲。

此言：上章庚桑之言"夫全其形生之人，藏其身也，不厌深渺而已矣"。〇魏撰《让王》"道之真以持身，其绪余以为国家，其土苴以治天下"。本篇前二章斥"治天下"，后二章言"持身"，即由"此言"三句转入。

[2] 抱 bǎo 汝生：抱，保也（俞樾、郭庆藩、王叔岷）。

若此三年，则可以及此言矣：三年技有"小成"，始可与言"大成"之道。

[3]"目"、"耳"、"心"九句：南荣自谓，己之目、耳、心，貌似不异他人之目、耳、心，却如盲者之目、聋者之耳、狂者之心，不能领悟庚桑之言。

【校勘】"盲者不能见"、"聋者不能闻"、"狂者不能得"三句，"见"、"闻"、"得"上旧均衍"自"字，义均不通，当属郭象自圆"独化自得"谬说而妄增（《达生》辨析七）。据《淮南子·泰族训》"聋者耳形具，而无能闻也；盲者目形存，而无能见也"、《刘子·崇学篇》"耳形完而听不闻者，聋也；目形全而视不见者，盲也"均无"自"字校删。

〔4〕形之与形亦辟矣，而物或间之邪：辟，开。间，间隔。有形之物（南荣）与有形之物（庚桑）开通，莫非有外物间隔之？

〔5〕欲相求，而不能相得：南荣欲求领悟，然而不能得悟。

〔6〕趑晚闻道，达耳矣：南荣之年"已长"（上文）、"晚闻道"，故难领悟，仅达其耳，未入其心。

【校勘】"晚"原作"趑"，后讹为"勉"。刘文典、于省吾、王叔岷据道藏音义本、日本高山寺古钞本、世德堂本均作"晚"、陆释一本作"趑"、郭注"早闻形隔"、《渔父》"晚闻大道"校正。○《老子》"大器免成"，今讹为"大器晚成"。略同此例。

〔7〕奔蜂：小蜂（司马彪），土蜂（陆释）。藿 huò 蠋 zhú：豆中大青虫（司马彪、成疏）。螟 míng 蛉 líng：桑虫（王叔岷引《诗经·小雅·小苑》毛传）。○庚桑以"奔蜂"自喻，以"藿蠋"喻南荣，以"螟蛉"喻己能化者。

【校勘】"奔蜂"上旧衍"曰"字，刘文典、王孝鱼、王叔岷、陈鼓应据《庄子阙误》引江南李氏本、张君房本校删。○"而能化螟蛉"旧脱，王叔岷据《刘子·均任篇》"奔蜂不能化藿蠋，而能化螟蛉"、成疏"能化桑虫为己子"校补。

〔8〕越鸡：小鸡（司马彪）。鹄 hú：天鹅。鲁鸡：大鸡（司马彪）。○庚桑以"鹄卵"喻南荣，以"越鸡"自喻（不能化南荣），以"鲁鸡"喻老聃（能化南荣）。

〔9〕鸡之与鸡，其德非不同也：越鸡、鲁鸡的物德之质，无不受自天道，故无不同。

〔10〕有能与不能者，其才固有巨小也：越鸡、鲁鸡的物德之量（才），为道随机分施，故有巨小。

【辨析二】此处二喻，亦证《齐物论》乃谓物德之量不齐，物德之质本齐，故当任其"以德为循"，"自适其适"，"吹万不同"。贬斥庙堂伪道剪齐物德之量，"黥劓"、"雕琢"民众真德，使成"编户齐民"，使之"适人之适"、"役人之役"。参看《齐物论》题解，魏撰《管仲》"德总乎道之所一"、"道之所一者，德不能同也"（《管仲》辨析一）。

[11]"今吾才小"三句：转入下章，引出老聃。

●第三庚桑楚教南荣章：庚桑如越鸡，老聃如鲁鸡；物德之质虽同，物德之量则异。

四

南荣趎赢粮，七日七夜至老子之所。[1]

老子曰："子自楚之所来乎?"[2]

南荣趎曰："唯。"

老子曰："子何与人偕来之众也?"[3]

南荣趎惧然顾其后。[4]

老子曰："子不知吾所谓乎?"

南荣趎俯而惭，仰而叹，曰："今者吾忘吾答，因失吾问。"[5]

老子曰："何谓也?"[6]

南荣趎曰："不知乎，人谓我朱愚[7]；知乎，反愁我躯[8]。不仁则害人，仁则反愁我身[9]。不义则伤彼，义则反愁我己[10]。我安逃此而可?[11]此三言者，趎之所患也[12]。愿因楚而问之。"[13]

老子曰："向吾见若眉睫之间，吾因以得汝矣[14]。今汝又言而信之[15]。若规规然若丧父母，揭竿而求诸海也[16]。汝亡人哉[17]! 惘惘乎? 汝欲返汝情性，而无由入。可怜哉!"[18]

南荣趎请入就舍，召其所好，去其所恶[19]。十日息愁，复见老子。[20]

老子曰："汝自洒濯熟哉[21]? 郁郁乎? 然而其中津津乎? 犹有恶也[22]? 夫外韄者，不可繁而捉，将内揵；内韄者，不可缪而捉，将外揵[23]。外内韄者，道德不能持，而况仿道而行者乎?"[24]

南荣趎曰："里人有病，里人问之。病者能言其病，病者犹未病也[25]。若趎之闻大道，譬犹饮药以加病也[26]。趎愿闻卫生之经而已矣。"[27]

老子曰："卫生之经？能抱一乎？能勿失乎？能无卜筮而知吉凶乎？能止乎？能已乎[28]？能舍诸人而求诸己乎[29]？能翛然乎？能侗然乎[30]？能儿子乎？儿子终日嗥，而不嗌不嗄，和之至也[31]；终日握，而手不掜，共其德也[32]；终日视，而目不瞬，偏不在外也。行不知所之，居不知所为[33]，与物委蛇而同其波，是卫生之经矣。"[34]

南荣趎曰："然则是至人之德已乎？"

曰："非也[35]。是乃所谓冰解冻释者，能乎[36]？夫至人者，相与交食乎地，而交乐乎天，不以人物利害相撄，不相与为怪，不相与为谋，不相与为事[37]。翛然而往，侗然而来，是谓卫生之经矣。"[38]

曰："然则是至乎？"

曰："未也[39]。吾固告汝曰：'能儿子乎？'儿子动不知所为，行不知所之[40]，身若槁木之枝，而心若死灰[41]。若是者，祸亦不至，福亦不来。祸福无有，恶有人灾也？"[42]

今译

南荣趎携带干粮，南行七天七夜到达老子住处。

老子问："你从庚桑楚那里来？"

南荣趎说："是。"

老子说："你为何带来那么多人？"

南荣趎吃惊地回顾背后。

老子说："你不知吾言何意吗？"

南荣趎低头而惭愧，仰头而叹息，说："如今我不知如何应答，因而不敢提出疑问。"

老子说:"有何疑问?"

南荣趎说:"承认无知呢,他人说我心知短浅;我自夸有知呢,反因自欺而忧愁。不仁就会害人,杀身成仁又反过来忧愁于自害。不义就会伤人,舍身取义又反过来忧愁于自伤。我如何逃离这些而后方可?以上所言三疑,就是我的忧愁。唯愿因缘庚桑楚而请教。"

老子说:"刚才我看你眉宇之间,我已得知你的忧愁。如今你又自言而证实。你奉他人之规为己之规如同死了父母,手持竹竿却想探测海深。你这亡失真德之人啊!十分迷惘吧?你欲返归你的真德,却不得其门而入。可怜啊!"

南荣趎请求进屋住下,召回真德所好,去除真德所恶。十天以后泯息忧愁,重新拜见老子。

老子说:"你自行洒水洗濯完成了吗?郁郁葱葱重现生机了吗?然而德心仍有洗濯的水迹吧?仍有真德所恶的残留吧?惑于外物之人,不可繁急而迫促,仅须对外境关闭门闩;惑于内德之人,不可繁急而迫促,仅须对天道开启门闩。外内困惑之人,不能顺道葆德,又何况仿效天道而行呢?"

南荣趎说:"乡里有人生病,邻里前去慰问。病人若能自言病情,说明病人仍未大病。如我这样得闻大道,犹如喝下猛药而加重病情。我只愿得闻养生之经而止。"

老子说:"养生之经?你能持守纯一吗?你能持守不失吗?你能不求卜筮而预知吉凶吗?你能止于外境危殆吗?你能止于内德极限吗?你能舍弃他人而反求己心吗?你能自逍己德吗?你能致无己知吗?你能如同婴儿吗?婴儿整天啼号,而不嗄不哑,是因为醇和之至;整天握拳,而手不拳曲,是因为共有真德;整天视物,而眼睛不眨,是因为不偏于外境。出行不知何往,居家不知何为,与物推移而同其沉浮,这就是养生之经。"

南荣趎问:"那么至人之德仅止于此吗?"

老子说:"不是。这乃是所谓冰冻刚刚融化,你能做到吗?至人,与众人共同从大地获得食物,从天空获得快乐,但不被人事、外物、利禄、祸害搅扰,不像众人那样作怪,不像众人那样算计,不像众人那样有为。自逍己德而往,致无己知而来,这就是至人的养生之经。"

南荣趎问:"那么这是至境吗?"

老子说:"未达至境。我已经告诉你说:'你能如同婴儿吗?'婴儿活动不知何为,行走不知何往,身形如同枯树的枝干,而德心如同死灭的灰烬。如此之人,祸也不至,福也不来。祸福均无,哪有人灾呢?"

校注

[1]七日七夜:隐扣"庚桑楚"之"庚"(天干第七)。

七日七夜至老子之所:庚桑北居畏垒,北喻暗。老聃南居沛邑,南喻明。自北而南,义本《逍遥游》"北溟鲲鹏,且适南溟"。

[2]楚之所:庚桑楚之所。

[3]子何与人偕来之众也:隐喻南荣盲目从众。○刘安版新外篇《在宥》"因众以宁所闻"。

[4]南荣趎惧然顾其后:南荣未悟老聃之言。

[5]今者吾忘吾答,因失吾问:南荣不能应答老聃,因而不敢径问老聃。

[6]何谓也:老聃释之,而启南荣之问。

[7]不知乎,人谓我朱愚:朱,扣己名之"趎",通"侏",心知短浅。承认无知,他人说我心知短浅。

[8]知乎,反愁我躯:自矜有知,反因自欺欺人而忧愁。

[9]不仁则害人,仁则反愁我身:不仁就会害人,欲仁则反过来忧愁伤害我身。○隐扣孔子之言"杀身成仁"难以做到。

[10]不义则伤彼,义则反愁我己:不义就会伤彼,欲义则反过来忧愁伤害我己。○隐扣孟子之言"舍生取义"难以做到。参看刘安版新外篇《骈拇》贬斥"天下簧鼓以奉不及之法",魏撰《则阳》"民知力竭,则以伪继之"。

[11]我安逃此而可:南荣不知如何逃离两难。

[12]此三言者,趎之所患也:三言即上文三次重言的"反愁我躯"、"反愁我身"、"反愁我己"。

〔13〕因楚而问之：因缘庚桑楚的关系，请求老聃教诲。

〔14〕向吾见若眉睫之间，吾因以得汝矣：南荣之愁容，见于眉睫之间。老聃"至人之用心若镜"（《应帝王》），鉴照洞然无遗，知其为何而愁。○上扣"子何与人偕来之众也"。南荣之愁，乃是身处伪道猖獗之世不欲盲从伪道的众人所共愁。

〔15〕今汝又言而信之：老聃预判，今得证实。○《应帝王》壶子谓列子："尔以道与世抗，必信，夫故使人得而相汝。"

〔16〕规规：已见魏撰《秋水》。"规人之规"之缩略（《秋水》辨析七），奉他人之规为自己之规。○二句义同魏撰《秋水》"子乃规规然求之以察，索之以辩，是直用管窥天，用锥指地也"。

〔17〕亡人：丧亡性情之人。

〔18〕返汝情性：义同刘安版新外篇《缮性》"返其情性而复其初"。

〔19〕召其所好，去其所恶：南荣前被庙堂伪道"黥劓"、"雕琢"，好恶不从真德，而皆盲从伪道俗见。经老聃教诲，遂召回真德所好，去除真德所恶，"返其情性而复其初"。

〔20〕十日息愁："息"扣"息黥补劓"。南荣"息补"十日，其"愁"大消。

【校勘】"息"旧讹为"自"，遂湮"息黥补劓"之义。奚侗、刘文典、王叔岷据《庄子阙误》引江南李氏本、文如海本、刘得一本、张君房本均作"息"校正。

◎第四章第一节：南荣初见老子，然后自息自补。

〔21〕洒濯：义同蔺撰《山木》"洗心"，魏撰《知北游》"疏瀹尔心，澡雪尔精神"。此谓南荣洗心革面，自息自补。

〔22〕郁郁乎：重现生机。津津乎：犹有洒濯之残迹。犹有恶也：伪道俗见之好恶，难以一朝尽除。○十日"自息自补"虽已有效，距三年"小成"尚远，距九年"大成"更远，故须老聃之助力。

〔23〕外韄、内韄：韄huò，佩刀之皮绳（陆释），束缚（李颐）。通"惑"（成疏）。此谓外惑于人道之束缚，内惑于成心之束缚。

内楗、外楗：楗jiàn，门内横闩之上，插入使门闩无法拉开之木棍。此谓心扉之门闩，向人道关闭，向天道开启。

繁而促、缪móu而促："繁"、"缪"（"绸缪"之略）、"促"同训，均训繁密、迫促。○数句义本《人间世》"美成在久，恶成不及改"。上章庚桑谓"三年可以及此言"。南荣其年已老，积重难返，"恶成不及改"，自息自补难以速成，"十日息愁"进境太速。老子诫其"美成在久"，不可急于求成，而当内外渐修，终生护持。

【校勘】"促"旧讹为"捉"，形近而讹。刘文典、王叔岷据陆释引崔譔本作"促"校正。○"楗"旧讹为"捷"，形近而讹。奚侗、钱穆、王叔岷据日本高山寺古钞本作"楗"校正。

〔24〕道德不能持：此言静态的达道葆德，即知。而况仿道而行者乎：此言动态的达道葆德，即行。知而后行，不知难行。

【辨析三】"仿"（倣）旧作"放"，字通。王敔、王孝鱼、方勇、陆永品训"倣"。司马彪、成疏、王叔岷训"依"。郭注"放效"，义同。○魏撰《庚桑楚》"放道而行"，或撰《天运》"放风而动"，刘安版杂篇《在宥》"今则民之放也"，刘安版杂篇《天道》"放德而行"，刘安版杂篇《泰初》"有人治道若相放"，"放"皆通"倣"。

◎第四章第二节：南荣复见老子，老子为其息补。

〔25〕"里人有病"四句：南荣设譬，自谓小病而未大病。

【校勘】"病者犹未病也"前，旧衍"然其病"三字，于省吾、王叔岷、曹础基据日本高山寺古钞本、《太平御览》七三八引均无三字、成疏亦无三字之义校删。○当为或人据《老子》"夫唯病病，是以不病"，妄增"然其病"三字。未明"病者能言其病"即为"病病"，增字则义复。

〔26〕饮药以加病：义同蔺撰《达生》"吾告之以至人之德，吾恐其惊，而遂至于惑也"。

〔27〕卫生之经：即养生之经。义本《养生主》"缘督以为经"。○"若趎之闻大道"三句，南荣自谓尚非大病，故可疗救；然有小病，不敢骤闻大道。以免骤服猛药而不愈，骤闻大道而不悟，小病转为大病，故而仅求卫生之经。

〔28〕能止乎？能已乎：二句重言，义有小异。一句上扣"外鞿"，谓

"止"于外境危殆,即《养生主》"殆而已"。一句上扣"内韄",谓"已"于内德极限,即《齐物论》"因是已"。

[29]能舍诸人而求诸己乎:舍弃外求众人俗见,而后内求己身真德。○道家"求诸己",乃因"天子之与己,皆天之所子"(《人间世》),故"天子不得臣,诸侯不得友"(魏撰《让王》)。儒家亦"求诸己",乃因"自得"于己心,自愿信奉"君臣"纲常。

[30]能翛xiāo然乎?能侗tóng然乎:语本《大宗师》"翛然而往,翛然而来"。下文"翛然而往,侗然而来",变文之迹更明。魏撰之文,酷喜避复,故易后一"翛然"为"侗然"。○"侗"又通"童"(幼稚,无知),下接"能儿子乎"。

[31]嗥háo:哭号。嗌yì:同"噎"。《大宗师》"屈服者,其嗌言若哇"。嗄shà:同"哑"。○"能儿子乎"四句,义本《老子》"抟气致柔,能如婴儿乎?""终日号而不嗄,和之至也。"

【校勘】"嗌"前旧脱"不"字。据陆释一本作"不嗌"校补。

[32]握:卷手(李颐)。挽yì:手之拳曲(俞樾)。○俞樾:"《说文》无'挽'字,《角部》:'觬,角觬曲也。'疑即此'挽'字。以角言,则从角。以手言,则从手。"

[33]行不知所之,居不知所为:上扣二章"百姓猖狂不知所如往"。义同魏撰《知北游》"行不知所往,处不知所持"。

[34]与物委wēi蛇yí而同其波:义本《应帝王》"吾与之虚而委蛇,不知其谁何,因以为递靡,因以为波流",魏撰《外物》所引庄言:"以狶韦氏之流观今之世,夫孰能不波?"○参看刘安版新外篇《刻意》、《天道》"静而与阴同德,动而与阳同波"。

[35]南荣首问至人之德是否止于"卫生之经"。老子予以否定。

[36]冰解冻释:义同"息黥补劓"。冰冻三尺,非一日之寒。冰之稍解,冻之甫释,距达道葆德尚远。上扣"其中津津乎?犹有恶也"。

[37]"夫至人者"七句:略同魏撰《管仲》"吾与之邀乐于天,吾与之邀食于地;吾不与之为事,不与之为谋,不与之为怪;吾与之乘天地之诚,而不以物与之相撄"。"邀"、"交"同训,邀约、交接。

［38］儵然而往，侗然而来：语本《大宗师》"儵然而往，儵然而来"，义本《养生主》"适来，夫子时也；适去，夫子顺也"，意为安于生死。○以安于生死为"卫生之经"，即"常因自然而不益生"(《德充符》)、"安时而处顺"(《养生主》、《大宗师》)。不因自然而求益生，反而损生。

［39］南荣趎再问至人之德是否止于"卫生之经"。老子再次否定。○此证蔺撰《山木》"意怠"、"鹡鸰"保身之技，仅为庄学俗谛，并非庄学真谛。参看蔺撰《达生》"修汝所以，而后载言其上"。

［40］儿子动不知所为，行不知所之：再扣"百姓猖狂不知所如往"、"行不知所之，居不知所为"。揭破真人如同"儿子"。

［41］身若槁木之枝，而心若死灰：语本《齐物论》"形如槁木，心如死灰"(《齐物论》辨析一)。

［42］祸亦不至，福亦不来：义本《老子》"祸兮福之所倚，福兮祸之所伏"。

◎第四章第三节：南荣问"卫生之经"，老子答"卫生之经"。

●第四南荣见老章：俗谛保身，真谛葆德；卫生之经，并非大道。

【说明】

魏牟版外篇《庚桑楚》1293字，至此文完意足。郭象版杂篇《庚桑楚》，此下拼接魏牟版外篇《宇泰定》残篇1197字，本书复原于魏牟版之外篇。

徐无鬼

题解

《徐无鬼》被后于魏牟的《吕览》、《韩非子》钞引，必在魏牟版外篇。刘安版仍在外篇，郭象版贬入杂篇。

向秀《庄子注》"有外无杂"（陆序），郭象版杂篇《徐无鬼》十五章，"徐无鬼"六章无陆引向注，"管仲"九章却有陆引向注5条，而且两大部分结构断裂、义理脱节，证明郭象裁剪刘安版外篇《管仲》1877字，拼接于刘安版外篇《徐无鬼》1578字，合为篇幅超长的郭象版杂篇《徐无鬼》3455字，再移外入杂。详见绪论三《刘安版大全本篇目考》，参看《管仲》题解。

本书从郭象版杂篇《徐无鬼》3455字中，摘出魏牟版、刘安版外篇《徐无鬼》1578字，复原于魏牟版外篇第十。校正郭象篡改和历代讹误：补脱文4字，订讹文4字，厘正误倒1处。

《徐无鬼》文风张扬夸诞，意旨鲜明辛辣，撰者当为庄子再传弟子魏牟。著录庄子二事"庄惠辩射"、"庄过惠墓"，当属转闻于师（或即蔺且）。

魏撰《徐无鬼》，可分六章。

第一、第二章，徐无鬼教诲魏武侯，使之改宗。

第三黄帝见泰隗章，泰隗化身牧牛童子教诲黄帝，使之改宗。

第四厄言章，贬斥逐物不返的大知小知。

第五庄惠辩射章，第六庄过惠墓章，著录庄事，总结篇旨。

一

徐无鬼因女商见魏武侯。[1]

武侯劳之曰:"先生病矣! 苦于山林之劳,故乃肯见于寡人?"[2]

徐无鬼曰:"我则劳于君,君又何劳于我[3]? 君将盈嗜欲,长好恶,则性命之情病矣[4];君将黜嗜欲,掔好恶,则耳目病矣[5]。我将劳君,君又何劳于我?"

武侯超然不对。[6]

少焉,徐无鬼曰:"尝语君,吾相狗也:下之质,执饱而止,是狸德也[7];中之质,若视日[8];上之质,若亡其一[9]。吾相狗,又不若吾相马也。吾相马:直者中绳,曲者中钩,方者中矩,圆者中规,是国马也[10],而未若天下马也。天下马有成材,若恤若失,若丧其一[11];若是者,超轶绝尘,不知其所。"[12]

武侯大悦而笑。[13]

徐无鬼出。

女商曰:"先生独何以说吾君乎? 吾所以说吾君者,横说之则以《诗》、《书》、《礼》、《乐》,纵说之则以《金版》、《六韬》[14];奉事而大有功者,不可为数,而吾君未尝启齿。今先生何以说吾君,使吾君悦若此乎?"

徐无鬼曰:"吾直告之吾相狗马耳。"

女商曰:"若是乎?"

曰:"子不闻夫越之流人乎[15]? 去国数日,见其所知而喜;去国旬月,见所尝见于国中者而喜;及期年也,见似人者而喜矣[16]。不亦去人滋久,思人滋深乎[17]? 夫逃虚空者[18],藜藋柱乎鼪鼬之径[19],踉位其空[20],闻人足音跫然而喜矣,又况乎昆弟亲戚之謦欬其侧者乎[21]? 久矣夫,莫以真人之言謦欬吾君之侧乎?"[22]

今译

徐无鬼凭借女商的引荐,拜见魏武侯。

武侯慰劳他说:"先生疲病了! 苦于山林的劳作,所以才肯来见寡人?"

徐无鬼说："我来慰劳君侯，君侯又为何慰劳我？君侯若是放纵嗜欲，助长好恶，那么德性就会大病；君侯若是节制嗜欲，摈除好恶，那么耳目就会小病。我正要慰劳君侯，君侯又为何慰劳我？"

武侯昂首不答。

过了片刻，徐无鬼说："尝试告诉君侯，我如何为狗看相：下品之狗，吃饱即止，这是狸猫的德性；中品之狗，如同昂首视日；上品之狗，如同丧失专一。我为狗看相，又不如我为马看相。我这样为马看相：笔直如绳，弯曲如钩，方者中矩，圆者中规，这是国马，然而不如天下马。天下马天然成材，若有忧虑若有亡失，如同丧失专一；如此之马，超逸绝尘，不知所往。"

武侯大悦而笑。

徐无鬼辞出。

女商问："先生究竟对吾君言说了什么呢？我用来对吾君言说的，横说就是《诗》、《书》、《礼》、《乐》，纵说就是《金版》、《六韬》；我事奉吾君而大为有功，不可胜数，然而吾君从未启齿一笑。如今先生对吾君言说了什么，使吾君大悦如此呢？"

徐无鬼说："我仅仅告知我如何相狗相马而已。"

女商说："仅仅如此吗？"

徐无鬼说："你不曾听说越国的流亡者吗？离乡几天，遇见相知的朋友就会喜悦；离乡十天半月，遇见相识的同乡就会喜悦；等到离乡一年，遇见像人的猿猴就会喜悦。不是离乡越久，思乡越深吗？逃入虚空旷野之人，行走于榛莽过顶、鼬鼠出没的小径，跟跄于幽静的空地，一闻行人的跫跫足音就会喜悦，又何况是兄弟亲戚咳唾言笑于身边呢？很久了吧，没有真人咳唾言笑于吾君身边了吧？"

校注

[1] 徐无鬼：虚构至人。其名寓意，庄学认为不存在鬼神。参看《大宗师》"道，神鬼神帝"。

女商：魏武侯之臣，其名仿拟《大宗师》"女偊"。魏武侯：前395—前370在位。○撰者魏牟的曾祖父魏挚，是魏武侯之弟，封于中山。

[2]"苦于"二句：魏武侯以无为之山林为劳，以有为之庙堂为逸。

[3]"我则劳于君"二句：徐无鬼以无为之山林为逸，以有为之庙堂为劳。○篇首即明江湖天道、庙堂人道之对立、"两行"（《齐物论》）。

[4]"君将盈嗜欲"三句：助长人道之嗜欲、好恶，则违背真德之实，故德心大病。

[5]"君将黜嗜欲"三句：擎qiān，去除。去除人道之嗜欲、好恶，则久已习染伪德，故耳目小病。

[6]武侯超然不对：超然，目光超出徐无鬼头顶，义同下文"中之质，若视日"，隐喻藐视。魏武侯初闻徐无鬼与之价值观对立，不悦。

[7]下之质：譬解"小知"。执饱而止：身形嗜欲满足即止。狸：猫。○参看蔺撰《达生》小境之鸡"犹应响影"。

[8]中之质：譬解"大知"，隐喻魏武侯。若视日：昂首向天，隐讽魏武侯"超然不对"。○参看蔺撰《达生》大境之鸡"犹疾视而盛气"。

[9]上之质：譬解"至知"。若亡其一：如同丧失（神态之）专一。

[10]方者中矩，圆者中规，是国马也：譬解"大知"，隐喻"国君"魏武侯。○魏撰《田子方》"昔之见我者，进退一成规，一成矩"（隐喻"大知"实际孔子）。

[11]天下马：譬解"至知"。若丧其一：如同丧失（神态之）专一。○"上之质"之狗"若亡其一"，天下马"若丧其一"，"一"均训神态专一。至境之狗马如失神态专一，参看蔺撰《达生》至境之鸡"望之似木鸡"。旧多误释"一"为"身"，未明庄学四境。

[12]超轶绝尘，不知其所：参看魏撰《田子方》"夫子奔逸绝尘，而回瞠若乎后矣"（隐喻"至知"真际孔子）。

【辨析一】徐无鬼运用庄学四境，讽喻魏武侯仅是大知（"中之质"之狗、"国马"），并非至知（"上之质"之狗、"天下马"），颠倒价值，以为庙堂高于山林。狗之"小知"、"大知"、"至知"三境，省略"无知"，因为人皆有知，仿拟《逍遥游》"三适卮言"（魏撰《秋水》"至知观于远近，故小而不寡，大而不多"，魏撰《外物》宋元君梦白龟章"至知"、"大知"、"小知"三境，或撰《宇泰定》"昭景屈"三境，皆然）。马之"大知"、"至知"二境，又省略"小知"。郭象谬解庄学仅有小大二境，不合狗之三境；似合马之二境，然而系"国马"于"小知"，仍不可通。

[13]武侯大悦而笑：魏武侯既闻庄学四境，弃其傲慢，欣然而悦。○魏牟运用狗、马之喻，譬解天道、人道之对立、"两行"。

◎第一章第一节：徐无鬼初见魏武侯，魏武侯闻道欣然。

[14]金版：周书篇名（司马彪、崔譔）。六韬tāo：即《太公兵法》。六，文、武、虎、豹、龙、犬。韬，剑鞘。兵法阴谋不欲人知，如同剑藏韬中隐其锋芒，谓之"韬晦"。○女商横说纵说，不出庙堂人道。

[15]越之流人：义同魏撰《庚桑楚》"欲返情性，而无由入"之"亡人"。○越乃南蛮无文之国，《逍遥游》隐喻为顺应天道、未被人道黥劓之人。蔺撰《山木》承之而谓"南越建德之国"。魏撰《徐无鬼》承之而以"越之流人"隐喻远离天道、丧亡真德之人。

[16]国：义同魏撰《则阳》"旧国旧都"，隐喻德心故乡。去国：隐喻远离真德。○"去国"六句，譬解魏武侯为何而喜。阐明远离真德乃人生大苦，众人皆欲"返其情性而复其初"（刘安版新外篇《缮性》），君主亦然。此亦《庄子》虽反庙堂，终未禁绝的根本原因。

【校勘】"国中者而喜"，旧脱"而"字。王叔岷据上下二句均作"而喜"、《文选》曹颜远《思友人诗》注及谢朓《拜中军记室辞随王笺》注、《古今事文类聚》别集二五、《古今合璧事类备要》续集四五引均有"而"字校补。

[17]去人滋久，思人滋深：隐喻远离真德愈久，思返真德愈深。

[18]逃虚空者：逃至旷野之人。隐喻远离真德之人。

[19]藜藿diào：其高过人之野草（王念孙）。柱乎鼪shēng鼬yòu之径：柱立于鼪鼬出没之径。

[20]踉liàng位其空：踉跄处乎其中（郭嵩焘）。

[21]謦qǐng欬hāi：咳嗽，引申为言笑谈吐。义同刘安版杂篇《渔父》"咳唾之音"。○"夫逃虚空者"五句，再次譬解魏武侯为何而喜。成语"空谷足音"本此。

[22] 真人之言：点破狗马之喻并非字面之义，乃借庄学四境而言真道。

○ "久矣夫"二句，感叹魏武侯陷溺伪道甚久，得闻真道即喜。

◎第一章第二节：徐无鬼答女商之疑，贬斥庙堂君臣均为假人。

●第一无鬼婉讽武侯章：武侯闻道，欣然而喜；庙堂君臣，均为假人。

二

徐无鬼见武侯。[1]

武侯曰："先生居山林，食芋栗，厌葱韭，以㑕寡人，久矣夫！今老邪？其欲干酒肉之味邪？其寡人亦有社稷之福邪？"

徐无鬼曰："无鬼生于贫贱，未尝敢饮食君之酒肉，将来劳君也。"

君曰："何哉？奚劳寡人？"

曰："劳君之神与形。"[2]

武侯曰："何谓邪？"

徐无鬼曰："天地之养也一[3]，登高不可以为长，居下不可以为短[4]。君独为万乘之主，以苦一国之民，以养耳目鼻口[5]，夫神者不自许也[6]。夫神者，好和而恶奸[7]；夫奸，病也，故劳之。唯君不病之，何也？"[8]

武侯曰："欲见先生久矣。吾欲爱民[9]，而为义偃兵[10]，其可乎？"

徐无鬼曰："不可。爱民，害民之始也[11]；为义偃兵，造兵之本也。君自此为之，则殆不成[12]。凡成美，恶器也[13]。君虽为仁义，几且伪哉[14]！形固造形[15]，成固有伐[16]，变固外战[17]。君亦必无盛鹤列于丽谯之间，无行徒骥于锱坛之宫[18]；无藏逆于德，无以巧胜人，无以谋胜人，无以战胜人[19]。夫杀人之士民，兼人之土地，以养吾私与吾神者，其战不知孰善？胜之恶乎在[20]？君勿若已矣，修胸中之诚，以应天地之情，而勿撄[21]。夫民死已脱矣，君将恶乎用夫偃兵哉？"[22]

今译

徐无鬼拜见魏武侯。

武侯说："先生居住山林，食用橡栗，饱餐葱韭，摈弃寡人，很久了吧！如今年老啦？想要干求酒肉之味啦？还是寡人也有社稷之福呢？"

徐无鬼说："无鬼生于贫贱，从来不敢享用君侯的酒肉，特来慰劳君侯。"

武侯说："什么？为何慰劳寡人？"

无鬼说："慰劳君侯的心神和身形。"

武侯说："此言何意？"

徐无鬼说："天地养育万物一视同仁，登临高位者不可自矜长大，居处下位者不必自惭短小。君侯身为万乘之主，用劳苦一国民众，来供养一己耳目口鼻，心神必定不安。人的心神，喜好和谐而厌恶奸邪；心有奸邪，实为大病，所以特来慰劳。然而君侯不以心有奸邪为大病，是何缘故？"

武侯说："想见先生很久了。我想爱护民众，为了仁义而罢兵，是否可行呢？"

徐无鬼说："不可行。爱护民众，是残害民众的开始；为了仁义而罢兵，是导致战争的根源。君侯如此作为，恐怕不会成功。凡是既成之善，都是作恶的工具。君侯虽说为了仁义，几乎近于虚伪。形迹必定导致伪形，小成必定导致自矜，变更必定导致外战。君侯务必不在高大谯楼之间盛列鹤行兵阵，不在黑色祭坛之宫检阅步兵骑兵；不藏逆天之心，不用知巧胜人，不用谋略胜人，不用战争胜人。杀死别国的士民，兼并别国的土地，用于奉养一己私欲和一己心神，这种战争不知善在何处？胜利又在何处？君侯不如停止有为，修复胸中的诚意，顺应天地的实情，而不撄扰民众。那么民众就已脱离死地，君侯何须为了仁义而罢兵呢？"

校注

［1］徐无鬼见武侯：本章为上章之"重言"。上章为"荒唐之言"，本章为"庄语"。○参看魏撰《天下》概括内七篇为"谬悠之说，荒唐之言，

无端崖之辞"、"以天下为沉浊,不可与庄语"。外杂篇演绎内七篇,通常是将内七篇"荒唐之言"的晦藏之旨,还原为"庄语",故比内七篇易懂。

[2]劳君之神与形:此句承于上章,兼斥伪道使人德心大病、身形小病。本章下文,专斥伪道使人德心大病,不再涉及身形小病。

[3]天地之养也一:天地之养万物,一视同仁。演绎《齐物论》"天地与我并生,万物与我为一"。

[4]"登高"二句:重申齐物之旨,贬斥"以隶相尊"的庙堂伪道。参看刘安版新外篇《骈拇》"长者不为有余,短者不为不足"。

[5]"君独"三句:贬斥君主专制"以苦一国之民,以养耳目鼻口"。参看蔺撰《寓言》贬斥庙堂伪道"劝公以其私",《老子》贬斥"人之道损不足以奉有余",《列子·杨朱》贬斥君主"悉天下奉一身"。

[6]夫神者不自许:君主亦有天赋真德,违背天道亦心神不安。○悖道大知鼓吹庙堂伪道合于江湖天道(郭义"名教即自然"),则使君主真德泯灭,不再对违背天道心神不安。

[7]和:德心和顺,则安而无病。奸:德心奸邪,则不安而病。

[8]唯君不病之,何也:德心重于身形,身形不安为小病,德心不安为大病。魏武侯仅以身形小病为病,不以德心大病为病,徐无鬼诘问之。○参看魏撰《庚桑楚》"病者能言其病,病者犹未病也",均本《老子》"夫唯病病,是以不病"。

【校勘】"不"旧讹为"所",形近而讹("所"之行书近"不"),义不可通。

[9]吾欲爱民:徐无鬼斥其"以苦一国之民",魏武侯自辩"吾欲爱民"。

【辨析二】《德充符》鲁哀公受教前自称"寡人",受教后自称"吾"(《德充符》辨析十五)。魏撰《徐无鬼》仿拟这一笔法,魏武侯先四次自称"寡人",被斥后自称"吾"。蔺且未窥这一笔法,蔺撰《达生》之周威公先自称"吾",后自称"寡人"(《达生》辨析三)。可证魏牟文学悟性胜于蔺且。

[10]为义偃兵:魏武侯穷兵黩武而谥"武",却自诩"为义偃兵",反讽强烈。

〔11〕爱民，害民之始也：痛斥自诩"爱民"的君主，无论贤明、昏暴，无不"害民"。〇或撰《天地》"治，乱之率也"，或撰《天运》"三王之治天下，名曰治之，而乱莫甚焉"。

〔12〕"为义偃兵"四句：庙堂之"义"违背天道，征战永无休止，故曰"殆不成"。

〔13〕凡成美，恶器也：凡是已成之美（以伪道为标准之美，并非真美），均属为恶之工具。

〔14〕君虽为仁义，几且伪哉：庙堂自诩的"仁义"，仅是"呴湿濡沫"的虚伪仁义，无法改变"使鱼处陆"的不仁不义本质。

〔15〕形固造形：前"形"，庙堂自诩的"仁义"之形。后"形"，民众模仿庙堂"仁义"之形。句谓庙堂的虚伪仁义，必然导致民众的虚伪仁义。〇魏撰《则阳》"（庙堂）日出多伪，士民安取不伪？"

〔16〕成固有伐：伐，兼训自伐（自矜），征伐。庙堂君主略施"仁义"，略有小成，必定自矜自伐，必定征伐别国。

〔17〕变固外战：变更（指"为义偃兵"）必定导致外战。

〔18〕鹤列：兵阵之名。丽：高。谯qiáo：城楼。徒：步兵。骥：骑兵。锱zī坛之宫：设有祭坛的宫殿，此指阅兵之处。

【校勘】"行"字旧脱，与上句不谐。"无盛鹤列"、"无行徒骥"对举。

〔19〕无藏逆于德：不要隐藏逆天之志于德心。〇"无以巧胜人"三句展开。

〔20〕"夫杀人之士民"五句：斥其苦别国之民。〇上文"以苦一国之民，以养耳目鼻口"，斥其苦本国之民。

〔21〕勿撄：勿撄自己及民众之德心。义本《大宗师》"撄宁"、"撄而后成"。参看刘安版新外篇《在宥》"无撄人心"。

【校勘】"勿若"旧误倒为"若勿"。宣颖、奚侗、王叔岷校正。

〔22〕民死已脱：不撄天下，民众即从"鱼处于陆"还归"鱼处江湖"，即脱死地。

【辨析三】本章演绎蔺撰《寓言》"劝公以其私"，大斥庙堂伪道"以苦一国之民，以养耳目鼻口"，"爱民，害民之始也"，"虽为仁义，几且伪哉"，"杀人之士民，兼人之土地，以养吾私与吾神"。"夫神者不自许也"，阐明君主亦有天赋真德，违背天道必定心神不安。然而悖道大知鼓吹庙堂伪道合于江湖天道（郭义"名教即自然"），导致君主不再对违背天道心神不安，安心于不仁不义、使鱼处陆的"害民"，安心于假仁假义、呴湿濡沫的"爱民"。

●第二无鬼直斥武侯章：庙堂伪道不仁不义地使鱼处陆，无不"害民"；庙堂伪道假仁假义地呴湿濡沫，自矜"爱民"。

三

黄帝将见泰隗乎具茨之山[1]，方明为御[2]，昌宇骖乘[3]，张若、謵朋前马[4]，昆阍、滑稽后车[5]。至于襄城之野，七圣皆迷，无所问途。[6]

适遇牧马童子，问途焉，曰："若知具茨之山乎？"

曰："然。"

"若知泰隗之所存乎？"

曰："然。"

黄帝曰："异哉小童！非徒知具茨之山，又知泰隗之所存。请问为天下？"[7]

小童曰："夫为天下者，亦若此而已矣，又奚事焉[8]？予少而自游于六合之内，予适有瞀病[9]，有长者教予曰[10]：'若乘日之车，而游于襄城之野。'[11]今予病少痊，予又且复游于六合之外[12]。夫为天下，亦若此而已，予又奚事焉？"[13]

黄帝曰："夫为天下者，则诚非吾子之事[14]。虽然，请问为天下？"[15]

小童辞。[16]

黄帝又问。[17]

小童曰："夫为天下者，亦奚以异乎牧马者哉[18]？亦去其害马者而已矣。"[19]

黄帝再拜稽首，称"天师"而退。[20]

今译

黄帝意欲拜见泰隗于具茨山，方明驾车，昌宇陪乘，张若、諵朋骑马在前开道，昆阍、滑稽副车在后随行。到了襄城郊外，七位圣贤全都迷路，无人可以问路。

正好遇见一个牧马童子，就向他问路，说："你知道具茨山吗？"

说："是。"

"你知道泰隗住在哪里吗？"

说："是。"

黄帝说："异人啊小童！不仅知道具茨山，又知道泰隗住在哪里。请问如何治理天下？"

小童说："治理天下，也就如同我牧马罢了，又有何事呢？我年少之时自游于六合之内，我就患了眼花之病，有长者教诲我说：'你乘上太阳之车，而后游历于襄城的郊外。'如今我的眼花之病基本痊愈，我又将重游六合之外。治理天下，也就如同我牧马罢了，我又有何事呢？"

黄帝说："治理天下，确实不是你这小童之事。尽管如此，请问我该如何治理天下？"

小童推辞。

黄帝又问。

小童说："治理天下，又何异于牧马呢？也就是去除有害于马的虎狼而已。"

黄帝二拜叩首，称其"天师"而退。

校注

[1] 泰隗 wěi：虚构至人，隐指庄子。"泰"同"太"。"隗"同"伟"，训"高"（《玉篇》）。

具茨 cí 之山：在荥阳密县界（成疏）。河南新郑西南四十里（毕沅）。喻道之无所不具，而又次第井然（钟泰）。

［2］方明：自矜知方、明道、识途。故"为御"。

［3］昌宇：自矜昌盛寰宇。故"骖乘"。

［4］张若：自矜伸张正义，自得自若。謵朋：謵 xí，同"习"。盲从陋习的庙堂之友。故"前马"（为王前驱）。

［5］昆阍 hūn：庙堂之司阍（看门人），站立宫门两侧，身高服饰类似，如同昆弟。

滑稽：滑稽取悦君主的宫廷小丑。汉语史首见之"滑稽"。《史记·滑稽列传》承此。○"方明为御"四句，摹状庙堂伪道之"众人役役"、"以隶相尊"却自居圣贤。

［6］襄城之野：今汝州有襄城县，在泰隗山南（成疏）。在今河南许昌南。仿拟《逍遥游》"广漠之野"。○三句隐喻庙堂君臣均不悟道，一至"广漠之野"即迷失方向。

［7］适遇牧马童子，问途焉，曰……"请问为天下?"：仿拟《应帝王》"适遭无名人，而问焉，曰：'请问为天下?'"

［8］若此：如同我之牧马。

［9］瞀 mào 病：瞀，同"眊"、"耄"。眼花之病，隐喻不明真道。○小童（魏牟化身）自谓年少之时"游于六合之内"，一如"七圣皆迷"而有"瞀病"，未明真道。

［10］长者：上扣"泰隗"。隐指庄子。○不称"吾师"，亦证"小童"乃魏牟化身，魏牟乃庄子再传弟子。

［11］乘日之车，游于襄城之野：仿拟内七篇"乘↗游"句式。外杂篇仅此一见，亦证魏牟文学悟性胜于蔺且。

［12］今予病少痊，予又且复游于六合之外：经长者教诲，小童"乘物以游心"（《人间世》），"瞀病"痊愈，领悟真道，"游于六合之外"。参看魏撰《让王》魏牟章。

［13］"夫为天下"三句：重言"若此而已"、"又奚事焉"，阐明天道无为。

［14］夫为天下者，则诚非吾子之事：黄帝以治天下为己任。

［15］虽然，请问为天下：黄帝第二次问"为天下"。

［16］小童辞：以黄帝为下根。参看《大宗师》谓"游方之内"者为"天之戮民"。

［17］黄帝又问：黄帝第三次问"为天下"。○小童两次重言"若此而已"、"又奚事焉"，黄帝却三问"为天下"，摹状信奉伪道者成心坚固。

［18］夫为天下者，亦奚以异乎牧马者哉：黄帝迷而不悟，小童只好点破。

［19］去其害马者："马"喻民，"害马者"喻治民、害民之君。

【辨析四】伪道之"仁"，即虎狼之"仁"（参看或撰《天运》所引庄言），故"去其害马者"，所去者非"马"，而是"治马"、"害马"的"虎狼"（君主）。上章"爱民，害民之始也"，是"害马者"即"治马者"之内证。刘安版新外篇《马蹄》贬斥"善治马"的"伯乐"（君主），是"害马者"即"治马者"之外证。○郭象反注"马以过分为害"，所去者为"马"，而非"虎狼"。成语"害群之马"，合于郭象反注，不合本篇原义。

［20］天师：汉语史首见。潘雨廷："此为后世道教'天师'之源头。"○魏撰《则阳》"圣人以天为师"。

黄帝再拜稽qǐ首，称"天师"而退：黄帝至此方悟"若此而已"、"又奚事焉"之义，"瞀病"得以"少痊"。○旧庄学惑于郭象反注，瞀病至今未痊。

●第三黄帝见泰隗章：去除治马、害马的虎狼，去除治民、害民的君主。

四

知士无思虑之变则不乐，辩士无谈说之序则不乐，察士无凌谇之事则不乐，皆囿于物者也。[1]

招世之士兴朝[2]，中民之士荣官[3]，筋力之士矜难，勇敢之士奋患，兵革之士乐战，枯槁之士宿名，法律之士广治，礼教之士敬容，仁义之士贵际。[4]

农夫无草莱之事则不比，商贾无市井之事则不比；庶人有旦暮之业则劝，百工有器械之巧则壮。[5]

钱财不积则贪者忧，权势不尤则夸者悲[6]。势物之徒乐变[7]，遭时有所用，不能无为也[8]。此皆顺比于岁，而物于物者也[9]。驰其形性，潜之万物，终身不返。悲夫！[10]

今译

好知的士人没有思虑变化就不快乐，好辩的士人没有论说条理就不快乐，好察的士人没有诃责之事就不快乐，无不囿于所好的外物。

招举世誉的士人兴起于朝廷，投合民众的士人荣耀于为官，筋强力健的士人矜夸于赴难，勇毅果敢的士人兴奋于祸患，披坚执锐的士人悦乐于攻战，枯槁清修的士人寄宿于声名，尊奉法律的士人推广法治，鼓吹礼教的士人敬重仪容，崇尚仁义的士人矜贵名分。

农夫没有农桑之事就不能攀比，商贾没有交易之事就不能攀比；庶民有早晚之业就勤勉，百工有精巧工具就气壮。

钱财不能积聚贪婪之人就忧虑，权势不够突出矜夸之人就悲愁。慕势逐物之徒乐于事变，希望遭遇时势有所用世，这是不能无为。这些都是顺时攀比，而被外物役使之人。外驰身形德性，陷溺万物之中，终身不能返归真德。可悲啊！

校注

[1]凌谇suì：凌辱责骂。○本章为阐明篇旨的卮言章。第一节先举囿于一技的"知士"、"辩士"、"察士"三种士人，起笔。

[2]招世之士：招，举。标举世誉的士人。

[3]中zhòng民：中，动词，投合民众（之短视）。旧或误训"中民"为"中人之资"。诸士均为"中人之资"，"之士"前二字均言一技之长。○参看魏撰《外物》"中民之行进焉耳"。

〔4〕仁义之士贵际：仁义之士强调名分之分际。义同"以隶相尊"（《齐物论》）○次节又举"招世之士"至"仁义之士"九种士人，补笔。

〔5〕不比：不能攀比。与人攀比，略胜而乐，并非真乐。不攀比、不争胜而乐，方为至乐。○本节之"农夫"、"商贾"、"庶人"、"百工"，均非"士人"，衬笔。意为上举十二种士人，与四种非士人并无不同。非士人不自矜有道，无可厚非。十二种士人均自矜有道，故予贬斥。下节均斥十二种士人。

〔6〕钱财不积则贪者忧，权势不尤则夸者悲：前句言"富"，后句言"贵"，十二种士人均属贪慕富贵之人。

〔7〕势物之徒乐变：十二种士人均属贪慕权势、追逐外物、乐于事变之徒。

〔8〕遭时有所用，不能无为也：十二种士人均属身有长技，必欲用世，不能无为之徒。○魏撰《天下》："天下各得一察焉以自好，譬如耳目鼻口，皆有所明，不能相通，犹百家众技也，皆有所长，时有所用。虽然，不赅不遍，一曲之士也。"

〔9〕顺比于岁：十二种士人均属顺于时势，互相攀比。物于物者：义同首节"囿于物者"。

【校勘】"而物于物者也"旧作"不物于易者也"，义不可通。"不"当作"而"，钱穆校正。"易"当作"物"，据上文"囿于物"、《山木》"物物而不物于物"校正。

〔10〕"驰其形性"四句：义同魏撰《惠施》"驰荡而不得，逐万物而不返，是穷响以声，形与影竞走也"。

●第四厄言章：悖道有为，逐物不返；拔技为道，举世皆迷。

五

庄子曰："射者非前期而中，谓之善射，天下皆羿也，可乎？"[1]

惠子曰："可。"

庄子曰："天下非有公是也，而各是其所是，天下皆尧也，可乎？"[2]

惠子曰："可。"

庄子曰："然则儒墨杨秉四，与夫子为五，果孰是邪[3]？或者若鲁遽者邪？其弟子曰：'我得夫子之道矣。吾能冬爨鼎而夏造冰矣。'[4]鲁遽曰：'是直以阳召阳，以阴召阴[5]，非吾所谓道也[6]。吾示子乎吾道。'于是为之调瑟，废一于堂，废一于室；鼓宫宫动，鼓角角动，音律同矣[7]。夫或改调一弦，于五音无当也，鼓之，二十五弦皆动[8]。未始异于声，而音之君已形也[9]。且若是者邪？"[10]

惠子曰："今夫儒墨杨秉，且方与我以辩，相拂以辞，相镇以声，而未始吾非也。则奚若矣？"[11]

庄子曰："齐人适子于宋者[12]，其命阍也不以完[13]，其求钘钟也以束缚[14]，其求唐子也而未始出域[15]。有遗类矣夫[16]？楚人寄而蹢阍者[17]，夜半于无人之时而与舟人斗，未始离于岑，而足以造于怨也。"[18]

今译

庄子说："射者不先设定目标而误中，称之为善射，天下人都算后羿，可以吗？"

惠施说："可以。"

庄子说："天下不先设定公认标准，而各以己是为是，天下人都算唐尧，可以吗？"

惠施说："可以。"

庄子说："那么儒家、墨家、杨朱、公孙龙四家，与夫子共计五家，究竟哪家属于真是？还是如同鲁遽所言呢？鲁遽的弟子说：'我尽得夫子的道术了。我已经能够冬日烧鼎，而且能够夏日造冰了。'鲁遽说：'这只是以阳招阳，以阴招阴，并非我所说的道术。我为你演示一下我的道术。'于是鲁遽调准两瑟之弦，置一瑟于外堂，置一瑟于内室；弹拨一瑟的宫弦，另一瑟的宫弦也振动，弹拨一瑟的角弦，另一瑟的角弦也振动，因为音律相同。然后改调一弦，于五音都不相合，弹拨此弦，另一瑟的二十五弦都振动。此音貌似无异于别声，然而众音之君已经形成。你们五家是否就像五音呢？"

惠施说："如今儒家、墨家、杨朱、公孙龙，正在与我论辩，相互用言辞批评，相互用声音压制，而没有一家自以为非。这样将会如何？"

庄子说："齐人的儿子离家出走前往宋国，齐人对看门人不予责备，求得钟形酒器却精心包裹，为找儿子却不肯走出齐国疆域。岂非遗失了同类之爱呢？楚人寄宿旅店却责骂旅店看门人，半夜无人之时乘船又与船夫争斗，船未离岸，却足以与船夫结怨招祸。"

校注

[1] 非前期：射箭不先设定目标。隐喻为辩而辩，旨无所归。○本章著录庄事，当为魏牟转闻于师。

[2] 公是："道"之变文。"道"为万物之"公是"，参看《齐物论》"物之所同是"。

各是其所是：各以一己之是为标准。各自拔高相对标准为绝对标准。

【辨析五】庄义：射箭必先设定欲射目标，否则必将导致"天下皆羿"。言辩必先设定公认标准，否则必将导致"各是其所是，天下皆尧也"，必将导致"其所言者特未定"、"此亦一是非，彼亦一是非"、"是亦一无穷，非亦一无穷"（均见《齐物论》，均为庄子贬斥，郭象以降均视为庄义）。本章所引庄言，足证《齐物论》决不主张"无是非"，而是主张超越人道相对是非，彰明天道绝对是非。○王叔岷："庄子虽谓'此亦一是非，彼亦一是非'，而实以为有'公是'也。"盲从郭象反注，以为庄子矛盾。

[3] 儒墨杨秉：儒家、墨家、杨朱、公孙龙。○成疏："秉者，公孙龙字也。"王叔岷："王应麟《困学纪闻》卷十引《列子·仲尼》释文：'公孙龙，字子秉。'与成疏合，当有所据。《刘子·九流》：'名者，宋钘、尹文、

惠施、公孙捷之类也。'　'捷'疑'棅'之误。'棅'与'秉'通用。'公孙棅'即公孙龙也。"〇约前305年，惠施、公孙龙辩论于大梁（少年魏牟亲历）。惠施于辩论失败之后，从魏返宋与庄盘桓，当与庄子言及大梁辩论，庄子遂有此言。

［4］鲁遽 jù：周初人（成疏、陆释）。爨 cuàn 鼎：鼎下烧火。

［5］以阳召阳，以阴召阴：譬解"与己同则应，不与己同则反；同于己为是之，异于己为非之"（蔺撰《寓言》）、"同于己而欲之，异于己而不欲"（刘安版新外篇《在宥》）、"人同于己则可，不同于己，则虽善不善"（刘安版杂篇《渔父》）。

［6］非吾所谓道也：伪道剪齐物德之量，强求人为同一。真道齐一物德之质，尊重天然多样。

［7］鼓宫宫动，鼓角角 jué 动，音律同矣：与己"同"，视为"是"（共鸣）；与己"异"，视为"非"（无共鸣）。〇"宫"、"角"均为一音，均非"音之君"。拔高与己相同之一音为"音之君"，即拔技为道，遂成伪道。

［8］于五音无当也，鼓之，二十五弦皆动：五音，隐喻"儒墨杨秉四，与夫子为五"。天道"公是"异于五家"私是"和人道"私是"，然而天地万物无不应和。

［9］音之君：譬解上文"天下公是"（天道）。〇庄子以调瑟为实证，演示伪道之强求同一，不容异己；真道之不强求同一，包容异己。

【校勘】"形也"二字旧脱。马其昶、吴汝纶、钱穆、王叔岷据《淮南子·览冥训》"未始异于声，而音之君已形也"校补。

［10］且若是者邪：庄问惠施，五家岂非如同"五音"，均非"天下公是"、"音之君"？

［11］"今夫儒墨杨秉"六句：吾，五家自指。惠施问庄，五家均不以自家为非，均欲自居"天下公是"、"音之君"，将会如何？

［12］齐人适子于宋：适，旧作"蹢"，通"适（適）"。齐人之子，不告其父而适于宋。〇齐人仅知其子离家，不知其子至宋。旧注多谓齐人投子于宋，与下文"其求唐子也而未始出域"不可通。

［13］命：责。阍 hūn：司阍，守门人。完：备。〇句谓其子离家至宋，

阍者失职，齐人不责备司阍。

〔14〕铏xíng钟：小钟。束缚：包裹。○句谓齐人求得铏钟爱护备至。

〔15〕唐子：唐，亡失。离家出走之子。未始出域：未出齐国之域。○句谓齐人不爱其子。参看蔺撰《山木》"林回弃千金之璧，负赤子而趋。彼以利合，此以天属也"，齐人与林回相反。

〔16〕类：物德之量大同，则为同类；物德之量小异，则为异类。物德之质，皆同于道。故万类同道，殊类殊理。参看魏撰《则阳》"万物殊理"（同道），魏撰《秋水》"知道者必达于理"。○句谓齐人深爱异类之铏钟，不爱同类之亲子。齐人，隐喻君主。齐人之子，隐喻民众。齐人深爱铏钟、不爱亲子，隐喻君主追逐外物，不爱民众，以"爱民"之名，行"害民"之实（参看第二章）。是为"遗类"。○郭注："投之异国，使门者守之，出便与子不保其全。此齐人之不慈也，然亦自以为是，故为之。"齐父投其子于宋国，置屋命阍守之，已极荒谬；既投子于宋，复于齐境求之，更不可通。

〔17〕寄：寄宿。蹢：通"谪"，训责（俞樾）。○俞樾："谓寄居人家，而怒责其阍者也。郭注曰'俱寄止而不能自投高地也'，义不可通。"

〔18〕"夜半"三句：岑cén，岸。楚人寄居，不唯妄责司阍，复于夜半无人之时乘舟，而舟未离岸，即与舟人相斗，相斗之后仍乘其舟，则船至江心，楚人危矣。○上以齐人隐喻君主，此以楚人隐喻"儒墨杨秉施"五家。齐人（君主）身为主人，不责司阍。楚人（五家）身为客人，妄责司阍（别家）。唯因五家治民之术有异，"故有儒墨之是非，以是其所非而非其所是"（《齐物论》）。倚待庙堂的五家，既欲乘舟人（君主）之舟，却船未离岸即与舟人相斗，固已造怨于舟人，实属"往刑"（《人间世》）。后喻或许隐指惠施与张仪相争，险被魏惠王诛杀。○本章"齐人"、"楚人"二喻，或有脱误，其义甚晦，然而通观全篇及本章上文，义仍可明。郭象谬注，则使文义全不可解。

●第五庄惠辩射章：五家妄辩皆非，未明天下"公是"；拔高一己"私是"，倚待庙堂往刑。

六

庄子送葬[1]，过惠子之墓，顾谓从者曰[2]："郢人垩[3]，墁其鼻端若蝇翼[4]，使匠石斫之[5]。匠石运斤成风，听而斫之[6]，尽垩而鼻不伤，郢人立不失容。宋元君闻之，召匠石曰[7]：'尝试为寡人为之。'匠石曰：'臣则尝能斫之，虽然，臣之质死久矣。'自夫子之死也，吾无以为质矣。吾无与言之矣。"[8]

今译

庄子送葬，路过惠施之墓，回头对弟子说："郢人用白垩粉刷墙壁，溅污鼻端如同苍蝇翅膀，让匠石用斧子削掉。匠石抡起斧子呼呼生风，听着风声调整斧子距离，削尽白垩而鼻子不伤，郢人站着面不改色。宋元君听闻以后，召来匠石说：'试为寡人表演一下。'匠石说：'我确实能够斧削鼻端白垩，尽管如此，我的对手已死很久了。'自从夫子死后，我再也没有对手了。我没人可以交谈了。"

校注

[1] 庄子送葬，过惠子之墓：庄子为亲友送葬，当在宋国，所过惠施之墓，亦当在宋。可证惠施死于宋，葬于宋。

[2] 从者：庄子弟子（或即蔺且）。〇本章著录庄事，当为魏牟转闻于师（或即蔺且）。上章虽把惠施与"儒墨杨秉"并提，本章则将惠施区别于"儒墨杨秉"，明其实为庄子敬重之畏友。

[3] 郢 yǐng 人：楚人，泥瓦匠。垩 è：白垩，石灰。此作动词，粉刷墙壁。

[4] 墁 màn：污。此作动词，溅污鼻端。

【校勘】"墁"旧讹为"慢",形近而讹。刘文典、王叔岷据《初学记》十八、《太平御览》三六七及七五二、《文选》旧钞本嵇康《赠秀才入军诗》注引均作"墁"校正。

[5]匠石:宋人,与庄子、宋元君(宋王偃)同时,故宋元君召之与语。○《人间世》以宋人匠石入寓言。《养生主》亦以宋人庖丁入寓言。内七篇寓言,多取材于生活,并非全为向壁虚构。

[6]听而斫之:听着风声调整斧子距离。○郭注:"瞑目恣手。""瞑目"无据,"恣手"不切"听"义。参看《人间世》:"无听之以耳而听之以心,无听之以心而听之以气。"

[7]宋元君:即宋王偃(前337—前286在位)。《吕览·君守》、《淮南子·说山训》、《史记·龟策列传》、《论衡·讲瑞》均作"宋元王"。宋王偃为唯一宋王,身死国灭,未有公谥,仅有私谥,或谥"康",或谥"元"。惠施殁年(前300),宋王偃未殁,尚未有谥。庄子、宋王偃同年而殁(前286),庄子亦不当知宋王偃之谥,此为魏牟追述之言。○李颐释为"宋元公佐,平公之子",不合史实。《吕览·君守》载"鲁鄙人遗宋元王闭",兒说弟子往解。兒说为战国中期人,与庄子、宋王偃同时,可证"宋元君"、"宋元王"必非春秋时期之宋元公(前531—前517在位)。

[8]质:对(成疏)。对手(王叔岷)。○"对"、"质",合词"对质"(义有小转)。○"自夫子之死也"三句,庄子以"郢人"喻惠施,以"匠石"自喻,深惜惠施之死。

●第六庄过惠墓章:庄惠畏友,惺惺相惜;惠施死后,庄子寂寞。

【说明】

魏牟版外篇《徐无鬼》1578字,至此文完义足。郭象版杂篇《徐无鬼》,此下拼接魏牟版外篇《管仲》残篇1877字,本书复原于魏牟版之外篇(即下篇)。

管仲 △

题解

《管仲》被后于魏牟的《吕览》、《韩非子》钞引，必在魏牟版外篇。刘安版仍在外篇，郭象版外篇无《管仲》，是郭删十九篇之一。

向秀《庄子注》"有外无杂"（陆序），郭象版杂篇《徐无鬼》十五章，"徐无鬼"六章无陆引向注，"管仲"九章却有陆引向注5条，而且两大部分结构断裂、义理脱节，证明郭象并未全删《管仲》，而是裁剪刘安版外篇《管仲》1877字，拼接于刘安版外篇《徐无鬼》1578字，合为篇幅超长的郭象版杂篇《徐无鬼》3455字，再移外入杂，成为郭象版三十三篇中最长之篇。详见绪论三《刘安版大全本篇目考》，参看《徐无鬼》题解。

本书从郭象版杂篇《徐无鬼》3455字中，摘出郭象拼接的魏牟版、刘安版外篇《管仲》1877字，复原于魏牟版外篇第十一。校正郭象篡改和历代讹误：补脱文10字，删衍文1字，订讹文19字，厘正误倒1处。

《管仲》篇名，未见史籍，今按外杂篇之篇名惯例拟名。文风张扬夸诞，意旨鲜明辛辣，撰者当为庄子再传弟子魏牟。

魏撰《管仲》，可分九章，似为完璧。前六章寓言，后三章卮言。

第一管仲有病章，阐明严于律己，宽以待人。

第二吴王射狙章，阐明不"逍"己德，危殆近刑。

第三子綦隐几章，阐明不"逍"己德，近名危殆。

第四仲尼之楚章，阐明道同德异，循德返道。

第五子綦悲子章，阐明畜乎樊中，非福不祥。

第六许由逃尧章，贬斥君主专制，残害天下。

第七舜有膻行章，贬斥使鱼陆处病重，再施濡呴之药。

第八句践栖越章，贬斥众人信奉伪道，迎合外㩅。

第九尚大不惑章，阐明天道古今不代，不可亏损。

一

管仲有病，桓公往问之，曰："仲父之疾，病矣，不可讳云。至于大病，则寡人恶乎属国而可?"[1]

管仲曰："公谁欲与?"

公曰："鲍叔牙。"

曰："不可[2]。其为人洁廉，善士也[3]。其于不己若者，不比之人。一闻人之过，终身不忘[4]。使之治国，上且拘乎君，下且逆乎民[5]。其得罪于君也，将弗久矣。"

公曰："然则孰可?"

对曰："勿已，则隰朋可。其为人也，上忘而下不叛[6]。愧不若黄帝，而哀不己若者[7]。以德分人谓之圣，以财分人谓之贤[8]。以贤临人，未有得人者也[9]；以贤下人，未有不得人者也[10]。其于国有不闻也，其于家有不见也[11]。勿已，则隰朋可。"[12]

今译

管仲生病，齐桓公前往慰问，说："仲父之病，很重了，不可讳言了。一旦不治，那么寡人属托国事给谁而后方可?"

管仲说："主公意欲属托给谁?"

桓公说："鲍叔牙。"

管仲说："不可。他为人廉洁，确是好人。但他对不如自己的人，不视为人。一旦有闻他人的过失，终身不忘。让他治国，对上将会拘束国君，对下将会违逆民众。他得罪君侯，将不用很久。"

桓公说："那么谁可以?"

管仲说："非要我说，那么隰朋可以。他的为人，对上可让国君忘记，对下可让民众不叛。自愧不如黄帝，而同情不如自己之人。与人分享德行叫作圣，与人分享货财叫作贤。自矜圣贤而盛气临人，没有能得人心的；身为圣贤却平等待人，没有不得人心的。他对不该管的国事听而不闻，对不该管的家事视而不见。非要我说，那么隰朋可以。"

校注

[1] 病：疾加也（《说文》）。属 zhǔ：同"嘱"，托付。

【校勘】"桓公"下旧脱"往"字。王叔岷据《文选》张华《励志诗》注引、《管子·戒篇》及《小称篇》、《韩非子·难一》、《吕览·贵公》及《知接》均有"往"字校补。○"疾"旧讹为"病"。刘文典、王叔岷据《吕览·知接》作"疾"、《论语·子罕》"子疾病"校正。○"不可讳"旧讹倒为"可不谓"。王念孙、奚侗、刘文典、王叔岷据《管子·戒篇》及《小称篇》均作"不可讳"，《庄子阙误》引江南李氏本、《列子·力命》均作"可不讳"校正。

[2] 鲍叔牙：春秋时齐国大夫，向齐桓公推荐管仲为齐相。与管仲为生死交，史称"管鲍之交"。

不可：管仲否定对己有大恩的鲍叔牙，"丧我"而公私分明。

[3] 其为人洁廉，善士也：鲍叔牙严于律己。

【校勘】"洁"（洁）原作"絜"，字通。魏撰《庚桑楚》"其妾之絜然仁者"，魏撰《让王》"不如避之以絜吾行"，"絜"均通"洁"（洁）。

[4]"其于不己若者"四句：鲍叔牙未"丧我"，拔高一己之是为绝对之是，所以待人严苛。

【校勘】"人"旧讹为"又"，导致旧多误断"又"于下句。孙诒让、王叔岷据《吕览·贵公》、《列子·力命》均作"不比之人"校正。

[5]"使之治国"三句：鲍叔牙拔高一己之是为绝对之是，所以强加于人。

【校勘】"拘"旧讹为"鉤"。朱骏声据陆释一本作"拘"校正。

[6] 隰 xí 朋：齐庄公曾孙，春秋时齐国大夫，与管仲、鲍叔牙同时。

【校勘】"不"字旧脱。褚伯秀、宣颖、王先谦、陶鸿庆、刘文典、方勇、陆永品据陆释"于下无背者"、《列子·力命》作"上忘而下不畔"校补。○"叛"旧作"畔",字通。陆释训"背"。

[7]愧不若黄帝,哀不己若者:前句谓隰朋严于律己,此与鲍叔牙同。后句谓隰朋宽以待人,此与鲍叔牙异。○庄学不反对严于律己,仅反对苛以待人。参看或撰《天运》所引庄言:"夫孝悌仁义,忠信贞廉,此皆自勉以役其德者也,不足多也。"

[8]以德分人谓之圣:此为隰朋定位。以财分人谓之贤:此为鲍叔牙定位(隐扣管仲早年贫贱,鲍叔牙分财给管仲)。

[9]"以贤临人"二句:评价鲍叔牙。义本《人间世》"临人以德"。

[10]"以贤下人"二句:评价隰朋。义本蔺撰《山木》"行贤而去自贤之心"。○"以贤下人"尚且如此,何况"以圣下人"。

[11]"其于国"二句:隰朋"丧我",不以一己之是为绝对之是,所以不强加于人。○本章贬斥鲍叔牙不宽容,褒扬隰朋宽容。义本或撰《天地》所引庄言"不同同之之谓大"。

[12]勿已,则隰朋可:重言。○本章褒扬管仲荐相,全无私心,纯出公心。义本《老子》"知常容,容乃公,公乃全,全乃天,天乃道,道乃久,没身不殆"。

●第一管仲有病章:管仲"丧我",秉公荐相。鲍叔未"丧我",严于律己,苛以待人,不可为相;隰朋"丧我",严于律己,宽以待人,方可为相。

二

吴王浮于江,登乎狙之山[1]。众狙见之,恂然弃而走,逃于深榛[2]。有一狙焉,委蛇攫搔,见巧乎王[3]。王射之。敏给搏捷矢。王命相者趋射之。

狙既死[4],王顾谓其友颜不疑曰[5]:"之狙也,伐其巧,恃其便，以傲予，以至此殛也。戒之哉！嗟乎！无以汝色骄人哉！"[6]

颜不疑归而师董梧[7]，以锄其色，去乐辞显[8]，三年而国人称之。[9]

今译

吴王乘船游览长江，登上猴山。众猴见了，惊惶奔逃，逃入密林深处。有一只猴子，从从容容抓耳挠腮，对吴王卖弄灵巧。吴王张弓射它。它敏捷地拨开快箭。吴王命令众多随从急射。

猴子被射死以后，吴王回头对他的朋友颜不疑说："这只猴子，自矜灵巧，自恃敏捷，傲然对我，以致送命。引以为戒啊！唉！不要用你的傲然神色对人！"

颜不疑回去以后师事董梧，致力铲锄骄色，去除自乐辞退自得，三年以后国人称誉。

校注

[1] 江：长江。山：江中岛。

[2] 狙 jū：猴子。恂 xún 然：恐惧。深榛 zhēn：深密林莽。《广雅》："木聚生曰榛。"

【校勘】"榛"旧作"蓁"，字通。王念孙、朱骏声、刘文典、王叔岷据《太平御览》七四五引文作"榛"校正。

[3] 委 wēi 蛇 yí：从容。攫 jué 搔 sāo：攫虱、搔痒。见巧乎王：自矜其技，故而"近刑"（《养生主》）。

[4] 狙既死："未终其天年而中道夭于斧斤，此材之患也"（《人间世》）。

【校勘】"既"旧讹为"执"，形近而讹。据《太平御览》七四五引文作"既"校正。

〔5〕颜不疑：虚构小知。其名仿拟《齐物论》"颜成子游"。

〔6〕"之狙也"八句：贬斥自矜自伐。"傲"旧作"敖"，字通。○《老子》"自见者不明，自是者不彰，自伐者无功，自矜者不长"。

〔7〕董梧：虚构至人。其名仿拟《齐物论》"长梧子"。

〔8〕以锄其色，去乐辞显：自"逍"己德。"善刀而藏之"（《养生主》），"才全而德不形，内葆之而外不荡"（《德充符》）。

【校勘】"锄"旧讹为"助"，其义反转。据成疏"锄，除去也"、陆释"锄色"，陆释一本、赵谏议本均作"锄"校正。

〔9〕三年而国人称之：三年技有"小成"（《养生主》辨析六），距"技进于道"（《养生主》）尚远。

●第二吴王射狙章：不"逍"己德，危殆近刑；自"逍"己德，全生免刑。

三

南伯子綦隐几而坐，仰天而嘘。[1]

颜成子入见曰[2]："夫子，物之尤也[3]。形固可使若槁骸，心固可使若死灰乎？"[4]

曰："吾尝居山穴之中矣。当是时也，田和一睹我[5]，而齐国之众三贺之[6]。我必先之，彼故知之[7]；我必卖之，彼故鬻之[8]。若我而不有之[9]，彼恶得而知之？若我而不卖之，彼恶得而鬻之？嗟乎！我悲人之自丧者[10]，吾又悲夫悲人者[11]，吾又悲夫悲人之悲者[12]，其后而日远矣。"[13]

今译

南伯子綦靠着凭几而坐，仰天缓缓嘘吸。

颜成子进来拜见说："夫子，是人中之杰。身形固然可以使之如同枯骸，德心竟然也可以使之如同死灰吗？"

　　南伯子綦说："我曾居住在山洞之中。当此之时，田和拜见我一次，而后齐国民众三次祝贺他。我必先外荡真德，他人才会知道我；我必先卖弄有道，他人才会收买我。若我不外荡真德，他人怎能知道我？若我不卖弄有道，他人怎会收买我？唉！我悲哀自丧真德的人，我又悲哀悲哀他人的人，我又悲哀悲哀他人之悲哀的人，此后我就日益远离人道而心如死灰了。"

校注

　　[1] 南伯子綦隐几而坐，仰天而嘘："南伯子綦"见于《人间世》。句式同于《齐物论》"南郭子綦隐几而坐，仰天而嘘"。

　　[2] 颜成子：仿拟《齐物论》"颜成子游"。

　　[3] 物之尤：尤，突出。后世"尤物"多谓美女，此谓至人。○《左传·昭公二十八年》："夫有尤物，足以移人。"杜注："尤，异也。"《说文》同。正面义曰"优"。肉突出曰"疣"。

　　[4] 形固可使若槁骸，心固可使若死灰乎：语本《齐物论》"形固可使如槁木，而心固可使如死灰乎"（《齐物论》辨析一）。

　　[5] 田和：田齐太公，前400—前379年在位。○成疏："禾，齐王姓名。"不确。田和乃侯，非王。前481年田成子杀齐简公篡位。前380年周安王册封田和（田成子四世孙）为诸侯。前353年齐威王（田和之孙）称王。

　　【校勘】"和"旧讹为"禾"。卢文弨据田齐太公名"田和"校正。

　　[6] 齐国之众三贺之：齐国民众祝贺田和往见南伯子綦于山穴。仿拟《逍遥游》"尧往见四子藐姑射之山"。○战国诸侯礼贤下士多往见，后世君主礼贤下士多召见，此为先秦、后先秦之大异。

　　[7] 我必先之，彼故知之："先"后略"有"，证见下句"若我而不有之，彼恶得而知之"。我必先要自矜有德，彼人才会知之。○参看《人间世》"德荡乎名"。

　　[8] 我必卖之，彼故鬻yù之：我必卖弄有道，彼人才来收买。○参看《德充符》"不货，恶用商？"

〔9〕不有：不自矜自得。子綦反省自己不"逃"己德，因而"近名"。○上章贬斥不"逃"己德而"近刑"，本章贬斥不"逃"己德而"近名"。不近刑易，不近名难。

〔10〕我悲人之自丧者：悲人之自丧真德。○此言永"葆"己德（"葆光"二义之前义）。

〔11〕吾又悲夫悲人者：悲人自丧真德之人，若是自矜未丧真德，亦可悲。○此言自"逃"己德（"葆光"二义之后义）。

〔12〕吾又悲夫悲人之悲者：自"逃"己德之人，若是不能"遥"达天道，仍然可悲。

〔13〕其后而日远矣：自"逃"己德之后，我就日益远离人道了（子綦未敢自居"遥"达天道）。○章末四句，文缠义晦。唯有明乎"葆光"二义，"逃"、"遥"二义，方能意会（参看第五章）。

●第三子綦隐几章：不"逃"己德，近名危殆；自"逃"己德，"遥"达彼道。

四

仲尼之楚，楚王觞之[1]。孙叔敖执爵而立[2]，市南宜僚受酒而祭[3]，曰："古之人乎？于此言矣。"[4]

曰："丘也闻'不言之言'矣，未之尝言，于此乎言之[5]。市南宜僚弄丸，而两家之难解[6]；孙叔敖甘寝秉羽，而郢人投兵[7]。丘愿有喙三尺。[8]

"彼之谓不道之道，此之谓不言之辩[9]。故德总乎道之所一[10]，而言休乎知之所不知，至矣[11]。道之所一者，德不能同也[12]；知之所不能知者，辩不能举也[13]。名若儒墨而凶矣[14]。故海不辞东流，大之至也[15]；圣人并包天地，泽及天下，而不知其谁氏[16]。是故生无爵，死无谥，实不聚，名不立，此之谓达人[17]。狗不以善吠为良，人不以善言为贤[18]，而况为达乎[19]？

夫为大不足以为达，而况为德乎[20]？夫大备莫若天地，然奚求焉？而大备矣[21]。知大备者，无求，无失，无弃，不以物易己也。返己而不穷，循古而不磨，达人之诚。"[22]

今译

仲尼来到楚国，楚王设宴款待。孙叔敖手执酒爵而侍立，市南宜僚接过酒爵而祝酒，说："先生似有古人之风？敬请在此发言。"

仲尼说："我曾闻教'不言之言'，以前未曾言及，愿意在此言之。市南宜僚玩弄弹丸，而后两家交兵之难得以解除。孙叔敖高卧摇扇，而后楚人投置兵器得以安宁。我愿拥有三尺长舌称颂之。

"那位孙叔敖可谓不言而合道，这位市南宜僚可谓不言而雄辩。所以物德汇总于道一，而言语休止于心知所不知之域，可谓至境。天道只能齐一物德之质，物德之量不能尽同；心知所不知之域，言语之辩不能尽举。争辩名相如同儒墨就凶险了。所以大海不拒绝东流之水，达于大之极致；圣人兼容并包天地，恩泽遍及天下，然而天下人不知圣人是谁。因此生前没有爵位，死后没有谥号，实物不积，虚名不立，如此方可称为达道之人。狗不因善吠而称良，人不因善言而称贤，何况欲达天道之人呢？自矜伟大不足以达道，何况欲葆物德之人？伟大完备莫如天地，然而天地何尝贪求呢？却伟大完备了。知晓何为伟大完备之人，不求外物，不失真德，不弃真道，不被外物改变自己。返己真德而无穷尽，遵循亘古之道而不与外物相刃相磨，这就是达道之人的实情。"

校注

[1] 仲尼之楚：事在楚昭王二十七年（前489），仅至叶公封地叶（今河南叶县）。○本章孔子，为真际孔子、庄学代言人。

楚王觞 shāng 之：孔子并未见到楚昭王，此为寓言。○本章楚王，无法坐实。与孙叔敖同时者，为楚庄王（前613—前591在位）。与孔子同时者，为楚昭王（前515—前489在位）。与市南宜僚同时者，为楚惠王（前488—前432）。

［2］孙叔敖（约前630—约前593）：春秋中期楚人，楚庄王之令尹，先于孔子（前551—前479），故下文孔子称其为"彼"。

［3］市南宜僚：春秋末年楚人，楚惠王时人，与孔子同时，故下文孔子称其为"此"。

［4］古之人乎？于此言矣：市南宜僚谓孔子有古人之风，请其开言。

［5］"丘也闻"三句：真际孔子曾闻"不言之教"（老聃）、"至言无言"（庄义）之义，未尝抉发，今日于此抉发之。

［6］"市南宜僚"二句：楚白公胜作乱（前480），欲杀令尹子西。宜僚为勇士，可当五百人。白公遣使请从，宜僚弄丸不言。使者以剑乘之，宜僚弄丸如故。白公不得宜僚，遂杀令尹子西（兼采司马彪注、成疏）。○白公之乱，在楚惠王时，后为叶公平定。参看《左传·哀公十六年》、《史记·楚世家》。

［7］甘寝：甘，同"酣"。魏撰《列御寇》有"甘瞑"。○孙叔敖事，参看《左传·宣公二十年》及《史记·循吏列传》。

［8］丘愿有喙huì三尺：孔子先举市南宜僚、孙叔敖之顺道无为，作为"不言之言"之范例，再谓愿己能够善言抉发"不言之言"之义理。以下即为抉发。○郭象以降，大多不断下文为孔子之言。

◎孔言第一层：改宗孔子，代言庄学，先举"不言之言"之实例。

［9］彼：孙叔敖。此：市南宜僚。不道之道：即上言"孙叔敖甘寝秉羽，而郢人投兵"。不言之辩：即上言"市南宜僚弄丸，而两家之难解"。二句语本《齐物论》"孰知不言之辩，不道之道"。○郭象误注："'彼'谓二子，'此'谓仲尼。"导致孔子自颂自赞，义不可通。

［10］德总乎道之所一：物德之量各异，皆为道所分施，与道同质而齐一。

［11］言休乎知之所不知，至矣：语本《齐物论》"知止其所不知，至矣"。

［12］道之所一者，德不能同也：物德之质，齐一于道；物德之量，巨

小不同。○郭象反注："自得，故一也。"与原文"德不能同"抵牾。

【辨析一】本篇"德总乎道之所一"、"道之所一者，德不能同也"，均证《齐物论》之义乃谓物德之量不齐，物德之质本齐。参看《齐物论》题解，魏撰《庚桑楚》"德非不同，才有巨小"（《庚桑楚》辨析二）。

［13］知之所不能知者，辩不能举也：人难尽知天道，言辩不能尽举。

［14］名若儒墨而凶矣：儒墨自矜尽知天道，拔高一己之是为绝对之是，将使天下不能顺道循德，甚为凶险。○真际孔子贬斥"儒墨"。

［15］大之至：即"达"。"大"为相对之大，"大之至"为绝对之大，即"达"。

［16］不知其谁氏：义本《老子》"太上，不知有之"（《应帝王》辨析四）。

［17］谥shì：古人敬鬼神，人有生称、死称。父死通称考，母死通称妣。尊贵者有一人独享的专门死称，谓之谥。商代君王死后以十天干为死称，周代另定《谥法》。

此之谓达人："大之至"之人，谓之"达人"（至人）。

【校勘】郭象篡改"达人"为"大人"（本章四处，此下三"达"亦然），证见郭注"大人"。详见《秋水》辨析一。本书复原。

［18］狗不以善吠为良，人不以善言为贤：二句譬解"不道之道"、"不言之辩"。

［19］而况为达乎：故至人忘知，至言忘言。郭象改"达"为"大"，义不可通。○蔺撰《寓言》"终身言，未尝言"，魏撰《则阳》"其口虽言，其心未尝言"。

［20］为大不足以为达："达"扣"大之至"。句谓"为大"不足以为"大之至"。郭象改"达"为"大"，义不可通。

［21］"夫大备"三句：天地无求，方能大备。

【校勘】"夫大备"后旧衍"矣"字，义不可通。

［22］不磨：磨，旧作"摩"，字通。义本《齐物论》贬斥"相刃相磨"。○三句谓达人永葆真德不穷不磨，返己真德，因循古今永存的天道。

◎孔言第二层：改宗孔子，代言庄学，再明"道同德异"之义理。

●第四仲尼之楚章：道同德异，返德循道；儒墨妄言，丧德悖道。

五

子綦有八子，陈诸前，召九方歅曰[1]："为我相吾子，孰为祥?"

九方歅曰："梱也为祥。"[2]

子綦瞿然喜曰："奚若?"

曰："梱也将与国君同食，以终其身。"

子綦索然出涕曰[3]："吾子何为，以至于是极也?"

九方歅曰："夫与国君同食，泽及三族，而况父母乎? 今夫子闻之而泣，是御福也[4]。子则祥矣，父则不祥。"

子綦曰："歅，汝何足以识之? 尔以梱祥邪[5]? 尽于酒肉，入于鼻口矣，尔何足以知其所自来? 吾未尝为牧，而牂生于奥；未尝好畋，而鹑生于宎[6]。若勿怪，何邪? 吾所与吾子游者，游于天地。吾与之邀乐于天，吾与之邀食于地；吾不与之为事，不与之为谋，不与之为怪；吾与之乘天地之诚，而不以物与之相撄[7]；吾与之一委蛇[8]，而不与之为事所宜[9]。今也然，有世俗之偿焉。凡有怪征者，必有怪行[10]。殆乎! 非我与吾子之罪，几天与之也。吾是以泣也。"[11]

无几何，而使梱之于燕。盗得之于道，全而鬻之则难，不若刖之则易，于是乎刖而鬻之于齐[12]。适遭康公之闉[13]，然身食肉而终。[14]

今译

子綦有八个儿子，站在面前，召来九方歅说："为我儿子看相，谁有福气?"

九方歅说："梱有福气。"

子綦惊喜说："何等福气?"

九方歅说:"梱将与国君同案而食,以此终其一生。"

子綦黯然流泪说:"我儿子做了何事,以至于这种绝境?"

九方歅说:"与国君同案而食之人,福泽惠及三族,何况父母呢?如今夫子闻知而哭泣,是拒绝福气。看来儿子有福气,父亲无福气。"

子綦说:"九方歅啊,你何足以明白这个?你以为梱真有福气吗?尽享酒肉,不过入于口鼻,你何足以明白酒肉从何而来?我不曾从事放牧,而母羊从房子西南角跑出来;我不曾喜好打猎,而鹌鹑从房子东南角跑出来。你不觉奇怪,是何缘故?我与儿子遨游的,是遨游于天地。我与儿子从天空获得快乐,我与儿子从大地获得食物;我与儿子不参与俗事,我与儿子不参与算计,我与儿子不参与作怪;我与儿子驾乘天地的实情,而不让外物撄扰自己;我与儿子一向与物推移,而不以参与俗事为宜。如今这样,竟有世俗的报偿了。凡有怪异征兆,必定先有怪异行为。危险啊!必非我与儿子有罪,恐怕是上天降灾。我因此而哭泣。"

没过多久,子綦派梱前往燕国。盗贼半道把他掳去,身体完好卖掉较难,不如砍掉一足再卖较易,于是砍掉一足卖到齐国。恰好执掌齐康公的闺闱,这样食肉而死。

校注

〔1〕子綦:承上第三章"南伯子綦"。九方歅 yīn:善相人之人,其名仿拟善相马的"九方皋"。

〔2〕梱 kǔn:子綦之子。梱同"阃",闺门。其名取意于下文"掌康公之闺"。

〔3〕子綦索然出涕:子綦悲梱与国君同食而终。

〔4〕御福:抵御、拒绝福气。

〔5〕【校勘】"尔"下旧脱"以"字,义不可通。○"尔以梱祥邪"及下"尔何足以知其所自来",二"尔"旧均作"而",字通。

〔6〕牂 zāng:牝羊。奥:室之西南隅。鹑 chún:鹌鹑。宎 yǎo:室之东南隅。○"吾未尝为牧"四句,譬解不种因而得果。

［7］"吾与之邀乐于天"七句：阐明子綦与子不种因。略同魏撰《庚桑楚》"夫至人者，相与交食乎地，而交乐乎天，不以人物利害相撄，不相与为怪，不相与为谋，不相与为事。""邀"、"交"同训，邀约、交接。

［8］吾与之一委蛇：义本《应帝王》"吾与之虚而委蛇"，谓因应外境之推移屈伸。○魏撰《庚桑楚》"与物委蛇而同其波，是卫生之经矣"。

［9］不与之为事所宜：不为世事之宜，即"自适其适"。为世事之宜，即"适人之适"。○参看"适↘乂（宜）"之辨（《山木》辨析一、《至乐》辨析三）。

［10］"今也然"四句：阐明不种因而得果，必然不祥。

［11］"殆乎"四句：不种恶因，而得恶果，非己之罪，必属天灾。

［12］燕 yān：周之封国。鬻 yù：卖。刖 yuè：砍足之刑。

"无几何"六句：梱被盗刖足，不祥之一。卖给康公为奴，不祥之二。

［13］康公：姜齐末代之君。闺：宫闺，扣"梱"之名。○前481年田成子杀君篡位，其后虚留姜齐三君：平公（前480—前456在位）、宣公（前455—前401在位）、康公（前400—前375在位）。前380年周安王册封田和为侯，五年后姜齐康公卒，姜齐绝祀。

【校勘】"掌"旧讹为"當"（当），"康"旧讹为"渠"，"闺"旧讹为"街"。成疏："渠公：齐之富人，为街正。"陆释："渠公：一云屠者。"均据讹文而释。孙诒让驳正："'當'当为'掌'。'渠'当为'康'。'街'当为'闺'。盖梱卖于齐，适为康公守闺，故上文云'与国君同食，以终其身'。若以渠公为街正、屠者，何得云'国君'乎？"王叔岷是之。

［14］然身食肉而终：梱虽食肉而终，但为康公执掌宫闺，必为阉人，不祥之三。

【辨析二】本篇二章演绎《养生主》"不祈畜乎樊中。形虽王，不善也"。第三章，田齐开国之君田和，欲畜子綦于樊中，子綦自悲。第五章，姜齐末代之君康公，畜子綦之子梱于樊中，子綦悲子。子綦不仅自悲、悲子，且悲田齐、姜齐之君。至此，第三章子綦之言"我悲人之自丧者，吾又悲夫悲人者，吾又悲夫悲人之悲者"，其义方明。二章跳接，章法参差。

●第五子綦悲子章：刖而后阉，终身食肉；畜乎樊中，非福不祥。

六

啮缺遇许由^[1]，曰："子将奚之？"

曰："将逃尧。"

曰："奚谓邪？"

曰："夫尧，畜畜然仁，吾恐其为天下笑，后世其人与人相食欤^[2]？夫民，不难聚也^[3]，爱之则亲，利之则至，誉之则劝，致其所恶则散^[4]。爱利出乎仁义，捐仁义者寡，利仁义者众^[5]。夫仁义之行，唯且无诚，且假乎禽贪者器^[6]。是以一人之断制利天下，譬之犹一覕也^[7]。夫尧知贤人之利天下也，而不知其贼天下也^[8]。夫唯外乎贤者知之矣。"^[9]

今译

啮缺遇见许由，问："先生欲往何处？"

许由说："将要逃离唐尧。"

啮缺问："此言何意？"

许由说："唐尧，为把民众畜于庙堂樊笼而鼓吹虚假仁义，我担心他被天下人笑话，后世恐怕会有人吃人之事吧？民众，不难聚集，爱护他们就会亲附，有利他们就会齐至，赞誉他们就会努力，遭到他们厌恶就会离散。得爱、获利源于仁义，献身仁义的人必少，利用仁义的人必多。仁义的行为，必将毫无诚意，必将借给禽兽般贪婪之人成为作恶工具。因此一个人独断专制的有利天下，打个比方犹如一覕所见之有限。唐尧仅知贤人有利天下，然而不知贤人残害天下。唯有自外于贤人之人能知此理。"

校注

[1] 啮缺：见于《齐物论》、《应帝王》。许由：见于《逍遥游》、《大宗师》。

[2] 畜畜然仁：以"畜乎樊中"为仁。○"夫尧"四句，略同魏撰《庚桑楚》"大乱之本，必生于尧舜之间，其末存乎千世之后。千世之后，其必有人与人相食者也"。

[3] 夫民，不难聚也：此斥尧之倡仁，意在"聚民"，并非合道。义本《应帝王》"有虞氏，其犹臧仁以要人，亦得人矣"。

[4] "爱之则亲"四句：民众趋利避害，故"誉之则劝"，甘受"黥劓"、"雕琢"。

[5] "爱利出乎仁义"三句：得爱、获利源于假装信奉庙堂人道之虚假"仁义"，故民众捐躯于仁义者寡，利用仁义者众。

[6] 夫仁义之行，唯且无诚，且假乎禽贪者器：庙堂人道使鱼处陆的虚假"仁义"，必将毫无诚意，必将借给禽贪者成为作恶工具。○参看或撰《胠箧》贬斥窃国大盗窃取"仁义"。

[7] 是以一人之断制利天下，譬之犹一覕也：贬斥尧舜开启的君主专制之有利天下，犹如一覕之所见有限。○二句为庄子及其弟子贬斥君主专制之明证。

【校勘】"覕"旧作"觊"，字通。朱骏声、宣颖、王先谦、王叔岷校正。

[8] 夫尧知贤人之利天下也，而不知其贼天下也：义同或撰《胠箧》"圣人之利天下也少，而害天下也多"。

[9] 外乎贤者：义同蔺撰《山木》"行贤而去自贤之心"。句谓唯有不自居圣贤者，能知"贤人之贼天下"，能知"一人断制天下"之违背天道。○道家不自居圣贤，不自矜尽知天道，故反对"尚贤"，反对圣贤"断制天下"，反对"一人断制天下"。儒墨自居圣贤，自矜尽知天道，故主张"尚贤"，主张圣贤"断制天下"，主张"一人断制天下"。

●第六许由逃尧章：尧舜倡导虚假仁义，人将相食；圣贤一人断制天下，贼害天下。

七

有暖姝者，有濡呴者，有卷偻者。[1]

所谓暖姝者，学一先生之言，则暖暖姝姝而私自悦也，自以为足矣[2]。而未知未始有物也，是以谓暖姝者也。[3]

濡呴者，豕虱是也[4]。择处疏鬣长毛，自以为广宫大囿；奎蹄曲隈，乳间股脚，自以为安室利处[5]。不知屠者之一旦鼓臂布草操烟火，而己与豕俱焦也[6]。此以域进，此以域退[7]。此其所谓濡呴者也。

卷偻者，舜也[8]。羊肉不慕蚁[9]，蚁慕羊肉[10]，羊肉膻也[11]。舜有膻行，百姓悦之，故三徙成都；至邓之墟，而十有万家[12]。尧闻舜之贤，举之童土之地，曰："冀得其来之泽。"[13]舜举乎童土之地，年齿长矣，聪明衰矣，而不得休归，所谓卷偻者也。[14]

是以神人恶众至，众至则不比，不比则不利也[15]。故无所甚亲，无所甚疏，抱德炀和，以顺天下，此谓真人[16]。于蚁弃知[17]，于鱼得计[18]，于羊弃意[19]。以目视目，以耳听耳，以心复心[20]，若然者，其平也绳，其变也循[21]。古之真人，以天待人[22]，不以人入天[23]。古之真人，得之也生，失之也死[24]。得之也死，失之也生，药也[25]；其实，堇也，桔梗也，鸡雍也，豕零也[26]，是时为帝者也，何可胜言？[27]

今译

有自矜自美的自得之人，有濡沫呴湿的偷安之人，有疲倦佝偻的有为之人。

所谓自矜自美的自得之人，学了一位先生的言论，就自矜自美而私下自喜，自以为满足了。然而未曾知解超越万物的天道，这就叫自矜自美的自得之人。

濡沫呴湿的偷安之人，一如寄生猪身的虱子。择居鬃疏毛长之地，自以为广宫大苑；胯蹄弯曲之处，乳腿缝隙之间，自以为安居之室和有利之处。不知屠夫一旦振臂铺草操持烟火，而后自己与猪将一起烧焦。这种人随其处境而进，这种人又随其处境而退。这就叫濡沫呴湿的偷安之人。

疲倦佝偻的有为之人，一如虞舜。羊肉不爱慕蚂蚁，蚂蚁却爱慕羊肉，因为羊肉具有膻味。虞舜具有膻味的行为，百姓无不爱悦，所以虞舜三次迁徙均成都邑；迁至邓墟，追随的民众已有十余万家。唐尧听闻虞舜的贤名，举荐他前往荒芜之地，说："希望荒芜之地得到虞舜来到的恩泽。"虞舜被举荐到荒芜之地，年齿已长，耳聋眼花，却不能归乡休养，正是疲倦佝偻的有为之人。

因此神人厌恶众人追随，众人既至就不能择善而从，不能择善而从就不利于自适其适。所以不对一物特别亲近，不对一物特别疏远，抱持真德达至天和，以此顺应天下，这叫真人。蚁当抛弃慕膻之知，鱼当得计江湖之水，羊当抛弃诱蚁之意。以己之目视人之目，以己之耳听人之耳，以己之心知人之心，如此之人，公平如同准绳，变化因循真德。古之真人，以天道看待人道，不以人道侵入天道。古时的真人，民众得之就生存，失之就死亡。民众得之就死亡，失之就生存的，是庙堂的毒药；毒药的实质，不过是乌头、桔梗、鸡头草、猪苓根之类，这是时人称为帝王的君主，哪里值得一提？

校注

[1] 有暖姝shū者，有濡呴xǔ者，有倦偻lǚ者：章首三句总领，以下三节分释。

【校勘】"濡呴"旧讹为"濡需"（下同），当属欲掩原义者篡改。据《大宗师》"与其相呴以湿，相濡以沫，不如相忘于江湖"校正。《骈拇》"呴濡"旧亦讹为"呴俞"，可证并非偶然之讹。○"倦偻"旧作"卷娄"（下同），字通。据成疏"卷娄者，挛卷而伛偻也"、《外物》"孔子末偻"之陆释"舜有倦偻之谈"校正。

［2］暖姝：姝，美丽。暖姝，自矜美丽，即自矜自得。义同下文"私自悦"、"自以为足"。反扣上章"外乎贤"。○"暖姝者"隐喻倚待庙堂的悖道大知。

［3］未始有物："道"之变文，语本《齐物论》。○句谓暖姝者不知"道"，故"私自悦"、"自以为足"。

◎第七章第一节：贬斥悖道大知倚待庙堂，鼓吹伪道，自悦自足，不知天道。

［4］濡呴：《大宗师》"相呴以湿，相濡以沫"之缩略。豕 shǐ 虱 shī：猪身之虱。○"濡呴者"、"豕虱"隐喻匹偶大知的小知、盲从伪道的民众。参看《逍遥游》"众人匹之，不亦悲乎？"

［5］鬣 liè：野兽颈部长毛。奎 kuí：两髀之间（《说文》），胯部。曲隈 wēi：胯蹄弯曲处。○句谓民众把"鱼处于陆"、"虱处于豕"的非"正处"，视为"正处"，视为"广宫大囿"、"安室利处"。

【校勘】旧脱"处"、"长毛"三字。刘文典、王叔岷据《太平御览》九五一引文"择"下有"处"字、《庄子阙误》引张君房本"疏鬣"下有"长毛"二字、成疏"择疏长之毛鬣"校补。

［6］屠者：隐喻俗君僭主。

［7］此以域进，此以域退：小知民众以"相呴以湿，相濡以沫"为福，与悖道外境同进退、共生死，不知已失天道江湖之"正处"。○上扣第五章九方歅以梱被刖被阉、"畜乎樊中"为福。

◎第七章第二节：贬斥小知民众盲从伪道，泉涸处陆，畜乎樊中，以为安适。

［8］倦偻者，舜也：疲倦伛偻，形容舜之躬行仁义。○上章斥尧倡导庙堂伪道之虚假仁义，本章斥舜躬行庙堂伪道之虚假仁义。

［9］羊肉不慕蚁："羊肉"喻舜，"蚁"喻民众。句谓圣君不爱民，隐斥伪道所谓"圣君爱民"。

［10］蚁慕羊肉：贬斥已被伪道"黥劓"的民众均慕"圣君"，不慕天

道。○义本《逍遥游》"尧往见四子藐姑射之山，汾水之阳窅然丧其天焉"。参看刘安版新外篇《在宥》云将曰："朕也自以为猖狂，而民随予所往；朕也不得已于民，今则民之仿也。"

［11］羊肉膻shān也："膻"、"善"音义双关，贬斥"圣君"伪善，以"呴湿濡沫"掩盖"使鱼处陆"。○民众盼望"圣君"，"若大旱之望云霓"（《孟子·梁惠王》），不知"大旱"即由"圣君"造成。

［12］"舜有膻行"五句：舜如羊肉，故有膻行（善行）。百姓如蚁，悦舜之膻（善）。舜三徙其居，百姓追随而成都邑。○《老子》"天下皆知善之为善，斯不善矣"。

［13］"尧闻舜之贤"三句：扣上章"尧知贤人之利天下也，而不知其贼天下也"。

［14］"舜举乎童土之地"五句：舜躬行伪道，心疲倦，身伛偻。

◎第七章第三节：贬斥尧舜开创伪道，使鱼处陆之后，再施濡呴小惠。

［15］"是以神人恶众至"三句：比，比肩。神人厌恶被众人追随，被众人追随就不能与众人比肩，不能与众人比肩就不利于齐一万物，变成"以隶相尊"。○参看《庚桑楚》之庚桑拒绝为君。

［16］炀yáng和：炀，熔化。熔化万物之殊理特德，达至天和。

"故无所甚亲"五句："以隶相尊"就有亲疏厚薄，然而真人齐一万物，无所亲疏，葆德顺道。○此斥尧舜倡导的"亲亲"之仁、"等差"之义，对民众颇有亲疏，并不一视同仁。

［17］于蚁弃知：对于蚁，当弃慕膻（善）之知。上扣"蚁慕羊肉，羊肉膻也，舜有膻行"。○此谓民众不应誉尧舜、慕圣君。

［18］于鱼得计：对于鱼，当得计于江湖相忘，而非自以为得计于陆处濡呴。义本《大宗师》"泉涸鱼处于陆，不如相忘江湖"。

［19］于羊弃意：对于羊，当弃诱引众蚁的膻味膻行。上扣"羊肉不慕蚁"。○此谓君主当弃庙堂人道之伪善，躬行江湖天道之真善。

［20］以目视目，以耳听耳，以心复心：前"目"、"耳"、"心"谓真人，后"目"、"耳"、"心"谓民众。三句意为"将心比心"，义本《德充符》"以其心得其常心"。句式仿拟《老子》"以身观身，以家观家，以乡观乡，以

国观国，以天下观天下"。

〔21〕若然者，其平也绳，其变也循：如此之人，其公平如同准绳，变化因循真德。

〔22〕古之真人，以天待人：古之真人，以天道看待人道，即以天道超越人道。义同《齐物论》天道、人道"两行"，魏撰《列御寇》所引庄言"古之至人，天而不人"。

【校勘】"以天待人"旧讹为"以天待之"。宣颖、郭庆藩、王先谦、刘文典、王叔岷据《庄子阙误》引张君房本作"以天待人"校正。

〔23〕不以人入天：古之真人，不以人道侵入天道。"入"训"侵入"，兼"损"、"助"二义。义本《大宗师》"不以心损道，不以人助天"。参看魏撰《秋水》"无以人灭天"。

〔24〕古之真人，得之也生，失之也死："得之"前省略"民众"。"之"指"古之真人"。句谓民众得到真人的无为而治则生，失去真人的无为而治则死。

〔25〕得之也死，失之也生，药也：句前省略"民众"。"之"指"尧舜"之类俗君僭主。"药"指庙堂人道。句谓民众得到俗君的有为之治则死，失去俗君的有为之治则生。○"得之也死，失之也生"旧多属上连读，义不可通。

〔26〕堇 jǐn：乌头，治风冷痹。桔 jié 梗 gěng：治心腹血瘀。鸡癰 yōng：鸡头草，服之延年。豕零：猪苓根，似猪卵，治渴病。○此谓庙堂人道之实质，是无病即无用之药。参看刘安版杂篇《泰初》"有虞氏之药疡也，秃而施髢，病而求医"。

〔27〕时为帝者：司马彪释为"药草有时迭相为帝"，与文义无关，且中药虽有"君臣佐使"之谓，从无"帝药"之说。○撰者旨承内七篇，贬斥战国士人僭称"尧舜"等古代酋长为"五帝"，故上章斥尧，本章斥舜。

◎第七章第四节：小结上文三节。褒扬古之真人，贬斥今之俗君。

●第七舜有膻行章：使鱼陆处病重，再施濡沫之药，难治其病；让鱼水处无病，无须濡沫之药，相忘江湖。

八

句践也，以甲盾五千栖于会稽[1]。唯种也，能知亡之所以存[2]。唯种也，不知其身之所以愁[3]。故曰：鸱目有所适，昼出则暗[4]；鹤胫有所节，解之也悲[5]。故曰：风之过河也，有损焉；日之过河也，有损焉[6]。请只风与日相与守河，而河以为未始其撄也，恃源而往者也[7]。故水之守土也审，影之守人也审，物之守物也审[8]。故目之于明也殆，耳之于聪也殆，心之于殉也殆[9]；凡能，其于府也殆[10]。殆之成也不及改，祸之长也滋萃[11]；其返也缘功，其果也待久[12]。而人以为己宝，不亦悲乎[13]？故有亡国戮民无已，不知问是也[14]。故足之于地也浅，虽浅，恃其所不蹍，而后善博也[15]；人之于知也少，虽少，恃其所不知，而后知天之所为也。[16]

今译

越王句践啊，带着披甲执盾的五千士兵栖身于会稽。唯有文种，能知如何救亡图存。唯有文种，不知自身将有危殆。所以说：鸱枭的双目适于夜视，白昼出来就会盲目；鹤鸟的长脚适于水泽，截短一节就很悲惨。所以说：狂风吹过河面，河水有所损耗；烈日照射河面，河水有所损耗。请让狂风与烈日共同驻守河上，而大河以为可以不受撄扰，凭借源头而后奔往大海。所以大河固守土地而宁定，影子固守人形而宁定，万物固守真德而宁定。所以眼睛欲明就有危殆，耳朵欲聪就有危殆，德心欲殉就有危殆；凡是官能，作为府藏都有危殆。危殆既成不及悔改，祸患滋长日益繁萃；欲返真德缘于撄而后宁之功，撄而后成之果必待恒久。然而众人却把聪明殉物作为自己之宝，岂不可悲？所以亡国戮民不止，是不知迫问根源。所以脚的所践之地很少，虽然很少，凭借未践之地，而后能行广博大地；人的所知之域很少，虽然很少，凭借未知之域，而后能知天道所为。

校注

[1] 句gōu践：春秋末期越王。春秋第五霸。甲盾：借指士兵。会kuài稽：今浙江绍兴。

【校勘】"五"旧讹为"三"，形近而讹。王叔岷据《史记·吴太伯世家》"越王句践乃以甲兵五千人栖于会稽"、《越王句践世家》"越王乃以余兵五千人保栖于会稽"、《伍子胥列传》"越王句践乃以余兵五千人栖于会稽之上"校正。

[2] 种：文种，越王句践之臣。能知亡之所以存：文种能助句践灭吴存越。

[3] 不知其身之所以愁：文种不知灭吴之后将被句践诛杀。

【辨析三】《史记·越王句践世家》，越既灭吴，"范蠡遂去，自齐遗大夫种书曰：'蜚（飞）鸟尽，良弓藏；狡兔死，走狗烹。越王为人长颈鸟喙，可与共患难，不可与共乐。子何不去？'种见书，称病不朝。人或谗种且作乱，越王乃赐种剑曰：'子教寡人伐吴七术，寡人用其三而败吴，其四在子，子为我从先王试之。'种遂自杀。"○文种之死，范蠡之生，譬解上章"得之也死，失之也生，药也"。越既复国，其病已愈，文种病愈服药（倚待庙堂）而死，范蠡病愈弃药（远离庙堂）而生。

[4] 鸱chī目有所适，昼出则暗：义同魏撰《秋水》"鸱鸺夜撮蚤，察毫末，昼出瞋目而不见丘山"，贬斥倚待庙堂的大知小知"知有聋盲"（《逍遥游》）。上扣"尧知贤人之利天下也，而不知其贼天下也。夫唯外乎贤者知之矣"。范蠡即"外乎贤者"的至知（或谓范蠡为老聃弟子，于时相接），文种即自矜"贤者"的大知小知。

【校勘】旧脱"昼出则暗"四字，遂与"鹤胫有所节，解之也悲"不谐。本书据成疏、《秋水》"昼出瞋目而不见丘山"校补。○成疏："鸱目昼暗而夜开，则适夜不适昼；鹤胫禀分而长，则能长不能短。""昼暗"、"不适昼"即释"昼出则暗"。

〔5〕鹤胫有所节，解之也悲：隐喻文种原本可像范蠡一样，成为"不祈畜乎樊中"的"泽雉"（《养生主》），却因"知有聋盲"而"近刑"，十分可悲。○"故曰"以下四句，贬斥文种式大知小知。

〔6〕"风"、"日"四句：风、日过河，水皆有损。"风"、"日"隐喻外撄。

〔7〕只zhǐ：语气词。"请只"三句：风、日长守损河，河仍可不被撄扰，可以恃源而往大海。"河"隐喻至人。"源"隐喻真德。所"往"之海，隐喻天道。○以上"故曰"七句，褒扬范蠡式至人。

〔8〕"故水之守土也审"三句：守，固守真德。审，撄而后宁。三句譬解至人固守真德，撄而后宁。○参看《大宗师》"撄宁"。

〔9〕"故目之于明也殆"三句：目之明，耳之聪，心之宁，一旦惑于外撄，殉于外物，必有危殆。

〔10〕凡能，其于府也殆：凡是官能，作为府藏，均有惑于外撄、殉于外物之危殆。

〔11〕殆之成也不及改，祸之长也滋萃：危殆既成不及悔改，祸患滋长日益繁萃。义本《人间世》"恶成不及改"。

〔12〕其返也缘功，其果也待久：欲返真德，缘于撄而后宁之功；撄而后成之果，必待恒久方有所成。义本《人间世》"美成在久"、《大宗师》"撄而后成"。

〔13〕而人以为己宝，不亦悲乎：然而众人（如文种）却惑于外撄、殉于外物，盲从伪道，贪恋功名，"畜乎樊中"，作为自己之宝，岂不可悲？

〔14〕故有亡国戮民无已，不知问是也：亡国戮民不止，众人却不知追问致祸根源。

〔15〕蹍niǎn：足踩。"故足之于地也浅"四句：起譬。义本魏撰《外物》所引庄言"夫地非不广且大也？人之所用容足耳。然则侧足而垫之至黄泉，人尚有用乎？然则无用之为用也，亦明矣。"○参看《人间世》"人皆知有用之用，而莫知无用之用也"。

【校勘】二"浅"旧皆作"践"。俞樾、王叔岷校正。○俞樾："足之于地，止取容足而已，故曰'足之于地也浅'。下文曰：'人之知也少，虽少，恃其所不知而后知天之所谓也。'少与浅，文义相近。若作践，则不可通矣。"王叔岷："《淮南子·说林篇》：'足以蹍者浅矣，然待所不蹍而后行。'即本此文，践正作浅。"

[16]"人之于知也少"四句：正题。人的所知虽少，恃其不知之域，而后乃知天道之所为。上扣"无以人入天"。

●第八句践栖越章：众人信奉伪道，迎合外撄，近刑亏生；至人信仰天道，拒绝外撄，免刑全生。

九

知大一，知大阴，知大目，知大均，知大方，知大信，知大定，至矣。[1]

大一通之[2]，大阴解之[3]，大目视之[4]，大均缘之[5]，大方体之[6]，大信稽之[7]，大定持之[8]。尽有天，循有照[9]；冥有枢，始有彼[10]。则其解之也，似不解之者；其知之也，似不知之也；不知，而后知之[11]。其问之也，不可以有涯，而不可以无涯[12]。颉滑有实[13]，古今不代，而不可以亏[14]，则可不谓有大扬搉乎[15]？盍不亦问是矣，奚惑然为[16]？以不惑解惑，复于不惑[17]。是尚大，不惑也。[18]

今译

知解大一，知解大阴，知解大目，知解大均，知解大方，知解大信，知解大定，方为至人。

大一贯通万物，大阴消解万物，大目观照万物，大均循环万物，大方体悟万物，大信稽核万物，大定持守万物。万物均含天道，因循天道就能观照万物；幽冥之域存有道枢，万物之始即有彼道。所以至人理解万物，如同不曾理解；知晓万物，如同不曾知晓。自知不知，而后方有真知。追问天道，不可以有极限，也不可以无极限。错乱表象背后具有本质真实，古今不可替代，而且不可亏损，那么怎能不认为有大纲纪呢？何不追问本质，为何惑于表象？不惑于表象方能解惑，方能复归于不惑。只要崇尚大纲纪，就能不惑。

校注

［1］七"大"均训"太"，乃从七个角度譬解"大扬摧què"（大道）。能从七个角度理解大道，即为至人。

［2］大一：即"太一"，生生之道。

大一通之：义本《齐物论》"道通为一"。此谓道之阳动，即生之，分之，成之。

［3］大阴：即"太阴"，杀生之道。

大阴解之：义本《养生主》"帝之悬解"。此谓道之阴静，即杀之，解之，毁之。〇"大一"、"大阴"二句，演绎《齐物论》"道通为一。其分也，成也；其成也，毁也。凡物无成与毁，复通为一"。

［4］大目，即"太目"，道极视点。

大目视之：义本《齐物论》"万物皆照"、"照之于天"。义同魏撰《秋水》"以道观之"。此谓以道极视点观照一切。

［5］大均：即"太均"，天道之轮。均，陶均（陶轮）。

大均缘之：义本《大宗师》"休乎天均"。此谓顺应天均之循环旋转。

［6］大方：即"太方"，此谓"道术"。

大方体之："太方"（近圆之道术）可以体悟、趋近"太均"（纯圆之道体），但两者永远不会等同。〇人能拥有"大方"道术（属"德"），不能拥有"大均"道体（属"道"）。

［7］大信：即"太信"，宇宙规律至高可信。稽：稽查，核实，验证。

大信稽之：义本《齐物论》"真宰……可行己信"、《大宗师》"夫道，有情有信"。至高可信的宇宙规律，反复稽查、核实、验证于宇宙万物。

［8］大定：即"太定"，此谓"德心"。或撰《宇泰定》之"宇"，即"德心"，"泰定"即"太定"。

大定持之：德心定如止水，方能信持天道。不盲从"其所言者特未定"（《齐物论》）、"其所待者特未定"（《大宗师》）的庙堂伪道。

【辨析四】杨文会："此历举七大，与佛经暗合。'大一通之'，体则无二，用乃万殊。'大阴解之'，寂灭大海，究竟解脱。'大目视之'，正法眼藏，彻见本源。'大均缘之'，平等如一，普缘十界。'大方体之'，无边刹土，不出自心。'大信稽之'，因果历然，纤毫不爽。'大定持之'，本来无动，不持而持。"○杨氏以佛解庄，误非一端。其释"大均"为"平等"，"平等"虽属佛义、庄义共有，但训"均"为"平均"则是郭义，不合庄义"陶均"（旋转）。其释"大方"为"无边刹土"，则属佛义"十方世界"，不合庄义"道术"。其释"大信"为"因果"，亦属佛义"因果轮回"，不合庄义"因果规律"。

［9］尽：万物。有天：均含天道。循有照：因循天道就能观照万物。

［10］枢：道枢。彼：彼道。冥有枢，始有彼：幽冥之域存有道枢，万物之始即有彼道。

［11］"则其解之也"六句：其，至人。"解"、"知"互文，合词"知解"。至人对万物虽有知解，然而致无知解，自知不知，而后乃知。○此谓庄学至境"至知不知"。参看《齐物论》"知止其所不知，至矣"，魏撰《知北游》"弗知乃知乎？知乃不知乎？孰知不知之知、知之不知乎？"刘安版新外篇《在宥》"若彼知之，乃是离之"。

［12］其问之也，不可以有涯，而不可以无涯：至人追问天道，不可以有极限（因为天道无极限），也不可以无极限（因为物德有极限）。○此谓德低于道。参看《逍遥游》"无极之外，复无极也"，《养生主》"吾生也有涯，而知也无涯"。

［13］颉 xié 滑 gǔ：颉，"颉颃"略语，本义为鸟向上向下飞，引申为不相上下。滑，音骨，乱也（《广韵》）。此谓错乱的万物表象。○此词独特，又见或撰《胠箧》，不见内七篇和蔺撰之篇。

有实：错乱的万物表象背后具有真实本质。义同《齐物论》"诙诡谲怪，道通为一"。

［14］古今不代，而不可以亏：天道（表象背后的本质）自古至今不可

替代，不可亏损。参看刘安版新外篇《骈拇》"天下有常然，古今不二，不可亏也"。

［15］大扬摧què：都凡、大凡、诸凡（王念孙）。约略、大要（陈奇猷《韩非子新校注》）。意为"道之大略"、"道之纲纪"，人难尽知天道，只能稍窥纲要大略。〇《韩非子》之《扬摧》，旧讹为"扬榷"，陈奇猷据本篇校正。

［16］盍不亦问是矣，奚惑然为：何不追问错乱表象背后的本质，为何惑于错乱表象？〇"盍"旧作"阖"，字通。

［17］以不惑解惑，复于不惑：不惑于表象方能解惑，方能复归于不惑。

［18］是尚大，不惑也：尚，崇尚。大，大扬摧（兼扣七"大"）。崇尚大扬摧，就能不惑于错乱表象。

【校勘】"不惑"下，旧脱"也"字。王叔岷据唐写本补。

●第九尚大不惑章：古今不代，道不可亏；崇尚大道，方能不惑。

则阳

题解

《则阳》被先于刘安的贾谊《吊屈原赋》、《韩诗外传》钞引，必在魏牟版外篇。刘安版仍在外篇，郭象版贬入杂篇。向秀《庄子注》"有外无杂"（陆序），郭象版杂篇《则阳》却有陆引向注一条，证明郭象移外入杂。

本书把魏牟版、刘安版外篇《则阳》2534字，复原于魏牟版外篇第十二。校正郭象篡改和历代讹误：补脱文4字，删衍文6字，订讹文25字。

《则阳》文风张扬夸诞，意旨鲜明辛辣，撰者当为庄子再传弟子魏牟。著录庄子之言，当属转闻于师（或即蔺且）。1977年出土的安徽阜阳双古堆汉墓（汉文帝时，早于刘安）《则阳》残简，证明《则阳》撰于战国而非汉代。

魏撰《则阳》，可分九章，遍斥俗君僭主、悖道大知。

第一王果教诲则阳章，贬斥楚王"其于罪也，无赦如虎"，贬斥倚待庙堂的悖道大知为"佞人"，褒扬逍遥江湖的达道至人为"正德"。

第二圣人达绸缪章，褒扬"圣人之爱人也终无已"，贬斥俗君僭主不爱人。

第三戴晋人教诲魏王章，贬斥魏王、齐王"争地而战"，褒扬信仰天道的"达人"胜过信奉人道的"尧舜"。

第四孔子自惭佞人章，褒扬逃遁暴政而"陆沉"的楚人市南宜僚为"圣人"，贬斥孔子为"佞人"。

第五长梧教诲孔徒章，贬斥出任宋卿的孔子弟子琴牢"为政卤莽，治民灭裂"。

第六柏矩学于老聃章，以齐为例，贬斥俗君僭主"以失为在民，以得为在己；以枉为在民，以正为在己"，贬斥俗君僭主、悖道大知"日出多伪"。

第七蘧伯玉改宗章，褒扬卫相蘧伯玉（孔子替身）晚年鄙弃人道，改宗天道。

第八狶韦教诲仲尼章，贬斥卫灵公"饮酒湛乐，不听国家之政"，贬斥悖道大知讳君之恶，隐斥孔子把讳君之恶，鼓吹为"礼"。

第九少知问太公调章，贬斥丘里之言（孔丘之言）囿于人道，贬斥季真、接子妄言天道，阐明躬行天道者，不自矜尽知天道。

全文结构缜密，各章照应精妙，是集中声讨庙堂伪道的魏撰佳篇。由于郭象大肆篡改、妄断、反注，导致本篇精义湮灭不彰。故王夫之谓郭象版《则阳》曰："杂引博喻，理则可通，而文义不相属。"

一

> 则阳游于楚[1]，夷节言之于王[2]。王未之见，夷节归。
>
> 彭阳见王果曰[3]："夫子何不谈我于王？"
>
> 王果曰："我不若公阅休。"[4]
>
> 彭阳曰："公阅休奚为者邪？"
>
> 曰："冬则擉鳖于江[5]，夏则休乎山樊。有过而问者，曰：'此予宅也。'[6]夫夷节已不能，而况我乎？吾又不若夷节[7]。夫夷节之为人也无得，而有知不自许[8]，以之神其交，故颠冥乎富贵之地，非相助以得，相助消也[9]。夫冻者假衣于春，暍者反冬乎冷风[10]。夫楚王之为人也，形尊而严；其于罪也，无赦如虎[11]。非夫佞人、正德，其孰能挠焉[12]？故圣人其穷也，使家人忘其贫[13]；其达也，使王公忘爵禄而化卑[14]。其于物也，与之为娱矣[15]；其于人也，乐物之通而保己焉[16]。故或不言而饮人以和，与人并立而使人化[17]。父子之宜[18]，彼其乎归居，而一闲其所施[19]。其于人心者，若是其远也[20]。故曰：待公阅休。"[21]

今译

则阳游历楚国，夷节向楚王引见。楚王不肯召见，夷节只好返回。

则阳拜见王果说："夫子何不把我引见给楚王？"

王果说："我不如公阅休。"

则阳问："公阅休是什么人？"

王果说："冬天就在江中刺鳖，夏天就在山里休憩。有人路过询问，他就说：'这是我家。'夷节尚且不能引见你，何况我呢？我又不如夷节。夷节的为人不自得，而且有知不自诩，以此与人心神相交，所以出入于富贵之地，并非相助他人增进自得，而是相助他人消除自得。挨冻者向春天借衣服，中暑者向冬天盼冷风。楚王的为人，身形尊贵而严厉；对于罪错，不赦如同猛虎。若非佞人、正德，谁又能说动呢？所以圣人穷困之时，能使家人丧忘贫穷；发达之时，能使王公丧忘爵禄而化为谦卑。圣人对于外物，用于娱悦而不欲占有；圣人对于他人，乐于沟通而葆己真德。所以圣人即使不言也能使人如饮醇和之酒，与人相处就能使人受到感化。对于父子之宜，圣人认为就是归家同居，而一任闲适无所施教。圣人之心与众人之心，就是如此遥远。所以说：你应该等待正德圣人公阅休。"

校注

[1] 则阳：即下文"彭阳"。姓彭，名阳，字则阳。鲁人（成疏）。第四章鲁人孔子之替身。

[2] 夷节：虚构楚臣。夷，训平。节，节操。其名寓意，节操甚高，自"逍"己德。

[3] 王果：虚构楚人，自"逍"己德者。王，"王德之人"（或撰《天地》所引庄言）。果，已成正果。其名仿拟《齐物论》、《大宗师》"王倪"。○"谈"旧作"谭"，字通。

[4] 公阅休：虚构楚人。自"逍"己德、"遥"达彼道的"正德圣人"（下文）。

[5] 擉 chuò：同"戳"。刺。

[6] 此予宅也：公阅休以"山樊"为"予宅"，"不祈畜乎樊中"（《养生主》）。

［7］"夫夷节已不能"三句：王果自"逍"己德。○王果不能助人自"逍"己德。

［8］夫夷节之为人也无得，而有知不自许：夷节自"逍"己德。

【校勘】郭象篡改"无得"为"无德"，证见郭象反注"德薄"；然后妄断："夫夷节之为人也，无德而有知，不自许。"义不可通，本书复原。○原文褒扬夷节"无得"，即《大宗师》"不自得"、《应帝王》"无见得"。不合郭义"自得"，郭象遂予篡改、妄断、反注（《达生》辨析七）。自"逍"己德的"夷节"，遂成"德薄"之人。

［9］"以之神其交"四句：王果论证"吾又不若夷节"。夷节不仅自"逍"己德（王果亦能），且能助人自"逍"己德（王果不能）。○郭象反注："夷节好富贵。"

【校勘】郭象篡改"得"为"德"（《达生》辨析七），证见郭象反注"德薄而名消"。原文"得"、"消"（失）对举。郭改之后，义遂不通，本书复原。

［10］"夫冻者"二句：暍 yē：中暑。二句设喻，意为则阳应该求助于能把他引见给楚王的公阅休，不应求助于夷节、王果。

［11］"夫楚王之为人也"四句：贬斥居于"以隶相尊"之顶峰的楚王。○夷节能助一般富贵者自"逍"己德，不能助楚王自"逍"己德，不如公阅休。

［12］佞 nìng，巧谄高材（《说文》）。佞人：本章虚斥（预伏第四章孔子）。正德：隐指公阅休。○佞人以"相助以得"打动楚王，正德以"非相助以得，相助消"打动楚王。

［13］"故圣人其穷也"二句：义同魏撰《徐无鬼》"居下不可以为短"。

［14］"其达也"二句：义同魏撰《徐无鬼》"登高不可以为长"。圣人（公阅休）能使王公（楚王）自"逍"己德，夷节不能。○参看魏撰《庚桑楚》老子能化南荣趎，庚桑楚不能。

［15］"其于物也"二句：圣人（公阅休）与物游戏、娱乐。○蔺撰《山木》所引庄言"物物而不物于物"。

［16］"其于人也"二句：圣人（公阅休）与人相处，乐于通达理解对方，又葆自身真德。

［17］"故或不言"二句：圣人（公阅休）不言而教，即能使人皈化天道。

［18］父子之宜："宜"同"义"。"君臣之义"的婉语。本章均言"君臣"，非言"父子"。庙堂伪道，即以"君"为"父"，以"臣"为"子"。

［19］一闲其所施：圣人（公阅休）超越"君君臣臣父父子子"，因任天道自然，不作有为施设。〇蔺撰《山木》"一之间，无敢设也"。

［20］其于人心者，若是其远也：公阅休"遥"达彼道。

［21］故曰：待公阅休：虽然"佞人"、"正德"均能说动楚王召见则阳，但是王果不会劝则阳求助于"佞人"，而是劝则阳求助于"正德"公阅休。

【辨析一】本章运用"逍"、"遥"二义，摹状王果不如夷节，夷节不如公阅休。王果仅能自"逍"己德，不能助人自"逍"己德。夷节既能自"逍"己德，又能助人自"逍"己德，但不能助楚王自"逍"己德，因为尚未"遥"达彼道。唯有公阅休，既能自"逍"己德，又能助人、助楚王自"逍"己德，因为已经"遥"达彼道。郭象为自圆"自得"谬说而篡改、妄断、反注，导致旧解全反原义。

●第一王果教诲则阳章：自"逍"己德，进而助人自"逍"己德；"遥"达彼道，进而助人"遥"达彼道。

二

圣人达绸缪，周尽一体矣[1]，而不知其然，性也[2]；复命摇作[3]，而以天为师[4]。人则从而命之也[5]，忧乎知而所行恒无几时，其有止也，若之何？[6]

生而美者，人与之鉴。不告，则不知其美于人也。若知之，若不知之，若闻之，若不闻之。其可喜也终无已，人之好之亦无已，性也。[7]

圣人之爱人也，人与之名。不告，则不知其爱人也。若知之，若不知之，若闻之，若不闻之。其爱人也终无已[8]，人之安之亦无已，性也。[9]

旧国旧都[10]，望之畅然，虽使丘陵草木之緡入之者十九，犹之畅然[11]。况见见闻闻者也[12]？以十仞之台，悬众间者也。[13]

冉相氏得其环中以随成[14]，与物无终无始，无几无时[15]。日与物化者，一不化者也，盍尝舍之[16]？夫师天而不得师天，与物皆殉[17]，其以为事也，若之何？夫圣人未始有天，未始有人[18]，未始有始，未始有物[19]，与世偕行而不替[20]，所行之备而不洫[21]，其合之也，若之何？[22]

汤得其司御伊尹登恒，为之傅之[23]；从师而不囿[24]，得其随成[25]，为之司其名[26]；之名嬴法，得其两见[27]。仲尼之尽虑，为之傅之[28]。容成氏曰[29]：“除日无岁[30]，无内无外。”[31]

今译

圣人通达万物，周遍尽悟万物一体，而不知为何如此，这是天性；复归天命随其摇动，而以天为师。众人跟从而后命名他为圣人，忧虑不能尽知圣人但追随圣人而行却不能恒久，就停止追随，如之奈何？

天生美丽之人，众人给他镜子。不告诉他，他就不知自己美于他人。他对其美丽若有所知，又若不知，若有所闻，又若未闻。他的可爱终究不会停止，众人喜好其美也不会停止，这是天性。

圣人生而爱人，众人称他圣人。不告诉他，他就不知自己爱人。他对其爱人若有所知，又若不知，若有所闻，又若未闻。他的爱人终究不会停止，众人安于其爱也不会停止，这是天性。

故国旧都，望见就心情欢畅，即使丘陵草木掩没十分之九，仍然心情欢畅。何况全见其所欲见、尽闻其所欲闻呢？故国旧都的十仞高台，高悬于众人之间。

冉相氏得悟天道环中而追随成道圣人，与之同行无终无始，不止不休。因应外境天天随物变化，因循德心一直毫无变化，何曾舍弃呢？众人欲师法天道却不能师法天道，随物变化而殉于外物，他们以殉于外物为正事，如之奈何？圣人未尝拥有天道，也未尝拥有人道，未尝拥有开始，也未尝拥有外物，与世同行而不废替天道，行为完备而不败坏真德，其身心合一，如之奈何？

商汤得到宰臣伊尹登达永恒天道，拜为师傅；追随师傅而不囿师说，得以追随成道圣人，以人为师仅是假名；师徒之名超出了师徒之实，得以两见人师、天师。仲尼竭尽知虑，欲为君主的师傅。容成氏说："摈除时日，无法积成岁月；内无真德，无法外证真道。"

校注

[1] 绸 chóu 缪 móu：繁多，引申为万物。圣人彻悟万物一体。〇本章为阐明篇旨的卮言章。义承上章，申论"圣人"、"正德"。

[2] 而不知其然，性也：义同蔺撰《山木》"人之不能有天，性也"。圣人不能尽知天道。

[3] 复命：复归天命（天道），此言庄学宗旨"顺应天道"。摇作：顺风而摇，无为而作，此言庄学真谛"因循内德"。

[4] 以天为师：义同《大宗师》"以天为父"。

[5] 人则从而命之也：众人命名"以天为师"之人为"圣人"。上扣王果命名公阅休为"圣人"。

[6] 忧乎知而所行恒无几时，其有止也，若之何：众人忧虑于不能尽知圣人，但追随圣人而行却难以恒久，很快就会停止，如之奈何？

[7] 本节设喻，下节正论。二节文字仅有小异。

[8] 圣人之爱人也……其爱人也终无已：参看魏撰《知北游》"圣人之爱人也终无已"。

[9] 人之安之亦无已，性也：圣人不自矜"爱人"，众人安于其爱，相忘江湖，无须感恩回报。伪圣人自矜"爱人"，众人不能安于其爱，不能相忘，必须感恩回报。参看蔺撰《曹商》"施于人而不忘，非天布也，商贾不齿"。〇上节设喻"美人不自矜其美"，本节正论"圣人不自矜其爱"，均扣上章"为人也无得，而有知不许"。

[10] 旧国旧都：隐喻德心之故乡，即"故德"（《天运》所引庄言）。

〔11〕虽使丘陵草木之泯mǐn入之者十九：泯，旧作"缗"，字通。十九，十分之九。隐喻人虽不能尽知天道，然而真德为天道之一端。○郭象妄断为"虽使丘陵草木之泯，入之者十九"，义不可通。褚伯秀、姚鼐、王叔岷驳正。

〔12〕见见闻闻：尽见故乡之貌，尽闻故乡之音。隐喻尽复"故德"。

〔13〕以十仞之台，悬众间者也：旧国旧都高悬众人之间。隐喻"故德"高悬众人内心。○本节又设喻，下节又正论。

〔14〕冉rǎn相氏：虚构古人。环中："道"之变文，语本《齐物论》。

随成：追随成道至人，义本《大宗师》"乘成以随先生"。

〔15〕物：至人。参看《齐物论》称至人王倪为"物"，魏撰《管仲》称至人南伯子綦为"物之尤"。

与物无终无始，无几无时：冉相氏追随成道至人，没有停止之时。反扣上文众人追随圣人"所行恒无几时，其有止也"。

〔16〕日与物化者，一不化者也：略同魏撰《知北游》"与物化者，一不化者也"。均言因应外境与物变化，因循内德一无变化。

盍尝舍之：贬斥众人舍之。○"盍"旧作"阖"，字通。

〔17〕夫师天而不得师天，与物皆殉：众人欲"随成"而"所行恒无几时"，欲"师天"而"不得师天"，动辄"舍之"，根源在于以身殉物。○郭象反注："师天犹未免于殉。"与上文"以天为师"、此处"师天"双重抵牾。

〔18〕圣人未始有天，未始有人：圣人天人未分，超越人道，故能"师天"。○众人天人已分，坚执人道，虽欲"师天"，却"不得师天"。

〔19〕未始有始，未始有物：八字均本《齐物论》，均谓先于万物的天道。

〔20〕与世偕行：义同上文"日与物化"。而不替：义同上文"一不化"。

〔21〕所行之备而不洫：洫，败坏。行为完备而德心不败坏。

〔22〕其合之也，若之何：圣人天人合一、二谛合一。○王先谦："两言'若之何'，欲人之自审择。"即在众人"不得师天"、圣人"师天"的"两行"（《齐物论》）之中，自加审择。

〔23〕汤：商汤。得其司御：得其宰臣。伊尹：商汤之宰臣。登恒：登达永恒天道。为之傅之：商汤以伊尹为师傅。

【校勘】"伊"旧讹为"門"，形近而讹。罗勉道、马其昶、王叔岷厘正。

[24] 从师而不囿：从师而不囿师说。义同"从道不从师"、"我爱吾师，我更爱真理"。

[25] 得其随成：得以追随成道至人（登达永恒天道）。

[26] 为之司其名：称至人为"师"，实为假名。上扣"以天为师"。至人为假师，天道为真师。

[27] 之名嬴法：伊尹、商汤的师徒假名，盈余于师徒之实。得其两见：既见至人假师之假言，又见天道真师之真相。

[28] 仲尼之尽虑，为之傅之：仲尼竭尽知虑，欲为君主之师傅。〇本处文意不完，或有斥孔之言被人删去。其意当为：仲尼欲为君主之师傅，君主当如商汤，以仲尼为假师，以天道为真师。

[29] 容成氏：上古至人。或谓与黄帝同时（《列子·汤问》），或谓老子之师（陆释）。〇《汉书·艺文志》有《容成子》十四篇、《容成阴道》二十六卷。伪托之书。

[30] 除日无岁：若无日积月累，即无年岁之成。隐喻若无至人日积月累趋近天道，天道必将全不可知，故当不废至人之言，又不囿至人之言。

[31] 无内无外：若无内在真德，即难领悟天道之外在征象。故当因循内德，方能登达并且顺应永恒天道。

●第二圣人达绸缪章（卮言章）：圣人博爱众人，以天为师；君主固当师人，更应师天。

三

魏茔与田侯午约，田侯午背之[1]。魏茔怒，将使人刺之。

犀首闻而耻之曰："君为万乘之君也，而以匹夫从仇[2]。衍请受甲二十万，为君攻之，虏其人民，系其牛马，使其君内热发于背；然后拔其国，忌也出走[3]；然后抶其背，折其脊。"[4]

季子闻而耻之曰[5]："筑十仞之城，城者既七仞矣[6]，则又坏之，此胥靡之所苦也。今兵不起七年矣，此王之基也。衍乱人，不可听也。"

华子闻而丑之曰[7]："善言伐齐者，乱人也。善言勿伐者，亦乱人也。谓伐之与不伐乱人也者，又乱人也。"

君曰："然则若何?"

曰："君求其道而已矣。"

惠子闻之[8]，而见戴晋人[9]。

戴晋人曰："有所谓蜗者，君知之乎?"

曰："然。"

"有国于蜗之左角者，曰触氏。有国于蜗之右角者，曰蛮氏。时相与争地而战，伏尸数万，逐北，旬有五日而后返。"[10]

君曰："噫! 其虚言欤?"

曰："臣请为君实之。君以意在四方上下有穷乎?"[11]

君曰："无穷。"

曰："知游心于无穷，而返在通达之国，若存若亡乎?"

君曰："然。"

曰："通达之中有魏，于魏中有梁，于梁中有王。王与蛮氏，有辨乎?"[12]

君曰："无辨。"

客出。而君惝然若有亡也。[13]

客出，惠子见。

君曰："客，达人也! 圣人不足以当之。"[14]

惠子曰："夫吹管也，犹有嗃也；吹剑首者，吷而已矣[15]。尧舜，人之所誉也[16]；道尧舜于戴晋人之前，譬犹一吷也。"[17]

今译

魏罃与齐侯田午订立盟约，齐侯田午背叛了盟约。魏罃愤怒，将要派人行刺田午。

公孙衍闻知而感到羞耻说："君王是万乘之君，却以匹夫的方式对付仇人。我请求带领二十万甲兵，为君王攻齐，俘虏齐国人民，劫掠齐国牛马，使齐君内热发疮于背；然后攻破齐都，逼迫田忌出逃；然后鞭打田忌的背部，打断田忌的脊梁。"

季子闻知而感到羞耻说："欲筑十仞之城，已经筑到七仞，却又毁坏之，这是筑城役徒怨苦之事。如今兵戎不起已有七年了，这是王业的根基。公孙衍是作乱之人，不可听信。"

子华子闻知而鄙视他们说："以伐齐为善的人，是作乱之人。以不伐齐为善的人，也是作乱之人。认为主张伐齐和主张不伐齐的人都是作乱之人的人，又是作乱之人。"

魏惠王问："那么应该如何？"

华子说："君王寻求天道就行了。"

惠施闻知，引见戴晋人。

戴晋人说："有种动物叫蜗牛，君王知道吗？"

魏惠王说："知道。"

戴晋人说："有个邦国在蜗牛左角，叫触氏。有个邦国在蜗牛右角，叫蛮氏。时常互相争地而攻战，伏尸数万，追逐败北之敌，十五天以后返回。"

魏惠王说："嘻！恐怕是虚妄之言吧？"

戴晋人说："我愿为君王指实此言。君王以为四方上下有无穷尽呢？"

魏惠王说："没有穷尽。"

戴晋人说："既知遨游德心于无穷，而后返观四通八达的天下，岂非若存若亡呢？"

魏惠王说："是的。"

戴晋人说："四通八达的天下之中有魏国，魏国之中有大梁，大梁之中有君王。君王与蛮氏，有无分别呢？"

魏惠王说："没有分别。"

客人辞出。而后魏惠王惝恍若有所失。

客人辞出以后，惠施进见魏惠王。

魏惠王说："这位客人，是达道至人啊！圣人不足以相提并论。"

惠施说："吹箫管，其声呜呜；吹剑环，其声嘘嘘。圣人尧舜，世人无不称誉；称道尧舜于戴晋人之前，犹如一声嘘嘘。"

校注

［1］魏罃：魏惠王，名罃yīng。前369—前319在位。〇撰者魏牟，是魏惠王族孙。

田侯午：田齐桓公，名午。前375—前358在位。

【校勘】"午"旧讹为"牟"，司马彪、成疏误释"田侯牟"为"齐威王"。陆德明、卢文弨、俞樾、王叔岷、方勇、陆永品据《史记》、《战国策》"齐威王因齐"、"齐桓公午"校正。〇俞樾："齐桓公午与梁惠王，又不相值也。"俞氏不知《史记》齐、魏纪年均误。田齐桓公午与魏惠王罃，在位年重合十二年。但章中言及齐威王（前357—前319在位）之将田忌，本章实为寓言。

［2］犀首：公孙衍之字。战国中期魏人，与张仪争事秦惠王失利，转事魏惠王，任魏将。张仪倡导"连横"，公孙衍遂鼓动魏惠王主持"五国相王"（魏相惠施附议），倡导"合纵"，权倾诸侯，名重天下，天下敬称其字，鲜称其名。〇司马彪注、成疏、陆释误以"犀首"为魏国官号。

【校勘】"犀首"后或衍"公孙衍"三字（赵谏议本、郭庆藩本、陈鼓应本），当为旁注羼入正文。王叔岷据别本均无校删。〇"仇"旧作"雠"，字通。

【辨析二】《史记》、《战国策》误采苏秦讹史，误信苏秦、张仪同师鬼谷子，误以苏秦为"合纵"创始人。1973年长沙马王堆出土《战国纵横家书》，始明其误。前309年张仪在母邦魏国寿终，前284年齐湣王车裂燕使苏秦于齐，张仪年长苏秦甚多。鬼谷子史无其人，《鬼谷子》亦属伪书。

［3］忌：田忌，齐威王之将。〇田忌以孙膑（孙武之后）为军师，前353年齐魏桂陵之战，前341年齐魏马陵之战，两度重创魏军，杀魏将庞涓、魏惠王太子申。强魏由此转衰，齐、魏为仇。

［4］挟chì：同"笞"。鞭打。《说文》："挟，笞击也。"

挞其背，折其脊："其"指田忌。

［5］季子：即季梁（约前395—约前340）。战国中期魏人。

［6］【校勘】"七"旧讹为"十"，形近而讹。俞樾、王叔岷、刘秀生、马叙伦、方勇、陆永品据成疏"七丈之城，用功非少，城就成矣，无事坏之"校正。〇俞樾："下文曰'今兵不起七年矣，此王之基也'，明是以'七仞'喻'七年'。"

［7］华huà子：即子华子（前380—前320）。战国中期魏人，当为杨朱（前395—前335）弟子。魏撰《让王》有"子华子"。

［8］惠子：宋人惠施（前380—前300），魏惠王之相。齐魏马陵之战（前341）以后，任魏相十九年（前340—前322），主张与齐偃兵。是戴晋人之前地位最尊的出场者。

［9］戴晋人：虚构至人，庄子化身。"戴"谓戴天履地。"晋人"谓超越人道，达至天道。〇惠施引见戴晋人，合于庄惠为友之史实。戴晋人所言，既合庄子"无兵"主张，亦合惠施"偃兵"政纲。然而惠施任魏相乃齐威王之时，庄惠为友则在惠施罢相之后，均证本章实为寓言。

［10］旬有五日而后返：语本《逍遥游》。〇戴晋人所述蜗角寓言，为本章寓意核心。仿拟"谬悠之说，荒唐之言，无端崖之辞"（魏撰《天下》概括内七篇），神似内七篇。

［11］四方上下有穷乎：义本《逍遥游》"汤问棘曰：'上下四方有极乎？'棘曰：'无极之外，复无极也。'"参看魏撰《秋水》"泛泛乎若四方之无穷"。

［12］王与蛮氏，有辨乎：参看魏撰《秋水》"计四海之在天地之间也，不似礨空之在大泽乎？计中国之在海内，不似稊米之在太仓乎？"、"此其比万物也，不似毫末之在于马体乎？五帝之所禅，三王之所争，仁人之所忧，任士之所劳，尽此矣"。

［13］惝chǎng：同"怅"。

［14］达人：戴晋人。圣人：尧舜（下文）。圣人不足以当之：庙堂圣人（尧舜）不及江湖达人（戴晋人）。

【校勘】郭象篡改"达人"为"大人"，证见郭注"大人"。详见《秋水》辨析一。本书复原。〇"达人"上扣第一章"其达也，使王公忘爵禄而化卑"、第二章"达绸缪"、本章上文"通达之国""通达之中有魏"。"圣人"不及"达人",可通。"圣人"不及"大人",不可通。

〔15〕管:竹管乐器。嘀xiāo:吹竹管乐器的清亮之声。剑首:剑首圆环,可系剑穗。唉xuè:吹剑环的轻微之声。

〔16〕尧舜,人之所誉也:"人"隐指下章孔子。○撰者旨承内七篇,认为战国人祸,远源为尧舜,近源为孔子。故本章先斥尧舜,下章再斥祖述尧舜的孔子。

〔17〕道尧舜于戴晋人之前,譬犹一唉也:义本《逍遥游》"尘垢秕糠,陶铸尧舜"。

●第三戴晋人教诲魏王章:四方上下,无穷无极;征伐兼并,蜗角之争;魏王闻道,欣然改宗。

四

孔子之楚,舍于蚁丘之蒋[1]。其邻有夫妻臣妾登极者。[2]

子路曰:"是稷稷何为者邪?"[3]

仲尼曰:"是圣人仆也[4]。是自埋于民[5],自藏于畔[6];其声销[7],其志无穷[8];其口虽言,其心未尝言[9];方且与世违,而心不屑与之俱[10]。是陆沉者也[11],是其市南宜僚邪?"[12]

子路请往召之。[13]

孔子曰:"已矣!彼知丘之著于己也[14],知丘之适楚也,以丘为必使楚王之召己也[15],彼且以丘为佞人也[16]。夫若然者,其于佞人也,羞闻其言,而况亲见其身乎[17]?尔何以为存?"[18]

子路往视之,其室虚矣。[19]

今译

孔子来到楚国,投宿于蚁丘的茅屋旅舍。相邻之家有男女仆役登上屋顶。

子路问:"这些屋顶铺草的是什么人啊?"

仲尼说:"是圣人的仆役。这位圣人自埋于民间,自藏于田垄;其声消隐,其志无穷;其口虽然有言,其心未曾有言;将与世俗相违,而德心不屑与世俗同往。这是自沉于陆的圣人,恐怕是市南宜僚吧?"

子路请求前往召他来见孔子。

孔子说:"止步!他知道我执著于自我,又知道我来楚国,以为我必欲使楚王召见我,他必将以为我是佞人。如此之人,他对于佞人,尚且羞闻其言,何况亲见其身呢?你有何颜面自存?"

子路过去一看,屋子已经空了。

校注

[1]孔子之楚:事在前489年(楚昭王二十七年),孔子时年六十三岁。蒋:草舍。

【校勘】"蒋"旧讹为"浆"。马其昶、奚侗、刘文典、王叔岷据《艺文类聚》菰部、《太平御览》九九九引文均作"蒋"、司马彪注"逆旅舍以菰蒋草覆之"校正。○刘文典:"司马本作'蒋'是也。《淮南子·原道训》:'上漏下湿,润浸北房,雪霜滚灖,浸潭苽蒋。'亦正以'蒋'为草舍。成疏以'卖浆水之家'释之,未得其义。"王叔岷:"《说文》:'蒋,苽也。'《艺文类聚》引苽作菰,菰与苽同。"

[2]登极:极,栋也(《说文》)。登上屋顶。

[3]稯稯zōng:前"稯"动词,训铺草。后"稯"名词,训禾草。禾草四十把为一稯。

[4]圣人:市南宜僚。圣人仆:夫妻臣妾登极者。

【辨析三】"圣人"市南宜僚,居于蚁丘草屋旅舍之邻,所居草屋"上漏下湿"(《淮南子·原道训》、魏撰《让王》),所以"圣人仆"登上屋顶铺草补漏。旧解先把"圣人仆"登上屋顶铺草补漏,误释为"圣人仆"登上屋顶"观视仲尼"(司马彪、成疏),再把"圣人仆"混淆为"圣人",从而误释"圣人"市南宜僚登上屋顶"观视仲尼"(刘凤苞、林希逸、陈治安、王叔岷、方勇）。与下文市南宜僚"羞闻其言，而况亲见其身"抵牾。

〔5〕是：市南宜僚。自埋于民：参看蔺撰《山木》"去名与功，而还与众人同"。

〔6〕自藏于畔：畔，田垄。自藏于田垄。后世谓之"隐于农"。

〔7〕其声销："销"字上扣首章"相助消也"。今语"销声匿迹"，"销"亦作"消"。○此谓市南宜僚自"道"己德。

〔8〕其志无穷：上扣首章"其于人心者，若是其远也"，第三章"四方上下无穷"。○此谓市南宜僚"遥"达彼道。

〔9〕其口虽言，其心未尝言：至人假言，致无其言。义同蔺撰《寓言》"终身言，未尝言"，均释庄学至境"至言忘言"。

〔10〕方且与世违，而心不屑与之俱：德心与世相违，不屑与之俱往（《天下》辨析二八）。

〔11〕陆沉：上承"自埋"、"自藏"，义本《大宗师》"泉涸，鱼相与处于陆"。自隐真德，沉埋隐藏于鱼处于陆的悖道外境。

〔12〕市南宜僚：春秋末年楚人，姓熊，楚室同宗，与孔子同时。已见《山木》、《管仲》。

〔13〕子路请往召之：子路以为孔子贤于市南宜僚，欲往召之，使来谒见孔子。

〔14〕著于己：著，执。执于己，即未"丧我"。○参看魏撰《田子方》孔子谓颜回："汝殆著乎吾所以著也。"彼篇真际孔子教诲颜回，不当执著于实际孔子之形迹。本篇真际孔子教诲子路，则谓实际孔子执著于自己之形迹。

〔15〕己：孔子自指。○郭象反注"己"指宜僚。

必使楚王之召己：孔子至楚，必欲楚王召见自己。○郭象反注孔子必向楚王引见宜僚。

〔16〕彼且以丘为佞人也：孔子自斥"佞人"，仿拟《大宗师》孔子自斥"天之戮民"。○首章"佞人"、"正德"并举，"佞人"虚斥，"正德"落实于公阅休。本章落实"正德"于宜僚，落实"佞人"于孔子。

〔17〕"夫若然者"四句：孔子自斥，"正德"宜僚，羞闻"佞人"孔子

之言，何况亲见孔子之身？

〔18〕尔何以为存：宜僚不欲见孔子，子路去召他来见孔子，有何颜面自存？

〔19〕子路往视之：子路不信孔子之言。其室虚矣："正德"宜僚避见"佞人"孔子。○郭象反注为宜僚逃避孔子将他引见给楚王。

【辨析四】郭象反注孔子将向楚王引见宜僚，而宜僚逃避被孔子引见给楚王，既悖原义，又悖常情，更悖史实。孔子一如首章则阳（孔子替身），谋求楚臣把自己引见给楚王尚且未果，岂能向楚王引见宜僚？何况孔子周游列国，均欲谋求该国之臣把自己引见给该国之君，从未把该国贤人引见给诸侯，不可能路远迢迢至楚，把与楚王同宗的宜僚引见给楚王。

●第四孔子自惭佞人章：佞人孔子至楚，欲见楚王未果；宜僚羞见孔子，自沉无水之陆。

五

长梧封人问子牢曰[1]："君为政焉，勿卤莽；治民焉，勿灭裂。昔予为禾，耕而卤莽之，则其实亦卤莽而报予；耘而灭裂之，其实亦灭裂而报予[2]。予来年变剂，深其耕而熟耰之，其禾繁以滋，予终年餍飧。"[3]

庄子闻之曰[4]："今人之治其形，理其心，多有似封人之所谓：遁其天[5]，离其性，灭其情[6]，亡其神，以众为伪[7]。故卤莽其性者，欲恶之孽，为性萑苇[8]；蒹葭始萌，以扶吾形，寻擢吾性[9]；并溃漏发，不择所出[10]，漂疽疥痈[11]，内热溲膏是也。"[12]

今译

长梧封人对子牢说："你管理政事，切勿鲁莽；治理民众，切勿草率。

从前我种植禾谷，耕地十分鲁莽，禾谷的果实也鲁莽回报我；除草十分草率，禾谷的果实也草率回报我。我来年改变方法，深耕土地而细锄杂草，于是禾苗繁盛生长，我整年饱餐。"

庄子得闻以后说："如今世人外治身形，内理德心，大多类似封人所言：逃遁天道，背离德性，戕灭真情，亡失心神，以致众人作伪。所以鲁莽对待德性的人，好恶的孽种，成为侵夺德性的杂草；杂草一旦萌芽，虽能扶持吾人身形，很快就会擢拔吾人德性；于是溃疡痔漏一起发作，不择孔窍而出，还有手疮面疽腹疥背痈，体内虚热尿泛白沫。"

校注

［1］长梧封人：《齐物论》贬斥孔子的"长梧子"之原型。封人：守封疆之人。

子牢：孔子弟子琴牢，曾任宋卿。〇上章贬斥孔子，本章教诲孔子弟子。

［2］耕：播种前翻土。耘：除草。

［3］变剂：剂，方。改变方法。耰 yōu：播种后盖土。饜 yàn 飧 sūn：饱餐。

【校勘】"剂"旧作"齐"，字通。褚伯秀、王敔校正。

◎第五章第一节：长梧封人教诲孔子弟子。

［4］庄子闻之曰：非对话语境引用庄言，非庄所撰之硬证（《天地》辨析一）。

［5］遁其天：逃遁天道。参看《养生主》贬斥"遁天"。

［6］离其性：背离德性。灭其情：戕灭真情。参看《养生主》贬斥"悖情"。

［7］亡其神：亡失心神。以众为伪：以致众人作伪。

【校勘】郭象删去"伪"字，证见郭注："夫遁离灭亡，以众为之所致也。"据陆释引司马彪本作"以众为伪"、下章"民知力竭，则以伪继之。日出多伪，士民安取不伪？夫力不足则伪"校补。

〔8〕萑huán苇：芦苇。欲恶之孽，为性萑苇：欲恶之孽，是真德（禾）旁边长出的伪德（芦苇）。

〔9〕蒹jiān葭jiā：初生芦苇。擢zhuó：拔高。

蒹葭始萌，以扶吾形，寻擢吾性：寻，不久。伪德（芦苇）之杂草一旦萌生，虽能扶持吾人之身形（崇尚伪德所获利益可以养身），不久就会擢拔吾人之真德（变成伪德）。○旧多错误连读"为性萑苇蒹葭"。"萑苇"、"蒹葭"均为芦苇，庄子避复，上下两句变文。"禾"喻"性"，即真德，当"繁滋"长葆；"萑苇"、"蒹葭"喻"欲恶之孽"，即伪德，当耘而除之。

〔10〕溃：溃疡。漏：毒疮、痔漏等发病孔窍。不择所出：不择天然九窍而出。○"并溃漏发"为特殊句式，同于"溃漏并发"。

〔11〕瘭biāo：手指毒疮。疽jū：身上毒疮。疥jiè：皮肤疥癣。痈yōng：颈背毒疮。

【校勘】"瘭"旧作"漂"，字通。王叔岷据陆释一本、褚伯秀本、《一切经音义》二、五及四一引文均作"瘭"校正。○"痈"旧作"癕"，字通。王叔岷据道藏成疏本、褚伯秀本、罗勉道本、《一切经音义》四一引文及司马彪注均作"痈"校正。

〔12〕溲sōu：尿。膏：虚劳人尿上生肥白沫（司马彪）。○"并溃漏发"四句，乃谓伪德既生，必有种种阴阳失调的内热之病。参看《人间世》"阴阳之患"、"内热"。

◎第五章第二节：著录庄子评论（魏牟转闻于师），贬斥擢性拔德。

●第五长梧教诲孔徒章：为政不可鲁莽，治民不可灭裂；擢拔伪德杂草，必将戕害真德。

六

柏矩学于老聃[1]，曰："请之天下游。"

老聃曰："已矣！天下犹是也。"[2]

又请之。

老聃曰："汝将何始？"

曰："始于齐。"[3]

至齐，见辜人焉，推而僵之[4]，解朝服而幕之[5]，号天而哭之曰："子乎！子乎！天下有大灾，子独先罹之？"[6]曰："莫为盗？莫为杀人？"[7]

荣辱立，然后睹所病；货财聚，然后睹所争。今立人之所病，聚人之所争，穷困人之身，使无休时，欲无至此，得乎[8]？古之君人者，以得为在民，以失为在己；以正为在民，以枉为在己，故一物有失其形者，退而自责[9]。今则不然，匿为物，而过不识[10]；大为难，而罪不敢；重为任，而罚不胜；远其途，而诛不至[11]。民知力竭，则以伪继之。日出多伪，士民安取不伪？夫力不足则伪，知不足则欺，财不足则盗[12]。盗窃之行，于谁责而可乎？[13]

今译

柏矩学习道术于老聃，说："请允许我游历天下。"

老聃说："止步！天下犹如此处。"

柏矩又请求。

老聃问："你将从何处开始？"

柏矩说："从齐国开始。"

柏矩到达齐国，看见一个罪人，一推已经僵硬，脱下朝服盖住此人，仰天大号而哭："你呀！你呀！天下将有大灾，你为何独自先罹其祸？"又问："莫非你是盗贼？莫非你曾杀人？"

荣辱标举，然后看到病患；财货积聚，然后看到争斗。如今标举引人致病的伪德，积聚引人争斗的外物，使得众人全都感到穷困，使之无休无止追逐，意欲不至于此，岂能得遂所愿？古时的君主，以为得道的是民众，失道的是自己；正确的是民众，错误的是自己，所以一物有失正形，退而自责。如今的君主却不如此，隐瞒真相，而后斥责不知真相的民众；扩大灾难，而后加罪不敢反抗的民众；加重任务，而后惩罚不能胜任的民众；服役之途遥远，而后诛杀不能按时到达的民众。民众的知识、能力穷竭，就会继以作伪。天天出现众多作伪，士人民众怎能不伪？能力不足就会作伪，知识不足就会欺诈，财货不足就会盗窃。天下盗窃风行，责怪谁而后可以令人信服呢？

校注

［1］柏矩：老聃弟子。柏，四境动植范型定位于"至知无知"的"至人"。矩，谓其"知方"（《论语·先进》）。

［2］天下犹是也：贬斥庙堂伪道遍行天下。义本《人间世》"无适而非君也，无所逃于天地之间"。参看刘安版新外篇《缮性》"世丧道矣，道丧世矣。世与道交相丧也"。

［3］始于齐：田成子杀君篡齐（前481），为战国之始。〇上扣第三章贬斥"田侯午"。

【辨析五】魏牟版外篇斥齐甚多，斥秦甚少。本篇二章斥齐（第三章、本章），蔺撰《至乐》斥"齐侯"，魏撰《徐无鬼》所引庄言斥"齐人"，魏撰《管仲》斥"田和"，或撰《胠箧》斥"田成子"。〇刘安版杂篇既斥田齐，如《子张》"田成子常杀君窃国"，亦斥暴秦，如《庄子》佚文褒扬刺杀秦王嬴政之"荆轲"，贬斥秦始皇之"封禅"。亦证成书于先秦的魏牟版，异于成书于汉初的刘安版。

［4］见辜人：看见悬挂示众的罪人。

【校勘】"僵"旧讹为"彊"（强）。段玉裁、孙诒让、章太炎、王叔岷据陆释一本、覆宋本、道藏成疏本、陈景元本、《玉篇·人部》、《康熙字典·人部》引文均作"僵"校正。

［5］解朝服而幕之：幕，覆盖。解衣覆盖裸尸。义承第二章"圣人之爱人也终无已"。〇庄子同情民众无过无错无罪而枉死于暴政（《德充符》三兀者章），弟子后学亦然。

［6］天下有大灾：预言天下将有大灾。子独先罹之：明其无辜被刑，

反扣"辜人"。

【校勘】"灾"旧作"菑","罹"旧作"离"。王叔岷据道藏成疏本"菑"作"灾"、"离"训"罹"校正。

［7］【辨析六】旧多误断"号天而哭之曰"以下均为柏矩之言，"曰莫为盗"，语不可通。上"曰"之后，柏矩先哭被刑者之罹祸。此"曰"之后，柏矩又问被刑者之罪名。柏矩之言，至此而终。〇"荣辱立"以下，为本章第二节，均为撰者评论。临尸数语，合于情理。临尸长言，不合情理。

［8］"荣辱立"十句：义本《老子》"不尚贤，使民不争。不贵难得之货，使民不为盗。不见可欲，使民心不乱"。〇庙堂伪道颠倒价值，所立"荣辱"乃是伪"荣辱"。

［9］"古之君人者"七句：借古讽今，下句"今则不然"，点破实为贬斥"今之君人者"。

【校勘】"物"旧讹为"形"。褚伯秀、王叔岷、王孝鱼据郭注"物之形性"、成疏"一物失所，亏其形性"校正。

［10］"今则不然"四字，领下"匿为物"八句。"今"为"今之君人者"略语，与上"古之君人者"对比。

匿 nì 为物，而过不识：隐瞒真相，而斥责不明真相的民众。

【校勘】"過"（过）先讹为"遇"，后讹为"愚"，均为形近而讹。俞樾、郭庆藩、王叔岷、陈鼓应、方勇、陆永品据《吕览·适威》"烦为教而过不识"校正。

［11］远其途，而诛不至：春秋以前邦国封疆均小，民夫征役无由"远其途"。战国诸雄兼并扩张，疆土日广，民夫征役始能"远其途"。〇本章撰于先秦，然而秦末陈胜、吴广起义，正是被"远其途而诛不至"所激，足证庄子及其弟子后学对"天下有大灾"的惊人预见。

［12］"民知力竭"七句：再四斥"伪"，申论上章所引庄言"以众为伪"。阐明民众之伪，非其天性好伪，乃是庙堂鼓吹伪道，擢拔伪德，"日出多伪"所致。〇参看《人间世》"为人使，易以伪；为天使，难以伪"，蔺撰《曹商》斥孔"使民离实学伪"，魏撰《盗跖》斥孔"巧伪人"、"矫言伪行"、"诈巧虚伪"，刘安版杂篇《子张》"儒者伪辞"。

[13] 盗窃之行，于谁责而可乎：此结上文"莫为盗"、"财不足则盗"，阐明被刑者无论是否为盗，当责者均非被刑者，而是施刑者，痛斥庙堂伪道是逼民盗窃的罪魁祸首。〇参看或撰《胠箧》"彼窃钩者诛，窃国者为诸侯；诸侯之门，而仁义存焉"，刘安版杂篇《子张》"小盗者拘，大盗者为诸侯；诸侯之门，仁义存焉"。

●第六柏矩学于老聃章：庙堂伪道，逼民蹈于死地；庙堂多伪，士民安取不伪。

七

蘧伯玉行年六十而六十化，未尝不始于是之，而卒黜之以非也。未知今之所谓是之非五十九非也？[1]

万物有乎生，而莫见其根；有乎出，而莫见其门[2]。人皆尊其知之所知，而莫知恃其知之所不知而后知，可不谓大疑乎[3]？已乎！已乎！且无所逃。[4]

此所谓然欤？[5]然乎？[6]

今译

蘧伯玉活到六十岁而后思想发生变化，未尝不对初始所是，而最终贬之为非。不知蘧伯玉六十以后所是，是否五十九年所非呢？

万物均有萌生之处，然而众人都不能窥见萌生之根；万物均有所出之处，然而众人都不能窥见所出之门。众人无不尊崇其所能知的人道，然而都不知凭借其所不知的天道而后达于真知，可以不说是莫大疑惑吗？停止吧！停止吧！无物能够逃遁天道。

天道就是绝对之然吧？是否有人以之为然呢？

校注

[1]"蘧伯玉行年六十而六十化"四句：仿拟蔺撰《寓言》"孔子行年六十而六十化，始时所是，卒而非之。未知今之所谓是之非五十九非也？"○以蘧伯玉为孔子替身，一如首章以则阳为孔子替身。

[2]"万物有乎生"四句："其根"、"其门"均为道之变文。○郭象反注："无根无门，忽尔自然，故莫见也。"

[3]"人皆尊其知之所知"三句：句谓众人皆尊信庙堂人道，不尊信江湖天道，故其所知均为可疑之知。○唯有尊信江湖天道，而后方有真知。参看《大宗师》"有真人而后有真知"。

[4]已乎！已乎！且无所逃：蘧伯玉认知天道遍在永在，无法逃遁，因而改宗。○三句仿拟蔺撰《寓言》所引孔言"已乎！已乎！吾且不得及彼乎"。均本《德充符》接舆讽孔之歌"已乎已乎"（又本《论语·微子》接舆讽孔之歌"已而已而"），均谓停止信奉庙堂人道。

[5]此所谓然欤：反问肯定。肯定天道是众人"莫见莫知"的绝对之然。义本《齐物论》"已而不知其然，谓之道"。

[6]然乎：句法仿拟《齐物论》"人亦有不芒者乎"。乃问：在"莫见其根"、"莫见其门"的众人之中，是否有人像晚年改宗的蘧伯玉一样，最终鄙弃庙堂人道，以江湖天道为然？○郭象反注："自谓然者，天下未之然也。"

●第七蘧伯玉改宗章：蘧氏改宗，皈依真道；绝对之然，众人莫知。

八

仲尼问于太史大弢、伯常骞、狶韦曰[1]："夫卫灵公饮酒湛乐，不听国家之政；畋猎毕弋，不应诸侯之际[2]。其所以为'灵公'者，何邪？"[3]

大弢曰："是因是也。"[4]

伯常骞曰："夫灵公有妻三人，同鑑而浴[5]。史鰌奉御而进所，搏币而扶翼[6]。其慢，若彼之甚也[7]；见贤人，若此其肃也[8]。是其所以为'灵公'也。"[9]

狶韦曰："夫灵公也，死卜葬于故墓不吉，卜葬于沙丘而吉[10]。掘之数仞，得石椁焉；洗而视之，有铭焉，曰：'不凭其子。'[11]灵公夺而埋之[12]。夫灵公之为灵也久矣[13]！之二人何足以识之？"[14]

今译

仲尼问太史大弢、伯常骞、狶韦说："卫灵公饮酒淫乐，不闻国家政事；打猎捕兽，不赴诸侯会盟。死后却谥为'灵公'，是何缘故？"

大弢说："这属于因是啊。"

伯常骞说："灵公与妻妾三人，夏日同盆共浴。史䲡奉召进见，灵公赐币挽扶。灵公私事亵慢，如此过分；灵公敬重贤人，如此恭肃。所以他被谥为'灵公'。"

狶韦说："灵公死后，他的孙子出公卜问葬于故墓不吉，卜问葬于沙丘大吉。挖掘沙丘数仞，得到石椁；洗净而后再看，石椁刻有铭文：'不靠他的儿子。'出公夺人墓地而后埋葬灵公。灵公谥'灵'早已注定了！大弢、伯常骞二人何足以明白呢？"

校注

[1]太史大弢 tāo、伯常骞 qiān：虚构史官。上扣第一章、第四章"佞人"。

狶 shǐ 韦：虚构史官，庄学代言人，本于《大宗师》"狶韦氏"。上扣第一章、第四章"正德"、"圣人"。

[2]湛 dān：丁南反，乐之久也（陆释）。同"酖"dān（朱骏声）。酖，乐酒也（《说文》）。真字为"媅"dān（王叔岷）。

畋 tián 猎：打猎。毕：前有小网的长柄捕鸟工具，形似毕星。弋 yì：

系绳之箭。

"夫卫灵公饮酒湛乐"四句：孔子先述卫灵公之昏庸史实。

［3］其所以为"灵公"者，何邪：孔子再问三位史官，卫灵公谥"灵"，究属善谥还是恶谥。○《逸周书·谥法解》："死而志成曰灵，乱而不损曰灵，极知鬼神曰灵，不勤成名曰灵，死见神能曰灵，好祭鬼怪曰灵。""灵"既可视为善谥，又可视为恶谥，孔子遂有此问。

［4］是因是也：前"是"为代词，指卫灵公及其谥号。"因是"为庄学重要义理（《齐物论》）。大弢认为，孔子所言灵公诸事，均属"因是"，故"灵"为善谥。○大弢是纯粹"佞人"，全讳君恶，对昏君卫灵公有褒无贬。

［5］夫灵公有妻三人，同鑑 jiàn 而浴：鑑，大盆（《说文》）。伯常骞先举灵公妻妾同浴之"非"。

【校勘】"鑑"旧讹为"滥"。朱骏声、奚侗、刘文典、于省吾、王叔岷校正。

［6］史鰌 qiū：卫国贤臣。搏币：灵公赏赐财物。扶翼：灵公搀扶史鰌。伯常骞再举灵公敬重贤臣之"是"。○灵公二事本不相连，成疏牵连二事。章太炎驳正："同浴自谓非礼，此事自谓敬贤，非二事同时也。灵公妻妾同浴，史鰌岂得阑入？"

［7］其慢，若彼之甚也：伯常骞小斥灵公私德之"非"，以证"灵"有小恶之义（伪装公正）。

［8］见贤人，若此其肃也：伯常骞大颂灵公公德之"是"，以证"灵"有大善之义。○此条与孔言灵公诸事抵牾，伯常骞实为避重就轻，选择事实。

［9］是其所以为"灵公"也：伯常骞结论，灵公谥"灵"，乃是小恶大善之谥。○伯常骞是自居"正德"的"佞人"，讳君大恶，不讳小恶，对昏君卫灵公小贬大褒。

［10］故墓：古制，君主即位，即修己墓。○卫灵公死前，太子蒯聩欲杀卫灵公夫人南子未果，业已出逃。继位者为蒯聩之子卫出公（参看《人间世》注），为灵公加谥下葬的，亦为卫出公。卫出公为卫灵公占卜，得卦谓葬于故墓不吉。另卜新墓，谓葬于沙丘则吉，遂于沙丘重修新墓。

〔11〕不凭其子：讽刺昏君卫灵公不能治国治家，不能依靠儿子，只能依靠孙子。○石椁铭文仅有"不凭其子"四字。旧多误断"灵公夺而埋之"亦为铭文，义不可通。

【校勘】"凭"（凭）旧作"冯"。刘文典、王叔岷据《太平御览》五三作"凭"、司马彪注"不足可凭"校正。

〔12〕灵公夺而埋之：卫出公夺他人之墓，葬其祖父。○灵公已死，不能自夺自埋。

【校勘】"埋"旧讹为"里"。洪颐煊、郭嵩焘、刘文典、王叔岷、方勇、陆永品据陆释一本、赵谏议本、《太平御览》五三、《文选》班固《幽通赋》李善注引文均作"埋"校正。

〔13〕夫灵公之为灵也久矣：狶韦超越庙堂伪道之伪善伪恶，讽刺卫灵公之所谓"灵"。

〔14〕之二人何足以识之：仿拟《逍遥游》"之二虫又何知"。○"圣人"、"正德"狶韦，贬斥"佞人"大弢、伯常骞。

【辨析七】《史记·仲尼弟子列传》："陈司败问孔子曰：'鲁昭公知礼乎？'孔子曰：'知礼。'（陈司败）退而揖巫马旗曰：'吾闻君子不党。君子亦党乎？鲁君娶吴女为夫人，命之为孟子。孟子姓姬，讳称同姓，故谓之孟子。鲁君而知礼，孰不知礼！'施（巫马旗）以告孔子。孔子曰：'丘也幸，苟有过，人必知之。臣不可言君亲之恶，为讳者，礼也。'"鲁昭公悖礼，孔子讳君之恶，反而自谓"知礼"。陈司败斥孔之后，孔子虽然承认讳君之恶属"过"，仍然主张"臣不可言君亲之恶"，认为讳君之恶是"礼"。因此讳君之恶的"佞人"大弢、伯常骞，奉行的正是孔子鼓吹的庙堂伪道。○本章总摄首章虚斥的"佞人"，第四章贬斥"佞人"孔子，第五章贬斥"以众为伪"，第六章贬斥"日出多伪，士民安取不伪"，认为"天下有大灾"的根源，正是孔子鼓吹的庙堂伪道。下章终篇，正论庄子推崇的江湖真道。

●第八狶韦教诲仲尼章：庙堂荒淫，君昏臣佞；悖道大知，何足识之？

九

少知问于太公调曰[1]:"何谓丘里之言?"[2]

太公调曰:"丘里者,合十姓百名而以为风俗也[3];合异以为同,散同以为异[4]。今指马之百体,而不得马[5];而马系于前者,立其百体,而谓之马也[6]。是故丘山积卑而为高,江海合小而为大,达人合私而为公[7]。是以自外入者,有主而不执;由中出者,有征而不拒[8]。四时殊气,天不赐,故岁成;五官殊职,君不私,故国治。文武殊能,人不赐,故德备[9];万物殊理,道不私,故无功[10]。无功故无为,无为而无不为[11]。时有终始,世有变化[12]。祸福淳淳,至有所拂者,而有所宜[13];自殉殊面,有所正者,有所差[14]。比于大泽,百材皆度;观于大山,木石同坛[15]。此之谓丘里之言。"[16]

少知曰:"然则谓之道,足乎?"[17]

太公调曰:"不然[18]。今计物之数,不止于万,而期曰万物者,以数之多者,号而读之也[19]。是故天地者,形之大者也;阴阳者,气之大者也;道者为之公,因其大以号而读之则可也[20]。已有之矣,乃将得比哉[21]?则若以斯辨,譬犹狗马,其不及远矣。"[22]

少知曰:"四方之内,六合之里,万物之所生,恶起?"[23]

太公调曰:"阴阳相照,相盖相治;四时相代,相生相杀[24]。欲恶去就,于是矫起;雌雄牉合,于是庸有;安危相易,祸福相生;缓急相磨,聚散相成[25]。此名实之可纪,精微之可志也[26]。随序之相理,矫运之相使,穷则返,终则始[27]。此物之所有,言之所尽,知之所至,极物而已[28]。睹道之人[29],不随其所废,不原其所起,此议之所止。"[30]

少知曰:"季真之'莫为'[31],接子之'或使'[32],二家之议，孰正于其情？孰偏于其理？"[33]

太公调曰："鸡鸣狗吠，是人之所知[34]；虽有至知，不能以言读其所化，又不能以意度其所为[35]。斯而析之，精至于无伦，大至于不可围[36]。或之使，莫之为，未免于物，而终以为过[37]。'或使'则实[38]，'莫为'则虚[39]。有名有实，是物之居[40]。无名无实，在物之虚[41]。可言可意，言而愈疏。[42]

"未生不可忌，已死不可阻[43]。死生非远也，理不可睹[44]。或之使，莫之为，疑之所假[45]。吾观之本，其往无穷；吾求之末，其来无止[46]。无穷无止，言之无也，与物同理[47]。或使、莫为，言之本也，与物终始[48]。道不可有，又不可无[49]。道之为名，所假而行[50]。或使、莫为，在物一曲，夫胡为于大方[51]？言而足，则终日言而尽道[52]；言而不足，则终日言而尽物[53]。道，物之极[54]，言默不足以载[55]。非言非默，议有所极。"[56]

今译

少知问太公调说："什么叫'丘里之言'？"

太公调说："丘里一隅，聚合十来姓氏百来号人而后形成风俗；剪齐相异的物德之量以为相同，离散相同的物德之质以为相异。如今丘里之人指认马的百体之一，却找不到马；然而马牵到眼前，立体呈现马的百体，方能称为马。因此丘山积卑而为高，江海合小而为大，达人合私而为公。所以从外得闻丘里之言，内有真德做主就不会坚执；从内自悟真德，外有天道征象就不会拒绝。四季气候相异，天道不赐偏私之施，所以年岁有成；百官职守相异，君主不予偏私之恩，所以邦国治理；文武才能相异，君主不加偏私之见，所以德性完备；万物之理相异，天道不加偏私之观，所以致无其功。致无其功所以无为，无为而后无不为。时令有终结开始，世事有变异迁化。祸福倚伏相生，对于此人有所拂逆，对于彼人有所适宜；每人殉物有异如同其面，丘里之言欲加匡正，就有差谬。比之大河，百材皆渡；观于大山，木石同处。这是我对丘里之言的评价。"

少知问："那么把先生之言称为道，足够吗？"

太公调说："不足。如今计算物类的数量，不止于万，却称为'万物'，是因为'万'表示数量之多，'万物'只是物之总和的代号。因此'天地'，是一切有形之物的代号；'阴阳'，是一切无形之气的代号；'道'，作为言说公理的假名，视为至大而后理解为代号就可以了。然而已有名相的'道'，怎能比况原无名相的道呢？那么若是据此辨析，我之假言犹如狗，道之实体犹如马，不及太远了。"

少知问："四方之内，六合之里，万物据以产生的终极起因，是什么？"

太公调说："阴阳相互照耀，相互涵盖相互制约；四时相互替代，相互萌生相互杀伐。好恶趋避，于是引起矫变；雌雄媾合，于是延续万有。安危相互变易，祸福相互倚伏。缓急相互厮磨，聚散相互成就。这是言之名相可以记录的万物实情，可以描述的万物精微。随机秩序的相互治理，矫变运作的相互驱使，穷尽以后又会返归，终结以后又会开始。这是万物的共有，言语的尽头，知识的至境，极究万物到此为止。洞观天道之人，不追随一己所知而废弃天道，不推原万物产生的终极起因，这是议论所应停止之处。"

少知问："季真认为'天道其实无所作为'，接子认为'天道或许有意驱使'，二家的议论，谁得正于实情？谁偏离于公理？"

太公调说："鸡鸣狗吠，这是众人之所知；即便有人达至至知，不能解读鸡狗将会如何变化，又不能臆测鸡狗将要如何作为。据此辨析，天道的精微难以比拟，天道的宏大难以测量。认为'天道或许有意驱使'，认为'天道其实无所作为'，均未免于视道为物，因而终属过甚之言。认为'天道或许有意驱使'就坐实道为人格神，认为'天道其实无所作为'就虚化道为不存在。既有名相又可指实，只是万物的暂居之形；既无名相又难指实，才是万物的虚无之质。天道只可假言只可意会，言说越多越是疏离。

"物未诞生不可禁止其生，物已死亡不可阻止其死。死生相距不远，其理却难尽睹。认为'天道或许有意驱使'，认为'天道其实无所作为'，均属可疑的假设。我观察天道的本原，已往无法穷尽；我寻求天道的末端，未来没有终结。天道没有穷尽没有终止，言语无法表述，因为言语与万物一样有限。认为'天道或许有意驱使'、'天道其实无所作为',是二人言议的根本,与万物一样有终有始。天道不可视为实有之物,又不可视为不存在。天道的名相,用于假借名相而后躬行天道。认为'天道或许有意驱使'、'天道其实无所作为',囿于万物一方一隅,那样怎能抵达超越一方一隅的道术?言议若是足够,那就整天言议而穷尽天道;言议若是不足,那就整天言议而穷尽万物。天道,是万物的终极,言议、沉默均不足以承载。天道既非言议又非沉默足以承载,言议应该止于物德极限。"

校注

[1] 太公调 tiáo:仿拟蔺撰《山木》"太公任",庄子化身。调,取义于魏撰《天下》论庄"其于宗也,可谓调适而上遂矣"。

[2] 何谓丘里之言:少知第一问。○李颐:"四邑为丘,五邻为里。"成疏:"十家为丘,二十家为里。""丘里"隐扣"孔丘"、"阙里",言其小,上扣"蜗角",下伏"在物一曲"。"丘里之言"为整章贬斥,郭象反注为褒扬。

[3] 丘里者,合十姓百名而以为风俗也:十里不同风,百里不同俗。丘里之言仅合十姓百名,却欲一同天下风俗。

[4] 合异以为同:物德之量均异,丘里之言却欲强行修剪使之相同。

散同以为异:物德之质均同,丘里之言却欲"以隶相尊"使之相异。

【辨析八】原义贬斥"合异以为同"违背"吹万不同"(《齐物论》)、"不同同之之谓大"(或撰《天地》所引庄言);贬斥"散同以为异"实为"劳神明为一,而不知其同"(《齐物论》),违背"天地与我并生,万物与我为一"(《齐物论》)、"自其同者视之,万物皆一也"(《德充符》)。旧多盲从郭象反注,视为褒扬。○《大宗师》"假于异物,托于同体",蔺撰《达生》"合则成体,散则成始",魏撰《知北游》"聚则为生,散则为死",貌似义同二句,实则义反二句。旧多不顾语境,仅观字面,牵扯混淆为一。

[5] 今指马之百体,而不得马:今,丘里之言。马,万物总体。百体,万物个体,万千丘里。句义略同"盲人摸象,而不得象",乃谓丘里之言囿

于一丘一里，囿于一方一隅，故"不得马"。

　　[6]而马系于前者，立其百体，而谓之马也：达人合并"马之百体"、万千丘里，彻悟"万物一马"（《齐物论》），故"得马"。

　　[7]"丘山积卑而为高"三句："丘山"、"江海"、"达人"，针对并超越"丘里"。○丘里之言不能"积卑"，故难"为高"；不能"合小"，故难"为大"；不能"合私"，故难"为公"。

　　【校勘】"海"旧讹为"河"，刘文典据成疏"聚细流以成江海"校正。○郭象篡改"达人"为"大人"，证见郭注"大人"（详见《秋水》辨析一），本书复原。○"合小而为大"，"小"旧讹为"水"，形近而讹，俞樾校正。○"合私而为公"，"私"旧讹为"竝（并）"，形近而讹，据郭注"无私于天下"、成疏"遐迩无私"及下文"君不私"、"道不私"校正。陆释"合群小之称以为至公之一也"，"称"不可通，当为"私"之讹文。初版漏校，修订版补校。

　　[8]"是以自外入者"四句：义同或撰《天运》"中无主而不止，外无征而不行"。自外攫入的人道，内有主见就不会坚执；由内领悟的天道，外有征象就不会拒绝。○太公调教诲少知，勿信"丘里之言"（孔丘）鼓吹的人道，当信"达人之言"（庄子）推崇的天道。

　　【校勘】"征"旧作"正"，字通，据《天运》"中无主而不止，外无征而不行"校正。○俞樾、王先谦、王叔岷以"正"为"匹"之讹，义不可通。○"拒"旧作"距"，字通。

　　[9]四时殊气、文武殊能：譬解"万物殊理"。

　　【校勘】旧脱"殊能"二字。王叔岷据郭注"文者自文，武者自武，非赐而能"、上句"四时殊气"、下句"万物殊理"校补。○郭象篡改"人不赐"为"大人不赐"，证见郭注"非大人所赐"，本书复原。上二句"天不赐"、"君不私"，此二句"人不赐"、"道不私"，皆三字对举。"天"、"道"义同，"君"、"人"义同。郭象妄增"大"字，句例不一，义亦不通。郭象版外杂篇九见"大人"，八处原作"达人"，仅有此处原作"人"，郭增"大"。

　　[10]万物殊理，道不私，故无功：万物殊理同道。道不私，方能"万

物殊理"、"吹万不同"、"自适其适",而不自居其功。○丘里之言不知"万物殊理",故"合异以为同"。丘里之言"劝公以其私"(蔺撰《寓言》),故不许"吹万不同"、"自适其适"。丘里之言"以隶相尊"、"役人之役,适人之适",故"散同以为异",且自居有功。

【校勘】郭象篡改本句和下句之"功"为"名",证见郭注"名止于实,故无为"。王叔岷据成疏"功归于物,故为无为"校正。○郭注不通,所以成疏仍从原文。

[11] 无功故无为,无为而无不为:义本《老子》"道恒无为,而无不为"。参看《大宗师》辨析十二。

[12] 时有终始,世有变化:丘里之言不知时移世异,治术亦当随之而异。

[13] 祸福淳淳,至有所拂者,而有所宜:丘里之言不知祸福相对。不知拂于此人之祸,即为宜于彼人之福。

[14] 自殉殊面,有所正者,有所差:丘里之人自愿殉于外物而人各有异,欲以丘里一隅之风俗匡正天下,必有差谬。

[15] 比于大泽,百材皆度;观于大山,木石同坛:二句小结。天道包容万物,听任物德之量有异的百材木石"吹万不同"、"自适其适",贬斥丘里之言"合异以为同",强使天下"役人之役,适人之适"。○郭象反注:"合异以为同也。"释为撰者褒扬"合异以为同"。

[16] 此之谓丘里之言:这是我对丘里之言的看法。○郭象反注:"言于丘里,则天下可知。"释为撰者褒扬"丘里之言"。

◎第九章第一节:太公调贬斥丘里之言"合异以为同,散同以为异"。

[17] 然则谓之道,足乎:少知第二问。问太公调,既然"丘里之言"不足谓之"道",那么"达人之言"是否足以谓之"道"。○旧皆盲从郭象反注,以为少知乃问"丘里之言"是否足以谓之"道"。

[18] 不然:太公调彻悟人难尽知天道,故谓"达人之言"亦不足谓之"道"。

[19] 今计物之数,不止于万:反扣丘里之言"合十姓百名而以为风俗"。○魏撰《秋水》"号物之数,谓之万,人处一焉"。

号而读之也：只是代号、假名。

［20］"是故天地者"六句："天地"为"形之大者"之假名，"阴阳"为"气之大者"之假名，"道"为"公理"之假名。

［21］已有之矣，乃将得比哉：已有名相的"道"，怎能比况原无名相的道呢？○义本《齐物论》"一与言为二"。

［22］则若以斯辨，譬犹狗马，其不及远矣：狗，隐喻太公调所言道之大略。马，隐喻太公调不能言的道之全部。○丘里之言仅得"马之百体"之万一，"而不得马"。达人之言"立其百体，而谓之马"，然而仍难尽知天道。

◎第九章第二节：太公调阐明人难尽知天道，达人之言亦不足谓之道。

［23］四方之内，六合之里，万物之所生，恶起：少知第三问。"四方"、"六合"之大，反扣"丘里"之小。○丘里之言"不得马"（未得于道），达人之言虽"得马"却如"狗"（未尽于道），少知于是转问天地万物之起因（仍为问道，但弃虚问，转为借物而实问）。

［24］"阴阳相照"四句：言天道的无为运作，含褒义。演绎《大宗师》"知天之所为"。

［25］"欲恶去就"八句：言人道对天道的有为矫正，含贬义。演绎《大宗师》"知人之所为"。

胖 pàn：一半。两半相合之一半。

【校勘】"矫起"及下"矫运"，"矫"旧作"桥"，字通。宣颖、王先谦据成疏"矫，起貌"校正。○"胖"旧作"片"，字通。陆释："片音判。"胡文英："'片'与'胖'同。《仪礼》'夫妇胖合'，谓合其半以成夫妇。"郭庆藩、王叔岷是之。○"磨"旧作"摩"，字通。○"聚散相成"旧作"聚散以成"，据宣颖"以犹相"及前三句均作"相"、不作"以"校正。

［26］此名实之可纪，精微之可志也：二句概括以上十二句，谓以上所言仅是可记可言的物之名实、物之精微（距道尚远）。

［27］随序之相理：此句概括上文"阴阳相照"四句，谓天道的无为运行，随机产生合于自然的物类秩序，即相盖相治、相生相杀的各殊之理。上扣第一节"万物殊理"。

矫运之相使：此句概括上文"欲恶去就"八句，谓人道对天道的有为矫正，导致不合自然的人为秩序，即欲恶去就、安危祸福、缓急聚散的各殊人运。

穷则返，终则始：二句概括天道、人道无不循环往复。

[28] 此物之所有，言之所尽，知之所至，极物而已：四句小结。此谓达人之言，至人之知，虽能"极物"，不能"尽道"。

[29] 睹道之人：不谓"得道之人"、"有道之人"。此谓达人仅能略睹道之大略，不能尽睹道之全部。

[30] "不随其所废"三句：达人不追随一己之知而废弃天道，不推原万物的终极起源（扣少知所问"万物之所生恶起"），议论天道止于物德极限。〇参看《齐物论》"知止其所不知，至矣"。

◎第九章第三节：达人可睹天道大略，难以尽知天道全部，言道必当知止。

[31] 季真（约前360—约前290）：战国中期齐人，曾游齐国稷下学宫。莫为：（季真主张）天道其实无所作为。

[32] 接子（约前350—约前275）：战国中期齐人，曾游齐国稷下学宫。或使：（接子主张）天道或许有意驱使万物。

[33] "二家之议"三句：少知第四问。〇太公调既谓言道必当知止。少知遂举季真、接子言道之论，问二家孰正孰偏，孰近道之实情。

【校勘】"偏"旧或作"徧"（遍）。据原文"孰正"、"孰偏"对举、成疏"谁正谁偏"校正。

[34] 鸡鸣狗吠，是人之所知：人能听见鸡鸣狗吠，譬解人仅能知天道之存在。

[35] "虽有至知"三句：至知也不能听懂鸡鸣狗吠之意，譬解人难尽知天道。此谓季真、接子自矜尽知天道而妄言，必非。

【校勘】郭象为了自圆谬解"褒大知、贬小知"，篡改"至知"为"大知"，证见郭注"大知"。成疏"虽有大圣至知"，综合其他注本之原文"至知"、郭象版伪原文"大知"。魏撰《外物》"虽有至知，万人谋之"，均证此处原文必作"虽有至知"。郭象篡改"至知"为"大知"，变成"大知"

不懂鸡鸣狗吠之"所化"、"所为"，蕴涵"至知"能懂鸡鸣狗吠之"所化"、"所为"（进而蕴涵季真、接子或有一是），义不可通，本书复原。○郭象为了自圆"独化自得"谬说，篡改"所化"为"所自化"，篡改"所为"为"所将为"，证见郭注"物有自然"。成疏"不能用意测其所为，不能用言道其所以"，无"自"、"将"之义，亦为旁证。参看《达生》辨析七。○"不能以言读其所化，又不能以意度其所为"，"意"下旧脱"度"字，句型不完整。据成疏"不能用意测其所为，不能用言道其所以"校补。成疏"用言道"，释"以言读"；成疏"用意测"，释"以意度"。初版漏校，修订版补校。

　　[36]"斯而析之"三句：由此进而辨析，元气最小单位之"精"，元气总和之万物总德，人皆难知，遑论天道。○魏撰《秋水》"至精无形，至大不可围"。

　　[37]或之使，莫之为，未免于物，而终以为过：贬斥二家"未免于物"，终属"过"而不当。

　　【辨析九】道"无为而无不为"（《老子》），"无为"即无意志、无人格、无所亲疏地不有意作为（即非人格神），"无不为"即遍在永在地发生作用。○季真"未免于物"地视道为物，由于道无法指实为某物，且不知"（道）无不为"，仅知"（道）无为"，于是妄言"（道）莫为"，即否定"道"之存在和作用，认为万物之生死祸福与道无关。故郭注曰："季真之言，当也。"○接子"未免于物"地视道为物，仅知"（道）无不为"，不知"（道）无为"，于是妄言"（道）或使"，即肯定道之存在和作用，把道视为人格神，认为万物之生死祸福是道的有意干预。故成疏（补足郭注蕴涵之义）曰："接子之言，于理未当。"

　　[38]"或使"则实：接子主张"或使"，就是把高于万物的抽象之"道"视为"物"，把"道"坐实为人格神。

　　[39]"莫为"则虚：季真主张"莫为"，就是把高于万物的抽象之"道"视为"物"，再以无法指实某"物"为道，把"道"虚化为不存在。

　　[40]有名有实，是物之居：二句论"物"。天地万物，无不有名有实。

　　[41]无名无实，在物之虚：二句论"道"。道在天地万物之"虚"（无法指实），无名无实（不是实物，并非不存在、无作用）。

〔42〕可言可意，言而愈疏：道可假言，亦可意会。倘若不知假言，不能意会，则愈言愈疏。○太公调贬斥季真、接子的错误"道"论，分为二层。以上第一层，均为驳论。以下第二层，兼顾立论。

〔43〕未生不可忌，已死不可阻：参看蔺撰《达生》"生之来不能却，其去不能止"。两者之前句，一言"生"，一言"未生"。两者之后句，均言"死"，"阻"、"止"同训。

【校勘】"阻"旧讹为"徂"，形近而讹。刘文典、王叔岷、方勇、陆永品据陆释一本、道藏成疏本、白文本、林希逸本、褚伯秀本、罗逸道本、赵谏议本均作"阻"、成疏"阻，碍也"校正。

〔44〕死生非远也，理不可睹：物之死生物化相距不远，然而主宰死生物化的造化原理却难尽睹。

〔45〕或之使，莫之为，疑之所假：接子主张"（道）或使"，季真主张"（道）莫为"，均属可疑的主观假设。

〔46〕吾观之本，其往无穷；吾求之末，其来无止："之"、"其"均指"道"。道之本末，无穷无止。○道之"本末"，即道之"端倪"。参看《大宗师》"返复终始，不知端倪"。

〔47〕无穷无止，言之无也，与物同理：道无穷无止，言语不能独断，因为言语之局限，同于万物之局限，两者同理（均属物之局限）。

〔48〕或使、莫为，言之本也，与物终始：接子主张"（道）或使"，季真主张"（道）莫为"，均属主观假设的立言之本（借此阐明政治主张），由于"未免于物"，故囿于物之终始，未明道之终始。

〔49〕道不可有，又不可无：不可视"道"为实有之物（此斥接子），又不可否认"道"之遍在永在（此斥季真）。

【校勘】郭象篡改"又"为"有"，证见郭象反注："道故不能使有，而有者常自然也。"认为道不能驱使万物，万物无不"自己而然"（《齐物论》郭注）。严复、马其昶、钱穆、王叔岷校正。

〔50〕道之为名，所假而行："道"之假名，用于假借名相而后躬行天道。

〔51〕或使、莫为，在物一曲，夫胡为于大方：接子"或使"论，季真"莫为"论，都是囿于物之一方一隅的方术，并非超越一方一隅的道术。

○二家之言囿于物之一方一隅，同于"丘里之言"囿于一丘一里。

［52］言而足，则终日言而尽道：二句假设并否定。认为"终日言"也不"足"以"尽道"。○不可误解为"终日言可以尽道"，证见下句"言默不足以载"。

［53］言而不足，则终日言而尽物：二句正论并肯定，上扣"言之所尽，知之所至，极物而已"。认为只能"终日言而尽物"，从而不断趋近遍在永在于万物的天道。

【辨析十】"尽物"异于"通物"（《大宗师》贬斥）、"逐物"（《惠施》贬斥）、"殉物"（《则阳》、《让王》、《骈拇》、《子张》贬斥）。"尽物"义同"物物"（《山木》所引庄言）。"物物"之后，由博返约，方能"不物于物"（《山木》所引庄言）地超越万物各殊之理，达至总摄各殊之理的至高之道。"达人之言"如此。○"通物"、"逐物"、"殉物"均属"物于物"，博而不能返约，囿于万物各殊之理，未达总摄各殊之理的至高之道。"丘里之言"如此。

［54］道，物之极：道是总摄万物的至高存在、终极力量。○郭象反注："夫道物之极，常莫为而自尔，不在言与不言。"连读"道物之极"，训"道"为"言"。或断"道、物之极"，释为"道"、"物"并列，仍非原义。

［55］言默不足以载：此句仅对"道"而言，非兼"道"、"物"而言。足证郭象"道物"连读，或断"道"、"物"并列，均非。

［56］非言非默，议有所极：言（言"道"）、默（思考"道"），均当止于物德极限，"因是"而"已"（《齐物论》）。○此扣上文"议之所止"。

【辨析十一】本章以"太公调"作为"调适而上遂"的庄子之化身，运用内七篇之道论，深入驳斥最具代表性的二家错误道论，是魏牟版外篇最为重要的道论之一，与魏撰《天下》一样，显示了魏牟的宏阔学术视野。郭象否定"道"之存在，遂对本章大肆篡改、妄断、反注，导致旧皆误解，未明精义。

◎第九章第四节：接子神化天道，季真虚化天道，在物一曲，丘里之言。

●第九少知问太公调章：丘里之言，囿于丘里；接子季真，在物一曲；躬行天道，勿矜尽知。

外物

题解

《外物》被后于魏牟的《吕览》、《韩非子》钞引，必在魏牟版外篇。刘安版仍在外篇，郭象版贬入杂篇。崔譔、向秀《庄子注》均"有外无杂"（陆序），郭象版杂篇《外物》却有陆引崔注、向注各二条，证明郭象移外入杂。

本书把魏牟版、刘安版外篇《外物》1545字，复原于魏牟版外篇第十三。校正郭象篡改和历代讹误：补脱文33字，删衍文6字，订讹文18字，厘正误倒3处。

《外物》文风张扬夸诞，意旨鲜明辛辣，撰者当为庄子再传弟子魏牟。著录庄子二事"庄周贷粟"、"庄惠辩用"，当属转闻于师（或即蔺且）。1977年出土的安徽阜阳双古堆汉墓（汉文帝时，早于刘安）《外物》残简，证明《外物》撰于战国而非汉代。

魏撰《外物》，可分八章。

第一卮言章，总领全篇。

中间寓言六章。第二、第三、第七章，正面演绎江湖真道；第四、第五、第六章，贬斥庙堂伪道。

第八引用庄言章，总结全篇。

末章是魏牟版"外篇二十二"所引最长庄言（当属魏牟转闻于师），是弟子闻于庄子的庄学总论，弥足珍贵的庄学瑰宝。前七章之谋篇布局，措辞行文，无不围绕末章所引庄言展开。

全文结构缜密，各章照应精妙，是不可多得的魏撰佳篇。由于郭象大肆删改原文、反注原义，导致本篇精义湮灭不彰。故王夫之谓郭象版《外物》曰："杂引博喻，理则可通，文义不相属。"

一

外物不可必[1]，故龙逢诛[2]，比干戮[3]，箕子狂[4]，恶来死[5]，桀纣亡。[6]

人主莫不欲其臣之忠，而忠未必信，故伍员流于江[7]，苌弘死于蜀，藏其血三年而化为碧。[8]

人亲莫不欲其子之孝，而孝未必爱，故孝己忧而曾参悲。[9]

木与木相磨则燃，金与火相守则流。阴阳错行，则天地大骇，于是乎有雷有霆，水中有火，乃焚大槐。[10]

有甚忧两陷而无所逃[11]，螴蜳不得成[12]，心若悬于天地之间。蔚蔚沉顿[13]，利害相磨[14]，生火甚多[15]，众人焚和。肉固不胜火[16]，于是乎有僓然而道尽。[17]

今译

外境没有必然性，所以龙逢被诛，比干被戮，箕子佯狂，恶来就死，桀纣灭亡。

君主无不希望臣仆尽忠，然而忠臣未必得到君主信任，所以伍员流尸于江，苌弘死于蜀地，蜀人收藏其血三年而后化为碧玉。

父母无不希望子女尽孝，然而孝子未必得到父母慈爱，所以孝己忧愁而曾参悲苦。

木与木磨擦就会燃烧，金与火靠近就会融化。阴阳元气错位逆行，天地就会大受惊骇，于是有了雷鸣有了电闪，雨水夹带霹雳，从而焚毁大槐。

有人非常忧虑陷于天人交战而无处可逃，焦虑不能得到真德之和，德心如同悬于天地之间。心情郁闷消沉，利害相刃相磨，产生很多虚火，众人焚毁真德之和。肉身原本不胜烈火，于是众人僓然而尽丧天道。

校注

[1]外物不可必：人道主宰的外物外境，不具可预测的必然性。○魏撰《秋水》："尧舜让而帝，之哙让而绝；汤武争而王，白公争而灭。由此观之，争让之礼，尧桀之行，贵贱有时，未可以为常也。"

[2]龙逢诛：关龙逢，夏桀之贤臣，忠谏而被诛杀。

[3]比干戮：比干，商纣之庶叔，忠谏而被剖心。

[4]箕子狂：箕子，商纣之庶叔，佯狂而得生。

[5]恶来死：恶来，商纣之佞臣，忠君而被周武王诛杀。

[6]桀jié纣zhòu亡：夏桀，夏代亡国之君，亡于商汤。商纣，商代亡国之君，亡于周武王。○恶来、桀、纣三例，乃谓暴君佞臣同样受害于庙堂人道。

◎第一章第一节：庙堂鼓吹人道具有必然性，信奉必得善果，举六例驳之。

[7]伍员流于江：伍子胥忠谏吴王夫差被杀，浮尸于江。

[8]苌cháng弘死于蜀：苌弘忠于周敬王却被流放蜀地，剖肠而死。蜀人盛其血而藏之，三年化为碧玉。

◎第一章第二节：庙堂人道鼓吹忠君必得善果，举二例驳之。

[9]孝己忧：殷高宗武丁之贤子孝己，其母早死，因高宗惑于后妻之言而被流放。

曾参悲：曾参芸瓜而误斩其根，其父曾晳怒而援大杖击昏。○庙堂人道"黥劓"、"雕琢"民众，以"孝父"为"忠君"之模板，鼓吹"忠君"当如"孝父"。以上二节兼斥其非。

◎第一章第三节：庙堂人道鼓吹孝父必得善果，举二例驳之。

[10]本节七句：运用阴阳五行学说（当时略具实证性、科学性），阐明天道之必然性，天道外境之可必。

【校勘】"相磨则燃"及下"利害相磨"，"磨"旧作"摩"；"燃"旧作"然"，字通。○"骇"旧作"絃"，字通。

◎第一章第四节：天道有信有定有常，天道主宰的外物外境具有可预测的必然性。

［11］两陷：陷入信仰天道（有必然性）、信奉人道（无必然性）之两难抉择。○郭象谬注"左右"，成疏谬注"荣辱二境"，又或误释"天坠地陷"、"阴阳两陷"。旧皆未明"两陷"义本《齐物论》（天道人道）"两行"，源于郭象反注庄子主张"已无是非，恣物两行"。

［12］蹍chén 蟫dūn：怖畏不安定（司马彪），怵惕（成疏）。不得和：天人交战，遂失真德之和。○《老子》"六亲不和有孝慈，国家昏乱有忠臣"，"不和"是需要"忠孝"之前提。

【校勘】"和"旧讹为"成"，据下句"众人焚和"及《老子》之义校正。○《庚桑楚》"不足以滑和"之"和"，旧亦讹为"成"（刘文典校正）。

［13］蔚wèi 愍mǐn沉顿：蔚，病（王念孙）。愍、顿，乱也（王念孙引《广雅》），顿闷（王叔岷引《方言》注）。心乱郁闷，意志消沉。

【校勘】"蔚"旧作"慰"，字通。《子张》"贪财而取蔚"之"蔚"，旧亦作"慰"（王引之、郭庆藩、王叔岷校正）。○"愍"或作"瞽"（或讹为"瞀"），字通。王念孙、王叔岷据日本高山寺古钞本、陈景元本均作"愍"校正。○"悬"旧作"县"，"沉顿"旧作"沈屯"，字通。

［14］利害相磨：义本《齐物论》"相刃相磨"。此谓信仰天道之利，反抗人道之害，难以抉择，折磨德心。

［15］生火：今言"上火"。

生火甚多，众人焚和："内热"（《人间世》）而失"德之和"（《德充符》）。

［16］肉固不胜火：肉身不胜德心内热，因而焚和成病。

【校勘】"肉"旧作"月"，字通。○涉及肢体之字，多从"月"。旧多不明通假，所释均不可通。

［17］颓tuí然而道尽：天道之福利迂远，人道之祸害切近，故众人对于"两陷"之抉择，通常是颓然屈服于人道，从而天道尽丧。○《人间世》"（天道之）福轻乎羽，莫之知载；（人道之）祸重乎地，莫之知避"。

【校勘】"颓"旧作"儥"，异体字。宣颖、王先谦据陆释"儥音颓"校正。

【辨析一】郭注："唯儥然无矜，遗形自得，道乃尽也。"原义贬斥"道尽"，被反注为褒扬"道尽"。○陆释："郭云：'儥，顺也。'"陆引郭注，不见今本。郭象反注字义（注"颓"为"顺"），其误易辨，故拥郭者删去。导致郭象反注义理（"自得乃道尽"），其误难辨。

◎第一章第五节：众人深陷天道、人道"两行"之交战，弃天道而奉人道。

●第一外物卮言章：人道无必然性，天道有必然性；众人天人交战，弃天道而奉人道。

二

庄周家贫，故往贷粟于监河侯。[1]

监河侯曰[2]："诺！我将得邑金，将贷子三百金，可乎？"[3]

庄周忿然作色曰[4]："周昨来，有中道而呼者。周顾视车辙中，有鲋鱼焉[5]。周问之曰：'鲋鱼来！子何为者邪？'对曰：'我，东海之波臣也。君岂有升斗之水而活我哉？'[6]周曰：'诺！我且南游吴越之王，激西江之水而迎子，可乎？'[7]鲋鱼忿然作色曰[8]：'吾失我常与，我无所处[9]。吾得升斗之水然活耳，君乃言此[10]，曾不如早索我于枯鱼之肆！'"[11]

今译

庄周家里贫穷，所以去向监河侯借粮。

监河侯说："行啊！我即将得到封邑的税金，到时借你三百金。可以吗？"

庄子忿然变色说："我昨日来时，半道有声音叫我。我回头看见车辙之中，有一条鲋鱼。我问它说：'鲋鱼过来！你在车辙之中干什么呢？'鲋鱼回答说：'我是东海的波浪之臣。贤君是否有升斗之水救活我呢？'我说：'行啊。我正要南游拜访吴越之王，我将请他们引来西江之水迎接你。可以吗？'鲋鱼忿然变色说：'我失去了恒常与共的海水，我没有了原本所在的正处。我得到升斗之水就能活命，贤君却说这些，还不如趁早到干鱼铺找我！'"

校注

〔1〕庄周家贫：著录庄事（转闻于师），贬斥庙堂伪道。○内七篇庄子四章，均在篇末。本篇章法仿拟蔺撰《寓言》、《至乐》，开篇厄言章之后，即为庄子章，章法异于内七篇。

〔2〕监河侯：隐指魏惠王，前369—前319在位。黄河主要河段（中游）长期被魏国控制（秦国控制黄河上游，齐国控制黄河下游）。○陆释、成疏均据《说苑·善说》，误释为"魏文侯"，魏文侯（前445—前396在位），先于庄子（前369—前286）。刘凤苞误释为"监河之官"，官不得称"侯"，亦无封邑。

〔3〕邑金：封邑之税金。○监河侯口惠而实不至。

〔4〕庄周忿fèn然作色：庄子具有超前时代的"纳税人意识"，决非可被"黥劓"、"雕琢"、愚弄的顺民。○此亦可证《齐物论》"狙公赋芧"并非"赋予"，而是"赋敛"，故"众狙皆怒"。后被"黥劓"、"雕琢"、愚弄，才"众狙皆悦"。

〔5〕车辙中，有鲋fù鱼焉：鱼当处于水，却"处于陆"（《大宗师》）。

〔6〕东海：义同"江湖"（《大宗师》），鱼之"正处"（《齐物论》）。升斗dǒu之水：义同"呴湿濡沫"（《大宗师》）。

【校勘】"升斗"旧误倒为"斗升"（下同）。王叔岷据日本高山寺古钞本、唐写本、成疏均作"升斗"校正。

〔7〕庄言四句：戏仿监河侯四句。庄周反串"监河侯"。

〔8〕鲋鱼忿然作色：上扣"庄周忿然作色"。鲋鱼扮演庄周。○以上派定寓言角色。下文鲋鱼斥庄，即为庄周斥侯。

〔9〕吾失我常与，我无所处：贬斥庙堂伪道使民从"东海"易处"车辙"，从"江湖"易处"泉涸之陆"。○参看魏撰《田子方》"草食之兽，不疾易薮；水生之虫，不疾易水。行小变，而不失其大常也"，刘安版新外篇

《骈拇》"呴濡仁义，失其常然"。

　　[10]君乃言此：痛斥监河侯不仁不义却假仁假义。

　　[11]枯鱼之肆：肆，市肆。出售鱼干的店铺。

　　●第二庄周贷粟章：著录庄事。庄子痛斥庙堂伪道"使鱼处陆"之不仁不义，"呴湿濡沫"之假仁假义，又口惠而实不至。

三

　　任公子好钓巨鱼，为大钩巨缁，五十犗以为饵[1]，蹲乎会稽，投竿东海[2]。旦旦而钓，期年不得鱼[3]。已而大鱼食之，牵巨钩陷没而下，骛扬而奋鳍，白波若山，海水震荡，声侔鬼神，惮吓千里[4]。任公子得若鱼，离而腊之[5]。浙河以东，苍梧以北，莫不厌若鱼者[6]。

　　已而后世铨才讽说之徒[7]，皆惊而相告也[8]。夫揭竿累，趋灌渎[9]，守鲵鲋[10]，其于得大鱼难矣[11]。饰小说以干县令[12]，其于大达亦远矣[13]。是以未尝闻任氏之风俗[14]，其不可与经于世，亦远矣。[15]

今译

　　任公子喜好垂钓大鱼，做了巨钩粗绳，以五十头犗牛为钓饵，蹲在会稽山顶，投竿东海深处。天天垂钓，整年未得大鱼。后来有条大鱼吞食了鱼饵，牵着巨钩潜入水下，奔驰翻腾而狂摆鱼鳍，白波如同高山，海水剧烈震荡，声音如同鬼哭神号，惊吓达于千里之外。任公子得到这条大鱼，剖开做成鱼干。浙江以东，苍梧以北，没有不饱餐这条大鱼的人。

　　从此后世那些权衡才能、讽喻游说君主之徒，全都惊奇此事而相互传告。那些人举着短竿细绳，趋赴灌井田沟，守候鲵鳅鲋鱼，他们欲得大鱼太难了。雕饰辨小之说以便谋求县令之位，他们欲达大道也太远了。因此从未见闻任公子的奇风异俗，他们不可与之谈论经世之道，也相差太远了。

校注

[1] 任 rén 公子：虚构至人。仿拟蔺撰《山木》"太公任"，庄子化身。任，因任天道。

巨鱼：隐喻大道。纶 lún：钓鱼之线。犗 jiè：犍牛。

【校勘】旧脱"好钓巨鱼"四字。刘文典、王叔岷据《太平御览》八三四引文有此四字校补。〇"綸"（纶）旧讹为"緇"。马叙伦、刘文典据《文选》谢灵运《七里濑诗》注引及《太平御览》八三四引作"綸"校正。

[2] 会 kuài 稽：承上"吴越"。东海：承上"东海之波臣"。〇上章庄言"我且南游吴越之王"，本章"任公子"（庄子化身）遂至"吴越"所属"会稽"、"东海"，为"东海之波臣"鲋鱼之属（隐喻江湖民众），垂钓巨鱼（隐喻求索天道）。

[3] 旦旦而钓：日日求道。期 jī 年不得鱼：期年，整年。求索天道极难。

[4] "已而大鱼食之"七句：略同五代马缟《中华古今注》"鲸鱼，海鱼也。大者长千里，小者数千丈。鼓浪成雷，喷沫成雨"。可证巨鱼取象于鲸。

【校勘】"陷"旧讹为"銘"。马叙伦、王叔岷据《文选》谢灵运《七里濑诗》注引、《七启》注引、王元泽本、元纂图互注本、成疏均作"陷"校正。〇"鹜"（鹜）旧讹为"惊"（惊），或讹为"鹜"。王先谦、王叔岷、陈鼓应、方勇、陆永品据徐邈本、陆释本作"鹜"校正。〇"鳍"旧作"鬐"，字通。〇"嚇"（吓）旧作"赫"，字通。

[5] 离：分解鱼身，隐喻庄撰内七篇"支离其言，晦藏其旨"。腊之：腌制鱼干，既扣上章"枯鱼"，而得上下呼应之文趣，又喻内七篇所言干枯的名相之道，不可等同于鲜活的实体之道。

[6] 浙河：浙江，在今浙江省。苍梧：苍梧山，在今湖南省。莫不餍若鱼者：此谓任公子之真仁真义，反扣上章监河侯之假仁假义。〇魏撰《知北游》、《则阳》"圣人之爱人也终无已"。

【校勘】"浙河以东"前，旧衍"自"字。王叔岷据唐写本、《太平御览》八三四引文均无"自"字校删。○"淅"原作"制",通"淛"("淅"之本字)。王念孙、刘文典、王叔岷、方勇、陆永品据成疏本、王元泽本、褚伯秀本均作"淛",陆释"字应作淅",司马彪本、成疏、《太平御览》八三四及九三五、《事类赋》二九注引均作"淅"校正。○"饜"旧作"厌",字通。王叔岷据日本高山寺古钞本、唐写本校正。

[7]铨quán:考量。量才授官,谓之"铨叙"。

铨才讽说之徒:考量己才、讽喻游说君王之徒。义同《逍遥游》"知效一官、行比一乡、德合一君、能征一国者"。

【校勘】"铨"旧讹为"辁",形近而讹。朱骏声、王叔岷据李颐训"量人"、成疏训"量"校正。

[8]皆惊而相告也:隐喻庄殁之后,庄学影响日大。○参看魏撰《秋水》引公孙龙之言:"今吾闻庄子之言,茫焉异之。"

[9]累:细绳。灌渎:灌溉之井,田间沟渎。

[10]守鲵鲋:隐喻各级官吏为君主看守涸辙之中的"鲋鱼"(上章隐喻小民),偶施"升斗之水"使之不死,但不得返归江湖。

[11]其于得大鱼难矣:譬解倚待庙堂的大知小知难得大道。

[12]小说:义同《齐物论》"小言"、魏撰《则阳》"丘里之言"。○汉语史首见之"小说"。异于后世文学之义。

饰小说以干县令:雕饰辨小之说,以便谋求县令之职。

【辨析二】春秋战国诸侯,多将兼并异国的边鄙之地,设为"县"邑(字通"悬",取义悬于边陲)。官守之名,春秋曰"县尹"(《左传·襄公二十六年》),战国或曰"县令"(《史记·六国年表》,万户以下),或曰"县长"(《史记·秦本纪》,万户以上)。○成疏以为秦行郡县制后始有"县令","县"通"悬",训"高","令"训"令名","县令"即"高名"。不合史实,义亦不通。

[13]其于大达亦远矣:正论倚待庙堂的大知小知难得大道。

[14]未尝闻任氏之风俗:参看魏撰《秋水》"欲观于庄子之言,是犹使蚊负山,商蚷驰河也,必不胜任矣"。

[15]经于世:预伏第五章孔子"视若营四海"。

●第三任公子钓大鱼章：达道至人求索江湖天道，泽及天下；大知小知鼓吹庙堂人道，祸害天下。

四

儒以《诗》、《礼》发冢。[1]

大儒胪传曰[2]："东方作矣，事之何若？"[3]

小儒曰："未解裙襦，口中有珠。"[4]

大儒曰："《诗》固有之曰[5]：'青青之麦[6]，生于陵陂[7]。生不布施[8]，死何含珠为？'[9]揭其鬓，擪其颜[10]，尔以金椎控其颐，徐别其颊。无伤口中珠！"[11]

今译

儒生凭借《诗》、《礼》盗墓。

大儒传语说："东方已亮，事情进展如何？"

小儒说："尚未解开衣裤，嘴里有颗宝珠。"

大儒说："《诗》早就有过记载：'青青之麦，生于山麓。生前不肯布施，死后为何含珠？'掀开他的鬓发，拨开他的胡须，你用铜椎撬开他的嘴巴，慢慢掰开他的牙齿。不要损坏口中宝珠！"

校注

[1] 儒：此扣上章"铨才讽说之徒"。《诗》、《礼》：此扣上章"小说"。发冢 zhǒng：此扣上章"其不可与经于世"。○儒生以《诗》、《礼》指导盗墓，大悖儒家重丧厚葬、"慎终追远"之主张。讽刺儒者学习《诗》、《礼》，非为经世济民，乃为升官发财。

[2] 胪 lú 传：庙堂由上至下逐级传达君主之旨。专司传旨之官，官名

"鸿胪"、"鸿胪卿"、"鸿胪寺卿"。○大儒站于平地指挥，小儒伏于墓穴挖掘，合于儒者鼓吹的"以隶相尊"之礼，故以"胪传"讽刺大儒说话。

［3］东方作矣，事之何若：盗墓不欲人知，必于夜半。东方已露晨曦，大儒遂问小儒进展如何。

［4］未解裙襦 rú，口中有珠：二句上扣"庄周家贫"。贬斥庙堂"以苦一国之民，以养耳目鼻口"（魏撰《徐无鬼》），民众"小人"生而家贫，庙堂"君子"死而厚葬。

［5］《诗》固有之曰：大儒引《诗》不顾原旨，仅以《诗》载死者"含珠"卖弄学识，指导小儒盗墓。参看魏撰《田子方》"儒者为其服者，未必知其道也"。

【校勘】"大儒曰"三字旧脱，不可省略，原文必有。当为注庄儒生删去。旧因三字被删，多断"《诗》固有之曰"至"无伤口中珠"为小儒之言，义不可通。○王叔岷已疑之："颇似大儒命小儒之词，非小儒答大儒之词。"

［6］青青之麦：上扣"庄周贷粟"之"粟"。

［7］生于陵陂 bēi：阐明庙堂征收之"邑金"，均为民众劳动之后，大地出产，天道所赐。

［8］生不布施：上扣监河侯不肯贷粟。○此处"布施"为汉语史首见，幸赖本篇引用《诗经》佚篇，传至后世。后世佛徒译经借用，转为佛学重要名相。

［9］死何含珠为：贬斥庙堂征收"邑金"，并非"天下为公"，而是"以养吾私"（魏撰《徐无鬼》）。○成疏："此是逸诗，久遭删削。"意为孔子所删。

［10］擪 yè：按压。䫇 huì：下巴上的胡须。

【校勘】"揭"旧作"接"，字通。○"擪"旧讹为"壓"（压）。朱骏声、刘文典、王叔岷、方勇、陆永品据成疏本、陆释一本、日本高山寺古钞本、《艺文类聚·宝玉部》引文均作"擪"校正。

［11］金椎 chuí：铜椎。颐 yí：腮部，此指嘴部。颊 jiá：脸部两侧，此指牙齿。

无伤口中珠：讽刺儒者宁辱尸体，不欲伤珠。

【校勘】"而"（尔）旧讹为"儒"。王念孙、马叙伦、王叔岷、方勇、陆永品据《艺文类聚·宝玉部》引文作"而"校正。○王念孙训"而"为"尔"，不误。马叙伦、王叔岷、方勇、陆永品认为"而"是"承上之词"、"连接词"，义仍难通。

●第四儒以诗礼发冢章：大儒小儒，达则以《诗》、《礼》使民陆处，穷则以《诗》、《礼》发财盗墓。

五

老莱子之弟子出取薪[1]，遇仲尼，返以告曰："有人于彼，修上而趋下[2]，末偻而后耳[3]，视若营四海[4]。不知其谁氏之子?"

老莱子曰："是丘也。召而来!"

仲尼至。

曰："丘! 去汝躬矜，与汝容知，斯为君子矣。"[5]

仲尼揖而退，蹙然改容而问曰："业可得进乎?"[6]

老莱子曰："夫不忍一世之伤[7]，而傲万世之患[8]，抑固陋邪? 亡其略弗及邪[9]? 惠以欢为，傲终身之丑[10]。中民之行[11]，易进焉耳[12]；相引以名[13]，相结以隐[14]。与其誉尧而非桀，不如两忘而闭其非誉[15]。反无非伤也，动无非邪也[16]。圣人踌躇以兴事，以每成功[17]。奈何哉，其载焉[18]? 终矜耳!"[19]

今译

老莱子的弟子出门取柴，遇见仲尼，返回报告说："有人在门外求见，上身长而下身短，身佝偻而耳朵靠后，看来有如经营四海。不知他是谁家的儿子?"

老莱子说："这是孔丘。叫他进来!"

仲尼进来。

老莱子说："孔丘！去除你身形的矜持，还有你面容的知巧，那样才是君子。"

孔丘作揖后退，不安地改变容色而问："我的求道之业可以得到进步吗？"

老莱子说："你不忍心一世之人受到伤害，却傲然不顾万世之人受到祸患，究属顽固浅陋呢？抑或谋略不及呢？用小惠博取欢心，却傲然不顾终身之丑。投合民众的行为，容易进入民众之心；所以民众竞相称引你以成名，相互结党隐讳你的浅陋。与其以尧为是而以桀为非，不如两忘尧桀而不予毁誉。尧桀貌似相反，无不伤害真道；尧桀有为而动，所行无不邪僻。圣人踌躇于有为兴作，以此每每成功。你为何志在有为，自负经营四海？终究是自矜罢了！"

校注

[1] 老莱子：春秋末期楚人。○《史记·老子韩非列传》怀疑老聃、老莱子、太史儋或为一人。今人多视太史儋为另一人，而因各书所记老聃、老莱子之教孔语略同，故疑老聃一人误传为老聃、老莱子二人。内七篇"老聃"三见，"老莱子"未见。外杂篇"老聃"、"老子"九见，"老莱子"仅此一见。

【校勘】"取"字旧脱，王叔岷、陈鼓应据日本高山寺古钞本、成疏"出取薪"校补。

[2] 修上而趋下：上身长，下身短。

[3] 末偻：末，首。首前伸而身佝偻，摹状孔子之自谦。后耳：首仰天而耳后垂，摹状孔子之自矜。

[4] 视若营四海：总括前二句。反扣第三章"其不可与经于世"。○上章贬斥"儒者为其服者，未必知其道"（魏撰《田子方》）的后世大儒小儒。本章进而贬斥"儒者一人"（魏撰《田子方》）的儒家祖师孔子。

[5] "去汝躬矜"三句：老莱子斥孔未能去其自矜，容色自矜其知，尚非君子。○郭象反注："谓仲尼能遗形去知，故以为君子。"王叔岷："《山木篇》太公任谓孔子'饰知以惊愚，修身以明污'，即所谓'躬矜'、'容知'

也。《史记·老子韩非列传》老子教孔子'良贾深藏若虚，君子盛德容貌若愚。去子之骄气与多欲，态色与淫志，是皆无益于子之身'，与老莱子教孔子语详略虽异，而用意相似。"

〔6〕揖yī：古代拱手礼。蹙cù然：困窘貌。

业可得进乎：孔子鼓吹"仁义"而被斥，遂问可否由"仁义"进于"道德"。下文老莱子遂谓"仁义""易进"于庙堂，不"易进"于"道德"。

〔7〕不忍一世之伤：对孔子鼓吹"仁义"之动机，"然于然"。

〔8〕傲万世之患：对孔子鼓吹"仁义"之效果，"不然于不然"。

【校勘】"傲"旧作"骜"（下同），字通。据陆释一本作"敖"校正。○陆释："下'骜'或作'骜'。"乃因原文斥孔，而被妄改。

〔9〕亡wú其：转语（王念孙）。略：谋略。○郭象妄注"亡其略"为"略无"。郭嵩焘："郭象似失本意。"

抑固陋邪？亡其略弗及邪：陋，旧作"寠"，字通。此问孔子究属固陋，抑或谋略不及。○郭象反注："直任之，则民性不陋而皆自有，略无弗及之事也。"老莱子斥孔"固陋"，郭象反注为"民性不陋"。

〔10〕惠以欢为，傲终身之丑：鼓吹仁义小惠（上扣"升斗之水"），迎合君主之欢心（以"邑金"之极小部分还施于民，即为"仁义之君"），不顾终身鼓吹伪道之丑。○旧多断为："惠以欢为傲，终身之丑。"义不可通。"傲终身之丑"与"傲万世之患"对举，分言傲慢而不顾内丑、外患。

〔11〕中民之行：中zhòng，动词。"升斗之水"的仁义小惠，投合民众之短视（略胜变成"枯鱼"）。○或训"中民"为"中庸之人"（成疏）、"中人之资"（王叔岷），义均不通。

〔12〕易进焉耳：上扣孔子之问"业可得进乎"。乃谓"仁义"伪道迎合君主之欢心，投合民众之短视，故易进于君主、民众之心，但不易进至"道德"真道。

【校勘】"易"字旧脱。刘文典、王孝鱼、王叔岷据《庄子阙误》引张君房本、成玄英本、郭注"言其易进"、成疏"易为进退"校补。

〔13〕相引以名：相互称引"仁义"孔学以成名。

〔14〕相结以隐：相互结党隐讳孔学"万世之患"。○郭象反注："隐，

括也。进之谓也。"'隐'可训'退',不可训'进'。成疏:'闻尧之美,相引慕以利名,闻桀之恶,则结之以隐匿。'易'孔'为'桀'则非,训'隐'为'隐匿其恶'则是。《论语·子路》孔言'父为子隐,子为父隐'、《史记·仲尼弟子列传》孔言'臣不可言君亲之恶,为讳者,礼也',均属'相结以隐'。

[15]"与其"二句:语本《大宗师》"与其誉尧而非桀也,不如两忘而化其道"。此斥孔子之"誉尧而非桀"。

【校勘】"非"旧讹为"所",当属涉及斥尧而被妄改。马叙伦据上句"非誉"并举校正。

[16]反无非伤也,动无非邪也:尧、桀行为虽反,使鱼处陆、伤害天道则同,有为妄动、悖道邪僻亦同。再斥孔子之"誉尧而非桀"。

[17]圣人踌chóu躇chú以兴事,以每成功:圣人踌躇于有为兴事,无为顺道,故每每成功。此斥尧、孔有为兴事,每每失败,均非圣人。

[18]奈何哉,其载焉:上扣"视若营四海"。贬斥孔子自负,以治天下为己任。

[19]终矜耳:上扣"去汝躬矜,与汝容知"。贬斥孔子自矜,不顾"万世之患,终身之丑"。○本章斥孔,郭象及其追随者又大肆篡改、妄断、反注。

●第五老莱教孔章:贬斥孔子以治天下为己任,鼓吹庙堂伪道,违背江湖真道,虽有一时小惠,实遗万世大患。

六

宋元君夜半而梦人披发窥阿门[1],曰:"予自宰路之渊,为清江使河伯之所[2],渔者余且得予。"

元君觉,使人占之。

曰:"此神龟也。"

君曰:"渔者有余且乎?"

左右曰："有。"

君曰："令余且会朝！"

明日，余且朝。

君曰："若渔何得？"[3]

对曰："且之网，得白龟焉，其圆五尺。"

君曰："献若之龟！"

龟至，君再欲杀之，再欲活之，心疑。

卜之曰："杀龟以卜，吉。"[4]

乃刳龟以卜，七十二钻而无遗策。[5]

仲尼闻之曰[6]："神能见梦于元君，而不能避余且之网[7]；知能七十二钻无遗策，而不能避刳肠之患[8]。如是，则知有所不周，神有所不及也[9]。虽有至知，万人谋之[10]。鱼不畏网[11]，而畏鹈鹕[12]。去小知而大知明[13]，去自善而善矣[14]。婴儿生无所师而能言，与能言者处也。"[15]

今译

宋元君半夜梦见有人披散头发窥视于侧门，说："我从名叫宰路的水潭出发，为长江之神出使黄河之神河伯之处，渔夫余且捕捉了我。"

元君惊觉，叫人占梦。

占梦者说："这是神龟。"

元君问："渔夫有叫余且的吗？"

左右答："有。"

元君说："令余且上朝！"

第二天，余且上朝。

元君问："你打鱼捉到什么？"

余且答："我的渔网，捉到一头白龟，龟身圆周五尺。"

元君说："献上你的白龟！"

白龟献来，元君两次想杀龟，两次想放龟，心里疑惑，叫人卜问。

占卜者说："杀龟卜问政事，大吉。"

于是元君杀龟卜问政事，七十二次钻烧而无不灵验。

孔子闻知以后说："白龟的心神能够托梦给元君，却不能躲避余且的渔网；心知能够七十二次钻烧而无不灵验，却不能躲避剖腹的祸患。由此可见，心知有所不周，心神有所不及。即便有人达于至知，难以预防万人谋算。鱼不怕网罗，却怕鹈鹕。去除小知而后大知彰明，去除自善而后达于真善。婴儿生下来无须拜师就能说话，是与能说话的人相处。"

校注

［1］宋元君：即宋王偃。已见魏撰《徐无鬼》庄过惠墓章所引庄言，本章据此演绎。

披发：披发无冠，隐喻未被"黥劓"、"雕琢"，不遵庙堂伪道（《达生》辨析五）。

阿ē门：旁门。〇"披"旧作"被"，字通。"窥"作"阒"，异体字。

［2］宰路之渊：《应帝王》"渊有九名"，仅举其三。本篇杂取孔子弟子宰予、子路之名，另拟一渊。〇蔺撰《达生》另拟"鲔深之渊"，魏撰《让王》另拟"清泠之渊"。

清江：长江。与黄河之浊相对。河伯：黄河之神。已见魏撰《秋水》。

【校勘】"为清江"前旧衍"予"字，与上句之"予"重复。刘文典、王叔岷据《文选·江赋》旧钞本注引、《太平御览》三九九及九三一引文均无此"予"校删。

［3］【校勘】"若"字旧或脱，或讹为"昔"（形近而讹）。王叔岷据《太平御览》九三一、《事类赋》二八《鳞介部》一注引校正。

［4］旧多误断为："心疑卜之曰：'杀龟以卜吉。'"义不可通。宋元君"再欲杀之，再欲活之，心疑。""卜之"，乃是心疑之后，命卜者另卜是否杀龟，并非杀龟卜问是否杀龟。"杀龟以卜，吉"乃是卜者另卜之后告君之言，并非君言。

［5］刳kū：中间剖开。

【校勘】"乃刳龟"下旧脱"以卜"，当属误解误断上文者，以为"以卜"误叠而妄删。实为先卜是否杀龟，卜之曰吉，乃杀龟再卜七十二事。刘文典、王叔岷据唐写本、《文选》郭璞《江赋》注、《艺文类聚》九六、《太平御览》三九九及九三一、《事类赋》二八《鳞介部》一注、《白孔六帖》二九、《翻译名义集》二、《北山录》三《合霸王》第五注、《古今合璧事类备要》别集六三引文均有二字校补。

[6] 宋元君（宋王偃）、孔子不同时。经上章老莱子教诲，本章孔子已成真际孔子、庄学代言人。

【校勘】"闻之"二字旧脱，王叔岷据《艺文类聚》九六引校补。

[7]【校勘】"神"下旧衍"龟"字，与下句不谐。奚侗、王叔岷据唐写本、日本高山寺古钞本、《艺文类聚》梦部及龟部引文均无"龟"字校删。○《淮南子·说山训》撮引《外物》，不加"龟"字，文义难明。后人遂据《淮南子·说山训》倒改《外物》而增"龟"字。

[8]【校勘】"不能"上旧脱"而"字，与上句不谐。王叔岷据《事类赋》二八《鳞介部》一注引、《记纂渊海》九九引文均有"而"字校补。

[9]【校勘】"知有所不周"，旧脱"不"，"周"讹为"困"，误为"知有所困"，与下句"神有所不及"不谐。王叔岷据世德堂本引陆释"一本作'知有所不周'"校正。○郭庆藩本所引陆释为"一本作'知有所不同'"，"同"为"周"之讹，王叔岷校正。

[10] 虽有至知，万人谋之：句同魏撰《则阳》"虽有至知（郭象改为"虽有大知"），不能以言读其所化，又不能以意度其所为"。均谓"至知"仍然不能尽知天道，因而致无其知，不拔高一己之是为绝对之是。○郭注："不用其知，而用众谋。"义不可通。若按郭注，原文当作："虽有至知，谋之万人。"郭象为了自圆谬解"褒大知、贬小知"，对于原文之"至知"，或改为"大知"（如《秋水》、《则阳》），或予反注（如本篇）。

[11] 鱼不畏网："网"谓庙堂人道之"刑网"，上扣白龟"不能避余且之网"、"不能避刳肠之患"。譬解民众被庙堂伪道"黥劓"、"雕琢"之后，误信庙堂"仁义"之"爱民"，不知庙堂假仁假义之"害民"。参看《人间世》"祸重乎地，莫之知避"，魏撰《徐无鬼》"爱民，害民之始也"，魏撰《管

仲》"知贤人之利天下也，而不知其贼天下"。

[12] 而畏鹈𱸌 tí 鹕 hú："鹈𱸌"谓江湖天道之"小害"。譬解民众因为天道之"不仁"，误以为天道"害民"。参看《人间世》"福轻乎羽，莫之知载"。〇二句均谓民众之短视，上扣"中民之行，易进焉耳"。

[13] 去小知而大知明："畏鹈𱸌"属"小知"之知，"畏人网"属"大知"之知，"畏天道"属"至知"之知。〇郭象反注："小知自私，大知任物。"无视上句"虽有至知"、下章"至知厚德"，坚执"大知"、"小知"二境，坚执"褒大知、贬小知"。

[14] 去自善而善矣：上扣老莱子斥孔"自矜"。〇蔺撰《山木》"行贤而去自贤之心"，义即"去自贤而贤矣"。

【校勘】原文"去自善而善矣"，郭象移后"自"字，变成"去善而自善矣"（《达生》辨析十），证见郭注："去善则善无所慕，善无所慕则善者不矫而自善也。"原义贬斥"自善"，遂成郭义褒扬"自善"。据日本高山寺古钞本作"去而善而善矣"（前"而"为"自"讹），成疏"遣矜尚之小心"（即释"去自善"）校正。

[15] 婴儿生无所师而能言，与能言者处也：譬解民众原本明白"仁义"人道的刑网之害，大于"不仁"天道的鹈𱸌之害，被庙堂"黥劓"、"雕琢"而失去真知真德，白龟遂向暴君求救，结果反被刳肠诛杀。〇本节亦为真际孔子贬斥实际孔子。

【校勘】"所"旧讹为"石"，或讹为"硕"，义均不通。据陆释一本作"所"校正。

●第六白龟求救被杀章：白龟盲信暴君，反被暴君诛杀；孔子弃其自矜，改宗贬斥自善。

七

惠子谓庄子曰："子言无用。"[1]

庄子曰："知无用，而始可与言用矣。夫地非不广且大也[2]？

人之所用容足耳。然则侧足而堑之至黄泉，人尚有用乎？"[3]

惠子曰："无用。"

庄子曰："然则无用之为用也，亦明矣。"[4]

今译

惠施对庄子说："你的言论无用。"

庄子说："知晓无用，而后始可与言至用。陆地岂非广而且大？每人暂时所用，仅容其足罢了。然而把足外之地挖至黄泉，容足之地还有用吗？"

惠施说："无用。"

庄子说："那么无用之为至用，也就彰明了。"

校注

[1]"惠子谓庄子"二句：略同《逍遥游》"惠子谓庄子曰：今子之言，大而无用，众所同去也。"所辩"有用"、"无用"，乃谓用于庙堂还是用于江湖。〇本章著录"庄惠辩用"，当属《逍遥游》庄惠辩用之生活本事。魏牟闻于其师。

[2]【校勘】"夫"旧讹为"天"，义不可通。马叙伦、刘文典、王叔岷、方勇、陆永品据王元泽本、林希逸本、褚伯秀本、罗勉道本、世德堂本、日本高山寺古钞本、《文选》潘岳《秋兴赋》注、《后汉书·方术传》注引均作"夫"、成疏"广大无最于地"校正。

[3]"人之所用容足耳"三句：众人以为天道、道术无用，不知天道、道术均有大用。〇魏撰《管仲》"故足之于地也浅，虽浅，恃其所不蹍而后善博也"，义本于此。

【校勘】"堑"qiàn旧讹为"垫"，形近而讹。王叔岷、方勇、陆永品据陆释一本作"堑"校正。〇"至黄泉"之"至"，旧作"致"，字通。

[4]"然则"二句：义同《人间世》"人皆知有用之用，而莫知无用之用也"。均言庄学至境"至用无用"，均谓无用于庙堂，至用于江湖。〇杨伯

峻《列子集释》卢解："《庄子》云：'侧足之外皆去其土，则不能履之者，心不定也。若御马者亦如使其足，则妙矣。'"杨伯峻案："卢解所引《庄子》，今本无其文。"本章或有脱文。

●第七庄惠辩用章：达道至人，无用于庙堂，大用于江湖；大知小知，有用于庙堂，无用于江湖。

八

庄子曰：[1]

"人有能游，且得不游乎？人而不能游，且得游乎？[2]

"夫流遁之志，决绝之行，噫，其非至知厚德之任欤？覆坠而不返，北驰而不顾[3]。虽相为君臣，时也，易世而无以相贱[4]，故至人不留行焉。[5]

"夫尊古而卑今，学者之流也[6]。且以狶韦氏之流观今之世，夫孰能不波[7]？唯至人乃能游于世而不僻[8]，顺人而不失己[9]。彼教不学[10]，承意不彼。[11]

"目彻为明，耳彻为聪，鼻彻为颤[12]，口彻为甘，心彻为知，知彻为德[13]。凡道不欲壅，壅则哽，哽而不止则跈，跈则众害生。[14]

"物之有知者恃息，其不殷，非天之罪[15]。天之穿之也，日夜无降，人则顾塞其窦。[16]

"胞有重阆，心有天游[17]。室无空虚，则妇姑勃谿[18]。心无天游，则六凿相攘[19]。大樊丘山之善于人也，亦神者不胜也。[20]

"德溢乎名，名溢乎暴，谋稽乎誸，知出乎争[21]。柴生乎守官，事果乎众宜。[22]

"春雨日时，草木怒生[23]，铫鎒于是乎始修，草木之到，植者过半^[24]，而不知其所以然也^[25]。静默可以补病，揃搣可以休老，安宁可以止遽。^[26]

"虽然，若是劳者之务也，佚者之所未尝过而问焉^[27]。圣人之所以骇天下，神人未尝过而问焉；贤人之所以骇世，圣人未尝过而问焉；君子之所以骇国；贤人未尝过而问焉；小人之所以合时，君子未尝过而问焉。^[28]

"演门有亲死者，以善毁^[29]，爵为官师^[30]。其党人毁而死者半。^[31]

"尧与许由天下，许由逃之^[32]。汤与务光，务光怒之，负石自沉于庐水^[33]。纪他闻之，率弟子而踆于窾水，诸侯吊之^[34]。三年，申徒狄因以踣河。^[35]

"筌者所以在鱼也，得鱼而忘筌；蹄者所以在兔也，得兔而忘蹄。言者所以在意也，得意而忘言^[36]。吾安得夫忘言之人而与之言哉?"^[37]

今译

庄子说：

"众人若有能够逍遥游的外境，怎会不欲逍遥游呢？众人若无能够逍遥游的外境，怎能逍遥游呢？

"立志于自我流放逃遁，决绝地顺应天道而行，唉，岂非唯有至知厚德之人方能胜任呢？天覆地坠而不返回，与世背驰而不顾虑。虽然今人相互隶属为君臣，这是时代困境，改易时世即无贵贱之分，所以至人毫不留恋地逍遥独行。

"那些尊古而卑今者，仅是为学日益之流。若以狶韦氏之类至人的眼光观照当今之世，谁会不自适于江湖波流？唯有至人方能遨游世间而不僻处隐居，顺随他人而不失己德。拒绝接受伪道教化，虚承其意而不被颖劓。

"目窍通彻是为明，耳窍通彻是为聪，鼻窍通彻是为羶，口窍通彻是为甘，心窍通彻是为知，知窍通彻是为德。凡是通道都不欲壅塞，壅塞就会哽阻，哽阻不予制止就会乖戾，乖戾就有众多病害产生。

　　"物类具有知觉的无不凭恃六窍的气息，气息若不殷厚，并非天道之罪。天道穿通六窍，日夜不会降减，众人反而自塞六窍。

　　"胎儿尚有活动空间，德心亦当神游天道。居室没有空间，婆媳就会争吵。德心若不神游天道，六窍就会扰攘壅塞。旷野丘山之所以有益于人，也是因为心神不胜搅扰。

　　"真德外荡成就声名，声名外溢成为凶器，计谋源于急难，心知出于争斗。柴塞产生于守土之官，政事结果于众人之宜。

　　"春雨按时而降，草木蓬勃生长，农夫于是开始修治锹锄，锹锄到达草木，作物种植过半，然而农夫不知天道如何驱使作物生长。因此静默可以补救疾病，按摩可以延缓衰老，安宁可以制止躁进。

　　"尽管如此，那些劳心之人的俗务，闲佚之人未曾加以过问。庙堂圣人用来惊骇天下的作为，江湖神人未曾加以过问；庙堂贤人用来惊骇世人的作为，江湖圣人未曾加以过问；庙堂君子用来惊骇国人的作为，江湖贤人未曾加以过问；世俗小人用来迎合时势的作为，江湖君子未曾加以过问。

　　"宋都东门有人死了亲人，因为善于哀毁，庙堂授爵拜为官师。他的乡邻哀毁过度而死掉一半。

　　"唐尧欲让天下给许由，许由逃走。商汤欲让天下给务光，务光大怒，背负石头自沉于庐水。纪他闻知，带领弟子徘徊于窾水，诸侯纷纷挽留。三年以后，申徒狄因此自沉于黄河。

　　"鱼笼用于捕鱼，得鱼而后忘笼；兔网用于捕兔，得兔而后忘网；言语用于达意，得意而后忘言。我如何找到忘言之人而后与之言语呢？"

校注

[1] 庄子曰：三字总领下文，直至篇终。郭庆藩、王先谦、刘文典、方勇、陆永品断句皆然。○终篇章，魏牟转录闻于其师的庄子之言。非对话语境引用庄言，非庄所撰之硬证（《天地》辨析一）。

[2]"人有能游"四句：四"游"均谓"逍遥游"。

○第一节第一层：使民处陆的庙堂伪道，导致民众不能逍遥游。

[3]"夫流遁之志"六句：褒扬唯有"至知厚德"，方有"流遁之志，决绝之行"，方能"覆坠而不返，北驰而不顾"。○郭注："非至厚，则莫能任其志行，而信其殊能也。"尚未反注，仅是缩略"至知厚德"为"至厚"，以免"至知"与其谬见"褒大知、贬小知"冲突。成疏反注："流荡逐物，逃遁不返，果决绝灭，因而不移，此之志行，极愚极鄙。"

【校勘】"返"旧作"反"，字通。○"北"旧讹为"火"，形近而讹。王叔岷校正。○《天地》"方且尊知而北驰"，"北"亦讹为"火"，亦王叔岷校正。

[4]"虽相为君臣"三句：痛斥庙堂伪道鼓吹的"君臣"纲常。阐明相互成为君臣，仅是时代困境，时移世易即无贵贱之分。○庄子认为"君臣"仅是人类历史某一阶段的暂时现象，没有永恒价值。参看《齐物论》"君乎牧乎，固哉"、"终身役役，不死奚益"、"以隶相尊，众人役役"，《人间世》"天子之与己，皆天之所子"。

【校勘】"相"下旧衍"与"字。刘文典、王叔岷据唐写本、日本高山寺古钞本均无"与"字校删。《齐物论》"递相为君臣"亦为旁证。

[5] 故至人不留行焉：此扣上文"流遁之志，决绝之行"、"覆坠而不返，北驰而不顾"。

【校勘】"故"下旧衍"曰"字。刘文典、王叔岷据唐写本、日本高山寺古钞本、郭注、成疏均无"曰"字校删。

○第一节第二层：唯有至知厚德的至人，才敢挑战庙堂伪道，义无反顾逍遥游。

〔6〕夫尊古而卑今，学者之流也：二句贬斥儒墨学者"尊古卑今"。参看或撰《天运》贬斥孔子："古今非水陆欤？周鲁非舟车欤？今蕲行周于鲁，是犹推舟于陆也，劳而无功，身必有殃。"

〔7〕且以狶shǐ韦氏之流观今之世，夫孰能不波：二句贬斥法家"薄古尊今"。此谓对"君臣纲常"只须"虚而委蛇"，不可视为真道。参看《应帝王》"吾与之虚而委蛇，不知其谁何，因以为弟靡，因以为波流"。○"狶韦氏"已见《大宗师》。

〔8〕唯至人乃能游于世而不僻：至人乘物而游心于世，而不僻处避世。○参看《缮性》"古之所谓隐士者，非伏其身而弗见也"。庄子主张"间世"，不主张"出世"。

〔9〕顺人而不失己："顺人"即庄学俗谛"因应外境"。"不失己"即庄学真谛"因循内德"。

〔10〕彼教不学：彼，庙堂人道。教，庙堂人道之教化。不学，拒绝"黥劓"、"雕琢"。

〔11〕承意不彼：虚承彼意，不与庙堂暴力直抗（上扣"顺人"）。又不被庙堂人道"黥劓"、"雕琢"（上扣"不失己"）。○王叔岷、陈鼓应断庄言至此，断下文为撰者之言。

【辨析三】蔺撰《达生》"不内变，不外从"，魏撰《田子方》"虚缘而葆真"、《知北游》"外化而内不化"，均取义于《外物》所引庄言"顺人而不失己。彼教不学，承意不彼"。○庄子义理圆融，个性亦然。蔺且交游不广，魏牟交游极广，各依个性而有侧重。蔺义"不外从"，侧重庄义"顺人"之"不彼"本质。魏义"虚缘"，侧重庄义"顺人"之"承意"表象。蔺义"不内变"，魏义"葆真"，则与庄义"不失己"无异。

○第一节第三层：贬斥"尊古卑今"（儒墨）、"薄古尊今"（法家）。阐明庄学三义"顺应天道，因循内德，因应外境"。

◎庄言第一节：阐明庄学宗旨"顺应天道"（兼及庄学三义）。顺应天道，方能抵抗人道。

〔12〕羶shān：辛臭之事（成疏）。彻：通彻。反扣下文"壅"、"哽"、"塞"。

【校勘】"羶"旧作"颤"，字通。宣颖、于鬯校正。

［13］心彻为知，知彻为德：心、知通彻而不自矜，即为超越心、知的"德心"。心、知不通彻而自矜，即为囿于心、知的"成心"。

［14］壅yōng：壅塞。哽gěng：哽阻。挦zhěn：乖戾。众害生：众多外害内病产生。"凡道不欲壅"四句，略同《人间世》"夫道不欲杂，杂则多，多则扰，扰则忧，忧而不救"。

【校勘】"挦"旧作"跈"，字通。王念孙校正。

○第二节第一层：至人通达而不壅哽，故众害不生；众人不通达而壅哽，故众害皆生。

［15］息殷：气息殷厚。上扣"至知厚德"。○"物之有知者恃息"三句，谓物德原本殷厚，倘若不厚并非天道之罪，而是未能葆德之过。

［16］天之穿之也，日夜无降，人则顾塞其窦：天道穿通人类的孔窍，日夜没有降减，众人自堵孔窍（迎合黥劓，自黥自劓），才会失去通彻。○《应帝王》"日凿一窍，七日而浑沌死"，蔺撰《达生》"开天者德生，开人者贼生"。人道之窍既开，天道之窦必塞。

【校勘】"穿之"下旧脱"也"字。刘文典、王叔岷据唐写本、日本高山寺古钞本校补。

○第二节第二层：天赋物德原本殷厚，转而变薄源于未能葆德。

［17］胞有重chóng阆làng，心有天游：阆，本义高门，引申为空间。胞中胎儿尚有多重空间，德心更当神游天道。

［18］室无空虚，则妇姑勃谿xī：妇，媳妇。姑，婆婆。勃谿，争吵。居室逼仄，婆媳易起争吵。胞、室均喻心。

［19］心无天游，则六凿相攘：六凿，目、耳、鼻、口、心、知。德心若不神游天道，六凿必然互相扰攘。

［20］大樊fán丘山之善于人也，亦神者不胜也：山林之所以有益于人，是因为德心不胜悖道外境之樱扰。○魏撰《知北游》"山林欤？皋壤欤？与我无亲，使我欣欣然而乐欤！"

【校勘】"樊"旧作"林"，后讹为"林"。王叔岷据杨慎所录《庄子阙误》引张君房本、文如海本作"梽"校正。○"不胜"下旧脱"也"字。刘文典、王叔岷据唐写本、日本高山寺古钞本校补。

〇第二节第三层：心游天道，则六凿通达；心无天游，则六凿相攘。

◎庄言第二节：阐明庄学真谛"因循内德"。心游天道，方能因循内德。

［21］谋稽乎諴xián：諴，急迫。义近"急中生智"。信奉有为人道，则急难常有，故需智谋。信仰无为天道，则急难常无，故无需智谋。伪道俗见仅知推崇应对急难之智谋（治标），不知根除导致急难之悖道（不治本）。〇"德溢乎名"四句，略同《人间世》"德荡乎名，知出乎争。名也者，相轧也；知也者，争之器也。二者凶器，非所以尽行也"。彼谓"名者凶器"，此谓"名溢乎暴"。郭象反注："夫禁暴则名美于德矣。"

［22］柴：塞。义同上文"壅"、"哽"、"塞"。

众宜：物德不齐，物各有适，"自适"即宜（合词"适宜"），故有"众宜"、"众义"。参看"适↘义（宜）"之辨（《山木》辨析一、《至乐》辨析三）。

柴生乎守官，事果乎众宜：二句贬斥庙堂"一同天下之义"，拔高庙堂"私宜"为天下"公义"，谎称"人道合于天道"（儒义）、"名教即自然"（郭义），广置官守，强迫民众"役人之役，适人之适"，柴塞"以德为循，自适其适"的"众宜"。〇郭象先予妄断："柴生乎守，官事果乎众宜。"再予反注："众之所宜者不一，故官事立也。"吴汝纶、马其昶、钱穆、王叔岷、方勇、陆永品虽均驳正郭象妄断，释义仍从郭注。

〇第三节第一层：众人不能通达，内在原因是真德外荡，外在原因是庙堂伪道。

［23］春雨日时，草木怒生：此言未加人力之天道。

［24］铫yáo：大锄。鎒nòu：同"耨"，锄。

铫鎒于是乎始修，草木之到，植者过半：于是修整锹锄，（锹锄）到于草木，种植作物过半。此言人类顺应天道，文化顺应造化。〇旧多连读"草木之到植"，又训"到"为"倒"，义不可通。"到"训到达，谓铫鎒到达草木而锄去。

［25］而不知其所以然也：略同《齐物论》"不知其然，谓之道"。此言

人类顺应天道而种植五谷，但不知天道如何驱使作物生长。○参看《则阳》"死生非远也，理不可睹"。

【校勘】"所以然"下旧脱"也"字。刘文典、王叔岷据唐写本、日本高山寺古钞本校补。

［26］揃jiǎn搣miè：段玉裁："'揃搣'者，道家修养之法。故《庄》云'可以休老'。"郭嵩焘："《广韵》：'搣，案也，摩也。'谓以两手按摩目眦。"

安宁可以止遽jù：遽，疾速。止遽，停止有为躁动。句义参看《大宗师》"撄宁"。

【校勘】"默"旧讹为"然"。奚侗、刘文典、马其昶、钱穆、王叔岷据《文选》江淹《杂体诗》注引作"默"校正。○"揃"旧讹为"揹"。段玉裁、刘文典、王叔岷据唐写本、日本高山寺古钞本均作"揃"、陆释"亦作揃"校正。○"搣"旧或作"搣"，段玉裁、王叔岷据陆释一本作"搣"、《说文》"揃，搣也"校正。○"宁"前旧脱"安"字，据成疏"安静可以止之"校补。

○第三节第二层：顺应天道，以人合天；静默安宁，祛病延年。

［27］劳者之务：参看《齐物论》"劳神明为一，而不知其同"。○此谓处于悖道外境，至人虽可顺应天道，因循内德，因应外境，然而庙堂伪道仍必徒劳无功地"以人助天"、"以人灭天"，佚者无须过问。

【校勘】"佚者"前旧衍"非"字，王先谦、马叙伦、刘文典、于鬯、王孝鱼、陈鼓应校删。○马叙伦："'非'字涉上文郭象注'非不病也'、'非不老也'误羡。"刘文典："劳者之务，逸者未尝过问，有'非'字则非其指，且与下四句不一律矣。"

［28］"圣人之所以骇天下"、"贤人之所以骇世"、"君子之所以骇国"，均谓庙堂伪道之"骇"民。"小人之所以合时"，则谓小人迎合庙堂伪道。

【校勘】"贤人之所以"、"君子之所以"、"小人之所以"三句，旧皆脱"之"字。王叔岷据日本高山寺古钞本均有"之"字校补，与上句"圣人之所以"一律。○三"骇"字旧作"駴"，异体字，王叔岷据成疏"骇，惊也"校正。

○第三节第三层：庙堂伪道惊骇民众，小人大受惊骇而迎合，至人不惊骇，不迎合，不过问。

◎庄言第三节：阐明庄学俗谛"因应外境"。无为安宁，方能免刑全生。

［29］演门：宋城门名（陆释）。以善毁：善于哀毁。○亲人死亡而哀恸，《人间世》贬斥为"遁天悖情"，蔺撰《至乐》所引庄言贬斥为"不通乎命"。

［30］爵为官师：庙堂伪道以"孝子"为"忠臣"之模板，把"孝子"树为"模范"、"榜样"，诱以名利，"黥劓"、"雕琢"民众。

［31］其党人毁而死者半：党人竞趋名利，迎合"黥劓"、"雕琢"。○上扣首章贬斥"忠"、"孝"。

○第四节第一层："小人合时"一例。贬斥迎合"黥劓"、"雕琢"，伪装"孝子"、"忠臣"骗取富贵。

［32］尧与许由天下，许由逃之：此扣上节"圣人之所以骇天下，神人未尝过而问焉"。参看《逍遥游》尧让许由章。

［33］"汤与务光"三句：汤学尧，务光学许由。不受属"高节"（魏撰《让王》），自沉属"戾行"（魏撰《让王》），后者违背"不以好恶内伤其身"（《德充符》）、"终其天年而不中道夭者，是知之盛也"（《大宗师》）。

【校勘】旧脱"负石自沉于庐水"七字。据成疏"汤让天下不受，（务光）自负石沉于庐水"、魏撰《让王》"汤又让务光……务光……乃负石而自沉于庐水"校补。○无此一句，则务光与许由相同，义无递进。上例"善毁者"、"党人"义有递进，本例"许由"、"务光"、"纪他"、"申徒狄"义均递进。

［34］踆qūn：同"逡"（《广韵》），徘徊。窾kuǎn水：水名，地望不详。

"纪他闻之"三句：务光自沉而扬名天下，纪他闻而慕之，遂伪装汤欲让天下于己，故率弟子徘徊于窾水之畔，伪装意欲自沉，而名扬诸侯。○"纪他"类似上例之"善毁者"，作伪而骗得富贵。庙堂知其作伪而乐于被骗，以便诱引、黥劓天下民众。

［35］三年，申徒狄因以踣bó河：纪他作伪而骗得富贵，申徒狄闻而慕之，亦伪装汤欲让天下于己，恐人不信而自沉。参看或撰《宇泰定》"使

人以为己节，因以死偿节"。○"申徒狄"类似上例之"党人毁而死者半"，作伪而未骗得富贵，却自害其生。参看魏撰《盗跖》"申徒狄负石自投于河，罹名轻死，不念本养寿命者也"。《人间世》"为人使，易以伪；为天使，难以伪"，魏撰《则阳》引所庄言"遁其天，离其性，灭其情，亡其神，以众为伪"。

　　○第四节第二层："小人合时"又一例。贬斥迎合"黥劓"、"雕琢"，显"名"失"德"而骗取富贵。

　　◎庄言第四节："小人合时"作伪二例。贬斥伪道黥劓天下，贬斥民众迎合黥劓。

　　［36］筌quán：挂于岸边、船旁的捕鱼竹笼。蹄：兔罥，系其脚，故曰蹄（陆释）。

　　得鱼而忘筌、得兔而忘蹄：设喻。

　　得意而忘言：正题。○《墨子·经说上》："循所闻而得其意，心之察也。执所言而意得见，心之辩也。"强调"得意"，不强调"忘言"。

　　【校勘】"筌"旧或作"荃"，王叔岷据道藏各本、赵谏议本、覆宋本、《文选》多注引文、《一切经音义》四一、八〇、九〇、九五及九七、《白孔六帖》二九、《初学记》（一八及二二）、《六书故》二三、《鹖冠子·天权篇》注引、《杜工部草堂诗笺》三〇、《太平御览》八三四、《记纂渊海》六一及九九引文均作"筌"校正。○"在鱼"、"在兔"、"在意"下，旧均脱"也"字。刘文典、王叔岷据日本高山寺古钞本、《文选》嵇康《赠秀才入军诗》注、卢谌《赠刘琨诗》注、《太平御览》三九〇及九〇七引文均有"也"字校补。

　　［37］吾安得夫忘言之人而与之言哉：庄学至境"至言忘言"。○本节略同刘安版新外篇《天道》所引庄言："世之所贵道者，书也。书不过语，语有贵也；语之所贵者，意也；意有所随，意之所随者，不可以言传也。而世因贵言传书，世虽贵之，我犹不足贵也，为其贵非其贵也。"

　　【辨析四】《老子》"名可名，非恒名"，言"道"不言"物"，乃谓"道不可名"，非谓"物不可名"。庄子"言/意"之辨，同样言"道"不言"物"，亦谓"道不可言"（魏撰《知北游》，参看《大宗师》辨析十三），非谓"物不可言"。至人不得已而假言，仍不能"尽道"，故当得悟至人论"道"之真意，丧忘至人论"道"之假言。○公孙龙"指不至，至不绝"（魏撰《惠施》），言"物"不言"道"，乃谓"能指（名）不能抵达受指（实）"，即谓"言不能尽物"（其义亦甚精深），非谓"言不能尽道"。○魏晋"言/意"之辨，分为"言不尽意"、"言尽意"两派，但多混淆庄子、公孙之辨。

◎庄言第五节：闻道宜于"得意忘言"，不可死于句下。

●第八庄子之言章：庄子教诲弟子的庄学总论，弥足珍贵。

让王

题解

《让王》被后于魏牟、先于刘安的四子钞引最多,《吕览》钞引十二章,《荀子》《韩非子》各化用二章,《韩诗外传》钞引五章,总计钞引、化用十五章,必在魏牟版外篇。刘安版仍在外篇,郭象版贬入杂篇。

本书把魏牟版、刘安版外篇《让王》2761字,复原于魏牟版外篇第十四。校正郭象篡改和历代讹误:补脱文64字,删衍文12字,订讹文27字,厘正误倒1处。

《让王》文风张扬夸诞,意旨鲜明辛辣,篇中提及魏牟,撰者当为庄子再传弟子魏牟。1977年出土的安徽阜阳双古堆汉墓(汉文帝时,早于刘安)《让王》残简,证明《让王》撰于战国而非汉代。

《让王》篇名不见于内文,是对篇旨的概括,命名方式与内七篇相同,是外杂篇仅有之例。涉及"让王"主题的六章,仅有一章属于儒墨称为"三王"的商汤,五章属于儒墨称为"五帝"的尧舜,篇名不作"让帝"而作"让王",既证撰者深明"人王"不可僭称"天帝"(《应帝王》题解),又证外杂篇篇名与内七篇篇名一样,为撰者自题,非后人追题。

《让王》篇首、篇末、篇旨,无不紧扣《外物》末章所引庄言。郭象将外篇首篇《寓言》"移外入杂",插入魏撰《外物》《让王》之间,遮蔽了两篇的承接关系:《外物》末章所引庄言"虽相为君臣,时也,易世而无以相贱,故至人不留行焉",《让王》为之补充例证,故其文体在魏撰诸篇之中最为特殊。全文十八章,貌似随意罗列,实则分为三大部分。

第一部分七章,主旨是"恶为君之患",阐明"德心重于身形,身形重于天下",所以主角让王之后隐遁全生。

第二部分八章,主旨是"恶为臣之患",阐明"天子不得臣,诸侯不得友", 所以主角全都不臣不仕。

第三部分三章, 主旨是贬斥伪道俗见称颂的"贤君", 同时褒扬主角的让王"高节", 贬斥主角的自戕"戾行"。

貌似最无结构的《让王》, 同样具有缜密结构, 足证外杂篇无一杂凑之文。旧多误视外杂篇为杂凑之文, 主要原因是郭象裁剪拼接、篡改反注, 次要原因是注家盲从郭象, "知有聋盲"(《逍遥游》)。

一

尧以天下让许由[1]。许由不受, 退而耕于颍水之阳, 终身不见。[2]

又让于子州支父。[3]

子州支父曰:"以我为天子, 犹之可也。虽然, 我适有幽忧之病, 方且治之[4], 未暇治天下也。"[5]

夫天下至重也, 而不以害其生, 又况他物乎? 唯无以天下为者, 可以托天下也。[6]

今译

唐尧把天下禅让给许由。许由不肯接受, 隐退而躬耕于颍水北岸, 终身不再出现。

唐尧又禅让给子州支父。

子州支父说:"要我做天子, 或许也可以。尽管如此, 我恰好有难言的隐疾, 正要治病, 无暇治理天下。"

天下可谓至重, 却不以天下戕害自己的生命, 又何况其他外物呢? 唯有不用天下自为的至人, 方可托付天下。

校注

[1] 尧以天下让许由：篇首承接《外物》末章之尧让许由，以天下为外物，带出下文。

[2] 颍 yǐng 水：淮河支流。终身不见："见"同"现"，与上句"退"（隐）对举。

【校勘】旧脱"退而耕于颍水之阳终身不见"十二字。王叔岷据《太平御览》八二二引文校补。○第十五章"故许由娱于颍阳"即扣此句，是为内证。

[3] 子州支父：虚构至人，"支"寓"支离其德"（《人间世》）。○《汉书·古今人表》收入，视为历史人物。

[4] 我适有幽忧之病，方且治之：略同魏撰《徐无鬼》黄帝问治天下，童子曰："予适有眥病，予又奚事焉？"

[5] 未暇治天下也：义本《应帝王》"汝又何暇以治天下感予之心为"。

[6]"夫天下至重也"五句：章末卮言，义本《老子》"贵以身为天下，若可寄天下。爱以身为天下，若可托天下。"参看《列子·杨朱》"悉天下奉一身，不取也"。

●第一尧让许由章：天下至重，不害己生；至人自治，无暇治人。

二

舜让天下于子州支伯。[1]

子州支伯曰："予适有幽忧之病，方且治之，未暇治天下也。"[2]

故天下大器也，而不以易其生[3]。此有道者之所以异乎俗者也。[4]

今译

虞舜把天下禅让给子州支伯。

子州支伯说："我恰好有难言的隐疾，正要治病，无暇治理天下。"

所以天下虽是重器，却不以天下交换自己的生命。这是拥有道术之人异于俗人之处。

校注

［1］子州支伯：虚构至人，上章"子州支父"之变文。伯，四境排行隐喻"至知无知"的"至人"。

［2］子州支伯所言，全同上章"子州支父"所言。〇本章与上章情节重复，易"尧"为"舜"，意在开篇并斥"尧舜"。可证结构精微，并非杂凑。

［3］不以易其生：章末卮言之重心。小异上章"不以害其生"。

【校勘】"易"下旧脱"其"字。王叔岷据日本高山寺古钞本有"其"、上章"不以害其生"校补。

［4］此有道者之所以异乎俗者也：此句足证庄学反对"从其俗"。旧多盲从郭象反注，谬解庄学主张"从其俗"（《天下》辨析二八）。

●第二舜让支伯章：天下大器，不易己生；有道之人，异于世俗。

三

舜以天下让善卷。[1]

善卷曰："余立于宇宙之中，冬日衣皮毛，夏日衣葛絺[2]；春耕种，形足以劳动；秋收敛，身足以休食。日出而作，日入而息，逍遥于天地之间而心意自适[3]。吾何以天下为哉？悲夫！子之不知余也。"[4]

遂不受。于是去而入深山，莫知其处。

今译

虞舜把天下禅让给善卷。

善卷说："我立身宇宙之中，冬天穿野兽皮毛，夏天穿葛布衣服；春天耕地播种，身形足以劳作活动；秋天收获贮藏，身形足以休养饮食。太阳升起就劳作，太阳落下就歇息，逍遥于天地之间而心意自适。我何必用天下自为呢？可悲啊！你真不了解我。"

终究不肯接受。于是离去而后遁入深山，无人知晓他的居处。

校注

［1］善卷：虚构至人。其名寓意，"善刀而藏"（《养生主》），"卷而怀之"（《论语·卫灵公》谓蘧伯玉）。参看《德充符》"才全而德不形，内葆之而外不荡"。○《庄子》佚文："善卷，尧闻其得道之士，乃北面而师事之。"

［2］葛绨chī：用细葛布做的夏衣。

［3］逍遥于天地之间而心意自适：综合《逍遥游》"逍遥"、《大宗师》"自适其适"，揭破"逍遥"即"自适"。

【校勘】郭象篡改"自适"为"自得"，本书复原。证见辨析一。参看郭象篡改第十三章"审自适者"为"审自得者"。又参郭象篡改《秋水》贬斥"自得一时之利"为贬斥"自适一时之利"。

【辨析一】后半句"心意自适"，乃谓向外"游心于彼道"，与前半句"逍遥于天地之间"义同，又与《大宗师》"不自得"一致。郭象篡改后半句为"心意自得"，变成向内"游心于此我"，与前半句"逍遥于天地之间"义反，又与《大宗师》"不自得"抵牾。○郭象篡改本篇第三章、第十三章之二"自适"为二"自得"，又篡改《秋水》贬斥"自得一时之利"为贬斥"自适一时之利"，意在为《逍遥游》郭注"放于自得之场，逍遥一也"自造伪证（参看《达生》辨析七）。郭义"逍遥即自得"，违背庄义"逍遥即自适"。旧多盲从郭象反注，盲信郭象版伪原文，妄释"逍遥"即"自得"。

［4］子之不知余也：成疏："古人淳朴，唤帝为子。"未明庄门师徒反

对人君僭用天"帝"之号。尧、舜原为"后"（详下辨析二），并非"帝"。

●第三舜让善卷章：善刀而藏，卷而怀之；逍遥江湖，心意自适。

四

舜以天下让其友石户之农。[1]

石户之农曰："倦倦乎[2]，后之为人[3]？余葆力之士也。"[4]

以舜之德为未至也，于是夫负妻戴，携子以入于海，终身不返也。[5]

今译

虞舜把天下禅让给友人石户之农。

石户之农说："心神劳倦了吧，你做大酋长？我是葆德惜力之人。"

认为虞舜的德性未达至境，于是丈夫背负，妻子头顶，携带子女遁入海岛，终身不再返回。

校注

[1]石户之农：虚构至人，隐于农者。

[2]倦倦乎：讽刺虞舜违背天道"劳神明为一"（《齐物论》），疲倦而徒劳。〇参看魏撰《管仲》"倦倦者，舜也。舜不得休归，所谓倦倦者也"，魏撰《徐无鬼》"我将劳君，君又何劳于我？劳君之神与形。"

【校勘】"倦"旧作"捲"，字通。据下句"葆力"之义、魏撰《管仲》"倦倦"校正。

[3]后：上古部落联盟大酋长之号。

【辨析二】夏代以前，既无君主，又无"王"号。魏牟深明《应帝王》之"帝"谓道，不可与"王"连读，故以儒墨所称"五帝"尧舜开篇，篇名不作《让帝》而作《让王》。第四章、第十六章对舜，第十七章对商汤，均称"后"不称"帝"。旨承内七篇，贬斥儒墨伪造"五帝"古史，贬斥人君僭用天"帝"之号。

〔4〕余葆力之士也：上句谓舜不知葆力，劳倦于有为治人。此句自称"葆力之士"，不肯劳倦于有为治人。○参看魏撰《外物》所引庄言"劳者之务也，佚者之所未尝过而问焉"。

【校勘】"余"字旧脱，导致"葆力之士"系于舜，既与上句谓舜"倦倦"（不葆力）抵牾，又使石户之农拒让缺乏理由。

〔5〕未至：未达至境。妻戴：妻子头上顶物。入于海：入于海岛。返：旧作"反"，字通。

●第四舜让之农章：舜德未至，劳倦治人；葆力之士，鄙弃假帝。

五

太王亶父居邠[1]，狄人攻之[2]。事之以皮帛而不受，事之以犬马而不受，事之以珠玉而不受。狄人之所求者，土地也。

太王亶父曰："与人之兄居而杀其弟，与人之父居而杀其子，吾不忍也。子皆勉居矣！为吾臣，与为狄人臣，奚以异[3]？且吾闻之：'不以所用养，害所养。'"[4]因杖策而去之。民相连而从之，遂成国于岐山之下。[5]

夫太王亶父，可谓能尊生矣[6]。能尊生者，虽贵富不以养伤身，虽贫贱不以利累形。今世之人，居高官尊爵者，皆重失之[7]。见利轻亡其身，岂不惑哉？

今译

太王亶父住在邠地，狄人前来攻打。献上皮毛布帛而不肯接受，献上狗马牲畜而不肯接受，献上珍珠玉器而不肯接受。狄人所求的，是土地。

太王亶父说:"与人的哥哥同住却让弟弟打仗而死,与人的父亲同住却让儿子打仗而死,我不忍心。你们都好好住在这里吧!做我的臣民,与做狄人的臣民,有何差异?况且我听说:'不以养生之物,危害所养生命。'"因此拄着手杖离开邠地。民众相连而跟从他,于是建国在岐山之下。

太王亶父,可谓能够尊重生命了。能够尊重生命之人,即使富贵也不以养生之物伤害自身,即使贫贱也不以利生之物牵累自身。今世之人,居于高官显爵的,全都看重失去外物。一见利生之物就轻易丧亡自身,岂非大惑呢?

校注

[1] 太王亶 dǎn 父:王季之父,周文王祖父。即《诗经·大雅·緜》"古公亶父"。

邠 bīn:又作"豳",周族发祥地。周人始祖后稷之四世孙公刘始居其地。今陕西省彬州,名承邠、豳。

[2] 狄人:北方游牧民族。秦汉以前称"戎"、"狄"、"猃狁"(又作玁狁,均音 xiǎn yǔn),秦汉以后称"匈奴"。

[3] 为吾臣,与为狄人臣,奚以异:为同族君主之臣,与为异族君主之臣,其被奴役之本质无异。

【辨析三】三句乃借亶父之口阐明庄义,义本《齐物论》贬斥"终身役役"、"众人役役",《大宗师》贬斥"役人之役"。○旧多谬解三句为"贰臣"理论(后演变为汉奸理论),为"贰臣"者据此妄赞庄学,反对"贰臣"者据此妄斥庄学,均未明三句贬斥"为任何人之臣",证见第二部分"天子不得臣"。第二部分主旨"恶为臣之患",即预伏于三句。

[4] 所用养:用于养生的外物。所养:外物所养的生命。

[5] 岐山之下:周族开国之地,亶父始居于此。○三句可证《大宗师》"圣人之用兵也,亡国而不失人心",乃亡己国不失本国人心,非谓亡敌国不失敌国人心。

[6] 尊生:尊重生命。○二句演绎首章"唯无以天下为者,可以托天

下也"。瞀父为"无以天下为"的楷模，不以天下害己，也不以天下害民。义本《人间世》"古之至人，先存诸己而后存诸人"。

[7]重：看重。皆重失之：都把失去身外之物看得很重。

●第五瞀父去邠章：华臣夷臣，均被奴役；尊重生命，鄙弃外物。

六

越人三世杀其君[1]。王子搜患之[2]，逃乎丹穴[3]。而越国无君，求王子搜不得，从之丹穴。王子搜不肯出，越人熏之以艾，乘以王舆[4]。王子搜援绥登车，仰天而呼曰："君乎！君乎！独不可以舍我乎？"[5]

王子搜非恶为君也，恶为君之患也[6]。若王子搜者，可谓不以国伤生矣，此固越人之所欲得为君也。

今译

越人三代杀死国君。王子搜忧患此事，逃入开采丹砂的洞穴。而后越国没有国君，寻找王子搜不见，追踪到丹砂洞穴。王子搜不肯出来，越人点燃艾草熏他出来，让他乘上越王的车舆。王子搜拉着缰绳登上车驾，仰天而呼告说："天君啊！天君啊！难道不能放过我吗？"

王子搜并非厌恶成为国君，而是厌恶成为国君的危害。像王子搜这样的人，可谓不以邦国伤害自己的生命了，所以越人必欲得其为君。

校注

[1]越人三世杀其君：越王翳（前411—前376在位，句践四世孙）之子诸咎，杀父自立为王。越人又杀越王诸咎（前376在位三月，句践五世孙），另立孚错枝为王。越人又杀越王孚错枝（前375—前373在位，句践

五世孙），另立王子搜为王。

　　[2]王子搜：即越王初无余之（前372—前361在位，句践五世孙）。

　　[3]丹穴：开采丹砂而挖掘的洞穴。

　　[4]熏之以艾：点燃干艾草，以烟熏之使出。○"熏"旧作"薰"，字通。

　　[5]绥suí：登车时手挽之索。君乎君乎：王子搜呼"天"为"君"，以天道为"真君真宰"（《齐物论》），故恶为"假君假宰"。

　　[6]恶为君之患也：此为第一部分七章之主旨。

　　●第六王子搜恶为君章：信仰真君之人，恶为假君之患。

七

　　韩、魏相与争侵地。子华子见昭僖侯，昭僖侯有忧色。[1]

　　子华子曰："今使天下书铭于君之前，书之言曰：'左手攫之，则右手废；右手攫之，则左手废。然而攫之者，必有天下。'君攫之乎？"[2]

　　昭僖侯曰："寡人不攫也。"

　　子华子曰："甚善！自是观之，两臂重于天下也，身又重于两臂[3]。韩之轻于天下亦远矣，今之所争者，其轻于韩又远，君固愁身伤生，以忧戚之不得也？"[4]

　　僖侯曰："善[5]！教寡人者众矣，未尝得闻此言也。"

　　子华子可谓知轻重矣。

今译

　　韩、魏相互争夺侵占土地。子华子拜见韩昭侯，韩昭侯面有忧色。

　　子华子说："如今让天下人书写铭文放在君侯面前，铭文上说：'左手取铭，就砍右手；右手取铭，就砍左手。然而取铭之人，必定拥有天下。'君侯是否取铭呢?"

韩昭侯说:"寡人不取。"

子华子说:"很好!由此看来,两臂重于天下,身形又重于两臂。韩国比天下远为轻微,如今所争之地,又比韩国远为轻微,君侯何故忧愁身形伤害已生,忧虑不能得到所争之地呢?"

韩昭侯说:"好!教诲寡人之人众多,从未得闻如此之言。"

子华子可谓知晓轻重了。

校注

[1] 子华huà子:即魏撰《则阳》反对魏王伐齐之"华子"。

昭僖xī侯:韩昭侯(前362—前333在位),复谥"昭僖",又作"昭釐","釐""僖"古通。与魏惠王(前369—前319在位)同时。韩、魏争地,韩弱于魏,韩昭侯遂忧。

[2]【校勘】"攫之乎"上,旧衍"能"字。刘文典、王叔岷据日本高山寺古钞本、成疏、《吕览·审为》、《太平御览》三六九引文均无"能"字校删。

[3] 两臂重于天下也,身又重于两臂:二句小结第一部分七章,总摄第一章"天下至重也,而不以害其生",第二章"天下大器也,而不以易其生",第三章"何以天下为",第四章"葆力",第五章"不以养伤身",第六章"不以国伤生"。

【校勘】"又"旧讹为"亦"。刘文典、王叔岷、陈鼓应据《太平御览》三六九、《吕览·审为》引文均作"又"校正。

[4] 君固愁身伤生,以忧戚之不得也:固,通"胡",何故。旧多误断为陈述句,当为问句。

【校勘】"忧戚"下旧脱"之"字。王叔岷、陈鼓应据日本高山寺古钞本、《吕览·审为》引文均有"之"字校补。

[5]【校勘】"善"下旧衍"哉"字。王叔岷据日本高山寺古钞本、《吕览·审为》引文均无"哉"字校删。○原文无"哉"字,为下对上之受教语气。尊君后儒妄增"哉"字,改为上对下之嘉勉语气。《山木》孔子受教

于太公任而称"善",尊孔后儒亦妄增"哉"字。

●第七子华子说韩昭侯章:德心重于身形,身形重于天下。○第一部分七章(一至七),主旨是"恶为君之患",阐明追逐外物有害于达道全生,所以主角让王之后隐遁全生。

八

鲁君闻颜阖得道之人也,使人以币先焉[1]。颜阖守陋闾,粗布之衣[2],而自饭牛。鲁君之使者至,颜阖自对之。

使者曰:"此颜阖之家欤?"

颜阖对曰:"此阖之家也。"

使者致币。

颜阖对曰:"恐听谬,而遗使者罪,不若审之。"[3]

使者还返审之,复来求之,则不得矣。故若颜阖者,非恶富贵也,由重生,恶之也。[4]

故曰,道之真以持身,其绪余以为国家,其土苴以治天下[5]。由此观之,帝王之功[6],圣人之余事也,非所以完身养生也[7]。今世俗之君子,多危身弃生以殉物,岂不悲哉[8]?凡圣人之动作也,必察其所以之,与其所以为[9]。今有人于此,以随侯之珠,弹千仞之雀,世必笑之。是何也?则其所用者重,而所要者轻也。夫生者,岂特随珠之重也哉?[10]

今译

鲁国国君听说颜阖是得闻道术之人,派人送去钱财先达其意。颜阖住守陋巷,穿着粗布衣,而且自己喂牛。鲁国国君的使者到来,颜阖自己应对。

使者说:"这是颜阖的家吗?"

颜阖说:"是我的家。"

使者送上钱财。

颜阖应对说:"恐怕听错了,君侯将会怪罪使者,不如审核一下。"

使者回返审核,再来找他,已经找不到了。所以像颜阖这样的人,并非厌恶富贵,由于看重生命,所以厌恶危害生命的富贵。

所以说,道术的精髓用于持守己身,道术的残屑用于管理国家,道术的尘垢用于治理天下。由此看来,使王称帝的功业,是圣人的次要工作,不能用于保全身形颐养生命。如今世俗的君子,大多危害身形鄙弃生命以殉外物,岂不可悲呢?大凡圣人行动之前,必先考察所达的目标,以及所付的代价。如今有人在此,用随侯之珠,射千仞之雀,世人必定笑他。是何缘故?因为所付的代价贵重,而所达的目标轻微。生命,岂是区区随珠的贵重可比呢?

校注

[1]鲁君:鲁国国君,当为鲁哀公。〇初版误校二"鲁君"为"鲁侯",修订版恢复二"鲁君"。

颜阖:鲁国隐者,与鲁哀公、孔子同时。初见《人间世》,又见蔺撰《达生》、《曹商》。

[2]【校勘】"粗"旧讹为"苴"。洪颐煊、奚侗、刘文典、王叔岷据陆释一本作"麤"("粗"之异体字)、《太平御览》八二〇引文作"粗"、《吕览·贵生》引文作"鹿"(麤之坏字)校正。

[3]遗 wèi:加给。

【校勘】"听"下旧衍"者"字。褚伯秀、俞樾、奚侗、刘文典、王叔岷、陈鼓应、方勇、陆永品据《庄子阙误》引张君房本、《吕览·贵生》、《太平御览》八二〇及八九九、《文选》孔稚珪《北山移文》注、嵇康《高士传》引文均无"者"字校删。

[4]【校勘】"矣"旧作"已",字通。〇旧脱"由重生,恶之也"六字,义不可通,注家遂改"非"为"真"。奚侗、刘文典、王叔岷据《吕览·贵生》校补校正。〇"非恶富贵也,由重生,恶之也",句式同于第六章"非

恶为君也，恶为君之患也"。

［5］绪余：残余。土苴jū：糟粕（李颐），瓦砾、草蒯（《吕览》高诱注）。王念孙："草蒯即草芥。"○三句义本《逍遥游》"是其尘垢秕糠，将犹陶铸尧舜者也"。

【校勘】"持"旧讹为"治"。王叔岷据《吕览·贵生》作"持"、成疏"真道以持身"、陆释引王穆夜注"圣人真以持身"校正。○《庄子》佚文"谓之不善持生"亦为旁证。

［6］帝王之功：使王称帝之功业。并非"自为帝王之功业"。"帝"动词，"王"名词，"帝王"不连读为名词。参看《应帝王》题解。

［7］圣人之余事也，非所以完身养生也：二句并非贬斥意欲僭称"帝"号的庙堂君王，而是贬斥意欲"使王称帝"的悖道大知（证见下句"今世俗之君子"）。故始创"帝王术"（使王称帝之术）的荀况，在《荀子·非十二子》中恶攻庄周（"它嚣"）、魏牟"纵情性，安恣睢，禽兽行"，列于六组论敌的第一组。

［8］"今世俗之君子"三句：贬斥"使王称帝"的悖道大知。○第一部分阐明"恶为君之害"，故人君、候选人君均不欲为君，必欲"让王"。第二部分之始，即斥悖道大知必欲使人"为君"、"为王"，乃至僭号"为帝"，以证庙堂俗君之恶，多为悖道大知唆使。

［9］所以之："动作"之目标，下以"千仞之雀"设譬。所以为："动作"之代价，下以"随侯之珠"设譬。

［10］【校勘】"今有人于此"，"今"下旧衍"且"字。刘文典、王叔岷据日本高山寺古钞本、《吕览·贵生》引文均无"且"字校删。"岂特随珠之重也哉"，旧作"岂特随侯之重哉"，"珠"讹为"侯"，"也"字脱。褚伯秀据《吕览·贵生》引文删"侯"，补"珠"、"也"。○俞樾、刘文典、王叔岷、陈鼓应、方勇、陆永品补"珠"，未删"侯"，未补"也"。作"岂特随侯珠之重哉"，文气不畅。

●第八颜阖逃仕章：真道持身，伪道治人；尘垢秕糠，陶铸尧舜。

九

子列子穷，容貌有饥色。[1]

客有言之于郑子阳者曰[2]："列御寇，盖有道之士也。居君之国而穷[3]，君无乃为不好士乎？"

郑子阳即令官遗之粟。

子列子出见使者[4]，再拜而辞。

使者去，子列子入。其妻望而拊心曰[5]："妾闻为有道者之妻子，皆得佚乐，今有饥色。君遇而遗先生食[6]，先生不受，岂非命也哉？"[7]

子列子笑谓之曰："君非自知我也。以人之言而遗我粟，至其罪我也，又且以人之言。此吾所以不受也。"

其卒，民果作难而杀子阳。[8]

今译

列子穷困，面有饥色。

有门客对郑相子阳说："列御寇，恐怕是拥有道术之士。住在主公之国却穷困，主公莫非不好贤士呢？"

郑子阳立即命令下属送给列子粮食。

列子出至外堂接见使者，一再拜谢而后推辞。

使者离去，列子返入内室。他的妻子怨望而捶胸说："我听说成为有道之人的妻儿，都能得到安逸快乐，如今我们却面有饥色。相国知遇而送先生粮食，先生不肯接受，岂非我们命苦呢？"

列子笑着对她说："相国并非自己了解我。因为他人之言而送我粮食，将来加罪于我，又将因为他人之言。这是我不肯接受的原因。"

后来，郑人果然作难而杀死子阳。

校注

〔1〕子列子：即列子。尊称为"子列子"，异于内篇。

〔2〕郑子阳：郑缪公（前422—前396在位）之相。

〔3〕居君之国：门客称主公为"君"，非谓郑子阳为郑国之君。又古时相权甚重，可对相称"君之国"。参看魏撰《秋水》庄子谓魏相惠施"子之梁国"。

〔4〕遗wèi：赠送。

【校勘】"子列子"下旧脱"出"字。王叔岷据《吕览·观世》、《新序·节士》、《列子·说符》、嵇康《高士传》引文均有"出"字、下句"子列子入"校补。

〔5〕望：怨望。拊fǔ心：捶胸。

【校勘】"望"下旧衍"之"字，当属注家误释"望"为"视"，以为难通而增。据《吕览·观世》、《新序·节士》引文均无"之"字校删。○《列子·说符》亦衍"之"字，王重民校删。

〔6〕【校勘】"遇"旧讹为"過"（过），形近而讹（《吕览·观世》、《新序·节士》、嵇康《高士传》亦讹）。据陆释一本、《列子·说符》作"遇"校正。子阳并未亲来，不可作"过"（过访），而是遣使致粟，字当作"遇"（知遇）。○《宇泰定》"一雀过羿"，《太平御览》九二二引文讹为"一雀遇羿"。《则阳》"匿为物而过不识"，陆释一本讹为"匿为物而遇不识"。均为"遇"、"過"互讹之例。

〔7〕【校勘】"岂非命也哉"旧讹为"岂不命邪"。刘文典、王叔岷据《吕览·观世》、《新序·节士》、嵇康《高士传》、日本高山寺古钞本均作"岂非命也哉"校正。

〔8〕陆释："子阳严酷，罪者无赦。舍人折弓，畏子阳怒责，因国人逐猘狗而杀子阳。"事在前398年，参看《史记·郑世家》郑缪公二十五年、《史记·楚世家》楚悼王四年。

●第九列子拒赐章：庙堂赏罚，任意无定；不受其福，亦免其祸。

十

　　楚昭王失国[1]，屠羊说走而从于昭王[2]。昭王返国，将赏从者，及屠羊说。

　　屠羊说曰："大王失国，说失屠羊；大王返国，说亦返屠羊。臣之爵禄已复矣，又何赏之有？"

　　王曰："强之！"

　　屠羊说曰："大王失国，非臣之罪，故不敢伏其诛；大王返国，非臣之功，故不敢当其赏。"

　　王曰："见之！"

　　屠羊说曰："楚国之法，必有重赏大功，而后得见。今臣之知，不足以存国；而勇，不足以死寇。吴军入郢，说畏难而避寇，非故随大王也。今大王欲废法毁约而见说，此非臣之所以闻于天下也。"

　　王谓司马子綦曰："屠羊说居处卑贱，而陈义甚高，子其为我延之以三珪之位。"[3]

　　屠羊说曰："夫三珪之位，吾知其贵于屠羊之肆也；万钟之禄，吾知其富于屠羊之利也。然岂可以贪爵禄，而使吾君有妄施之名乎？说不敢当，愿复返吾屠羊之肆。"

　　遂不受也。[4]

今译

楚昭王丢失国都，屠羊说逃难而追随昭王。后来昭王返回国都，将要奖赏追随者，包括屠羊说。

屠羊说对楚相说："大王丢失国都，我丢失屠羊之业；大王返回国都，我返回屠羊之业。我的爵禄已经恢复了，又何须奖赏？"

昭王对楚相说："强迫他接受！"

屠羊说对楚相说："大王丢失国都，并非我的罪过，所以不敢伏罪受诛；大王返回国都，并非我的功劳，所以不敢接受奖赏。"

昭王对楚相说："让他来见我！"

屠羊说对楚相说："楚国的王法，必须立有可受重赏的大功，然后庶民方能晋见大王。如今我的心知，不足以保存邦国；而我的勇气，不足以赴死拒敌。吴军攻入郢都，我畏惧患难而逃避敌寇，并非特意追随大王。如今大王要废法毁约而接见我，这不是我愿意天下闻知的事情。"

昭王对司马子綦说："屠羊说身份卑贱，然而陈说义理的境界甚高，你可为我延聘于三公之位。"

屠羊说对楚相说："三公之位，我知道尊贵于屠羊之业；万钟爵禄，我知道丰厚于屠羊之利。然而我岂能贪图爵禄，而使吾王拥有妄施赏罚的恶名呢？我不敢当，唯愿返回我的屠羊店铺。"

终究不肯接受。

校注

［1］楚昭王：前515—前489在位。○成疏："昭王名轸，平王之子。伍奢、伍尚遭平王诛戮，子胥奔吴而耕于野，后至吴王阖闾之世，请兵伐楚，遂破楚入郢，以雪父之仇。其时昭王窘急，弃走奔随，又奔于郑。"

［2］屠羊说：屠羊为业，名说yuè。

［3］司马子綦：楚昭王之令尹（楚相）。即与屠羊说对话者。○屠羊说返国之后，再未见楚昭王。二人之言，均对司马子綦而说。

【校勘】"其"旧讹为"綦"。俞樾："此昭王自与司马子綦言，当称'子'，不当称'子綦'。'綦'字衍文。"于鬯、刘文典、王叔岷是之。○"珪"旧讹为"旌"（下同）。孙诒让、刘文典、王叔岷据陆释引司马彪本、成疏引一本、《太平御览》八二八引文均作"珪"校正。

［4］肆：市肆，此指店铺。○本章之义，参看刘安版新外篇《在宥》："举天下以赏其善者，不足；举天下以罚其恶者，不给。故天下之大，不足

以赏罚。自三代以下者，匈匈焉终以赏罚为事，彼何暇安其性命之情哉?"

●第十屠羊说拒赏章：赏罚由君，臣皆侥幸；人治之弊，无法无天。

十一

原宪居鲁[1]。环堵之室[2]，茨以生草；蓬户不完，桑以为枢[3]；而瓮牖二室，褐以为塞[4]；上漏下湿，匡坐而弦歌。[5]

子贡乘大马，中绀而表素[6]，轩车不容巷，往见原宪。

原宪桦冠屦履，杖藜而应门。[7]

子贡曰："嘻！先生何病?"[8]

原宪应之曰："宪闻之，无财谓之贫，学道而不能行，谓之病。今宪贫也，非病也。"[9]

子贡逡巡而有愧色。

原宪笑曰："夫希世而行[10]，比周而友[11]，学以为人，教以为己[12]，仁义之慝[13]，舆马之饰，宪不忍为也。"

今译

原宪住在鲁国。四壁各仅一丈，屋顶铺以生草；草编房门不全，桑枝充当门轴；破瓮充当二室窗户，破布堵塞窗洞；上面漏雨下面潮湿，端坐而弹弦放歌。

子贡乘着高大马车，内穿黑红夹袄而外穿素色大衣，高车大马不能进入狭窄巷子，步行往访原宪。

原宪戴着桦冠穿着拖鞋，拄着藤杖而应门。

子贡说："嘻嘻！先生是否有病?"

原宪回应他说："我听说，没有钱财称为贫穷，学道而不能践行，称为有病。如今我只是贫穷，并非有病。"

子贡徘徊不安而面有愧色。

原宪笑说："希望世俗回报而作为，拉帮结派而交友，学习为了被人看重，教诲为了自我拔高，伪装仁义隐藏奸邪，高车大马掩饰浅陋，我不忍心为之。"

校注

［1］原宪（前515—？）：宋人，孔子弟子。姓原，名宪，字子思。小孔子三十六岁。

［2］环堵之室：一丈曰堵。四面一丈之室。

［3］茨 cí：以草盖屋谓之茨。枢 shū：门轴。

［4］瓮牖 yǒu 二室：二室皆以无底之瓮为窗。褐以为塞：以破衣塞窗。

［5］匡坐：匡，正也。端坐。

【校勘】"歌"字旧脱。奚侗、刘文典、王叔岷、陈鼓应、方勇、陆永品据成疏、《庄子阙误》引张君房本、《韩诗外传》一、《新序·节士》、《史记·游侠列传》正义、《艺文类聚·人部》三五、《太平御览》一七四、三九三及四八五、《世说新语·言语》刘孝标注引《孔子家语》、《太平御览》四〇三引《子思子》均有"歌"字校补。

［6］中：内衣。绀 gàn：红青，微带红的黑色。表：外衣。素：白色。

［7］桦冠：桦树皮之冠。屣 xǐ 履：履无跟曰屣，今谓拖鞋。杖藜：以藜为杖。

【校勘】"桦"旧作"华"，字通。王叔岷据《说文》段注作"桦"校正。〇"屣"旧讹为"縰"。据陆释一本作"屣"校正。

［8］先生：子贡（前520—前450）小孔子三十一岁，小原宪五岁，故称"先生"。

何病：孔门弟子学礼，会客不当穿拖鞋。原宪贫而无鞋，穿拖鞋会客。子贡笑其失礼。

［9］学道而不能行，谓之病：本篇名言，影响深远。义本《齐物论》"道行之而成"。〇以上问答，略同蔺撰《山木》："魏王曰：'何先生之惫邪？'庄子曰：'贫也，非惫也。士有道德不能行，惫也；衣弊履穿，贫也，非惫也。'"

【校勘】"学"下旧脱"道"字。刘文典、王叔岷据《史记·仲尼弟子列传》、《孔子家语·七十二弟子解》、《太平御览》四八五引、《高士传》、《太平御览》四〇三引《子思子》均有"道"字校补。

[10]希世而行：希，望也。希望世俗回报而行。

[11]比周而友：排比贵贱，周旋其间，结党图利。

[12]学以为人，教以为己：义本《论语·宪问》孔言"古之学者为己，今之学者为人"。○陆释："学当为己，教当为人，今反不然也。"

[13]仁义之慝 tè：慝，奸邪。伪装仁义隐藏奸邪。

【辨析四】本章情节，参看《史记·仲尼弟子列传》："子贡常相鲁卫，家累千金，卒终于齐。孔子卒，原宪遂亡在草泽中。子贡相卫，而结驷连骑，排藜藿入穷阎，过谢原宪。"其旨化用《论语·宪问》："宪问耻。子曰：'邦有道，谷；邦无道，谷，耻也。'"笔法仿拟蔺撰《寓言》曾子章（贬斥实际孔学）、颜子章（褒扬真际孔学）。褒扬原宪是邦无道而贫的知耻者，所传信仰天道、不倚待庙堂之孔学，是真际孔学。贬斥子贡是邦无道而富的无耻者，所传信奉人道、倚待庙堂之儒学，是实际孔学。

●第十一原宪安贫乐道章：学道当行，贫困非病；伪装仁义，达者不为。

十二

原子居卫[1]。缊袍无表[2]，颜色肿癯，手足胼胝[3]；三日不举火，七年不制衣[4]；正冠而缨绝，捉衿而肘见，纳屦而踵决。曳纚而歌《商颂》[5]，声满天地，若出金石。天子不得臣，诸侯不得友[6]。故养志者忘形，养形者忘利，致道者忘心矣。

今译

原宪住在卫国。麻絮袍子没有外套，身体浮肿气色不好，手掌脚底布满老茧；三天不生火，七年不添衣；一正帽子就拉断帽带，一拉衣襟就露出臂肘，一穿鞋子就绷裂后跟。趿着烂鞋而吟诵《商颂》，歌声响彻天地，如同铜钟石磬。天子不能使之臣服，诸侯不得与之交友。所以葆养心志之人丧忘身形，保养身形之人丧忘利禄，达至天道之人丧忘心知。

校注

[1]【校勘】"原"旧讹为"曾"。奚侗、刘文典、王叔岷据《韩诗外传》一、《新序·节士》、《太平御览》六八六均作"原"、陶渊明《咏贫士》"原生纳决履，清歌畅商音"校正。○"天子不得臣，诸侯不得友"若褒曾子，既与《寓言》贬斥曾子一仕再仕抵牾，又与《胠箧》、《骈拇》、《在宥》、《泰初》八次贬斥"曾史"抵牾。外杂篇无一褒扬曾子之例，足证后儒改"原"为"曾"。

[2]缊 yùn 袍：乱麻为絮的袍子。无表：袍子没有罩衫。

[3]肿瘖 guì：饥饿导致的浮肿。胼 pián 胝 zhī：劳作而生的老茧。

【校勘】"瘖"旧作"噎"，通假字。郭庆藩、王叔岷校正。

[4]【校勘】"七"旧讹为"十"，形近而讹。王叔岷据古书习见"三"、"七"对举校正。

[5]曳 yè 屣 xǐ 而歌《商颂》：孔子崇尚周道，原宪崇尚商道。

【校勘】"屣"旧或作"履"，后人改古字为近字。王叔岷据陆释或本、日本高山寺古钞本校正。○"屣"旧讹为"縰"，形近而讹。马叙伦、刘文典、王叔岷据《太平御览》三八八引文作"屣"、《北堂书钞》一○六引文作"屐"（"屣"之讹）校正。

[6]天子不得臣，诸侯不得友：本篇警语，影响深远。义本《人间世》"天子之与己，皆天之所子"。刘安版杂篇《百里奚》"伏羲、黄帝不得友"略同。○《韩非子·外储说右上》："不臣天子，不友诸侯，吾恐其乱法易教也，故以为首诛。"斥此二句。《吕览》钞引《让王》十八章之十二章，未钞本章，亦因二句与庙堂伪道尖锐对立、"两行"（《齐物论》）。

●第十二原宪不臣天子章：不臣天子，不友诸侯；葆德高于保身，达道致无自得。

十三

孔子谓颜回曰："回，来！家贫居卑，胡不仕乎？"

颜回对曰："不愿仕[1]。回有郭外之田五十亩，足以给饘粥[2]；郭内之田十亩，足以为丝麻；鼓琴足以自娱，所学于夫子者足以自乐也[3]。回不愿仕。"

孔子欣然变容曰[4]："美哉[5]，回之意！丘闻之：'知足者，不以利自累也；审自适者[6]，失之而不惧；行修于内者，无位而不怍。'丘诵之久矣，今于回而后见之，是丘之得也。"[7]

今译

孔子对颜回说："颜回，过来！家境贫穷身份卑贱，为何不出仕呢？"

颜回说："不愿出仕。我有城外的田地五十亩，足以吃上厚粥；城内的田地十亩，足以穿上丝麻；弹琴足以自娱，所学于夫子的足以自乐。我不愿出仕。"

孔子欣然改变容色说："美妙啊，你的心志！我曾闻教：'知足之人，不让利禄牵累自己；懂得自适之人，失去外物而不恐惧；用行为修复内德之人，没有俗位而不愧怍。'我念诵已久了，如今在你身上方才见到，这是我之所得啊。"

校注

[1] 颜回不愿仕：义同上章原宪"天子不得臣，诸侯不得友"。

[2] 饘zhān粥：厚粥。

【校勘】"饘"旧作"飦"，字通。马叙伦、王叔岷据陆释一本、《太平御览》一九三、四六八、四八五及八五九、《初学记》二四、《记纂渊海》八、五一及七一、《古今事文类聚》前集三二及续集一六、《高士传》均作"饐"校正。

[3]【校勘】"所学"下旧脱"于"字,"夫子"下旧衍"之道"二字。刘文典、王叔岷据《太平御览》四八五、《记纂渊海》五一、《古今事文类聚》前集三二引文均有"于"字,日本高山寺古钞本、《高士传》、《太平御览》四八五、《艺文类聚》三五引文均无"之道"二字校正。○王叔岷:"有'之道'二字,则'者'字可略。"

[4]【校勘】"欣"旧讹为"愀"。王叔岷据陆释一本校正。○原文作"欣",乃谓孔子赞成颜回"不仕",与郭象及其追随者之出仕抵触。改"欣"为"愀",反转为孔子不赞成颜回"不仕"(仍与后文抵牾)。

[5]【校勘】"美"旧讹为"善"。马叙伦、刘文典、王叔岷据《艺文类聚》三五、《太平御览》四八五、日本高山寺古钞本均作"美"校正。

[6]【校勘】郭象篡改"自适"为"自得",证见下注,本书复原。参看郭象篡改第三章"心意自适"为"心意自得",及本篇辨析一。

[7]今于回而后见之,是丘之得也:本章孔子闻教于颜回,得"自适不仕"之教,仿拟《大宗师》孔子闻教于颜回,得"坐忘仁义礼乐"之教。均非孔子"自得"于己,均为孔子"得"于颜回。足证郭象篡改原文。

●第十三颜回不仕章:自适者信仰真道,不仕不臣;自得者信奉伪道,必仕必臣。

十四

中山公子牟谓詹子曰[1]:"身在江海之上,心居乎巍阙之下[2],为之奈何?"

詹子曰:"重生!重生则轻利。"[3]

中山公子牟曰:"虽知之,未能自胜也。"[4]

詹子曰:"不能自胜,则从之。从之,神无恶乎[5]?不能自胜而强不从者,此之谓重伤[6]。重伤之人,无寿类矣。"[7]

魏牟，万乘之公子也[8]。其隐岩穴也，难为于布衣之士[9]。虽未至乎道，可谓有其意矣。[10]

今译

中山公子魏牟对詹何说："我身形流落在江湖之上，德心居留于巍阙之下，如之奈何？"

詹何说："重视生命！重视生命就轻视利禄。"

中山公子魏牟说："虽然知晓此理，然而不能战胜自我。"

詹何说："不能战胜自我，就顺从之。顺从之，心神不厌恶吗？不能战胜自我却强迫自己不顺从自我，这就叫双重受伤。双重受伤之人，无法长寿尽年。"

魏牟，是万乘之王的公子。他隐居山岩洞穴，困难大于布衣之士。虽未达至天道，可谓已有心意了。

校注

［1］中山公子牟 móu：本篇撰者自称。魏撰《秋水》自称"公子牟"。〇前296年赵灭中山，魏牟失国流落江湖，初期难以忘怀庙堂，遂向楚人詹何问道（此后从崇信公孙，转而改宗庄子，参看《秋水》魏牟颂庄斥龙章及绪论一）。本章即存其事，时在庄殁前后。魏牟或未亲见庄子。

詹子：楚人詹何（前350—前270），约小庄子（前369—前286）二十岁，约长蔺且（前340—前260）十岁。或为与蔺且同辈的庄子弟子，或为道家别支杨朱、子华子的弟子后学。其事散见《吕览》、《韩非子》、《淮南子》、《列子》诸籍。〇"詹"旧作"瞻"，诸籍均作"詹"。

［2］巍阙：巍训高，旧作"魏"，字通。阙，古代宫殿门前及墓道入口显示威仪、分列两边之建筑样式，前者为"宫阙"（即"华表"），后者为"墓阙"。此指前者。〇"江海"义同"江湖"，"巍阙"义同"庙堂"。

［3］重生则轻利："重"、"轻"对举。伪道俗见均谓君子居于庙堂为"重

义"，詹何乃斥君子居于庙堂为"重利"，故教诲魏牟"轻利"，即可忘怀庙堂。

【校勘】"轻利"旧误倒为"利轻"。马叙伦、刘文典、王叔岷、方勇、陆永品据《吕览·审为》《淮南子·道应训》《文子·下德》均作"轻利"、成疏"轻于荣利"校正。

［4］虽知之，未能自胜也：知易行难。魏牟出身庙堂，邦国新亡，一时难以忘怀庙堂。

［5］不能自胜，则从之：此句非真意。从之，神无恶乎：此句乃真意。○魏撰《徐无鬼》"君独为万乘之主，以苦一国之民，以养耳目鼻口，夫神者不自许也"。

【校勘】旧脱"之从之"三字，当属古文原作"从=之="（即"从之从之"，"="为重文号），抄者漏抄重文号"="及"之"。毕沅、俞樾、王叔岷据《淮南子·道应训》引文校补。

［6］重chóng伤：双重受伤。"不能自胜"为第一重伤，"强不从"为第二重伤。

［7］重伤之人，无寿类矣：受二重之伤，难尽天年，必中道而夭。

［8］魏牟，万乘之公子也："千乘"谓侯，"万乘"谓王。魏牟为中山王之子。

［9］其隐岩穴也，难为于布衣之士：魏牟原居"以隶相尊"的庙堂等级之顶级，故其丧忘庙堂人道，改宗江湖天道，难度大于布衣之士。

［10］虽未至乎道，可谓有其意矣：魏牟自"逍"己德、"当而不自得"。○本章为魏牟自述改宗历程的现身说法，既对詹何接引之德表示感激，又作为倚待庙堂的大知小知之良药。

●第十四魏牟问道詹何章：公子王孙，出身庙堂；逍遥江湖，难于常人。

十五

孔子穷于陈蔡之间，七日不火食[1]，藜羹不糁[2]，颜色甚惫，而弦歌于室不辍。[3]

颜回择菜于外[4]，子路、子贡相与言曰："夫子再逐于鲁，削迹于卫，伐树于宋，穷于商周，围于陈蔡[5]；杀夫子者无罪，藉夫子者无禁。弦歌鼓琴，未尝绝音，君子之无耻也，若此乎？"

颜回无以应，入告孔子。

孔子推琴，喟然而叹曰："由与赐，细人也[6]。召而来，吾语之。"

子路、子贡入。

子路曰："如此者，可谓穷矣！"

孔子曰："是何言也！君子通于道之谓通[7]，穷于道之谓穷[8]。今丘也，抱仁义之道，以遭乱世之患，其何穷之谓[9]？故内省而不疚于道，临难而不失其德[10]。大寒既至，霜雪既降，吾是以知松柏之茂也[11]。昔桓公得之莒，文公得之曹，越王得之会稽[12]。陈蔡之厄，于丘其幸乎？"[13]

孔子烈然返琴而弦歌，子路扢然执干而舞。[14]

子贡曰："吾不知天之高也，地之下也！"[15]

古之得道者，穷亦乐，通亦乐，所乐非穷通也[16]。道得于此，则穷通一也[17]，为寒暑风雨之序矣。故许由娱于颍阳，而共伯得乎共首。[18]

今译

孔子在陈蔡边界遭到围困，七天没有生火做饭，野菜粥里没有饭粒，容貌气色十分疲惫，却在室内弹琴放歌不止。

颜回在门外采摘野菜，子路、子贡一起对他说："夫子两次被鲁国驱逐，被卫人铲除留下的足迹，被宋人砍掉倚靠的大树，在商周故地陷于穷途，在陈蔡边界遭到围困；欲杀夫子之人不被治罪，缉捕夫子之人不被禁止。夫子却弹琴放歌，声音未曾断绝，君子之无耻，可以如此吗？"

颜回无法回应，进屋转告孔子。

孔子推琴，喟然长叹说："仲由与端木赐，小人啊！叫进来，我对他们说。"

子路、子贡进屋。

子路说："到此地步，可谓穷困了！"

孔子说："这是什么话！君子通达于道才叫通达，穷困于道才叫穷困。如今我啊，怀抱仁义之道，遭遇乱世之祸，岂能称为穷困？所以我内心自省而无愧于道，面临危难而不失己德。大寒已到，霜雪已降，我因此知晓松柏之茂盛。从前桓公流亡莒国而后称霸，文公受辱曹国而后称霸，越王败守会稽而后称霸。陈、蔡的困厄，对我岂非大幸呢？"

孔子刚烈返身弹琴放歌，子路雄壮执盾随之起舞。

子贡说："我不知天有多高，地有多厚啊！"

古时得于道术之人，穷困也快乐，通达也快乐，所乐并非穷困、通达。道术在于其身，那么穷困、通达如一，一如寒暑风雨的自然秩序。所以许由自娱于颍水之阳，而共伯得志于共山之首。

校注

[１]孔子穷于陈蔡之间，七日不火食：二句又见蔺撰《山木》、或撰《天运》。参看《论语·卫灵公》"在陈绝粮"。○经前章颜回教诲，本章孔子遂成真际孔子、庄学代言人。上章插入魏牟改宗，暗示此意。

[２]藜羹不糁sǎn：藜，野菜。糁，米粒。野菜之羹，不加米粒。

[３]不辍chuò：不停。

【校勘】"不辍"二字旧脱。刘文典、王叔岷据《太平御览》五七一、《事类赋》一一、《秋水》"孔子弦歌不辍"校补。

[４]【校勘】"于外"二字旧脱。奚侗、马叙伦、王叔岷据《吕览·慎人》

有"于外"二字、《风俗通义·穷通》有"于户外"三字、下文"颜回无以应，入告孔子"校补。

〔5〕"再逐于鲁"五句：变文又见蔺撰《山木》、魏撰《盗跖》、或撰《天运》。详见《山木》注。

〔6〕由：仲由，字子路。赐：端木赐，字子贡。细人：小人。

〔7〕通于道之谓通：此句褒扬改宗天道的真际孔子。

〔8〕穷于道之谓穷：此句上扣"孔子穷于陈蔡之间"、"如此者，可谓穷矣"，寓意反讽。由真际孔子贬斥实际孔子"穷于道"。

〔9〕今丘也，抱仁义之道：二句对实际孔子提倡"仁义"，予以"然于然"。○庄学并不反对"仁义"，仅斥庙堂伪道"使鱼处陆"的不仁不义、"呴湿濡沫"的假仁假义。参看魏撰《知北游》、《则阳》"圣人之爱人也终无已"。

【校勘】"丘也"之"也"旧脱。王叔岷据日本高山寺古钞本、《吕览·慎人》引文均有"也"校补。○"何穷之谓"，"谓"旧作"为"，字通。王念孙、郭庆藩、王叔岷据《吕览·慎人》作"谓"校正。

〔10〕故内省而不疚于道，临难而不失其德：真际孔子阐明"道↘德↘仁↘义"之价值序列，"仁义"不可疚于"道"、失其"德"。

【校勘】"疚"旧讹为"穷"，形近而讹。奚侗、王叔岷、陈鼓应据《吕览·慎人》、《风俗通义·穷通》均作"疚"校正。

〔11〕"大寒既至"三句：义本《论语·子罕》孔言"岁寒，然后知松柏之后雕（凋）也"。

【校勘】"大"旧讹为"天"。俞樾、马叙伦、刘文典、王叔岷、陈鼓应据《吕览·慎人》、《吕览·功名》、《淮南子·俶真训》、《风俗通义·穷通》校正。

〔12〕昔桓公得之莒：公子纠之乱，公子小白出奔至莒，后为齐桓公而成霸业。

文公得之曹：公子重耳遭丽姬之谗，出奔至曹，曹君辱之，后为晋文公而成霸业。

越王得之会稽：吴败越后，越王句践退至会稽，后灭吴国而成霸业。

【校勘】"昔桓公"至"会稽"三句十七字旧脱。刘文典、王叔岷、方勇、陆永品据《吕览·慎人》有三句十七字、《庄子阙误》引江南古藏本有三句十六字（脱句首之"昔"）、《荀子·宥坐》、《风俗通义·穷通》均有相关三句校补。

［13］【校勘】"厄"旧作"隘"，王叔岷据《吕览·慎人》作"阨"、《风俗通义·穷通》作"厄"校正。

［14］仡yì然：勇壮（《说文》）。干：盾。

【校勘】"烈"原作"列"，后讹为"削"。奚侗、王叔岷据《吕览·慎人》"孔子烈然返瑟"校正。○"仡"原作"扢"（《吕览·慎人》讹为"抗"）。王念孙、朱骏声、马叙伦、王叔岷据《北堂书钞》一○七及一二三、《太平御览》三五一引作"子路仡然执干而舞"校正。

［15］吾不知天之高也，地之下也：二句义承第十一章贬斥子贡。

［16］"古之得道者"四句：得于道术者，穷于庙堂、通于庙堂均乐，所乐并非穷通于庙堂，而是有得于真道。

［17］【校勘】"得"旧讹为"德"。"道得于此"上扣"古之得道者"，"得"不可作"德"。俞樾、刘文典、王叔岷据《吕览·慎人》、日本高山寺古钞本均作"道得于此"、成疏"得道之人"校正。○"穷通"下旧脱"一也"二字。俞樾据《吕览·慎人》有二字校补。

［18］许由娱于颍yǐng阳，共伯得乎共首：本章褒扬真际孔子为虚，褒扬真人许由为实，故结语异于上文各章。结语二句，又以许由为主，而以共伯为次。上扣篇首许由，结束第二部分。

●第十五孔穷陈蔡章：穷于道之谓穷，通于道之谓通。○第二部分八章（八至十五），主旨是"恶为臣之患"，阐明"天子不得臣，诸侯不得友"，所以主角全都不仕不臣。

十六

舜以天下让其友北人无择。[1]

北人无择曰："异哉，后之为人也[2]！居于畎亩之中，而游尧之门^[3]。不若是而已，又欲以其辱行墁我^[4]。吾羞见之！"

因自投清泠之渊。^[5]

今译

虞舜禅让天下给友人北人无择。

北人无择说："怪异呀，大酋长的为人！身居田垄之间，然而游历唐尧之门。不是到此为止，又欲用他的可耻行为污辱我。我羞于看见他！"

因而自投于清泠之渊。

校注

[1] 北人无择："无择"隐扣子夏弟子田子方。其名寓意，北方人民无法自由选择（天道人道）。参看魏撰《庚桑楚》反复对比南方之民、北方之民。○第三部分情节，与第一部分情节同中有异，褒贬亦同中有异（详下）。

[2] 异哉，后之为人也：上扣第四章"倦倦乎，后之为人"。○重言强调尧舜为"后"，非"帝"。旨承内七篇，贬斥儒墨士人伪造"五帝"古史，贬斥人君僭用天"帝"之号。

[3] 居于畎quǎn亩之中，而游尧之门：畎，田间水沟。○句意略同上文"身在江海之上，心居乎巍阙之下"（魏牟自斥失国之后、改宗之前的彷徨期之为人）。讽刺舜之为人。

[4] 以其辱行墁màn我：墁，污，用作动词。

【校勘】"墁"旧讹为"漫"，形近而讹。刘文典、王叔岷据《初学记》十八、旧钞本《太平御览》三六七及七五二、《文选》嵇康《赠秀才入军诗》注引均作"墁"校正。

[5] 因自投清泠líng之渊：隐喻北方人民无法选择逃避人道，信仰天道者只能投水自尽。○撰者不赞成信仰天道者逃避人道而自戕，详见末章褒扬"高节"，贬斥"戾行"。

●第十六舜让北人无择章：贬斥虞舜，褒扬北人无择之让王"高节"，贬斥其自戕"戾行"。

十七

汤将伐桀，因卞随而谋。[1]

卞随曰："非吾事也。"

汤曰："孰可?"

曰："吾不知也。"

汤又因务光而谋。[2]

务光曰："非吾事也。"

汤曰："孰可?"

曰："吾不知也。"

汤曰："伊尹何如?"

曰："强力忍诟[3]，吾不知其他也。"

汤遂与伊尹谋，伐桀克之，以让卞随。[4]

卞随辞曰："后之伐桀也，谋乎我，必以我为贼也[5]；胜桀而让我，必以我为贪也[6]。吾生乎乱世[7]，而无道之人再来漫我[8]，吾不忍数闻也。"

乃自投于洞水而死。[9]

汤又让务光，曰："知者谋之，武者遂之，仁者居之，古之道也。吾子胡不立乎?"[10]

务光辞曰："废上，非义也；杀民，非仁也[11]；人犯其难，我享其利，非廉也。吾闻之曰：'非其义者，不受其禄；无道之世，不践其土。'[12]况尊我乎? 吾不忍久见也。"

乃负石而自沉于庐水。[13]

今译

商汤将要征伐夏桀，因缘卞随而后谋划。

卞随说："不是我的事情。"

商汤问："谁可以？"

卞随说："我不知道。"

商汤又因缘务光而后谋划。

务光说："不是我的事情。"

商汤问："谁可以？"

务光说："我不知道。"

商汤问："伊尹如何？"

务光说："强横力行，能忍诟病，我不知其他。"

商汤就与伊尹谋划，征伐夏桀获胜，然后禅让天下给卞随。

卞随拒绝说："大酋长征伐夏桀，谋划于我，必定以为我是残忍之人；战胜夏桀而后禅让天下给我，必定以为我是贪婪之人。我生于乱世，而无道之人一再来污辱我，我不能忍受多次受辱。"

于是自投洞水而死。

商汤又禅让天下给务光，说："知者谋划，武者执行，仁者居位，是自古之道。先生何不立为天子呢？"

务光拒绝说："废除君上，是不义；杀戮民众，是不仁；他人冒险，我享利益，是不廉。我曾闻教诲说：'不义之人，不受其禄；无道之世，不践其土。'何况尊我为君呢？我不能忍受长久看见不仁不义之人。"

于是背负石头而自沉于庐水。

校注

[1] 卞 biàn 随：卞，急躁。随，随俗。

[2] 务光：已见魏撰《外物》所引庄言。○"务"或作"瞀"，字通。

[3] 强力：强横力行。忍诟 gòu：能忍诟病。

【校勘】"诟"旧讹为"垢"，形近而讹。朱骏声、刘文典、王叔岷据《太平御览》四二四、《吕览·离俗》、《列仙传》均作"忍诟"校正。

[4] 伊尹：汤之宰臣，汤师事之。

"汤遂与伊尹谋"三句：旧多断为："汤遂与伊尹谋伐桀，克之，以让卞随。"未明原文省略，不合原文节奏。章首"汤将伐桀，因卞随而谋"，已明所谋之事。继言"汤又因务光而谋"，不再重复所谋之事。此宜断于"汤遂与伊尹谋"，亦不再重复所谋之事。"伐桀"已非谋划，而是实行，当与"克之"连读。

[5] 后之伐桀也，谋乎我：称汤为"后"，不称汤为"王"。上扣第四、第十六章称舜为"后"。旨承内七篇，贬斥俗王并非"王德之人"（或撰《天地》所引庄言）。

必以我为贼也：贬斥商汤、伊尹为"贼"（残忍）。

[6] 胜桀而让我，必以我为贪也：贬斥商汤为"贪"。

[7] 吾生乎乱世：伪道俗见均称汤、武之世为"治世"，撰者斥为"乱世"。○或撰《天地》："治，乱之率也，北面之祸也，南面之贼也。"

[8] 无道之人再来墁 màn 我：伪道俗见均称汤、武为"有道之君"，撰者斥为"无道之人"。

【校勘】"墁"旧讹为"漫"。刘文典、王叔岷校正，证同上章。○"我"下旧衍"以其辱行"四字。王叔岷、方勇、陆永品据《吕览·离俗》、《太平御览》四二四引文无此四字校删。当属注家节取上章"又欲以其辱行墁我"，旁注于此，后遂羼入正文。

[9] 洞 yíng 水：颍 yǐng 川（司马彪）。《吕览·离俗》作"颍水"。"洞"、"颍"音近。

【校勘】"投于洞水"之"于"旧脱。刘文典、王叔岷据《吕览·离俗》、日本高山寺古钞本、《史记·伯夷列传》索隐、《太平御览》四二四引文均有"于"字校补。○"泂"旧讹为"洞"（司马彪本）、"桐"（陆释引一本）、"稠"（陆释引一本）、"稠"（陆释本），均为形近而讹。洪颐煊、王叔岷据《水经注》引张显《逸民传》、嵇康《高士传》均作"泂"校正。

　　[10]【辨析五】王叔岷："《吕览·离俗》'立乎'作'位之'，下更有'请相吾子'四字。'位之'与'立乎'同义。'立'、'位'古通。"○王辨似是而非。卞随、务光对商汤，均为"让王"，均非"辞相"。"辞相"与商汤之言"仁者居之"、务光之言"尊我"抵牾，又与《让王》篇旨均言"让王"均非"辞相"抵牾。《吕览》不敢照钞《让王》，乃是秦相吕不韦担心秦王嬴政怀疑吕氏劝其"让王"，故改"立乎"为"位之"，又增"请相吾子"以避嫌疑。此亦可证《吕览》钞引《让王》，并非《让王》钞引《吕览》。

　　[11]废上，非义也；杀民，非仁也：伪道俗见均称汤、武"革命"为"仁义"，撰者斥为"非义非仁"。

　　[12]无道之世：伪道俗见均称汤、武之世为"有道之世"，撰者斥为"无道之世"。

　　[13]庐水：在辽东西界（司马彪），在辽西北平郡界（成疏）。○王夫之："卞随、务光恶汤而自杀，殉名轻生，乃庄子之所大哀者。"深明庄义。

　　●第十七商汤伐桀章：贬斥商汤，褒扬卞随、务光之让王"高节"，贬斥其自戕"戾行"。

十八

　　昔周之兴，有士二人，处于孤竹，曰伯夷、叔齐[1]。二人相谓曰："吾闻西方有人，似有道者，试往观焉。"至于岐阳，则文王已殁矣。[2]

　　武王闻之，使叔旦往见之，与盟曰："加富二等，就官一列。"血牲而埋之。

　　二人相视而笑曰[3]："嘻！异哉！此非吾所谓道也[4]。昔者神农之有天下也，时祀尽敬，而不祈禧[5]；其于人也，忠信尽治，而无求焉。乐与政为政，乐与治为治[6]。不以人之坏自成也[7]，不以人之卑自高也，不以遭时自利也。今周见殷之乱，而遽为政与治[8]，尚谋而行货，阻兵而保威[9]，割牲而盟以为信，扬行以悦众，杀伐以要利[10]，是推乱以易暴也[11]。吾闻古之士，遭治世不避其任，遇乱世不为苟存。今天下暗，周德衰[12]，与其并乎周以涂吾身也，不如避之以洁吾行[13]。"二子北至于首阳之山，遂饿而死焉。[14]

若伯夷叔齐者，其于富贵也，苟可得矣，则必不赖。高节戾行，独乐其志，不事于世，此二士之节也。[15]

今译

从前周朝兴起之时，有两位士人，住在孤竹国，名叫伯夷、叔齐。二人相互商量说："听说西方有人，似乎拥有道术，不妨前往一观。"到达岐山之南，文王姬昌已经死了。

武王姬发听说以后，委派其弟姬旦前往拜见，与二人订立盟约说："加禄二等，授官一级。"杀牲涂血而后埋藏盟书于地下。

二人相视而笑说："嘻嘻！怪异啊！这不是我们所说的道术。从前神农拥有天下，按时祭祀，竭尽虔敬，却不祈福；对待众人，忠实诚信，尽心治理，却不求利。人们乐于被政教才政教，乐于被治理才治理。不利用他人的崩坏而自我成就，不利用他人的卑下而自我抬高，不利用遭遇的时势而自我谋利。如今周人看见殷人动乱，就急于政教和治理，崇尚阴谋和行贿，倚仗兵卒而保持武威，杀牲割血而盟誓取信，彰扬德行而取悦民众，攻杀征伐而求取利益，这是推助动乱以暴易暴。我听说古之士人，遭遇治世不避责任，遭遇乱世不愿苟存。如今天下黑暗，周德衰败，与其共存于周而污渎吾身，不如避开周人而清洁我们的德行。"二子北行到达首阳山，于是饿死在那里。

像伯夷、叔齐这样的人，对待富贵，如果可以得到，必不妄取。高尚节操而乖戾行为，独乐己志，不事世务，这是两位士人的节操。

校注

[1] 孤竹：孤竹国，在今河北。伯夷、叔齐：孤竹君二子。其父遗命传位叔齐，父死之后，叔齐让伯夷，伯夷不受，兄弟互相"让王"，共同逃离孤竹，远赴周国（在今陕西）。

[2] 至于岐 qí 阳：上扣第五章"太王亶父成国于岐山之下"，隐讽周文王、周武王、周公不如其祖亶父。

【校勘】旧脱"则文王已殁矣"六字。王叔岷据《吕览·诚廉》引文有此六字、成疏"其时文王已崩"校补。

[3] 二人相视而笑曰：仿拟《大宗师》"二子相视而笑曰"。

[4] 此非吾所谓道也：此扣上章"无道之世"。贬斥伪道俗见所称"文武之道"。

[5] 神农：伪道俗见均称"黄帝"，撰者则称"黄帝"以前之"神农"。参看魏撰《盗跖》襃扬"神农之世，至德之隆"，贬斥"黄帝不能致德"。

【校勘】"禧"旧作"喜"，字通。俞樾、刘文典、王叔岷据《吕览·诚廉》作"时祀尽敬，而不祈福"、日本高山寺古钞本作"熹"校正。○俞樾："'喜'当作'禧'。《尔雅·释诂》：'禧，福也。''不祈禧'者，不祈福也。《吕览·诚廉》作'时祀尽敬，而不祈福也'，与此字异义同。"

[6] 乐与政为政，乐与治为治："政"谓庙堂自正于上，"治"谓庙堂治民于下。此为"以隶相尊"（《齐物论》）的伪道"政治"之本义。庄学主张自正己身，不治民众。○王叔岷："《吕览》'政'作'正'，古通。"王辨似是而非。《吕览》钞引《让王》，避秦王嬴政讳，遂改"政"为"正"。此亦可证《吕览》钞《让王》，而非《让王》钞《吕览》。

[7] 以人之坏自成也：此为与人对待之"小成"，故斥之。以人之卑自高：此为与人对待之"假高"，故斥之。○魏撰《徐无鬼》"登高不可以为长，居下不可以为短"。

[8] 遽 jù 为政与治：急于政上治下，做表面文章以揽誉，即下文"扬

行以悦众"。○《人间世》"美成在久"。

【校勘】"遽为政"下旧脱"与治"二字。王叔岷据《吕览·诚廉》引文有"与治"二字、成疏"速为治政，彰纣之虐"、上文分言"与政""与治"校补。

［9］【校勘】"尚"旧作"上"，字通。"行货"前旧衍"下"字，王念孙、刘文典、王叔岷、陈鼓应据《吕览·诚廉》引文、日本高山寺古钞本均无"下"字校删。○王念孙："'上谋而行货，阻兵而保威'，句法正相对。'上'与'尚'同。后人误读'上'为上下之上，故加'下'字耳。"

［10］扬行以悦众，杀伐以要利：贬斥文、武之道，行"仁义"乃为"要利"。

［11］推乱以易暴：此句总斥文、武之道，并非"治乱"，而是"推乱"；并非以仁易暴，而是以暴易暴。

［12］今天下暗，周德衰：反扣章首伯夷、叔齐以为周君"似有道者，试往观焉"，观周而失望，遂谓"周德衰"，"遇乱世不为苟存"，不食周粟而死。○伪道俗见均称文、武之世"天下明，周德盛"，撰者斥之。

【校勘】"周德衰"之"周"，旧多篡改为"殷"。伯夷叔齐非因"殷德衰"而饿死，乃因"周德衰"而饿死。王叔岷校正："'周'作'殷'，疑浅人所改。"王辨模糊。改者并非"浅人"，而是后儒遵循孔子"吾从周""宪章文武"而改。○《庄子阙误》引江南古藏本始改"周"为"殷"，郭庆藩、刘文典、陈鼓应、方勇、陆永品皆从之。

［13］涂：污。与"洁"对举。

【校勘】"与其"之"与"旧脱。王先谦、王叔岷据《吕览·诚廉》有"与"字校补。○"潔"（洁）原作"絜"，字通。魏撰《庚桑楚》"其妾之絜然仁者"，魏撰《管仲》"其为人絜廉"，"絜"均通"潔"（洁）。

［14］二子北至于首阳之山，遂饿而死焉：伪道俗见均称二子不食周粟而死为"杀身成仁"、"舍生取义"，撰者斥为"戾行"（下文）。伯夷、叔齐未明"天下非一人之天下，乃天下人之天下"（《六韬·文韬》、《吕览·贵公》），未明"周粟"实为"天食"（《德充符》）。"受食于天"（《德充符》）、"邀食于地"（《管仲》），无须拒食"亏生"，而当顺道"全生"。○魏撰《秋

水》"少仲尼之闻而轻伯夷之义"，魏撰《盗跖》"伯夷、叔齐辞孤竹之君，而饿死于首阳之山。……皆罹名轻死，不念本养寿命者也"。

［15］高节戾行：褒其拒周自洁之"高节"，斥其拒食饿死之"戾行"。○四字总摄第三部分三章（十六至十八）。

【辨析六】第三部分三章之北人无择、卞随、务光、伯夷、叔齐，"让王"自洁，拒绝庙堂富贵，乃是撰者褒扬之"高节"；"危身弃生以殉物"（第八章），或自沉或饿死，则是撰者贬斥之"戾行"。后者违背本篇"不以天下至重害其生"（第一章），"不以天下大器易其生"（第二章），"不以养伤身"（第五章），"不以国伤生"（第六章），"尊生"（第五章），"重生"（第十四章）；又违背"不以好恶内伤其身"（《德充符》）、"终其天年而不中道夭"（《大宗师》）、"胜物而不伤"（《应帝王》）、"至人游于世而不僻"（魏撰《外物》所引庄言）。

●第十八夷齐观周章：贬斥周武王，褒扬伯夷、叔齐拒周自洁之"高节"，贬斥其拒食饿死之"戾行"。○第三部分三章，主旨是贬斥伪道俗见称颂的"贤君"虞舜、商汤、周武王，褒扬让王者之让王"高节"，贬斥让王者之自戕"戾行"。

盗跖

题解

《盗跖》被后于魏牟的《荀子》、先于刘安的《韩诗外传》钞引，必在魏牟版外篇。刘安版仍在外篇，郭象版贬入杂篇。

崔譔《庄子注》"有外无杂"（陆序），郭象版杂篇《盗跖》七章，"盗跖"五章无陆引崔注，"子张"二章却有陆引崔注一条，而且两大部分结构断裂、义理脱节，证明郭象裁剪刘安版杂篇《子张》1354字，拼接于刘安版外篇《盗跖》1747字，合为篇幅超长的郭象版杂篇《盗跖》3101字，再移外入杂；同时证明崔譔未注刘安版外篇《盗跖》，而是把刘安版杂篇《子张》移杂入外而注。详见绪论三《刘安版大全本篇目考》，参看《子张》题解。马叙伦曰："《盗跖篇》之子张、无足两章，盖为别一篇之辞。"

刘安版杂篇《子张》，是刘安凑数编入之劣篇，捏造"孔子受币"、"孔子不见母"二事，诬陷孔子，文格甚低。郭象裁剪《子张》拼接于《盗跖》，破坏了《盗跖》的缜密结构，降低了《盗跖》的整体品质。北宋王安石、苏轼以降，注家多据郭象拼接于《盗跖》的《子张》捏造史实诬陷孔子，认为斥孔最烈的《盗跖》非庄所撰，属于"伪作"，以证庄子尊孔、尊儒至极。"伪作"谬说，蕴涵其他外杂篇均属庄撰，实属伪命题。倘若非庄所撰即属"伪作"，则所有外杂篇均属伪作。

本书从郭象版杂篇《盗跖》3101字中，摘出魏牟版、刘安版外篇《盗跖》1747字，复原于魏牟版外篇第十五。校正郭象篡改和历代讹误：补脱文4字，删衍文5字，订讹文5字。

《盗跖》文风张扬夸诞，意旨鲜明辛辣，撰者当为庄子再传弟子魏牟。1988年出土的湖北江陵张家山汉墓（汉文帝时，早于刘安）《盗跖》残简，证明《盗跖》撰于战国而非汉代。篇中"汤武立为天子，而后世绝灭"二句，证明撰于前256年（庄殁30年，蔺殁4年）秦灭周，至前240年魏牟卒年（初始本成书下限）之间，撰者必非庄子或庄子弟子蔺且。

魏撰《盗跖》，难以分章（姑分五章，以明层次），是首尾连贯、结构完整的单一寓言，与魏撰《庚桑楚》、《列御寇》同为中国短篇小说的祖构。魏撰《秋水》河伯观海章1641字，证明魏牟具有撰写长篇寓言的能力。

一

孔子与柳下季为友[1]。柳下季之弟，名曰盗跖[2]。盗跖从卒九千人，横行天下，侵暴诸侯，穴室抠户[3]，驱人牛马，取人妇女；贪得忘亲，不顾父母兄弟，不祭先祖。所过之邑，大国守城，小国入堡[4]，万民苦之。

孔子谓柳下季曰："夫为人父者，必能诏其子；为人兄者，必能教其弟。若父不能诏其子，兄不能教其弟，则无贵父子兄弟之亲矣。今先生，世之才士也，弟为盗跖，为天下害，而弗能教也。丘窃为先生羞之。丘请为先生往说之。"[5]

柳下季曰："先生言：'为人父者，必能诏其子；为人兄者，必能教其弟。'若子不听父之诏，弟不受兄之教，虽今先生之辩，将奈之何哉[6]？且跖之为人也，心如涌泉，意如飘风；强足以拒敌，辩足以饰非；顺其心则喜，逆其心则怒，易辱人以言[7]。先生必无往！"[8]

孔子不听[9]，颜回为驭，子贡为右，往见盗跖。

今译

孔子与柳下惠交友。柳下惠之弟，名叫盗跖。盗跖率领部卒九千人，横行天下，侵暴诸侯，穿墙破门，抢劫牛马，掳掠妇女；贪财忘亲，不顾父母兄弟，不祭先祖。所过之处，大国退守城池，小国避入堡垒，万民深受其苦。

孔子对柳下惠说："为人之父，必能告诫其子；为人之兄，必能教诲其弟。若是为父不能告诫其子，为兄不能教诲其弟，就无须尊崇父子兄弟的亲情了。如今先生，是当世的才士，令弟盗跖，却是天下的祸害，然而先生不能管教。我私下为先生感到羞耻。请允许我替先生前往劝说他。"

柳下惠说："先生之言：'为人之父，必能告诫其子；为人之兄，必能教诲其弟。'若是儿子不听父亲告诫，弟弟不服兄长管教，即使今有先生的辩才，又将如之奈何？况且跖之为人，心思如同涌泉，意志如同狂风；强悍足以拒敌，雄辩足以饰非；顺其心意就欢喜，逆其心意就暴怒，极易运用言语侮辱他人。先生一定不要前往！"

孔子不听劝阻，颜回驾车，子贡陪乘，前往拜见盗跖。

校注

［1］柳下季：春秋中期鲁人，食邑柳下。姓展，名获，字季禽，谥"惠"。习称"柳下惠"。与鲁庄公、鲁湣公、鲁僖公（三君在位年，前693—前627）同时，早孔子（前551—前479）百余年。

［2］盗跖 zhí：一说秦之大盗（陆释引《汉书》李奇注）。一说黄帝时大盗（俞樾引《史记·伯夷列传》正义）。均与孔子不同时。是为寓言。○外杂篇寓言人物不同时，注家多不注，独于斥孔最烈之《盗跖》，多注人物不同时，强调"盖寓言也"（成疏），"是寄言也"（陆释），"勿以寓言为实"（俞樾）。

［3］【校勘】"抠"旧讹为"枢"，形近而讹。褚伯秀、孙诒让、奚侗、刘文典、王叔岷、陈鼓应、方勇、陆永品据陆释引徐音"苦沟反"、《庄子阙误》引刘得一本作"抠"校正。

［4］城、堡：大城曰城，小城曰堡。

【校勘】"堡"原作"保"，字通。王叔岷据陈景元本作"堡"校正。

［5］丘请为先生往说之：仿拟《人间世》颜回请孔子同意往谏卫君。

［6］虽今先生之辩，将奈之何哉：预伏下文孔教盗跖失败。

［7］逆其心则怒，易辱人以言：预伏下文盗跖怒斥孔子。○“拒”或作“距”，字通。

［8］先生必无往：仿拟《人间世》孔子谓颜回往谏卫君是“往刑”找死。

［9］孔子不听：反向仿拟《人间世》颜回听从孔子，不再往谏卫君。○本章戏仿《人间世》颜回往刑章。《人间世》孔子预言颜回“必死于暴人（卫君）之前”，本篇孔子却未死于“暴人”盗跖之前，寓意俗君远恶于盗跖。刘安版新外篇《胠箧》取义于此，乃谓“盗跖亦有道”，“彼窃钩者诛，窃国者为诸侯”。

●第一孔柳为友章：孔柳为友，柳弟却为“盗跖”；孔欲往教，柳劝切勿“往刑”。

二

盗跖乃方休卒徒泰山之阳，脍人肝而餔之。[1]

孔子下车而前，见谒者曰：“鲁人孔丘，闻将军高义，敬再拜谒者。”[2]

谒者入通。

盗跖闻之大怒，目如明星，发上指冠，曰：“此夫鲁国之巧伪人孔丘非邪[3]？为我告之：‘尔作言造语[4]，妄称文武[5]；冠枝木之冠，带死牛之胁[6]；多辞谬说[7]，不耕而食，不织而衣[8]；摇唇鼓舌，擅生是非[9]，以迷天下之主[10]；使天下学士不返其本[11]，妄作孝悌而侥幸于封侯富贵者也[12]。子之罪大殛重[13]，疾走归！不然，我将以子肝益昼餔之膳。”

孔子复通曰[14]：“丘得幸于季，愿望履幕下。”[15]

谒者复通。

盗跖曰：“使来前！”

孔子趋而进，避席反走，再拜盗跖。

盗跖大怒，两展其足，案剑瞋目，声如乳虎[16]，曰：“丘，来前！若所言，顺吾意则生，逆吾心则死。"[17]

今译

盗跖正在泰山南麓休整部卒，用煮熟的人肝下酒。

孔子下车上前，对传令兵说："鲁人孔丘，听闻将军高义，敬请代达拜见之意。"

传令兵入内通报。

盗跖听了大怒，目如亮星，怒发冲冠，说："这不是鲁国的巧伪之人孔丘吗？替我告诉他：'你造作古人言语，妄称文武之道；戴着枯树枝的儒冠，系着死牛皮的腰带；言辞多多鼓吹谬说，不耕而食，不织而衣；摇唇鼓舌，擅生是非，迷惑天下君主；使天下学道之士不能返归根本，妄言孝悌而侥幸于封侯富贵。你的罪行极大惩罚极重，赶快滚回去！不然的话，我将用你的肝为午饭加个菜。'"

孔子再请通报说："我有幸交好于令兄，唯愿一望将军帐下之履。"

传令兵再次通报。

盗跖说："叫他进来！"

孔子快步进去，避开盗跖坐席退后几步，两拜盗跖。

盗跖大怒，又开双脚，按着剑柄怒目圆睁，声如雌虎，说："孔丘，过来！你的言语，顺我心意就活，逆我心意就死。"

校注

[1] 脍kuài人肝而舖bū之：表面贬斥盗跖，实为贬斥"圣人"。"圣人"鼓吹的庙堂伪道，必将导致"人与人相食"（魏撰《庚桑楚》、《管仲》）。参看或撰《胠箧》"圣人不死，大盗不止"。

[2] 闻将军高义：反扣上文"脍人肝而舖之"。既讽孔子颠倒是非，又讽庙堂伪道导致"人与人相食"（魏撰《庚桑楚》、或撰《管仲》），仍然自居"高义"。

〔3〕谒yè者：专司通报的守门者。巧伪人孔丘：此对孔子定性。下文重言。

〔4〕作言造语：此指孔子编纂"六经"，托古改制。

〔5〕妄称文武：文、武，周文王，周武王。此指孔子"祖述尧舜，宪章文武"（《礼记·中庸》）。

〔6〕冠guàn枝木之冠guān，带死牛之胁：嘲笑孔子之儒服。

〔7〕多辞谬说：此指孔子鼓吹"君君、臣臣、父父、子子"（《论语·颜渊》）。参看《齐物论》"君乎牧乎，固哉！丘也与汝皆梦也"。○"谬"或作"缪"，字通。

〔8〕不耕而食，不织而衣：此指孔子"四体不勤，五谷不分"（《论语·微子》）。

〔9〕摇唇鼓舌，擅shàn生是非：此指孔子"非所明而明之"（《齐物论》），拔高庙堂人道僭代江湖天道，拔高相对是非为绝对是非。

〔10〕以迷天下之主：此指孔子周游天下，游说诸侯，鼓吹"以隶相尊"（《齐物论》）的庙堂伪道。

〔11〕使天下学士不返其本：此指孔子广收弟子，导致天下学士信奉伪道，不返真道。

〔12〕妄作孝悌tì而侥jiǎo幸于封侯富贵：此指孔子鼓吹"忠孝"，乃求庙堂富贵。参看刘安版新外篇《在宥》"此以人之国侥幸也，几何侥幸而不丧人之国乎？"○"悌"旧作"弟"，字通。

〔13〕罪大殛jí重：罪大诛重（俞樾）。

【校勘】"殛"原作"極"（极），义不可通。俞樾校正："'極'当作'殛'，古字通。《尔雅·释言》：'殛，诛也。'"

〔14〕孔子复通曰：反向仿拟《人间世》孔教颜回"入则鸣，不入则止"。孔子仍然不止。

〔15〕愿望履幕下："望履"连读。"履"为名词，指盗跖之履。孔谓不敢期盼"望"将军之颜，唯愿一"望"将军之"履"，以慰渴慕之情。○成疏："愿履帐幕之下。"错误连读"愿望"，误以"履"为动词，误释孔子欲履盗跖之幕下。

[16] 瞋 chēn 目：张目（《说文》）。乳虎：哺乳之母虎，欲护幼虎，极为凶猛，此喻盗跖之凶猛。或释食乳之幼虎，难喻盗跖之凶猛。

[17] 若：你。顺吾意则生，逆吾心则死：上扣首章柳下季描述盗跖"顺其心则喜，逆其心则怒"。

●第二孔见盗跖章：孔欲见跖，跖正食人；初请遭拒，再请获允。

三

孔子曰："丘闻之，凡天下人有三德[1]：生而长大，美好无双，少长贵贱见而皆悦之，此上德也[2]。知维天地，能辨诸物，此中德也。勇悍果敢，聚众率兵，此下德也。凡人有此一德者，足以南面称孤矣[3]。今将军兼此三者，身长九尺二寸[4]，面目有光，唇如激丹[5]，齿如齐贝，音中黄钟，而名曰'盗跖'，丘窃为将军耻不取焉。将军有意听臣，臣请南使吴越，北使齐鲁，东使宋卫，西使晋楚，使为将军造大城数百里，立数十万户之邑，尊将军为诸侯[6]；与天下更始，罢兵休卒，收养昆弟，共祭先祖[7]。此圣人才士之行[8]，而天下之愿也。"[9]

今译

孔子说："我听说，天下之人可有三德：生而高大，英俊无双，老少贵贱见了无不爱悦，这是上德；心知维系天地，才能辨识万物，这是中德；勇猛彪悍果断大胆，啸聚部众横行天下，这是下德。凡是有人拥有其中一德，足以南面称孤道寡了。如今将军兼有三德，身高九尺二寸，面目光彩，唇如朱丹，齿如齐贝，声如洪钟，却被称为'盗跖'，我私下以为不可取而为将军耻之。将军若愿听我劝告，请允许我为将军南使吴越，北使齐鲁，东使宋卫，西使晋楚，让列国为将军建造方圆数百里的大城，封邑数十万户，推尊将军为诸侯；与天下弃旧布新，罢兵休战，收养族人，共祭先祖。

这是圣人才士的行为，而且是天下的心愿。"

校注

[1]【校勘】"天下"下旧脱"人"字。马叙伦、刘文典、王叔岷、陈鼓应据《庄子阙误》引张君房本均有"人"字校补。

[2]生而长大……此上德也：誉跖"生而长大"为"上德"，反讽孔子自矜"生而长大"为"上德"。

[3]凡人有此一德者，足以南面称孤矣：二句反讽孔学宗旨。道施人以厚德，非为称孤治人，乃为"自适其适"。物德稍厚，即欲"临人以德"（《人间世》接舆讽孔），"以隶相尊"（《齐物论》），"在万物之首"（《德充符》），实属伪道。

[4]【校勘】"九"旧讹为"八"。王叔岷辨析文义，并据《太平御览》三六五引文作"九"校正。王叔岷："《史记·孔子世家》：'孔子长九尺有六寸，人皆谓之长人而异之。'孔子既称盗跖长大，则跖当不止八尺余矣。"○王辨甚是。九尺二寸仍逊孔子四寸。若谓八尺二寸，则面誉反成讥讽，易于激怒盗跖，不合语境。

[5]激：明（司马彪、成疏）。借为"曒"（朱骏声）。借为"敫"（章太炎、王叔岷）。《说文》："敫，光景流也。"

[6]尊将军为诸侯：上扣"有此一德者，足以南面称孤"。○或撰《胠箧》"窃钩者诛，窃国者为诸侯"，刘安版杂篇《子张》"小盗者拘，大盗者为诸侯"。

[7]收养昆弟，共祭先祖：上扣首章孔子描述盗跖"不顾父母兄弟，不祭先祖"。

[8]圣人才士：上扣首章孔子称柳下季"才士"，此处隐含孔子自居"圣人"。隐喻"窃钩"的"盗跖"当诛，遵从"圣人"孔子之教诲，即可"窃国"而为"诸侯"。参看或撰《胠箧》"圣人不死，大盗不止"。

[9]而天下之愿也：反讽孔子以为天下皆愿"以君为父"，不知至人"以天为父"（《大宗师》）。下文盗跖斥之。

●第三孔教盗跖章：孔劝盗跖，弃盗为君；为盗耻辱当诛，为君光宗耀祖。

四

盗跖大怒曰：“丘，来前！夫可规以利[1]，而可谏以言者，皆愚陋恒民之谓耳[2]。今长大美好，人见而悦之者，此吾父母之遗德也。丘虽不吾誉，吾独不自知邪？且吾闻之，好面誉人者，亦好背而毁之[3]。今丘告我以大城众民，是欲规我以利，而恒民畜我也，安可久长也？城之大者，莫大乎天下矣[4]。尧舜有天下，子孙无置锥之地；汤武立为天子，而后世绝灭[5]。非以其利大故邪？[6]

“且吾闻之，古者禽兽多而人民少[7]，于是民皆巢居以避之，昼拾橡栗，暮栖木上，故命之曰‘有巢氏之民’。古者民不知衣服，夏多积薪，冬则炀之，故命之曰‘知生之民’。神农之世，卧则居居，起则盱盱[8]，民知其母，不知其父，与麋鹿共处，耕而食，织而衣，无有相害之心，此至德之隆也。然而黄帝不能致德，与蚩尤战于涿鹿之野，流血百里。尧舜作，立君臣[9]。汤放其主，武王杀纣[10]，自是之后，以强凌弱，以众暴寡[11]。汤武以来，皆乱人之徒也。[12]

“今子修文武之道，掌天下之辩，以教后世；逢衣浅带[13]，矫言伪行，以迷惑天下之主，而欲求富贵焉。盗莫大于子，天下何故不谓子为‘盗丘’，而乃谓我为‘盗跖’[14]？子以甘辞说子路，而使从之。使子路去其危冠，解其长剑[15]，而受教于子。天下皆曰：‘孔丘能止暴禁非。’其卒之也，子路欲杀卫君而事不成[16]，身菹于卫东门之上[17]，是子教之不至也。子自谓才士圣人邪[18]？则再逐于鲁，削迹于卫，穷于齐，围于陈蔡[19]，不容身于天下。子教子路菹此患，上无以为身，下无以为人[20]，子之道岂足贵邪？

“世之所高，莫若黄帝。黄帝尚不能全德，而战涿鹿之野，流血百里。尧不慈，舜不孝，禹偏枯[21]，汤放其主，武王伐纣。此六子者，世之所高也[22]。熟论之，皆以利惑其真[23]，而强反其情性，其行乃甚可羞也。[24]

“世之所谓贤士，莫若伯夷、叔齐[25]。伯夷、叔齐辞孤竹之君，而饿死于首阳之山，骨肉不葬[26]。鲍焦饰行非世，抱木而死[27]。申徒狄谏而不听，负石自投于河，为鱼鳖所食[28]。介子推至忠也，自割其股以食文公，文公后背之，子推怒而去，抱木而燔死[29]。尾生与女子期于梁下，女子不来，水至不去，抱梁柱而死[30]。此六子者，无异于磔犬流豕[31]，操瓢而乞者，皆离名轻死，不念本养寿命者也[32]。

“世之所谓忠臣者，莫若王子比干、伍子胥。子胥沉江，比干剖心。此二子者，世谓忠臣也，然卒为天下笑[33]。自上观之，至于子胥、比干，皆不足贵也[34]。丘之所以说我者，若告我以鬼事，则我不能知也；若告我以人事者，不过此矣，皆吾所闻知也。[35]

“今吾告子以人之情[36]：目欲视色，耳欲听声，口欲察味，志气欲盈[37]。人上寿百岁，中寿八十，下寿六十，除病瘐、死丧、忧患，其中开口而笑者，一月之中不过四五日而已矣[38]。天与地无穷，人死者有时。操有时之具，而托于无穷之间，忽然无异骐骥之驰过隙也[39]。不能悦其志意，养其寿命者，皆非通道者也[40]。丘之所言，皆吾之所弃也[41]。亟去走归，无复言之[42]！子之道，狂狂汲汲，诈巧虚伪事也[43]，非可以全真也，奚足论哉？”[44]

今译

盗跖大怒说："孔丘，到前面来！可用利禄规劝，可用美言谏阻之人，都是愚蠢浅陋的庸人。如今我高大英俊，人见人爱，这是我父母遗传的物德。你即使不赞誉我，我难道不自知吗？况且我听说，喜好当面赞誉他人之人，也喜好背后诋毁他人。如今你劝告我接受大城众民，这是想用利禄规劝我，而后把我当成庸人畜于樊笼之中，怎能长久呢？城池再大，也大不过天下。尧舜曾经拥有天下，子孙却无立锥之地；汤武曾经立为天子，后世却遭灭绝。岂非贪求大利的缘故呢？

"况且我听说，古时禽兽多而人类少，于是民众都巢居树上以避危害，白昼拾取橡栗，夜晚休栖树上，所以被称为'有巢氏之民'。古时民众不知制作衣服，夏天多积柴薪，冬天烧火取暖，所以被称为'知生之民'。神农之世，民众睡则安宁，醒则纯朴，仅知其母，不知其父，与麋鹿共处，耕种而食，织布而衣，没有相害之心，这才是至德的兴隆。然而黄帝不能达于至德，与蚩尤战于涿鹿之野，流血百里。尧舜有为造作，妄立君臣纲常。结果商汤流放夏桀，武王杀戮商纣，从此以后，恃强凌弱，以众欺寡。汤武以来的君主，都是作乱之徒。

"如今你修持文武之道，掌控天下言辩，以此教导后世；身穿宽衣腰系浅带，言语矫饰行为虚伪，以此迷惑天下君主，而欲求一己富贵。欺世盗名无过于你，天下为何不称你为'盗丘'，却称我为'盗跖'？你用甜言蜜语劝说子路，让他追随你。让子路去掉高冠，解除长剑，而后受教于你。天下都说：'孔丘能够制止暴行禁绝为非。'最终结果呢，子路欲杀卫君而事情不成，在卫国东门被剁成肉酱，这是你的教导未达至境。你自命为才士圣人吗？却两次被鲁国驱逐，在卫国被削掉足迹，在齐国陷入穷途，在陈蔡边界遭到围困，难以容身于天下。你教导子路导致他遭此祸患，上不能保全自身，下不能帮助别人，你的庙堂人道有何可贵呢？

"世人尊崇的所谓圣君，无过于黄帝。黄帝尚且不能葆全真德，而战于涿鹿之野，流血百里。唐尧为父不慈，虞舜为子不孝，夏禹半身不遂，商汤流放君主，武王征伐商纣。这六个人，是世人尊崇的。深思熟虑论之，都是一见利益就迷失真德，强行违反真情天性，他们的行为甚为可羞。

"世人尊崇的所谓贤人，无过于伯夷、叔齐。伯夷、叔齐辞去孤竹国的君位，却饿死在首阳山上，尸骨不得埋葬。鲍焦修饰言行非议时世，抱着树干而饿死。申徒狄被人劝阻却不听，背负石头自投于河，被鱼鳖所食。介子推忠君至极，自割腿肉给晋文公食用，文公后来背弃他，子推怒而离去，抱着树干而烧死。尾生与女子约会在桥梁下面，女子不来，洪水来了不离肯去，抱着桥柱而淹死。这六个人，无异于肢解之狗沉河之猪、捧碗讨饭之人，都是陷溺声名轻率枉死，不念本根不养天年之人。

"世人尊崇的所谓忠臣，无过于王子比干、伍子胥。子胥却被沉江，比干却被剖心。这两个人，世人称为忠臣，然而最终被天下人讥笑。从上面所举来看，直到子胥、比干，都不值得尊崇。你所用来劝说我的，若是告诉我鬼神之事，那么我确实不知；若是告诉我人间之事，不过如此，都是我早就知道的。

"现在我告诉你人之常情：眼睛欲视美色，耳朵欲听好音，口舌欲尝甘味，意志渴求满足。人类上寿百岁，中寿八十，下寿六十，除去生病、死丧、忧患，其间开口而笑的日子，一月之中不过四五天而已。天地无穷，人寿有限。操持着有限的生命，寄托于无穷的天道，短暂无异于骏马跃过小沟。不能自悦心志，颐养天年之人，均非通达天道之人。你所言说的，都是我所抛弃的。赶快滚回去，不要再说了！你的庙堂人道，疯癫狂悖汲汲钻营，都是机诈巧变的虚伪之事，不可用于葆全真德，哪里值得谈论呢？"

校注

[1] 规以利：不作"规以义"，而作"规以利"，针对孔言"君子喻于义，小人喻于利"（《论语·里仁》）。

[2] 愚陋恒民：被伪道"黥劓"、"雕琢"而"愚陋"的众人。

[3] 好面誉人者：此斥本章之孔子。亦好背而毁之：此扣首章孔对柳下季言"盗跖为天下害"。

[4] 城之大者，莫大乎天下矣：义本《大宗师》"藏天下于天下"。即下文"无君"之义。

[5] 后世绝灭：前256年（庄殁30年）秦灭周，《盗跖》必撰于此后。此为本篇非庄所撰的史实硬证。

〔6〕非以其利大故邪：伪道俗见称誉尧舜、汤武，撰者斥其乃为"大利"。

◎第四章第一节：盗跖贬斥假君。尧舜汤武，后世灭绝；均为大盗，均谋大利。

〔7〕【校勘】"人民"之"民"旧脱，或为唐人避李世民讳而删。刘文典、王叔岷据《太平御览》七六、九二八、九六四引文均有"民"字、《商君书·画策》"人民少而木兽多"、《韩非子·五蠹》"人民少而禽兽众"校补。

〔8〕倨倨jù：安稳貌（司马彪）。盱盱xū：张目（《说文》），视无智巧貌（高诱）。

【校勘】"盱盱"旧作"于于"。王叔岷据《应帝王》"其卧徐徐，其觉盱盱"（旧作"于于"，王念孙《读书杂志》校正）、《淮南子·览冥训》"卧倨倨，兴盱盱"（旧作"兴眄眄"，王念孙《读书杂志》校正）校正。○参看《寓言》"尔睢睢，尔盱盱"（《列子·黄帝》同），《淮南子·俶真训》"万民睢睢盱盱然"。

〔9〕蚩chī尤：反抗黄帝族的三苗九黎酋长。涿zhuō鹿：黄帝族、蚩尤族所战之地，在今河北涿州。

【校勘】"君"旧讹为"群"，义不可通。"君/臣"名相，双生并起，不得单立孤起。后儒视"君"为开辟以来恒有，又欲遮蔽下文二句贬斥"汤武革命"违背"君臣"之义，遂改"君"为"群"。

〔10〕汤放其主，武王杀纣zhòu："君臣"之义若不可废，"汤武革命"即非正义。此为庙堂伪道之致命逻辑坎陷。

〔11〕自是之后，以强凌弱，以众暴寡：义本《大宗师》"古之真人，不逆寡"。

〔12〕汤武以来，皆乱人之徒也："汤武以来"下，省略"之君"。

◎第四章第二节：盗跖赞扬无君。至德之世，本无君臣；汤武以降，君皆乱人。

〔13〕逢衣：逢，大也，此指大腋之衣，即儒服。

【校勘】"逢"旧作"缝"、"撞"，字通。据蔺撰《达生》斥孔"汝逢衣徒也"、《荀子·儒效》"逢衣浅带"、《荀子·非十二子》"其冠进，其衣逢"

校正。

[14] 盗丘："盗跖"之仿词反讽。

[15] 解其长剑：孔子教诲盗跖弃武从文，一如教诲子路弃武从文，盗跖遂举此例贬斥。

[16] 子路欲杀卫君而事不成：子路仕卫，其时卫君为出公。出公之父庄公逐子为君，子路忠于出公，欲杀庄公而未成。

[17] 身菹于卫东门之上：子路事败，身遭菹 zū 醢 hǎi，剁为肉酱。事见《左传·哀公十五年》、《史记·仲尼弟子列传》、《史记·卫康叔世家》。○前481年颜回先死，前480年子路后死。此言"子路身菹"，则首章不当言"颜回为驭"。撰者小误。

【辨析一】庄公、出公父子争为卫君，臣子当忠何君，遂成主张忠君的孔子无法回答之死结，故《人间世》颜回往谏卫君章、魏撰《则阳》仲尼问太史章均予贬斥。○子路忠于出公，欲杀庄公而事败枉死，难称"杀身成仁"、"舍生取义"，仅是"食君之禄，忠君之事"，亦成主张忠君的孔子无法回答之死结，故魏撰《盗跖》又予贬斥。

[18] 子自谓才士圣人邪：反讽上文孔言"此圣人才士之行"。

[19] "再逐于鲁"四句：变文又见蔺撰《山木》、魏撰《让王》、或撰《天运》、刘安版杂篇《渔父》。详见《山木》注。

[20] 上无以为身，下无以为人：贬斥孔学上不能保全自身，下不能保全他人。○义本《人间世》"古之至人，先存诸己而后存诸人。所存于己者未定，何暇至于暴人之所行？"

◎第四章第三节：盗跖贬斥盗丘。吾为盗跖，汝为盗丘；汝道难以存己，汝道何以存人？

[21] 尧不慈：尧杀其子丹朱。舜不孝：舜放其父瞽叟。禹偏枯：禹半身不遂。

[22] 六子：黄帝、尧、舜、禹、汤、武王。世之所高也：伪道俗见称颂为"圣君"。

【校勘】"武王伐纣"下旧衍"文王拘羑里"五字。李勉："此句依序应在'武王'句上，足见此句误衍，当删。"陈鼓应从之。○《庄子阙误》引江南古藏本计入衍文"文王拘羑里"，而改"此六子者"为"此七子者"。下文贬斥"六贤"，此处亦斥"六圣"，江南古藏本不可从。

〔23〕以利惑其真：义本蔺撰《山木》所引庄言"见利而忘其真"。

〔24〕其行乃甚可羞也：针对孔言"丘窃为先生羞之"（对柳下季言）、"丘窃为将军耻不取焉"（对盗跖言）。

◎第四章第四节：盗跖贬斥"六圣"。所谓圣君，均属僭主；强反情性，其行可羞。

〔25〕【校勘】"莫若"二字旧脱。王叔岷、陈鼓应据上文"莫若黄帝"、下文"莫若王子比干、伍子胥"校补。

〔26〕"伯夷、叔齐辞孤竹之君"三句：事见魏撰《让王》。参看魏撰《秋水》"少仲尼之闻而轻伯夷之义"。

〔27〕"鲍焦"二句：鲍焦非议时世，廉洁自守，不臣天子，不友诸侯。子贡谓之曰："吾闻非其政者不履其地，污其君者不受其利。今子履其地，食其利，其可乎？"鲍焦曰："吾闻廉士重进而轻退，贤人易愧而轻死。"遂抱木而死。参看《韩诗外传》（本书附录四）。

〔28〕"申徒狄"三句：已见魏撰《外物》所引庄言"申徒狄因以踣河"。参看《韩诗外传》（本书附录四）。

〔29〕"介子推"五句：晋文公流亡途中断食，介子推自割股肉食之。文公归国之后行赏而忘子推，子推怒而逃至山中。文公追至，子推隐避不见。文公放火烧山逼其出见，子推抱树焚死。参看《史记·晋世家》。

〔30〕尾生：鲁人（高诱），即"尾生高"（《战国策·燕策》、《汉书·古今人表》）。又作"微生"、"微生高"。

〔31〕磔zhé犬：杀狗，以祭风神。《尔雅》："祭风曰磔。"孙希旦《礼记·月令》集解："磔，磔裂牲体也。"

流豕shǐ：沉猪于河，以祭河神。参看《史记·魏世家》西门豹治邺。

〔32〕皆罹lí名轻死，不念本养寿命者也：义同魏撰《让王》贬斥"庆行"，贬斥伪道俗见称颂之"贤臣"，违背"不以好恶内伤其身"（《德充符》）、"终其天年而不中道夭"（《大宗师》）、"胜物而不伤"（《应帝王》）。

◎第四章第五节：盗跖贬斥"六贤"。所谓贤士，适人之适；罹名轻死，不终天年。

　　〔33〕"世之所谓忠臣者"七句：贬斥伪道俗见称颂之"忠臣"。比干、伍子胥，已见魏撰《外物》。

　　〔34〕"自上观之"三句：总斥伪道俗见称誉的圣君、贤士、忠臣。

　　〔35〕"丘之所以说我者"六句：小结上文，以堵孔子之口。

　　◎第四章第六节：盗跖贬斥"忠臣"：所谓忠臣，役人之役；强谏枉死，天下所笑。

　　〔36〕今吾告子以人之情：以下盗跖教诲孔子。

　　〔37〕"目欲视色"四句：贬斥庙堂放纵嗜欲，却剥夺民众天赋人权。参看魏撰《徐无鬼》"君独为万乘之主，以苦一国之民，以养耳目鼻口"。

　　〔38〕瘐yǔ：囚犯受刑、冻饿、生病而死于监狱。

　　【校勘】"瘐"旧讹为"瘦"，形近而讹。王念孙、郭庆藩、刘文典、王叔岷、方勇、陆永品据《意林》引文作"瘐"校正。

　　〔39〕"操有时之具"三句：略同魏撰《知北游》"人生天地之间，若白驹之过隙，忽然而已"。

　　〔40〕"今吾告子以人之情"至"皆非通道者也"：均合庄学义理，影响后世深远。堪称顺道人生纲要、"卫生之经"（魏撰《庚桑楚》）。"盗亦有道"（或撰《胠箧》），殊非戏言。○旧多妄斥本节教民纵欲，然而不斥庙堂纵欲。

　　〔41〕丘之所言，皆吾之所弃也：总结上文。点破江湖真道、庙堂伪道之对立、"两行"（《齐物论》）。

　　〔42〕亟jí去走归，无复言之：上扣"可谏以言者，皆愚陋恒民之谓耳"。○自我禁欲且禁民适欲，却不斥庙堂纵欲者，均属愚陋恒民。

　　〔43〕子之道，狂狂汲汲，诈巧虚伪事也：上扣"巧伪人"、"矫言伪行"。贬斥孔子鼓吹的庙堂伪道。

　　〔44〕全真：上扣"以利惑其真"。参看魏撰《秋水》"是谓返其真"、《田子方》"葆真"、《天下》"不离于真，谓之至人"，刘安版杂篇《渔父》斥孔"苦心劳形，以危其真"。○北宋道士王重阳（1112—1170）据此创立全真教。

【辨析二】盗跖雄辩滔滔，正如首章柳下季所言"强足以拒敌，辩足以饰非"。然而盗跖反斥孔子"多辞谬说，摇唇鼓舌，擅生是非"。魏撰《盗跖》演绎《大宗师》"与其誉尧而非桀也，不如两忘而化其道"，其旨实为"与其誉丘而非跖，不如两忘而化其道"。撰者戏谑假言，读者得意忘言。

◎第四章第七节：盗跖教诲孔子。自适其适，终其天年；葆全真德，顺应天道。

●第四盗跖斥孔章：丘之所言，皆跖所弃；诈巧虚伪，难以全真。

五

孔子再拜趋走。出门上车，执辔三失，目茫然无见，色若死灰，据轼低头，不能出气[1]。归到鲁东门外，适遇柳下季。[2]

柳下季曰："今者阙然数日不见，车马有行色，得微往见跖邪?"[3]

孔子仰天而叹曰："然。"

柳下季曰："跖得无逆汝意若前乎?"[4]

孔子曰："然。丘所谓无病而自灸也[5]。疾走料虎头，编虎须，几不免虎口哉!"

今译

孔子拜了两拜快步离去。出门上车，欲执缰绳三次失手，目光茫然视而不见，面色如同死灰，扶着车轼低垂其头，不能出气。回到鲁国东门之外，恰巧遇见柳下惠。

柳下惠说："近来隔了多日不见，看你车马沾尘颇有行色，莫非去见过跖了?"

孔子仰天长叹说："是。"

柳下惠说："跖莫非当面拂逆你的好意啦?"

孔子说:"是的。我是所谓没病而自己扎针。冲上前去撩拨虎头,编弄虎须,几乎不免于虎口啊!"

校注

[1]辔pèi:驾驭马车的缰绳。轼shì:古代马车车厢前扶手的横木。

"孔子再拜趋走"七句:描述孔子教诲盗跖失败。反扣篇首孔子之盲目自信。

[2]归到鲁东门外,适遇柳下季:照应篇首。

[3]得微:义同下句"得无",表示推测。

[4]跖得无逆汝意若前乎:照应篇首柳下季警告孔子,盗跖"顺其心则喜,逆其心则怒,易辱人以言"。

[5]无病自灸jiǔ:盗跖"无病",孔子"自灸"。

●第五孔归遇柳章:为虎编须,几落虎口;跖丘两忘,闭其非誉。

【说明】

魏牟版外篇《盗跖》,至此文完义足。郭象版杂篇《盗跖》,此下拼接刘安版杂篇《子张》残篇1354字,本书复原于刘安版之杂篇。

列御寇

题解

《列御寇》被先于刘安的贾谊《鹏鸟赋》钞引，必在魏牟版外篇。刘安版仍在外篇，郭象版贬入杂篇。

崔譔《庄子注》"有外无杂"（陆序），郭象版杂篇《列御寇》十章，"列御寇"二章有陆引崔注四条，"曹商"八章却无陆引崔注，而且两大部分结构断裂、义理脱节，证明郭象裁剪刘安版外篇《曹商》936字，拼接于刘安版外篇《列御寇》669字，合为郭象版杂篇《列御寇》1605字，再移外入杂；同时证明崔譔仅注刘安版外篇《列御寇》，未注刘安版外篇《曹商》。详见绪论三《刘安版大全本篇目考》，参看《曹商》题解。

本书从郭象版杂篇《列御寇》1605字中，摘出魏牟版、刘安版外篇《列御寇》669字，复原于魏牟版外篇第十六。校正郭象篡改和历代讹误：补脱文1字，删衍文1字，订讹文4字，厘正误倒1处。

王夫之评论郭象版杂篇《列御寇》曰："杂引博喻，理则可通，而文义不相属。"

苏轼《庄子祠堂记》欲证郭象版杂篇《寓言》、杂篇《列御寇》之间的杂篇《让王》、杂篇《盗跖》、杂篇《说剑》、杂篇《渔父》四篇均属"伪作"（即非庄所撰），遂以《寓言》篇终、《列御寇》篇首均言"不自得"之义，而谓《寓言》、《列御寇》原本相连。苏论无据。"不自得"为内七篇重要义理，篇首、篇终乃至通篇演绎此义的外杂篇极多。

《列御寇》文风张扬夸诞，意旨鲜明辛辣，撰者当为庄子再传弟子魏牟。著录庄子之言，当属转闻于师（或即蔺且）。

魏撰《列御寇》，难以分章（姑分二章，不标章序），是首尾连贯、结构完整的单一寓言，与魏撰《庚桑楚》、《盗跖》同为中国短篇小说的祖构。

魏撰《秋水》河伯观海章1641字，证明魏牟具有撰写长篇寓言的能力。

第一章列子犯病请药，第二章伯昏诊病发药。伯昏所言"儒缓—墨翟"寓言辛辣讽刺儒墨，一如魏撰《外物》"儒以《诗》、《礼》发冢"寓言。全文自始至终，贬斥自矜自得、光而耀之，阐明自"道"己德、不可自得。即专明"葆光"二义之后义（《齐物论》辨析三八）。

　　列御寇之齐，中道而返，遇伯昏瞀人。[1]

　　伯昏瞀人曰："奚方而返?"

　　曰："吾惊焉。"

　　曰："恶乎惊?"

　　曰："吾尝食于十浆，而五浆先馈。"[2]

　　伯昏瞀人曰："若是，则汝何为惊矣?"

　　曰："夫内诚不解，形谍成光[3]，以外镇人心，使人轻乎贵老，而齑其所患[4]。夫浆人特为食羹之货，多余之赢，其为利也薄[5]，其为权也轻，而犹若是[6]，而况于万乘之主乎[7]? 身劳于国，而知尽于事，彼将任我以事，而校我以功[8]。吾是以惊。"

　　伯昏瞀人曰："善哉，观乎[9]! 汝处矣，人将保汝矣。"[10]

　　无几何而往，则户外之屦满矣。[11]

　　伯昏瞀人北面而立，敦杖蹙之乎颐[12]，立有间，不言而出。[13]

　　傧者以告列子。[14]

　　列子提屦，跣而走，暨乎门[15]，曰："先生既来，曾不发药乎?"[16]

今译

列御寇前往齐国，半路返回，遇见伯昏瞀人。

伯昏瞀人问："为何返回?"

列御寇说:"我受惊了。"

伯昏瞀人问:"受了何惊?"

列御寇说:"我曾在十家粥铺用餐,而五家粥铺优先上粥。"

伯昏瞀人问:"像这样,你为何受惊呢?"

列御寇说:"内心自矜不能消解,身形泄露自矜有成的光焰,以外表镇慑人心,使人轻忽了敬重老人,而消除他们担心的祸患。卖粥人家只是卖些粥食,多余的赢利,利润微薄,他们的权柄轻微,尚且如此,何况万乘之君呢?身形操劳于国务,而心知穷尽于政事,齐君必将委任我以政事,而后考校我的事功。我因此受惊。"

伯昏瞀人说:"好啊,善于观察!你等着吧,众人将要归附你了。"

没过多久伯昏瞀人前往,室门之外已经脱满宾客之鞋。

伯昏瞀人面北而立,拄着拐杖支着下巴,站立片刻,不言而出。

迎宾者报告列子。

列子提着鞋,光脚而急走,到院门追上,说:"先生既然来了,为何不发药呢?"

校注

[1] 伯昏瞀人:其名仿拟《德充符》"伯昏无人"。瞀,借为鹜 wù 或鹜 wù,与"无"音近。○《德充符》"伯昏无人",虚拟为春秋末期郑相子产之师。本篇"伯昏瞀人",虚拟为战国初期郑人列子之师。子产(? —前522)、列子(约前450—约前375)不同时,伯昏无人、伯昏瞀人均属寓言虚构。刘安版杂篇《百里奚》"列御寇为伯昏无人射"亦然。

[2] 浆:粥,即下文"食羹",此指粥铺。先馈 kuì:不按顺序,先为列子上粥。

[3] 形:身形。谍 dié:外泄信息。成光:自矜有成之光焰。○列子自惭未能自"道"己德,未能"光而不耀"(《老子》)。

[4] 贵老:敬重老人。齑 jī:粉碎,引申为消除。○列子自矜有成而

气焰逼人，以外表镇慑人心，浆人疑其必有权势，于是轻忽了敬重老人，先为年轻的列子上粥，以此消除怠慢列子可能带来的祸患。参看蔺撰《寓言》末章，杨朱自矜有成而气焰逼人，旅舍众人疑其必有权势，于是"家公执席，妻执巾栉，舍者避席，炀者避灶"。

［５］多余之赢，其为利也薄：多余的赢利，利润微薄。

【校勘】"多余之赢"前，旧或衍"无"字。奚侗、刘文典、陈鼓应、方勇、陆永品据《庄子阙误》引江南李氏本、张君房本作"无多余之赢"，校补"无"字。俞樾、马叙伦、王叔岷据《太平御览》八六一、《古今事文类聚续集》一七、《古今合璧事类备要》外集四三引文，《列子》卢重玄本、北宋本、道藏高守元《四解本》均无"无"字，校删"无"字。王叔岷："'多余之赢'即薄利也。'其为利也薄'承此而言，意甚明白。"

［６］其为权也轻，而犹若是：所握权柄仅是上粥先后，尚且运用小权偏袒我。

［７］而况于万乘之主乎：齐君所握权柄更大。

［８］彼将任我以事，而校我以功：齐君见我道貌岸然，必将委以治国重任，而后校验功绩。○若无功绩必予治罪，列子不欲助君治民，亦不欲拒君招刑，故受惊返回。

【校勘】"校"旧讹为"效"。据陆释一本作"校"、成疏"验我以功绩"校正。

［９］善哉，观乎：赞其见微知著，省悟不逃己德之病。

［１０］汝处矣，人将保汝矣：保，附也。列子虽悟己病，病愈尚早，命其静处，预告在其病愈之前，他人必将追随之。

◎第一章第一节：列子犯病，不逃己德；虽知己病，病愈尚早。

［１１］户外之屦jù满矣：户，室门。室门之外，积满宾客所脱之屦。上扣"人将保汝矣"。○古人脱屦入室，参看蔺撰《寓言》"脱屦户外"。

［１２］敦杖蹙cù之乎颐yí：伯昏静观宾客簇拥列子，知列子之病未愈。

［１３］立有间jiàn，不言而出：伯昏既来，列子当迎，但其意在宾客，不知师入复出。

［１４］傧bīn者：迎宾者。以告列子：傧者告之，列子始知师入复出。

○ "傧"旧作"宾",字通。

[15] 跣 xiǎn：光脚。暨 jì：及。

"列子提屦"三句：门，院门。列子顿悟己病未愈，出室追师，唯恐著屦贻误，遂提屦跣足急追，追至院门及之。

[16] 先生既来，曾不发药乎：列子前悟己病，以为即愈，此刻方知未愈，遂求其师发药。

◎第一章第二节：伯昏出诊，列子仍病；列子自惭，求师发药。

●第一列子犯病请药章：自矜自得，求道大病；知病甚易，病愈甚难。

曰[1]："已矣！吾固告汝曰：'人将保汝。'果保汝矣。非汝能使人保汝，而汝不能使人无保汝也[2]。尔焉用之？感豫出异也[3]？必且有感，摇尔本才[4]。又无谓也！与汝游者，又莫汝告也[5]。彼所小言，尽人毒也[6]。莫觉莫悟，何相熟也[7]！巧者劳而知者忧，无能者无所求，饱食而遨游，泛若不系之舟，虚而遨游者也。[8]

"郑人缓也[9]，呻吟裘氏之地[10]，只三年而缓为儒[11]，河润九里，泽及三族[12]，使其弟墨[13]。儒墨相与辩[14]，其父助翟[15]，缓自杀[16]。十年而其父梦之[17]。曰：'使尔子为墨者，予也[18]。盍尝视其埌？既为楸柏之实矣。'[19]

"夫造物者之报人也[20]，不报其人[21]，而报其人之天[22]，彼故使彼[23]。夫人以己为有以异于人[24]，以贱其亲[25]，齐人之井饮者相捽也[26]。故曰，今之世皆缓也[27]。自是，有德者已不知也，而况有道者乎？[28]古者谓之遁天之刑[29]。圣人安其所安，不安其所不安；众人安其所不安，不安其所安[30]。庄子曰[31]：'知道易，勿言难[32]。知而不言，所以之天也；知而言之，所以之人也[33]。古之至人，天而不人。'[34]

"朱泙漫学屠龙于支离益[35]，殚千金之家[36]，三年技成，而无所用其巧[37]。圣人以必不必，故无兵[38]；众人以不必必之，故多兵[39]。顺于兵，故行有求[40]。兵，恃之则亡。[41]

"小夫之知，不离苞苴、竿牍，敝精神乎蹇浅[42]，而欲兼济道、物，太一形、虚[43]。若是者，迷惑于宇宙，形累不知太初[44]。彼至人者，归精神乎无始[45]，而甘瞑乎无何有之乡[46]，水流乎无形[47]，发泄乎太清[48]。悲哉乎！汝为知在毫毛[49]，而不知太宁！"[50]

今译

伯昏瞀人说："算了吧！我原本告诉你说：'众人将要归附你。'果然归附你了。你的病不在于能够让人归附你，而在于不能让人不归附你。对你又有何用？感到愉悦出众优异？必将有所感触，动摇你的本性。这毫无意义！归附你的人，又不会告诫你。他们的小言，尽是人道毒药。你不觉不悟，与他们多么相熟啊！巧者多劳知者多忧，无能之人无所欲求，身形饱食德心遨游，泛然有如不系之舟，才是虚己遨游之人。

"郑国有人名缓，吟诵读书于裘氏之处，只用三年就成为儒者，河水润泽九里，恩泽及于三族，让他弟弟学墨。儒墨相互辩论，其父支持翟，缓自杀。十年以后其父梦见缓。缓说：'让你儿子学墨之人，是我。你何曾扫过吾墓？墓上楸柏已经结出果实了。'

"造物者报应于人，不报应于身形，而报应于德心，彼人之作为招来彼人之报应。那人以为自己优异于人，因此贱视亲人，如同饮于一井的齐国人相互打架。所以说，今世之人都是缓。自以为是，有德之人已不屑为，何况有道之人呢？古人称为逃遁天之心刑。圣人安心于应该安心的，不安心于不该安心的；众人安心于不该安心的，不安心于应该安心的。庄子说：'知晓天道存在容易，不妄言天道困难。知晓天道存在而不妄言，就能趋近天道；知晓天道存在而妄言，就会趋近人道。古之至人，趋近天道而不趋近人道。'

"朱泙漫向支离益学习屠龙之技，耗尽千金家财，三年技有小成，然而不用其巧。圣人对众人以为必不可免的争斗视为可免，所以无须用兵；众人对圣人以为可免的争斗视为必不可免，所以多多用兵。顺从用兵的心志，就会行兵求利。自以为是必定好兵，自恃兵强必定灭亡。

"凡夫的心知，不离庙堂礼仪、书简酬答，精神疲散于浅薄之务，却欲兼济道、物，合一身、心。如此之人，迷惑于宇宙表象，身形劳累不知终极初始。那些至人，返归精神于终极初始，而酣睡于无何有之乡，如同水流于无物之处，发散于至高清虚。可悲啊！你的心知仅在毫毛，却不知至高宁定。"

校注

［1］"曰"字以下，直至篇终，均为伯昏发药之言。〇"郑人缓也"以下四节，旧多不视为伯昏发药之言，未明篇旨。

［2］非汝能使人保汝，而汝不能使人无保汝也：义同或撰《宇泰定》"羿工乎中微，而拙乎使人无己誉"。参看魏撰《管仲》"神人恶众至"。

［3］"尔焉用之"二句：（众人之保附）对你又有何用？你感到愉悦出众优异？

［4］"必且有感"二句：必将有所感触，动摇你的本性。〇列子前虽自知犯病，仍难抵御外境撄扰。参看魏撰《让王》"虽知之，未能自胜也"。

［5］"又无谓也"三句：这毫无意义！归附你的众人，又不会告诫你（被人归附毫无意义）。

［6］彼所小言，尽人毒也：彼为"小知"，故发"小言"。〇列子是自矜其知、不"道"己德的"大知"，故发"大言"。伯昏为致无其知、自"道"己德的"至知"，故发"至言"。

［7］莫觉莫悟，何相熟也：列子前悟己病，实非真悟。真悟则不被"小言"之"人毒"撄扰。〇列子之病，乃是闻道却不行道，即《应帝王》壶子所言"汝既其文，未既其实"。参看魏撰《让王》"学道而不能行，谓之病"。〇"熟"旧作"孰"，字通。

［8］"巧者劳而知者忧"五句：义本蔺撰《山木》"人能虚己以游世，其孰能害之？"两"遨"旧均作"敖"，字通。〇旧多误断伯昏之言至此，下文遂成意旨不明的无根之文。结构缜密的《列御寇》，遂成毫无结构的杂凑

之文。郭象裁剪《曹商》拼接于下文，是导致误断之诱因。

◎第二章第一节：伯昏先发药引。列子之病，虽悟未愈；闻道甚易，行道甚难。

[9]郑人缓：虚构的寓意人名，隐喻儒者。列子为郑人，故借"郑人"教之。"缓"谓儒者之迂缓。

[10]呻吟：吟诵读书。裘氏：虚构的寓意人名，隐喻儒者自矜其能，"求"用于庙堂。反扣上章"无能者无所求"。

[11]只三年而缓为儒：儒者学习庙堂人道，"三年"技有小成（参看下文"三年技成"），然而自矜有道。隐讽儒术易于速成，难以大成。○"只"旧作"祇"，字通。

[12]河润九里，泽及三族：揭破"裘氏"之求用庙堂，求取富贵。参看魏撰《盗跖》斥孔"妄作孝悌而侥幸于封侯富贵"。

[13]使其弟墨：墨家出于儒家，故谓墨者为儒者之弟。

[14]儒墨相与辩：墨家出于儒家，大反儒家。○《淮南子·要略》："墨子学儒者之业，受孔子之术，以为其礼扰而不说（悦），厚葬靡财而贫民，服伤生而害事，故背周道而用夏政。"

[15]其父：隐喻"君父"。翟dí：点破儒缓之弟，即"墨翟"。

其父助翟：战国征战剧烈，儒家迂缓崇尚虚文，多被诸侯所轻。墨家擅长守御实战，多被诸侯所重。○《孟子·滕文公》"天下之言，不归杨则归墨"，庙堂"归墨"，江湖"归杨"。先秦无"道家"之名，"杨"即道家。

[16]缓自杀：隐喻儒家愤于不被庙堂重用。○秦汉之际，儒家鉴于历史教训，广泛吸纳百家养分，因而汉武帝采纳董仲舒献策"罢黜百家，独尊儒术"（已距孔学原儒甚远）。

[17]【校勘】"十年而"旧误移于"缓自杀"前，当属误解文义者妄移。○自杀多属一时冲动，十年以后自杀，义不可通，又与下文墓木已拱（十年树木）抵牾。

[18]使尔子为墨者，予也：缓（儒）对其父（君）说，你所重用之墨家，原出于我，为何重用墨家，却不重用儒家？○"尔"旧作"而"，字通。

[19]盍尝视其埌làng？既为楸柏之实矣：埌，墓冢。古人封墓所植

树苗，十年已成大树，结出果实。缓（儒）怨其父（君）十年未曾祭扫其墓。○"儒墨"寓言为伯昏所发主药，批评列子技有小成即自矜有道，一如儒者。

【校勘】"盍"旧作"阖"，字通。○"盍"下旧衍"胡"字，马叙伦、刘文典、王叔岷据《庄子阙误》引文如海本、成玄英本、江南李氏本均无"胡"字校删。○"埌"旧讹为"良"，俞樾、王叔岷据陆释一本作"埌"、陆释训"冢"校正。○"楸"旧作"秋"，字通。

◎第二章第二节：伯昏又发主药。儒墨自矜，争事君父；尔之自矜，一如儒墨。

［20］造物者之报人：报，报应。"人"训本字。

［21］不报其人："人"训人之身形。

［22］而报其人之天："天"训人之德心。

［23］彼故使彼：前"彼"指缓之作为（自矜有道），后"彼"指缓之报应（被君所弃）。

［24］夫fú人：那人，即"缓"。以己为有以异于人：上扣列子"感豫出异"，伯昏以缓为例，教诲列子。参看刘安版新外篇《在宥》"夫以出乎众为心者，何尝出乎众哉？"

［25］以贱其亲：此指缓（儒）称其父（君）为"尔"，又称其弟（墨）为"尔子"。譬解儒者崇礼乃是求利，求利落空即悖所崇之礼。参看魏撰《外物》"儒以《诗》、《礼》发冢"。

［26］井饮：古人同宗亲族，共饮一井。捽zuó：揪头发，引申为争斗。○"齐人"二句，譬解儒墨同出一宗，争事君父而争斗。参看《齐物论》"故有儒墨之是非，以是其所非而非其所是"。

［27］故曰，今之世皆缓也：此句结上。兼谓列子之自矜，亦如儒者缓。○"儒墨"寓言，斥儒为主。参看魏撰《天下》"墨子真天下之好者也"。

［28］自是：自矜自得。义本《老子》"自见者不明，自是者不彰，自伐者无功，自矜者不长"。○"自是"三句，贬斥自矜自得者无德无道。此为伯昏所发正药，告诫列子以儒墨之"自是"为戒。

［29］古者谓之遁天之刑：上扣"造物者之报人"。语出《养生主》，取义有异。《养生主》贬斥逃遁身形之极限（死亡，物德之物质性极限），

本篇贬斥逃遁德心之极限（天池，物德之精神性极限）。

〔30〕"圣人安其所安"四句：所安，安于天赋物德极限。所不安，不安于天赋物德极限。此谓圣人安于物德极限，故不自矜尽知天道。众人不安于物德极限，故自矜尽知天道。人之物德极限，注定人难尽知天道，下引庄言证之。

〔31〕庄子曰：非对话语境引用庄言，非庄所撰之硬证（《天地》辨析一）。

〔32〕知道易：非谓尽知天道甚易，乃谓知晓天道之存在甚易。勿言难：勿妄言天道甚难。

〔33〕"知而不言"四句：之，训至，趋近。知晓天道存在而不妄言天道，方能趋近天道；知晓天道存在而妄言，就会趋近人道。

〔34〕古之至人，天而不人：参看《齐物论》天道、人道"两行"（《齐物论》辨析二七）。

【校勘】"古之"下旧脱"至"字。刘文典、王孝鱼、王叔岷据《庄子阙误》引张君房本有"至"字、郭注"至分"、成疏"至极"、下章"彼至人者"校补。

◎第二章第三节：伯昏引用庄言。儒墨自矜，不安物德极限；至人去矜，安于物德极限。

〔35〕朱泙pēng漫：泙，同"澎"，水之波荡。漫，水之外溢。其名寓意，能葆真德，然而外荡外溢，光而耀之。

支离益：其名仿拟《人间世》"支离疏"、《德充符》"闉跂支离无唇"。"益"谓"损之而益"（《老子》），参看《大宗师》"回益矣"。其名寓意，自逍己德，光而不耀。

龙：隐喻君主。学屠龙：隐喻不再"以君为父"，而是"以天为父"（《大宗师》）。

〔36〕殚dān千金之家：殚，竭尽。学道者不求千金，而弃千金。参看蔺撰《山木》"林回弃千金之璧"，又《史记·老子韩非列传》庄拒楚聘之言"千金，重利；卿相，尊位也"。反扣儒者缓之求利。

【校勘】"殚"旧讹为"单"，形近而讹。刘文典、王叔岷、方勇、陆永品据成疏、《文选》张协《七命》注、《白孔六帖》九五、《艺文类聚》九六、《太平御览》九二九、《事类赋》二八注、《记纂渊海》五六及九九、《古今事文类聚》别集一九、《埤雅》一、《古今合璧事类备要》别集六三及续集三七引文均作"殚"校正。

[37] 三年技成，而无所用其巧：朱泙漫学屠龙之技，三年技有"小成"，自道己德，光而不耀，不再"以君为父"，而是"以天为父"，故不求用于庙堂。

[38] 兵：承"屠龙"，转喻"志"。○《养生主》"十九年而刀刃若新发于硎"，或撰《宇泰定》"兵莫憯于志，镆铘为下"，"刀"、"兵"均喻"心志"、"德心"。"自是"之心志，为个人私斗、邦国用兵之根源。

圣人以必不必，故无兵：圣人不"自是"，故对"自是"众人认为必不可免之争斗，亦认为不必争斗，故无兵。○参看《人间世》"善刀而藏之"。

[39] 众人以不必必之，故多兵：众人无不"自是"，故对不"自是"的圣人认为必可避免之争斗，亦认为必须争斗，故多兵。

[40] 顺于兵，故行有求：众人顺于"自是"而必用兵之心志，其"自是"，其用兵，均为求利，而非求道。○参看《人间世》贬斥禹"用兵不止，求实无已"，或撰《天运》贬斥"禹之治天下，使民心变，人有心而兵有顺"。

[41] 兵，恃之则亡："自是"而用兵求利，无不因为自恃兵强而亡。○《老子》"不以兵强天下，其事好还"、"兵强则不胜"。

◎第二章第四节：伯昏又发辅药。技有小成，并非大成；自矜大成，必有后患。

[42] 苞bāo苴jū：苞，用茅草包裹。苴，茅草所包土苴。《左传·僖公四年》"贡包（苞）茅"，诸侯用茅草包裹泥土贡献给天子，是象征臣服的庙堂礼仪，此喻庙堂人道之虚礼。

竿牍dú：庙堂之文牍虚文。○"小夫之知"三句，谓大知小知囿于庙堂人道，故天机浅。参看《大宗师》"其嗜欲深者，其天机浅"。

[43] 兼济道、物：兼明道、物。太一形、虚：太一，动词，义同"兼济"。合一身、心。○二句乃谓，小夫明物不明道，身心不合一。

[44] 宇宙：宇宙万物。太初：终极初始。○"若是者"三句，略同魏

撰《知北游》"若是者，外不观乎宇宙，内不知乎太初"。均谓众人耳目感官迷惑于宇宙万物之表象，德心被身形所累，不知终极初始。

［45］彼至人者，归精神乎无始：反扣"小夫敝精神乎蹇浅"。"无始"义同"太初"。

［46］甘瞑：甘，同"酣"。或撰《管仲》有"甘寝"。

无何有之乡：语本《逍遥游》。○伯昏以"无何有"（致无物德之自得性持有）之义，告诫列子自"逍"己德，光而不耀。

【校勘】"瞑"旧作"冥"，字通。朱骏声、俞樾、刘文典、王孝鱼、王叔岷据陆释一本、赵谏议本均作"瞑"校正。

［47］水流乎无形：上善之水无形。反扣篇首列子之"形谍成光"。

［48］太清：至高清虚，上扣"虚而遨游者也"。句谓至人不矜有成，顺道循德，心如"止水"，不惑于外撄。批评列子自矜有成，心如"流水"，惑于外撄，未能虚己遨游。参看《德充符》"人莫鉴于流水而鉴于止水"。

［49］汝：伯昏称列子。○旧断伯昏之言止于第一节之末"虚而遨游者也"，无法解释"汝"字。

［50］太宁：至高宁定，义本《大宗师》"撄宁"。反扣列子"必且有感，摇尔本才"。○本篇仿拟《应帝王》壶子"息补"列子寓言，演绎为独立长篇寓言。经过伯昏"息黬补剿"，列子"雕琢复朴"（《应帝王》谓列子），终于"撄而后成"（《大宗师》）。

【校勘】太，旧作"大"，字通。

◎第二章第五节：伯昏发药完毕。小夫通物，拔技为道；至人达道，以道御技。

●第二伯昏诊病发药章：自矜自得，学道大忌；自"逍"己德，"遥"达彼道。

【说明】

魏牟版外篇《列御寇》669字，至此文完义足。郭象版杂篇《列御寇》，此下拼接魏牟版外篇《曹商》残篇936字，本书复原于魏牟版之外篇。

天下

题解

《天下》被先于刘安的《韩诗外传》钞引，必在魏牟版外篇。刘安版仍在外篇，郭象版贬入杂篇。

崔譔、向秀《庄子注》均"有外无杂"（陆序），郭象版杂篇《天下》九章，"天下"六章有陆引崔注十八条、向注二条，"惠施"三章却无陆引崔注、向注，而且两大部分结构断裂、义理脱节，证明郭象裁剪刘安版外篇《惠施》526字，拼接于刘安版外篇《天下》2053字，合为篇幅超长的郭象版杂篇《天下》2579字，再移外入杂；同时证明崔、向均注刘安版外篇《天下》，均未注刘安版外篇《惠施》。详见绪论三《刘安版大全本篇目考》，参看《惠施》题解。张默生认为，《惠施》"当另为一篇"。谭戒甫认为，《惠施》"经后人糅合"于《天下》。王叔岷认为，《天下》、《惠施》"盖郭象合之"。

郭象裁剪《惠施》拼接于《天下》，破坏了《天下》的缜密结构，导致魏牟版、刘安版《天下》的终篇庄周章，在郭象版《天下》中不再是终篇章，再经篡改、妄断、反注，使撰者定位于大境的儒家"方术"，升格为儒家"道术"，使撰者定位于至境的关尹、老聃、庄周的"道术"，降格为与墨家、宋钘、慎到并列的"方术"，因而《天下》真义长期湮灭不彰。

郭象删去外杂篇所有明显的庄后史实，又导致苏轼、释性通、王夫之、宣颖、胡文英、陆树芝、梁启超、马叙伦、钟泰、钱基博、张默生、徐复观、陈鼓应等多数学者，认为《天下》是"庄子自作"的"《庄子》全书之自序"（梁启超）。仅有朱得之、林云铭、胡适、郭沫若、王叔岷、严灵峰、崔大华、刘笑敢等少数学者，认为《天下》"决不是庄子自作的"（胡适）。

本书从郭象版杂篇《天下》2579字中，摘出魏牟版、刘安版外篇《天下》2053字，复原于魏牟版外篇第十七。校正郭象篡改和历代讹误：补脱文5字，删衍文80字，订讹文16字，厘正误倒1处。

《天下》文风张扬夸诞，意旨鲜明辛辣，撰者当为先崇名家、后宗道家、杂学极广的庄子再传弟子魏牟。

魏撰《天下》，可分六章。篇旨是总论百家方术，弘扬老、庄道术。

第一章，总论"方术"、"道术"。

第二章，分论墨家"方术"。

第三章，分论宋钘"方术"。

第四章，分论慎到"方术"。

第五章，分论关尹、老聃"道术"。

第六章，分论庄周"道术"。

通篇措词严谨，评议精准，终篇章评议庄周及其所撰内七篇，堪称千古不刊之论。

蔺撰《寓言》已对内七篇结构及其奥义予以内部抉发，成为前无古人、后无来者的庄学总论。魏撰《天下》则对内七篇义理及其价值予以外部定位，成为前无古人、后无来者的先秦学术总论，被古今学者公认为中国思想史第一名篇。

一

天下之治方术者多矣，皆以其有，为不可加矣。[1]

古之所谓道术者，果恶乎在？[2]

曰：无乎不在。[3]

曰：神何由降？明何由出？[4]

圣有所生，王有所成，皆原于一。[5]

不离于宗[6]，谓之天人[7]；不离于精，谓之神人；不离于真[8]，谓之至人；以天为宗，以德为本，以道为门，兆于变化[9]，谓之圣人。

以仁为恩，以义为理，以礼为行，以乐为和[10]；熏然慈仁，谓之君子。[11]

以法为分，以名为表，以参为验，以稽为决[12]；其数一二三四是也，百官以此相齿。[13]

以事为常，以衣食为主，以蕃息畜藏为意，老弱孤寡皆有以养，民之理也。[14]

古之人其备乎[15]！配神明[16]，醇天地，育万物，和天下，泽及百姓；明于本数，系于末度[17]；六通四辟，小大精粗，其运无乎不在。[18]

其明而在数度者[19]，旧法世传之史尚多有之。[20]

其在于《诗》、《书》、《礼》、《乐》者，邹鲁之士、搢绅先生多能明之。[21]

其数散于天下而设于中国者[22]，百家之学时或称而道之。[23]

天下大乱[24]，贤、圣不明，道、德不一[25]，天下各得一察焉以自好[26]，譬如耳目鼻口，皆有所明，不能相通，犹百家众技也，皆有所长，时有所用[27]。虽然，不赅不遍，一曲之士也[28]。判天地之美，析万物之理，不察古人之全，寡能备于天地之美，称神明之容。[29]

是故内圣外王之道[30]，暗而不明，郁而不发[31]。天下之人各为其所欲焉，以自为方[32]。悲夫，百家往而不返，必不合矣[33]。后世之学者，不幸不见天地之纯，古人之大体，道术将为天下裂。[34]

今译

天下治方术之人很多，都以为自己拥有的方术，是无以复加了。

古人所言的道术，究竟何在？

答曰：无所不在。

问：道体之神从何而降？道体之明从何而出？

内圣有其所生，外王有其所成，都源于道一。

不离宗师，称为天人；不离精神，称为神人；不离真德，称为至人；以天道为宗师，以物德为根本，以造化为玄门，洞悉物化征兆，称为圣人。

以仁作为恩泽，以义作为公理，以礼规范行为，以乐调和矛盾；熏陶天下慈爱仁厚，称为君子。

以法作为名分，以名作为表征，以实作为参验，以稽查来决断；法律之数一二三四，百官以此排列。

以实事为常务，以衣食为主干，以繁衍生息、积蓄收藏为意义，老弱孤寡都得赡养，是民众的理想。

古人的道术何其完备啊！匹配神明，醇和天地，养育万物，合和天下，泽及百姓；明于本数，系于末度；包罗六合四方，笼罩小大精粗，道术的运用无所不在。

古之道术明确而在于古时制度的，旧时律法、世传史书尚且多有记载。

古之道术在于《诗》、《书》、《礼》、《乐》的，邹鲁士人、搢绅先生多能明白。

古之道术散见于天下而存设于中原的，百家之学时或予以称道。

近世天下大乱，贤、圣不能辨明，道、德不能划一，天下各得一察以此自好，譬如耳目鼻口，都有所明，不能相通，犹如百家众技，都有所长，时有所用。尽管如此，不完备不全面，都是一曲之士。分判天地之美，离析万物之理，不察古之道术大全，很少有人能够备悉天地的完美，称述神明的容貌。

因此内圣外王的道术，幽暗而不能彰明，郁积而不能抉发。天下的士人各为一己嗜欲，而自造方术。可悲啊！百家方术往于人道而不返天道，必定不合古之道术。后世的学者，不幸不能窥见天地的纯粹，古人的大体，道术将被天下方术割裂。

校注

［1］方术：与下句"道术"对举。

【辨析一】"道术"又称"大方"（蔺撰《山木》，魏撰《秋水》、《则阳》、《管仲》），义本《老子》"大方无隅"。"方术"、"小方"囿于一方一隅，"道术"、"大方"不囿于一方一隅。此为"道术↘方术"之辨。陆西星："'方术'，'道术'之局于一方者也。"钟泰："全者谓之'道术'，分者谓之'方术'。"均能判明其异。○郭注："道术流弊，遂各奋其方。"混淆"方术"、"道术"为一。成疏："'方'，道也。'古之道术'，古术。"王先谦："'方'，道也。'方'，道术。'方'，术也。"张默生："'方术'亦即'道术'。"均属盲从郭注。

"天下之治方术者多矣"三句：贬斥天下"方术"自矜自得地拔高"方术"自居"道术"，即拔技为道，"非所明而明之"（《齐物论》）。义同下文"天下各得一察焉以自好"。参看魏撰《秋水》贬斥孔子"以天下之美为尽在己"。○郭象错误连读"有为"，然后反注："为其所有为，则真为也；为其真为，则无为矣，又何加焉？"妄断反注首句之后，下文系自圆。

［2］道术：语本《大宗师》，与上句"方术"对举。

古之所谓道术者，果恶乎在：第一问。问认识论之道术何在。

［3］无乎不在：第一答。答认识论之道术无乎不在。○旧多混淆于魏撰《知北游》所引庄言"（道体）无所不在"，未明"道体↘道术"之辨（《大宗师》辨析十二、十三）。本体论之道体，"无所不在"于天地万物，也在于不信仰道体存在之人。认识论之道术，"无乎不在"于信仰道体存在之人，亦即分论五章之"古之道术有在于是"。

［4］神何由降？明何由出：第二问。乃问"治方术者"拔高"方术"为"道术"，因而遮蔽"道术"之后，"道术"如何显于天下。

【辨析二】"神"、"明"合词"神明"，即"道体"。参看本章下文"配神明"、"称神明之容"。○首章三次重言的"神明"，不见第二墨子章、第三宋钘章、第四慎到章，仅见第五关尹、老聃章"澹然独与神明居"、第六庄周章"神明往欤"，可证分论五章分为"方术"三章、"道术"二章。

[5]"圣有所生"三句：第二答。"圣有所生，王有所成"，展开下文"内圣外王"，定义认识论之"道术"。"皆原于一"之"一"，即本体论之"道体"。三句乃谓："道术"源于"道体"。○道术源于道体，即源于真一，故"以天为父"（《大宗师》）。方术不源于道体，而源于假一（《齐物论》"劳神明为一"），故"以君为父"。

◎第一章第一节：首明"道术↘方术"之辨，兼明"道体↘道术"之辨。方术原于假一（君主），囿于一方一隅；道术原于真一（道体），超越一方一隅。

[6]不离于宗：义同下句"以天为宗"，均本《大宗师》"以天为父"。二句均谓庄学宗旨"顺应天道"。

[7]天人：义本《大宗师》"知天之所为，知人之所为者，至矣"。内七篇无"天人"。○下文"神人"、"至人"、"圣人"，本于《逍遥游》"至人无己，神人无功，圣人无名"。

[8]不离于精、不离于真："精"、"真"均谓天赋真德。二句均谓庄学真谛"因循内德"。

[9]以德为本，以道为门，兆于变化：三句分扣庄学三义"因循内德，顺应天道，因应外境"。

○第二节第一层：道家"道术"，居于至境；不偏一方，不囿一隅。

[10]"以仁为恩"四句：分扣儒家宗旨"仁义礼乐"。

[11]熏然慈仁，谓之君子：儒家好言"君子"、"小人"。○"熏"旧作"薰"，字通。

○第二节第二层：儒家"方术"，居于大境；偏于一方，囿于一隅。

[12]"以法为分"四句：均为法家宗旨。参看《韩非子·显学》："无参验而必之者，愚也；弗能必而据之者，诬也。故明据先王，必定尧舜者，非愚则诬也。"

［13］"其数一二三四是也"二句：法家主张"王法面前，人人平等"，治术分明。选拔百官，反对儒家之"亲亲"、墨家之"尚贤"，等级分明。详见第四慎到章。

○第二节第三层：法家"方术"，居于小境；偏于一方，囿于一隅。

［14］"以事为常"五句：此论民众既无"道术"，亦无"方术"，仅仅遵行"衣食"之"物理"。

【校勘】"以蓄息畜藏为意"之"以"旧脱，"为意"二字旧误移于"老弱孤寡"后，义不可通。武延绪、陶鸿庆、蒋锡昌、于省吾、王孝鱼、陈鼓应据日本高山寺古钞本校正。

○第二节第四层：民众"无术"，居于初境；以事为常，衣食为主。

◎第一章第二节：运用庄学四境，展开"道术↘方术"之辨。阐明道家"道术"居于至境，儒家"方术"居于大境，法家"方术"居于小境，民众"无术"居于初境。

【辨析三】本节四层，运用道家价值序列"道↘德↘仁↘义↘礼↘乐↘法"，分别对应于庄学四境：第一层，把崇尚"道↘德"的道家"道术"定位于至境；下文"道术"二章，即第五关老章（道术先驱）、第六庄周章（道术大成），对应于此境。第二层，把崇尚"仁↘义↘礼↘乐"的儒家"方术"定位于大境；下文"方术"三章之前二章，即第二墨子章（矫正儒家）、第三宋钘章（矫正墨家），对应于此境。第三层，把崇尚"法"的法家"方术"定位于小境；下文"方术"三章之末章，即第四慎到章，对应于此境。第四层，把没有"方术"的民众定位于初境；下文分论五章，无一对应于此境。○至境"道术"（道家、关老、庄周）无为不治民，大境"方术"（儒家、墨家、宋钘）、小境"方术"（法家、慎到）有为治民，均与民众有关，所以本节完整演绎庄学四境，言及初境民众。下文五章分论"道术"、"方术"，不再言及"无术"的民众。

［15］古之人其备乎：古之"道术"完备，不偏一方、不囿一隅。参看或撰《天地》所引庄言"循于道之谓备"。○"古之人"，乃是第五章"古之博大真人"关尹、老聃之前的古之至人。古之"道术"无乎不在，并非始于关尹、老聃。

〔16〕神明：道体。配神明：道术。

〔17〕本数：道家"道术"所明之"道德"。末度：儒家"方术"所明之"仁义礼乐"，法家"方术"所明之"法"。

【辨析四】儒家"方术"，以"仁义"（末度）僭代"道德"（本数），即"仁义＝道德"。法家"方术"，以"王法"（末度）僭代"道德"（本数），即"王法＝道德"。均非"明于本数，系于末度"之"道术"。○成疏："本数，仁义也。末度，名法也。"不合道家之义。

〔18〕其运无乎不在：此扣篇首"道术无乎不在"，仍谓"道术"之运用无乎不在，非谓"道体"之运用无乎不在。

○第三节第一层：古之"道术"完备，明于本数，系于末度，其运无乎不在。

〔19〕数度：第一层"本数"、"末度"之缩略。

〔20〕旧法世传之史：隐指周之守藏史老聃所创道家。参看《汉书·艺文志》："道家者流，盖出于史官。"

○第三节第二层：古之"道术"大部，存于周室史籍，周室史官多能明之。

〔21〕邹鲁之士、搢jìn绅先生：邹鲁儒家。孔子为鲁人，孟子为邹人。

【校勘】此下旧衍六句二十七字："《诗》以道志，《书》以道事，《礼》以道行，《乐》以道和，《易》以道阴阳，《春秋》以道名分。"隔断文义，破坏本节清晰结构。马叙伦、吕思勉、张恒寿、徐复观、陈鼓应视为注文羼入而删。○南宋朱熹以前之妄人，仅增四句，而且句序、文字均与今本不同，证见明人杨慎《庄子解》："《庄子》曰：'《易》以道阴阳，《书》以道政事，《诗》以道性情，《春秋》以道名分。'为朱子所深取，且曰：'庄子是大秀才，荀子不及。'信矣！或谓其遗《礼》、《乐》而不言，以议其失。非也。《庄子》之言，多举略以例详。如'九渊'之名，止列其三是也。六经而举其四，则《礼》以道中，《乐》以道和，推之可知。"明代杨慎以后之妄人，又据杨慎"推知"的"《礼》以道中，《乐》以道和"，改为"《礼》以道行，《乐》以道和"而增入。再通改前人所增四句，遂成明后通行本之六句二十七字。○旧多不知衍文，视为《天下》撰者推崇"六经"、尊孔尊儒至极之证。

　　○第三节第三层：古之"道术"部分，存于孔门儒书，邹鲁儒生多能明之。

　　[22] 天下：囊括当时所知世界。中国：专指华夏诸族所居之地。

　　[23] 百家之学时或称而道之：百家时或称道古之"道术"残片。

　　○第三节第四层：古之"道术"残片，散于天下中国，百家时或称道。

　　◎第一章第三节：阐明古之"道术"降为今之"方术"的历史轨迹。古之"道术"完备，大部存于今之道家"道术"，部分存于今之儒家"方术"，残片散于今之百家"方术"。

　　【辨析五】本节第一层，总领本节第二、第三、第四层（并非与之并列）。第二层"其明"（道家），第三层"其在"（儒家），第四层"其数"（百家），三"其"均扣第一层"其运无乎不在"（古之道术）。旧多误视第三层（儒家）与第一层（古之道术）并列，作为《天下》尊孔尊儒至极之证。又多误释第四层（百家）从属于第三层（儒家），误释百家称道儒家，也作为《天下》尊孔尊儒至极之证。下文"方术"三章均有"古之道术有在于是"，又均斥儒家，可证百家称道的是古之"道术"残片，并非称道儒家。

　　[24] 天下大乱：周季天下大乱，导致完备的古之道术式微。

　　[25] 贤、圣不明，道、德不一：贤者、圣人不能辨明，乃因各家"方术"对"道"、"德"定义不一。○儒家以"仁义"为"道德"，墨家以"天志"为"道德"，法家以"王法"为"道德"，进而各据"道"、"德"之定义，裁断"圣贤愚不肖"。

　　[26] 天下各得一察焉以自好：上扣篇首"天下之治方术者多矣，皆以其有，为不可加矣"。○郭象为了自圆对篇首之误断，进而误断本句："天下各得一，察焉以自好。"

　　【校勘】"各"旧讹为"多"，形近而讹。严灵峰据郭注"各信其偏见"、成疏"各滞所执"、下文"天下之人各为其所欲焉以自为方"校正。

　　[27] "譬如耳目鼻口"六句：譬解"百家众技"（包括儒家）均属偏于一方、囿于一隅之"方术"。均未"技进于道"（《养生主》），无不拔技为道，无不"非所明而明之"（《齐物论》）。

［28］不赅gāi不遍，一曲之士也：赅，旧作"该"，字通。赅、遍，均训全面完备，上扣"古之人其备乎"。总斥"百家众技"（包括儒家）。〇参看魏撰《秋水》"曲士不可以语于道者，束于教也"，魏撰《则阳》"在物一曲，夫胡为于大方？"

［29］"判天地之美"五句：总斥"百家众技"（包括儒家）。〇旧多谬解本章认为孔子已察"古人之全"，作为《天下》尊孔尊儒至极之证，既与本章义理抵牾，又与魏撰《田子方》贬斥孔子"不知天地之大全"抵牾。

【校勘】"察"前旧脱"不"字，义不可通。本书据文义校补。

◎第一章第四节：贬斥百家"方术"不赅不遍，分判天地万物，未察古之"道术"大全。

［30］内圣：上扣"圣有所生"，即庄学真谛"因循内德"（蕴涵庄学宗旨"顺应天道"）。

外王：上扣"王有所成"，即庄学俗谛"因应外境"。

内圣外王之道：此为认识论之"道"（道术），非本体论之"道"（道体）。

【辨析六】"外王"之"王"，即"应帝"之"王"、"王德之人"（或撰《天地》所引庄言），《齐物论》"王倪"、《德充符》"王骀"、魏撰《则阳》"王果"均为其例。〇旧多谬解"王"为俗王，如成疏："玄圣素王，内也。龙飞九五，外也。"导致庄学专名"内圣外王"转为儒学专名，进而认定"内圣"与《天道》之"素王"均指孔子（均非），作为《天下》尊孔尊儒至极之证。〇"内圣外王"实为概括古之"道术"，又概括集古之"道术"大成的庄子"道术"。是否兼具"内圣"、"外王"，贯彻于下文分论五章之始终。

［31］"是故"三句：小结上文。今之百家"方术"（包括儒家），割裂、遮蔽了"内圣外王"的古之"道术"，使之"暗而不明，郁而不发"。〇割裂即"取"其局部，遮蔽即"舍"其大部不取。知而"舍"之，乃有意之遮蔽；不知而"舍"之，乃无意之遮蔽。

［32］天下之人各为其所欲焉，以自为方：义同篇首"天下之治方术者，皆以其有，为不可加"，上文"天下各得一察焉以自好"。〇梁启超："'以自为方'之方，即'治方术'之方。"

［33］悲夫，百家往而不返，必不合矣：此悲今之百家"方术"（包括

儒家），往于假一，不返真一，必然不合于一，不"原于一"。〇"返"旧作"反"，字通。

[34]"后世之学者"四句：此悲欲学古之"道术"的后世之人，不幸不能窥见天地之纯粹（道体），古人之"道术"大体，因为古之"道术"即将被天下"方术"（包括儒家）割裂、遮蔽。

◎第一章第五节：阐明篇旨。在古之"道术"正在、即将被今之"方术"彻底割裂、彻底遮蔽之际，抉发古之"道术"大全（首章），彰明集古之"道术"大全的庄子"道术"（末章），传诸后世学者。

●第一方术道术总论章：总论天下"方术"偏于一方，囿于一隅，"百家众技"拔技为道，非所明而明之，割裂、遮蔽了不偏一方、不囿一隅的古之"道术"。

二

不侈于后世，不靡于万物，不晖于数度，以绳墨自矫，而备世之急[1]；古之道术有在于是者，墨翟、禽滑釐闻其风而悦之。[2]

为之太过，已之太循[3]。作为《非乐》，命之曰《节用》[4]；生不歌[5]，死无服[6]。墨子泛爱兼利而非斗，其道不怒[7]；又好学，而博不异[8]；不与先王同，毁古之礼乐[9]。古之丧礼，贵贱有仪，上下有等[10]，今墨子独生不歌，死不服，桐棺三寸而无椁，以为法式[11]。以此教人，恐不爱人；以此自行，固不爱己[12]。未败墨子道[13]。虽然，歌而非歌，哭而非哭，乐而非乐，是果类乎[14]？其生也勤，其死也薄，其道太觳，使人忧，使人悲，其行难为也[15]。恐其不可以为圣人之道，反天下之心，天下不堪[16]。墨子虽独能任，奈天下何[17]？离于天下，其去王也远矣。[18]

墨子称道曰："昔禹之湮洪水，决江河而通四夷九州也，名川三百，支川三千，小者无数。禹亲自操橐耜，而九杂天下之川；

腓无胈，胫无毛，沐湛雨，栉疾风，置万国[19]。禹大圣也，而形劳天下也如此。"[20]使后世之墨者，多以裘褐为衣，以屐屩为服[21]，日夜不休，以自苦为极[22]。曰："不能如此，非禹之道也，不足谓墨。"

相里勤之弟子五侯之徒[23]，南方之墨者苦获、已齿、邓陵子之属[24]，俱诵《墨经》[25]，而背适不同，相谓别墨[26]。以坚白、同异之辩相訾，以奇偶、不仵之辞相应[27]。以巨子为圣人[28]，皆愿为之尸，冀得为其后世[29]，至今不决。[30]

墨翟、禽滑釐之意则是，其行则非也[31]。将使后世之墨者，必自苦以腓无胈，胫无毛，相进而已矣[32]。乱之上也，治之下也[33]。虽然，墨子真天下之好者也，将求之不得也[34]。虽枯槁，不舍也。才士也夫！[35]

今译

不取于后世奢侈，不取于靡费万物，不取于彰明制度，用绳墨自律，以备时世急难；古之道术流传后世，墨翟、禽滑釐闻其遗风而心悦诚服。

墨翟有为太过，节制太过刻板。撰作《非乐》，又撰作《节用》；主张生前不歌舞，死后无丧服。墨子兼爱互利而非难争斗，其道主张不怒；又好学，而以主张平等不异者为博学；不与先王相同，毁弃古之礼乐。古之丧礼，贵贱有不同礼仪，上下有不同等级，如今墨子唯独主张生前不歌舞，死后无丧服，桐棺三寸而无外椁，定为人人遵行的法式。以此教人，恐怕不算爱人；以此自律，肯定不算自爱。墨者未曾败坏墨子之道。尽管如此，众人歌唱而墨子非难歌唱，众人哭丧而墨子非难哭丧，众人乐舞而墨子非难乐舞，这果真是同类吗？墨子生而勤苦，死而薄葬，其道太过恐怖，使众人忧愁，使众人悲伤，众人难以践行。恐怕墨学不可作为圣人之道，大反天下之心，天下不堪忍受。墨子虽然独能其任，又奈天下人何？背离天下，距离王德之人也就远了。

墨子称道说："从前夏禹治理洪水，疏浚江河而沟通四夷九州，遍及名川三百，支流三千，沟渠无数。大禹亲自背筐执锹，聚合天下江河；腿肚无肉，小腿无毛，淋着暴雨，顶着狂风，安置万国。夏禹是大圣人，却为了天下如此劳苦身形。"要求后世的墨者，多用兽皮粗布为衣，以草鞋木屐为服，日夜不得休息，以自苦为极致。说："不能如此，即非夏禹之道，不配称为墨者。"

相里勤的弟子五侯之流，南方的墨者苦获、已齿、邓陵子之属，全都诵读《墨经》，然而背反而行大不相同，相互称为墨家别支。他们用坚白、同异的辩题互相批评，以奇偶、不仵的言辞互相回应。每派都以本派巨子为圣人，都想成为巨子传人，希望争得墨家正统，至今不能决出胜负。

墨翟、禽滑釐的意图属是，他们的行为属非。将会导致后世的墨者，必定自苦到腿肚无肉、小腿没毛，相互增进而止。墨学是乱世的上境，治世的下境。尽管如此，墨子真是天下的好人，将难以再次求得。即便身形枯槁，也不肯放弃。一代才士啊！

校注

[1] 侈 chǐ：奢侈。靡 mí：靡费。晖 huī：彰明。

"不侈于后世"五句：墨子所闻"古之道术"残片。○分论五章之章首，均以数句概括某家所闻"古之道术"。

[2] 墨翟 dí（前480—前390）：墨子，名翟。战国初期宋人，宋之大夫（《史记·孟子荀卿列传》），后于孔子（前551—前479）。《汉书·艺文志》著录《墨子》七十一篇，今存五十三篇，亡佚十八篇。

禽滑 gǔ 釐 lí（约前470—约前400）：墨子首徒。战国初期宋人。○"古之道术有在于是者，某某闻其风而悦之"，为分论五章统一句式，上扣首章古之道术"其运无乎不在"。

【辨析七】儒家"方术"未得"古之道术"大全，未能"内圣外王"。稍后的墨子遂据所闻"古之道术"残片，矫正儒学"方术"。墨子反儒，天下皆知，故《淮南子·要略》曰："墨子学儒者之业，受孔子之术，以为其礼扰而不说（悦），厚葬靡财而贫民，服伤生而害事，故背周道而用夏政。"

参看《墨子·非儒》。○首章褒扬"古之道术"、遍斥"天下方术"之后，第二章即称墨学为"古之道术有在于是者"，《天下》未推孔子、儒学为"古之道术大全"之义甚明。旧以《天下》不设论儒专章，作为《天下》尊孔尊儒之证，全反原义。

◎墨子章第一节：道术残片，在于墨学；矫正儒学，固有一察。

[3]"为之太过"二句：已，克制。循，循规蹈矩，引申为刻板僵化。上扣章首"以绳墨自矫"，认为墨子克己太过，矫正儒学亦太过。

【校勘】二"太"旧均作"大"，字通。○"循"旧或讹为"顺"。据陆释一本、成疏均作"循"校正。

[4]作为《非乐》，命之曰《节用》：墨子作《非乐》、《节用》，见于《墨子》。

[5]生不歌:《非乐》认为儒家"礼乐"过于"靡费"。上扣章首"不靡于万物"。

[6]死无服:《节用》认为儒家"丧葬"过于"奢侈"。上扣章首"不侈于后世"。

[7]墨子泛爱兼利而非斗：墨子作《兼爱》，反对儒家对民众不一视同"仁"的"亲亲"之"仁"。墨子作《非攻》，反对"攻"者，帮助"守"者，是为"墨守"。

[8]博不异：以主张人类平等无差异者为博学，以主张人类不平等有差异者（儒者）为寡学。○旧多误断为："又好学而博，不异不与先王同。"义不可通。

【辨析八】撰者褒扬墨子"博不异"，参看魏撰《秋水》"少仲尼之闻"，贬斥孔子闻见不博而"辨异"。○《荀子·非十二子》："不知壹天下、建国家之权称，上功用、大俭约而僈差等，曾不足以容辨异、县（悬）君臣；然而其持之有故，其言之成理，足以欺惑愚众，是墨翟、宋钘也。"反击墨子之"不容辨异"。

[9]不与先王同，毁古之礼乐：先王"亲亲"而"辨异"（辨血缘之异），而以"礼乐"明确人类之等级。墨子反对"亲亲"而"辨异"，主张"尚贤"而"不异"（不辨血缘之异），反对以"礼乐"明确人类之等级。○上扣章

首"不晖于数度",因为先王之"数度",均为"亲亲"而"辨异"之"数度"。

【校勘】此下旧衍七句三十四字:"黄帝有《咸池》,尧有《大章》,舜有《大韶》,禹有《大夏》,汤有《大濩》,文王有辟雍之乐,武王、周公作《武》。"隔断文义,当属注文羼入。本书校删。

[10]"古之丧礼"三句:"慎终追远"之"丧礼",为儒家"礼乐"之核心。

【校勘】"上下有等"下,旧衍四句十七字:"天子棺椁七重,诸侯五重,大夫三重,士再重。"隔断文义,当属注文羼入。本书校删。

[11]"今墨子独生不歌"四句:墨子主张自天子以至庶人,一体遵行薄葬"法式"。反对儒家"礼乐"鼓吹居上位者"侈靡"厚葬。

[12]"以此教人"四句:此谓墨子矫正儒学太过,从主张"爱己"、"爱人"的"兼爱",走向"不爱人"、"不爱己"的"兼不爱"。

[13]未败墨子道:上扣章首"以绳墨自矫"。此谓墨者严格践行墨学,未曾败坏墨子之道。隐斥儒者不能严格践行孔学,常常败坏孔子之道。

[14]"虽然"五句:众人均欲"歌"、"哭"、"乐",而墨子"非歌"、"非哭"、"非乐",遂与众人不"类"。此谓墨子矫正儒学太过,从主张人类"不异",走向与众人异"类"。

[15]"其生也勤"六句:觳:觳hú觫sù,恐惧。此谓墨子之道过于恐怖,天下难以践行。

[16]不可以为圣人之道:此句乃谓墨子"方术"未能"内圣"。

[17]墨子虽独能任,奈天下何:墨子和"未败墨子道"的墨者虽然独能践行墨学,天下却难以践行墨学。

[18]离于天下,其去王也远矣:王,王德之人。此谓墨子"方术"未能"外王"。

【辨析九】郭注:"王者必合天下之欢心而与物俱往也。"反注"王"为俗王。"王德之人"任物自适,反对"与物俱往"。原文贬斥墨子强定天下一体遵行的统一"法式",正是贬斥"与物俱往"。下文慎到章,也贬斥慎到"方术"之"于物无择,与之俱往"。均证郭象乃是反注。郭象唯有反注,方能把庄义"内圣外王"，反转为儒义"内圣外王"。

◎墨子章第二节：墨子方术，舍己救世；大反天下，天下不堪。

〔19〕湮 yān：堵塞。橐 tuó：盛土器。耜 sì：掘土具。鸠杂：聚汇交杂，相互沟通。

腓 féi：小腿后部。胈 bá：腿肚肉。胫 jìng：小腿前部。

【校勘】"名川三百"之"川"，旧讹为"山"，形近而讹。俞樾、郭庆藩、王先谦、刘文典、张默生、方勇、陆永品据《吕览·始览》、《淮南子·坠形训》、日本高山寺古钞本、《太平御览》六八引文、赵谏议本均作"名川"校正。○"橐"旧或讹为"橐"、"槁"，郭庆藩、王叔岷据司马彪注"盛土器"、崔譔注"囊也"、陆释"崔、郭音讬，字则应作橐"、成疏"橐，盛土器也"校正。○"鸠"旧讹为"九"，宣颖、章太炎、张默生据成疏一本、陆释一本均作"鸠"（训"聚"）校正。○"湛"旧讹为"甚"，形近而讹。王念孙、郭庆藩、顾实据陆释引崔譔本作"湛"、《淮南子·修务训》作"淫"校正。

〔20〕禹大圣也，形劳天下也如此：墨子推尊夏禹为"大圣"而"从夏"，异于孔子推尊尧舜、文武为"大圣"而"从周"。

【辨析十】墨子反对儒家宗法伦理之"亲亲"，主张彻底"尚贤"，反对君主世袭，认为"形劳天下"如禹，方为"大圣"，方可为君，遂倡"尧舜禅让"之说。此为墨家在别无替代君主世袭的政治建构之世，最终败给儒家的主因。○后儒吸纳并弱化墨家"圣人为君，贤人为臣"的激进"尚贤"论，不主张"圣人为君"（世袭君主均被视为"圣"），仅主张"贤人为臣"，导致后世废除贵族世袭的世卿制度，实行科举取士。

〔21〕屐 jī 屩 juē：麻曰屐，木曰屩（李颐）。《说文》段注："屐，践泥者也。屩，不可践泥也。"

【校勘】"屐屩"旧作"跂蹻"。王叔岷据陆释引李颐"跂同屐，蹻同屩"、《一切经音义》八九、《太平御览》八二引文均作"屐屩"校正。

〔22〕日夜不休，以自苦为极：上扣"以绳墨自矫"。

◎墨子章第三节：引用墨言，论证上节；自苦为极，日夜不休。

〔23〕相里勤之弟子五侯之徒：北方之墨者。当时以北方（中原）为本

位，故不明言。

　　［24］南方之墨者苦获、已齿、邓陵子之属：在"中国"（中原）之南，故予明言。

　　［25］《墨经》：旧指《墨子》之四篇，即《经上》、《经下》、《经说上》、《经说下》四篇。近人多指《墨子》之六篇，增加《大取》、《小取》二篇。○《墨经》非战国初期的墨子所作，而是战国中晚期的墨者用于论证墨学的逻辑学专著（墨学政治色彩渐趋稀薄），"名家"由此而出（墨学政治色彩渐近于无）。

　　［26］背适：背反而适。相谓别墨：互称对方"墨家别支"（不属正统）。○《韩非子·显学》："自墨子之死也，有相里氏之墨，有相夫氏之墨，有邓陵氏之墨。故孔、墨之后，儒分为八，墨离为三，取舍相反不同，而皆自谓真孔、墨。"

　　【校勘】"背"旧作"倍"，字通。王叔岷、顾实、张默生据《淮南子·览冥训》、陶潜《集圣贤群辅录》均作"背谲"校正。○"適"（适）旧讹为"谲"，形近而讹。顾实、张默生校正。

　　［27］"以坚白、同异之辩相訾"二句：此谓墨家后学渐离墨学宗旨，热衷名辩。从墨子主张人类"不异"，走向各派墨者互相大异。○后世多视"坚白"、"同异"为名家著名辩题，二句可证名家出于墨家。撰者魏牟精通名家之学，决非妄言。

　　【校勘】"奇"旧作"觭"，字通。王先谦、梁启超、方勇、陆永品据成疏作"奇"校正。○"俜"旧讹为"忏"，形近而讹。

　　【辨析十一】孔子鲁人，属于北方。墨子宋人，属于南方。北方墨者渐染儒学，故主"辨异"，大抵主张"离坚白，别同异"，集大成者为赵人公孙龙。参看魏撰《秋水》谓公孙龙"别同异，离坚白"。南方墨者恪守墨学，故主"不异"，大抵主张"合同异，盈坚白"，集大成者为宋人惠施。参看《齐物论》"惠施以坚白之昧终"，《德充符》"子（惠施）以坚白鸣"。《墨子·经上》"坚白不相外也"，同于南方墨者及宋人惠施，异于北方墨者及赵人公孙龙（详见魏撰《惠施》各注）。庄子、魏牟大斥公孙，小斥惠施，与此相关。

［28］巨子：墨学正统、墨子继承人之称。"墨离为三"之后，各派墨者各立巨子，各居正统，贬斥别派为非正统之"别墨"。○墨子首徒禽滑釐，或为首位巨子。

以巨子为圣人：此谓墨家后学陷入派系之争，异于墨子以大禹为圣人。

［29］皆愿为之尸：都想成为巨子嫡系传人。尸，祭礼上扮演死者的嫡系后裔，此处引申为"嫡系传人"。参看《礼记·曲礼》："孙可以为王父尸。"○"尸祝"之"尸"，"屍体"之"屍"，古为二字，简化后二字合一。

［30］至今不决：学理、正统之争，至撰者之时（战国晚期）尚未决出胜负。

【辨析十二】本节言及惠施、公孙龙所属的不同墨者支派，是郭象裁剪《惠施》残篇（惠施、公孙龙章）移入郭象版《天下》篇末之一证。倘若惠施、公孙龙章原属《天下》，当连于本节之后，不当于庄周章之后另辟专章。

◎墨子章第四节：墨家后学，背反各适；各居正统，争斗不休。

［31］墨翟、禽滑釐之意则是，其行则非也："然"其"意"，"不然"其"行"。

［32］"将使后世之墨者"四句：后世墨者竞相"自苦为极"，日趋激进极端。

［33］乱之上也，治之下也：二句总评墨学。视为最上的致乱之"方术"，最下的致治之"方术"。

［34］墨子真天下之好者也，将求之不得也：墨子是难再求得的好人。此谓墨学难以为继。

【校勘】"好"下旧脱"者"字，义不完整。王孝鱼据日本高山寺古钞本校补。

［35］才士也夫：承认墨子是"才士"，不承认墨子是"圣人"。上扣"不可以为圣人之道"。○参看魏撰《盗跖》贬斥孔子"子自谓才士圣人邪?"

◎墨子章第五节：墨子之"意"则是，墨子之"行"则非；好人才士，难以再得。

●第二墨子方术章："方术"三章之首章。墨子矫正儒学太过，只会致乱，难以致治。

三

不累于俗，不饰于物[1]；不苟于人，不忮于众[2]；愿天下之安宁以活民命，人我之养毕足而止，以此白心[3]；古之道术有在于是者，宋钘、尹文闻其风而悦之。[4]

作为华山之冠以自表[5]，接万物以别囿为始[6]，语心之容，命之曰心之行[7]；以恔合欢，以调海内，请欲置之以为主[8]。见侮不辱，救民之斗；禁攻寝兵，救世之战[9]。以此周行天下，上说下教，虽天下不取[10]，强聒而不舍者也[11]。故曰，上下见厌而强见也。[12]

虽然，其为人太多，其自为太少[13]。曰请欲固置五升之饭足矣[14]。先生恐不得饱，弟子虽饥，不忘天下，日夜不休[15]。曰："我必得活哉！"鄙傲乎救世之士哉[16]！曰："君子不为苛察，不以身假物。"[17]以为无益于天下者，明之不如已也[18]。以禁攻寝兵为外[19]，以情欲寡浅为内[20]。其小大精粗，其行适至是而止。[21]

今译

不牵累于俗世，不雕饰于外物；不苛待他人，不虐待民众；唯愿天下安宁而存活民命，人我之养都能满足而止，以此表白心志；古之道术流传后世，宋钘、尹文闻其遗风而心悦诚服。

宋钘头戴华山之冠自表心志，应接万物以告别囿于自我为起点，主张德心宽容，称为心所当行；以自惭之心与人合欢，用于调和海内争斗，吁请天下设置此义为主。主张被人欺侮不是耻辱，用于解救民众争斗；主张禁攻罢兵，用于解救邦国争战。以此周游天下，上说诸侯下教民众，尽管天下不取其说，仍然强行聒噪而不舍弃。所以说，被上下厌烦却强求相见。

尽管如此，宋钘仍然为人太多，为己太少。每天坚持只要置备五升的饭即已满足。先生恐怕不饱，弟子尽管饥饿，仍然不忘天下，日夜不肯休息。说："我必能得以活命！"宋钘鄙薄傲视救世之士！说："君子不苛察人我之分，不把自身假借给外物。"认为无益于天下的学说，彰明之不如放弃之。宋钘以禁攻罢兵作为外王，以嗜欲寡浅作为内圣。宋钘学说的小大精粗，及其践行恰好到此为止。

校注

[1] 不累于俗，不饰于物：此谓不被世俗牵累，不被外物雕饰。

[2] 不苟于人，不忮于众：忮 zhì，《说文》训"很"，今作"狠"。此谓不苛待他人，不虐待民众。○二句针对墨学之"苟于人"、"忮于众"。

【校勘】"苟"旧讹为"苟"，形近而讹，义不可通。章太炎、刘师培、钱基博、蒋锡昌、陈鼓应据下文"君子不为苛察"校正。

[3] 人我之养毕足而止：此句针对墨学之"以自苦为极"。

【辨析十三】墨家"方术"矫正儒家"方术"，仍然未得"古之道术"大全，仍然未能"内圣外王"。稍后的宋钘遂据所闻"古之道术"残片，矫正墨家"方术"。鉴于墨学从"爱人"、"爱己"的"兼爱"，变成"不爱人"、"不爱己"的"兼不爱"，宋钘遂以"爱人"、"爱己"的"人我之养毕足"矫正之。

[4] 宋钘 xíng（约前360—约前290）：战国中期宋人，与孟子（约前372—约前289）、庄子（前369—前286）同时，曾游齐国稷下学宫。《庄子·逍遥游》、《韩非子·显学》称"宋荣子"，《荀子·非十二子》称"宋钘"，《孟子·告子》称"宋牼" kēng。《汉书·艺文志》著录《宋子》十八篇，今已全佚。郭沫若认为《管子》之《内业》、《心术》、《白心》，是宋钘、尹文遗说。本节"以此白心"是其一证。

尹文（约前350—约前285）：宋钘弟子。战国中期齐人。《吕览·正名》、《公孙龙子·迹府》载其游说齐湣王。《汉书·艺文志》著录《尹文子》一篇，颜师古注引刘向："与宋钘俱游稷下。"今存《尹文子》二篇，学者多疑后人伪托。

◎宋钘章第一节：道术残片，在于宋钘；矫正墨学，固有一察。

［５］作为华huà山之冠以自表：华山上下均平，作冠象之，表己心均平（陆释）。○这是对墨学主张人类平等"不异"之继承。

［６］别囿yòu：告别囿于自我，超越人我之分。○这是对墨学主张平等"不异"之发展，义近庄学"丧我"，故《逍遥游》小褒宋荣子。

【校勘】"囿"旧作"宥"，字通。毕沅、钱基博、张默生、蒋锡昌、陈鼓应、方勇、陆永品据《吕览·去宥》之"宥"亦通"囿"校正。

［７］语心之容，命之曰心之行：主张德心宽容，称为心所当行。上扣"不苟于人，不忮于众"。

［８］"以恶合欢"三句：恶nǔ，惭也（《说文》），自愧（《方言》）。自愧则去自执，去执则能别囿，方能与人合欢，遂能调和海内。

【校勘】"恶"旧作"聏"，字通。《集韵》："聏，惭也。"旧谓"聏"ér通"胹"。《说文》"胹"训"烂"，《方言》"胹"训"执"，义均难通。○"歡"（欢）旧作"驩"，字通。

［９］"见侮不辱"四句：参看《逍遥游》谓宋荣子"辨乎荣辱之境"。○这是对墨学主张"不怒"、"非攻"之继承。

［１０］天下不取：此扣墨学"天下不堪"，宋学程度略轻。

［１１］强聒guō而不舍：此扣墨子"虽枯槁，不舍也"，宋学程度略轻。

［１２］上下见厌而强见：参看《逍遥游》谓宋荣子"举世非之而不加沮"。○墨子曾说楚王罢兵攻宋（《墨子·公输》），宋钘效之。《孟子·告子》："宋牼将之楚，孟子遇于石丘，曰：'先生将何之？'曰：'吾闻秦、楚构兵，我将见楚王，说而罢之。楚王不悦，我将见秦王，说而罢之。'"

◎宋钘章第二节：宋钘方术，存己救世；小反天下，天下不取。

［１３］其为人太多，其自为太少：此扣墨学"为人极多，自为极少"，宋学程度略轻。

［１４］日请欲固置五升之饭足矣：上扣章首"人我之养毕足"。○这是对墨学主张"不侈不靡"、"节用"之继承。

【校勘】"请欲"前之"日"，旧讹为"曰"，形近而讹。郭象遂误断"请欲固置五升之饭足矣"至"日夜不休"为宋钘语，误释"宋钘、尹文称天下为先生，自称为弟子"（郭注）。义不可通。刘文典据成疏"一日之食"、日本高山寺古钞本、《太平御览》八五〇引文均作"日"校正。

［15］不忘天下，日夜不休：此扣墨子"日夜不休，以自苦为极"，宋学程度略轻。

［16］鄙傲乎救世之士哉：救世之士，隐指墨子。宋钘鄙傲墨子之理由，见下四句。

【校勘】"鄙"原作"啚"，后讹为"圖"（图），形近而讹。章太炎、马叙伦、钱基博校正。〇《齐物论》"圣人之所鄙"之"鄙"，原亦作"啚"，后亦讹为"圖"（闻一多、蒋锡昌、李勉、王叔岷校正）。

［17］君子不为苛察，不以身假物：墨子"苛察"人我之分，只"为人"，不"为我"。宋钘矫正为"不苛察"人我之分，既"为人"，又"为我"。墨子"以身假物"，舍己救世。宋钘矫正为"不以身假物"，存己救世。

【辨析十四】众人"自乐为极"地极端"为我"。墨子"反天下之心"，"自苦为极"地极端"为人"。均属未能"别囿"，均属"苛察"人我之分，仅是方向相反。故宋钘对墨学之矫枉过正，再予矫正。

［18］以为无益于天下者，明之不如已也：宋钘认为墨学"非所明而明之"（《齐物论》），无益于天下，彰明之不如停止之。

［19］以禁攻寝兵为外：此谓宋钘主张"禁攻寝兵"，不足以"外王"。

［20］以情欲寡浅为内：此谓宋钘主张"情欲寡浅"，不足以"内圣"。

［21］其小大精粗，其行适至是而止：反扣首章"古之人其备乎！明于本数，系于末度；六通四辟，小大精粗，其运无乎不在"。〇参看《逍遥游》谓宋钘"斯已矣"、"犹有未树"。

【辨析十五】《逍遥游》："宋荣子举世誉之而不加劝，举世非之而不加沮，定乎内外之分，辨乎荣辱之境，斯已矣。彼其于世，未数数然也。虽然，犹有未树也。"本章基本与之相合。撰者认为，墨子"方术"极不完备，小大精粗，其行适至是而不止，由于大"反天下之心"，所以"天下不堪"、"奈天下何"，未达"内圣外王"。矫正墨学的宋钘"方术"仍不完备，"其小大精粗，其行适至是而止"，由于仍然小"反天下之心"，所以仍然"天下不取”、“上下见厌”，仍然未达“内圣外王”。

◎宋钘章第三节：引用宋言，论证上节；不忘天下，日夜不休。

●第三宋钘方术章：“方术”三章之次章。宋钘矫正墨子可取，兼爱人我，犹有未树。

四

公而不党，易而无私，决然无主，趣物而不两，不顾于虑，不谋于知，于物无择，与之俱往[1]；古之道术有在于是者，彭蒙、田骈、慎到闻其风而悦之。[2]

齐万物以为首[3]，曰：“天能覆之而不能载之，地能载之而不能覆之，大道能包之而不能辨之。”[4]知万物皆有所可，有所不可[5]，故曰：“选则不遍[6]，教则不至[7]，道则无遗者矣。”[8]

是故慎到弃知去己[9]，而缘不得已[10]；泠汰于物[11]，以为道理[12]。曰：“知不知，将薄知，而复邻伤之者也。”[13]謑髁无任，而笑天下之尚贤也；纵脱无行，而非天下之大圣也[14]。椎拍輐断[15]，与物宛转[16]；舍是与非，苟可以免[17]；不师知虑，不知前后[18]；巍然而已矣[19]。推而后行，曳而后往，若飘风之还，若落羽之旋，若磨石之隧[20]；全而无非，动静无过，未尝有罪[21]。是何故？夫无知之物，无建己之患，无用知之累[22]，动静不离于理[23]，是以终身无誉[24]。故曰：“至于若无知之物而已，无用贤圣[25]。夫块不失道。”[26]豪杰相与笑之曰：“慎到之道，非生人之行，而至死人之理，适得怪焉。”[27]

田骈亦然，学于彭蒙，得不教焉[28]。彭蒙之师曰[29]：“古之道人[30]，至于莫之是、莫之非而已矣。其风窢然，恶可而言？”[31]

常反人，不见观，而不免于魭断[32]。其所谓道，非道[33]；而所言之韪，不免于非[34]。彭蒙、田骈、慎到不知道[35]。虽然，概乎皆尝有闻者也。[36]

今译

公正而不偏党，简易而无私心，决断是非别无宗主，取舍外物不存两套标准，无所顾虑，不谋心知，对物无所选择，与之同往。古之道术流传后世，彭蒙、田骈、慎到闻其遗风而心悦诚服。

慎到以齐同万物为首务，说："苍天能覆盖万物却不能承载万物，大地能承载万物却不能覆盖万物，大道能包容万物却不能分辨万物。"可知万物皆有值得认可之处，也有不值得认可之处，所以慎到说："选择就不普遍，教化就不能至，王道则无所遗漏。"

所以慎到摈弃心知去除自我，而因循不可废止的王道；任凭民众竞争淘汰，作为仿效天道的人间之理。说："知晓人之不知，必将迫近所知，而又相邻伤及所知。"主张一任王道不任贤人，而嘲笑天下之崇尚贤人；主张放纵洒脱不尚德行，而非难天下之尊崇圣人。尖锐拍击圆润裁断，随顺物情宛转；舍弃是非成心，可免主观裁断；不师心知顾虑，不知前因后果；巍然不动而止。被推动而后行，被牵引而后往，有如飘风之回还，有如落羽之盘旋，有如磨石之循环；周全然而无非，动静没有过失，未尝有所罪错。这是何故？无知之物，没有建树自己的祸患，没有运用心知的牵累，动静不离王道之理，所以终身没有毁誉。所以慎到说："达至有如无知之物而止，无须任用贤人圣人。无知土块不会失道。"豪杰共同嘲笑他说："慎到之道，并非使人得生之道，而是使人致死之理，只得视为怪论。"

田骈也是如此。田骈学于彭蒙，得到不言之教。彭蒙之师说："古之修习道术之人，达至无所是、无所非就停止。古之道术风行天下，何须有言？"

他们常常违反人性，不被世人赏识，而不能免于武断。他们所言之道，并非真道；所言之是，其实属非。彭蒙、田骈、慎到不知天道。尽管如此，大概都曾有闻古之道术。

校注

[1]"公而不党"八句：慎到所闻古之"道术"残片。义详下文。

【校勘】"黨"（党）旧讹为"當"（当），形近而讹。卢文弨、王先谦、刘文典据道藏白文本、注疏本、赵谏议本、陆释引崔譔本均作"党"、崔譔注"至公无党"、成疏"公正而不阿党"校正。

【辨析十六】宋钘"方术"矫正墨子"方术"，仍然未得"古之道术"大全；仍然未能"内圣外王"，故稍后的慎到又据所闻"古之道术"残片，矫正宋钘"方术"。○本章评议法家方术之得失，不以兼重"道—法—术—势"的法家集大成者韩非为例，乃因韩非晚于魏牟；不以重"法"的法家先驱商鞅、重"术"的法家重镇申不害为例，乃因二者过于悖道；仅以重"势"的黄老法家慎到为例，乃因慎到"方术"合于"道术"的成分较多。慎到所闻"古之道术"八句，原本均属道家对"天道"的认知和描述。然而慎到以及一切法家，均把道家对"天道"的认知和描述，移用于描述、建构"王法"，此即"法家出于道家"、"黄老兼取道家法家"、《史记》老子韩非同传的共同谜底。

［2］慎到（约前350—约前275）：战国中晚期赵人，略后于宋钘，曾游齐国稷下学宫。《汉书·艺文志》著录《慎子》四十二篇，其后散佚。今存《威德》、《因循》、《民杂》、《知忠》、《德立》、《君人》、《君臣》等篇佚文若干。

田骈pián（约前360—约前290）：战国中晚期齐人，略先慎到，略晚彭蒙，曾游齐国稷下学宫，成为彭蒙弟子。《汉书·艺文志》著录《田子》二十五篇，今已全佚。

彭蒙（约前370—约前310）：战国中晚期齐人，略先田骈。曾游齐国稷下学宫。○《史记·孟子荀卿列传》："慎到，赵人；田骈，齐人，皆学黄老道德之术，因发明序其指意。"《汉书·艺文志》未著录彭蒙之书。《史记·孟子荀卿列传》亦未言及彭蒙。

【辨析十七】墨子章之"墨翟、禽滑釐"，宋钘章之"宋钘、尹文"，均先师后徒。慎到章之"彭蒙、田骈、慎到"，并非先师后徒，仅是"方术"相近。慎到虽列于后，实为本章主角。彭蒙、田骈略先慎到，故列于前，实为附及。意在章末引出"彭蒙之师"，逆溯引出下章"关尹老聃"。

◎慎到章第一节：道术残片，在于慎到；矫正宋钘，固有一察。

[3] 齐万物以为首：把齐同万物（民众），视为治民之首务。〇此为慎到以及一切法家反对儒家"亲亲"、墨家"尚贤"之根本主张。"亲亲"、"尚贤"均无法实现"王法面前，人人平等"。故儒家主张"刑不上大夫，礼不下庶人"，法家主张"王子犯法，与庶民同罪"（不含"王"）。

　　【辨析十八】庄义"齐物"，乃是"下齐上不齐"的"不齐之齐"，即认为万物的物德之质齐一于道，无须剪齐万物的物德之量，故主张不治天下。慎到之"齐万物"，乃是"上齐下不齐"的齐一于法，须用王法剪齐民众的物德之量，使成"编户齐民"，便于天下大治。〇旧多望文生义，以为慎到之"齐万物"同于庄子之"齐物"。傅斯年进而据此妄言《齐物论》非庄所撰，而为慎到所撰。

　　[4]"天能……不能……"三句：慎到认为，天、地、大道（天道）均有"不能"，均有缺陷。〇此为法家的天道论。道家认为天道无所不能，毫无缺陷。

　　[5] 知万物皆有所可，有所不可：此承上句。以"万物"统称天、地、大道。参看魏撰《则阳》斥为"未免于物"，即视道为物。

　　[6] 选则不遍：儒家首先"亲亲"，然后"选"贤。墨家反对"亲亲"，纯粹"选"贤。慎到反对"选"贤。

　　[7] 教则不至：儒家、墨家、宋钘均主张教化天下，慎到反对教化天下。主张"以吏为师，以法为教"（《韩非子》）。

　　[8] 道则无遗者矣：上引慎到所言"大道"，即天道。此引慎到所言"道"，乃"王道"，即僭代天道的王法。慎到认为"大道"（天道）有所"不能"、有所"遗"，"道"（王法）则无所"不能"、无所"遗"。

　　◎慎到章第二节：慎到方术，剪齐万物；以法代道，纯任王法。

　　[9] 弃知：针对"选贤教化"的儒墨"方术"。义本《老子》"绝圣弃知，民利百倍；绝仁弃义，民复孝慈；绝巧弃利，盗贼无有"。〇选贤教化的"方术"，无不自矜已知"为不可加"（自居圣贤，故欲教化他人）。法家主张"弃知"，不自矜已知"为不可加"（故不自居圣贤，反对教化他人），仅仅自矜"王法"为不可加，故为终极"方术"。

　　去己：针对"有己"的宋钘"方术"。〇道家主张"弃知去己"，乃是针对君主，视君为愚；要求君主认知自己之愚，顺应天道。法家主张"弃知去己"，则是针对民众，视民为愚；要求民众认知自己之愚，顺从王法。

〔10〕而缘不得已：道家、法家均主张"缘不得已"，然而道家主张缘"天道"，法家主张缘"王法"（《慎子·因循》）。

〔11〕泠汰于物：义同章首"于物无择"。不因亲疏（针对儒家"亲亲"）、贤愚（针对墨家"尚贤"）而有选择、偏袒，任凭民众生存竞争，自然淘汰。近于社会达尔文主义、法西斯主义。

〔12〕以为道理：以"道"（王法）为"大道"（天道）之理。

〔13〕知不知，将薄知，而复邻伤之者也：知道人皆有所不知，不知之域将会迫近所知之域，而又相邻伤及所知。〇道家、法家均认为人难尽知天道，道家由此主张一任"天道"，不治天下，法家由此主张一任"王法"，大治天下。

【校勘】"復"（复）旧讹为"後"（后），形近而讹。孙诒让、武延绪、钱基博据郭注训"又"校正。

〔14〕"謑髁无任"四句：謑xǐ髁kē，其义难明。参看马叙伦："'謑髁'即'懈惰'之借。"无任，不任圣贤。乃谓纯任王法不任圣贤，放纵洒脱不尚德行，故笑天下之崇尚贤圣。〇儒家"亲亲辨异"而有限"尚贤"，主张以"礼"治天下。墨家"平等不异"而极端"尚贤"，主张以"义"治天下。法家反对儒墨"尚贤"，主张以"法"治天下。道家反对一切有为之治，主张不治天下。

【校勘】"大圣"下旧脱"也"字。王孝鱼据日本高山寺古钞本校补。

〔15〕椎zhuī：同"锥"，尖锐。拍：拍板。輐wàn：同"圆"，无棱角。断：断案。

〔16〕与物宛转：随顺物情而宛转变化。二句乃谓君主依法裁断一切，仅仅参验事实。此扣章首"决然无主"、"趣物而不两"。〇旧多误释"輐断"为"武断"，与"与物宛转"抵牾。又多误视义同下文"刓断"，亦不可通。此处"輐断"为慎到之主张，乃是褒词。下文"刓断"为撰者之批评，则是贬词。二词之义若同，撰者必不换词。

〔17〕舍是与非，苟可以免：君主任法而治，必须舍弃"亲亲"、"尚贤"

等相对是非，方可免于裁断不公。

　　〔18〕不师知虑，不知前后：上扣章首"不顾于虑，不谋于知"。此谓君主不当自矜己知，不当顾虑当事人以前的功过，不当顾虑公正断案以后的影响。

　　〔19〕巍然而已矣："巍"旧作"魏"，字通。君主不能任意改变王法，务使巍然不动。○法家的理论主张如此，实则难以制约王法之朝令夕改。

　　〔20〕"推而后行"五句：上扣节首"弃知去己，而缘不得已"、上文"与物宛转"。主张君主听任王法之循环旋转，"无为而治"。○道家主张听任"天道"之循环旋转，无为不治。法家所谓"无为而治"，"无为"仅指不任意改变王法。以法治民，实属"有为"。

　　【校勘】"落"字旧脱。严灵峰、陈鼓应据成疏"如落羽之旋"校补。

　　〔21〕全而无非，动静无过，未尝有罪：君主一任"王法"、"无为而治"，就能周全而无非，动静均不过分，永远不会出错。

　　〔22〕无建己之患，无用知之累：二句分扣"去己"、"弃知"。○法家认为君主亦当"弃知去己"（理论主张如此，实则难以制约），方无患累。

　　〔23〕动静不离于理：上扣"泠汰于物，以为道理"。

　　〔24〕是以终身无誉：誉，兼训毁誉，复义偏举。有誉则有毁，无誉则无毁。○秦始皇崇尚法家"方术"，废除意在誉君的"谥法"，其意即为无誉则无毁。

　　〔25〕至于若无知之物而已，无用贤圣：上扣"笑天下之尚贤"、"非天下之大圣"。

　　【辨析十九】郭象反注："唯圣人然后能去知与故，循天之理，故愚智处宜，贵贱当位，贤不肖袭情，而云'无用圣贤'，所以为'不知道'也。"主张"愚智处宜，贵贱当位，贤不肖袭情"，与魏撰《秋水》"以道观之，物无贵贱"抵牾。贬斥慎到主张"无用圣贤"，则是以儒斥法。引用原文"不知道"，则是以儒解庄之反注。○撰者贬斥慎到"不知道"，乃是慎到以"王法"僭代"天道"，并非慎到主张"无用贤圣"。下章称颂之老聃，即主张"不尚贤，使民不争"（《老子》）。魏撰《庚桑楚》亦主张"举贤则民相轧"，魏撰《管仲》亦贬斥"尧知贤人之利天下也，而不知其贼天下也"。

［26］夫块不失道：慎到认为，土块无知，故不失道。人类自矜有限之知，必然失道。○郭象反注："道无所不在，而云'土块乃不失道'，所以为'不知'。"既知"道无所不在"，则亦在土块，土块岂能失道？既知"道无所不在"，为何否定"道"之存在，主张万物"独化自得"？足见郭义之"无经纬本末"（蔺撰《寓言》）、"终始本末不相坐"（刘安版杂篇《泰初》）。

［27］"豪杰相与笑之曰"以下四句：托于"豪杰"，以言己意。上扣慎到之言"以为道理"。阐明"大道"（天道）乃是使人得生之道，慎到之"道"（王法）则是使人致死之理，是不足"以为道理"的"怪论"。

【辨析二十】《慎子·威德》："法虽不善，犹愈于无法，所以一人心也。"纯任"王法"治民，表面似为"法治"，本质仍属"人治"，是比有限"尚贤"的儒家、极端"尚贤"的墨家更为极端的"人治"，即君主专制的超级"人治"。君主之知远逊圣贤之知，因此君主所定"王法"，必为"不善"之恶法。一切"王法"，均属以人灭天、以"法"僭"道"、"代大匠斫"的悖道恶法。纯任"不善"之恶法，不可能"愈于"纯任天道旋转的"无法"。仅在"不善"之"法"可由民意修正而渐趋善法、渐近天道的前提下，"法虽不善，犹愈于无法"方能成立。

◎慎到章第三节：引用慎言，论证上节；不尚圣贤，纯任王法。

［28］"田骈亦然"三句：彭蒙、田骈师徒先于慎到，"方术"略同，附论及之，以明以法代道的黄老学派影响甚大。

【辨析二一】《尸子·广泽》："田子贵均。"《吕览·不二》："陈骈贵齐。"《尹文子·大道下》："彭蒙（谓宋钘）曰：'子之乱名甚矣。圣人者，自己出也；圣法者，自理出也。理出于己，己非理也；己能出理，理非己也。故圣人之治，独治者也；圣法之治，则无不治矣。……'宋子犹惑，质于田子。田子曰：'蒙之言然。'"可证慎到、田骈、彭蒙均属崇尚"圣法之治"的黄老法家，全都反对崇尚"圣人之治"的宋钘、尹文。五人均游齐国稷下学宫。慎到、田骈、彭蒙所属黄老法家为稷下主流，影响遍及天下。

［29］彭蒙之师：此为扭转"方术"三章之顺时而下，转为逆时而上，转入"道术"二章的结构性标志人物，也是道家转入黄老学派，通向法家的中间一环。○郭沫若《十批判书》："彭蒙之师应该是墨翟、子思同年辈

的人物，不是道家的总老师，必然更有其师。或者也就是杨朱的弟子。”

［30］古之道人：直指下章“古之博大真人”关尹、老聃。

［31］窢 huò 然：逆风声。隐喻“道术”二章之关尹、老聃、庄周逆天下“方术”而行。

恶 wū 可而言：古之道术，属于“无言之教”。〇《老子》"圣人处无为之事，行不言之教"，"不言之教，无为之益，天下希及之"，"知者不言，言者不知"，"多言数穷"。

◎慎到章第四节：彭蒙、田骈，慎到同道；彭蒙之师，道家之徒。

［32］常反人，不见观：上扣墨子大"反天下之心"、"天下不堪"，宋钘小"反天下之心"、"天下不取"。

不免于魭 yuán 断：不免于武断。〇慎到自以为纯任王法，决不武断，然而以为“大道”（天道）不如“道”（王法），实为极端武断。

［33］其所谓道，非道：点破慎到之“道”，乃是有为治人之“人道”，并非无为不治之“天道”。

［34］所言之韪 wěi，不免于非：慎到自以为是，自矜"不可加"，"得一察焉以自好"，"自以为方"，实则仍然属非，并非"不可加"。

［35］彭蒙、田骈、慎到不知道：既不知“道体”，亦不知“道术”（内圣外王之道）。

［36］虽然，概乎皆尝有闻者也：小结顺时而下的“方术”三章，以启逆时而上的“道术”二章。

【辨析二二】“方术”三章论列“百家众技”的三家代表性“方术”，阐明矫正儒家的墨家，矫正墨家的宋钘、尹文，矫正宋钘、尹文的彭蒙、田骈、慎到，无不有闻“内圣外王”的“古之道术”残片，从而“各得一察”地矫正其他“方术”之不足，但均不知“内圣外王”的古之“道术”大全，未能阻止“道术将为天下裂”的可悲趋势。

◎慎到章第五节：慎到之徒，常反人性；不知天道，天下不观。

●第四慎到方术章：“方术”三章之末章。慎到矫正宋钘悖道，所言之是，不免于非。

五

以本为精[1]，以物为粗[2]，以有积为不足[3]，澹然独与神明居[4]；古之道术有在于是者，关尹、老聃闻其风而悦之。[5]

建之以常无有[6]，主之以太一[7]；以濡弱谦下为表[8]，以空虚不毁万物为实。[9]

关尹曰："在己无居[10]，形物自著[11]。其动若水，其静若镜，其应若响[12]。芴乎若亡，寂乎若清[13]。同焉者和[14]，得焉者失[15]。未尝先人，而常随人。"[16]

老聃曰："知其雄，守其雌，为天下溪[17]；知其白，守其辱，为天下谷。"[18]人皆取先，己独取后[19]。曰："受天下之垢。"[20]人皆取实，己独取虚[21]。无藏也，故有余，岿然而有余[22]。其行身也，徐而不费[23]。无为也，而笑巧[24]。人皆求福，己独曲全[25]。曰："苟免于咎。"[26]以深为根[27]，以约为纪[28]。曰："坚则毁矣，锐则挫矣。"[29]常宽于物，不削于人。[30]

可谓至极，关尹、老聃乎[31]？古之博大真人哉！[32]

今译

以物德为精微，以万物为粗陋，以有所积聚为不足，淡然独与神明之道同在；古之道术流传后世，关尹、老聃闻其遗风而心悦诚服。

关尹、老聃主张总是致无己有，主张信仰至高道一；以柔弱守雌、谦退居下为内圣之表征，以虚怀若谷、不毁万物为外王之实质。

关尹说："道在己身永不自居，听任万物自适其适。顺道而动有如流水，循德而静有如明镜，因应外境如响应声。恍惚有如消亡，寂静有如清水。齐同之人合和，有得之人有失。未尝先于他人，常常随顺他人。"

老聃说："知晓雄强，退守雌弱，成为天下的溪流；知晓纯白，退守玷辱，成为天下的山谷。"他人皆取居先，自己独取处后。老聃说："承受天下的污垢。"他人皆取实有，自己独取虚无。不藏财富，所以有余，岿然不动而后有余。行身于世，徐缓从容而不靡费。顺道无为，而笑他人有为取巧。他人皆求福乐，自己独取曲全。老聃说："只求免于犯错。"以深藏为根本，以简约为纲纪。老聃说："坚强就会毁坏，尖锐就会钝挫。"总是宽待外物，不能侵削他人。

可称至极吗，关尹、老聃？古之博大真人啊！

校注

［1］以本为精：上扣首章"以德为本"、"不离于精"。○旧多误释"本"为"道"，未明撰者以德为"本"，以道为"根"，演绎庄义"循德进道"。

［2］以物为粗："道术"系于"道"，不系于"物"。○"方术"系于"物"，不系于"道"。

［3］以有积为不足：此谓自"逍"己德，即"内圣"。反扣篇首"天下之治方术者，皆以其有，为不可加"。○此为"道术＼方术"之分水岭。《老子》"广德若不足"，《大宗师》"若不足而不承"，均明此义。

［4］澹 dàn 然独与神明居：此谓"遥"达彼道，即"外王"。○首章三言之"神明"（道），未见"方术"三章，至此始见。"独"字点明，关尹、老聃独得"古之道术"大全。

［5］"古之道术有在于是者"二句：关尹、老聃之"道术"，并非凭空自创，亦有闻于"古之道术"（参看首章"其明而在数度者，旧法世传之史尚多有之"），故仍沿用分论五章的统一句式。○老聃为道家始祖（详见《养生主》注），关尹为老聃弟子（详见《达生》注），撰者将关尹列于老聃之前，理由详下。

◎关老章第一节：道术大全，在于关老；循德进道，内圣外王。

［6］建之以常无有：此扣章首"以有积为不足"，仍谓自"逍"己德。

【辨析二三】"常无有"义同《逍遥游》"无何有"，"无"为动词，训致无，即《齐物论》"寓诸无"。"有"即开篇首句"皆以其有"之"有"，谓一己所知。〇旧释"常无有"，往往牵扯《老子》"常无，欲以观其妙；常有，欲以观其徼"，望文生义。慎到章"无建己之患"，义同"建之以常无有"，亦证旧解之非。法家领悟道家之义，远胜别家方术，故为"终极方术"。

[7]主之以太一：此扣章首"澹然独与神明居"，仍谓"遥"达彼道。〇"太一"即道一。《老子》"吾不知其名，字之曰道，强为之名曰太一"（"太"旧作"大"，"一"字旧脱。郭沫若据《吕览·大乐》"道也者，不可为名。强为之名，谓之太一"校正）。"神明"、"太一"，均属强为之名的"道"之假名。

[8]以濡弱谦下为表：关老"道术"之"内圣"，仍谓自"逍"己德，仍扣章首"以有积为不足"。〇《老子》"柔弱胜刚强"、"必以言下之"。《汉书·艺文志》"道家者流，清虚以自守，卑弱以自持"。

[9]以空虚不毁万物为实：关老"道术"之"外王"，仍谓"遥"达彼道，仍扣章首"澹然独与神明居"。〇《老子》"致虚极"、"圣人不伤人"。

◎关老章第二节：关老道术，内圣外王；自"逍"己德，"遥"达彼道。

[10]在己无居：无己丧我，不居有道。仍谓自"逍"己德之"内圣"。〇关尹首重此义，庄子承之。参看《逍遥游》"至人无己"，《齐物论》"丧我"、"葆光"，《养生主》"善刀而藏之"，《人间世》"支离其德"，《德充符》"才全而德不形，内葆之而外不荡"，《大宗师》"不雄成，不自得"，《应帝王》"无见得"。

[11]形物自著：听任有形万物自适其适。仍谓"遥"达彼道之"外王"。〇关尹次重此义，庄子亦承之。参看《齐物论》"吹万不同"、"天地与我并生，万物与我为一"，《人间世》"先存诸己而后存诸人"，《大宗师》"自适其适"。

〇关尹第一义：无己丧我而"内圣"，任物自适而"外王"。

[12]其动若水，其静若镜，其应若响：三句分扣"顺应天道，因循内德，因应外境"。庄学三义之内涵、次序，与之全同。

【辨析二四】老聃首创以水喻道，以水之动，譬解"顺应天道"。关尹承之，庄子又承之。故《大宗师》曰："鱼相造乎水，人相造乎道。"〇关尹首创以镜喻德：以镜之静，譬解"因循内德"；以镜之应，譬解"因应外境"。庄子承之，故《应帝王》曰："至人之用心若镜，不将不迎，应而不藏，故能胜物而不伤。"〇庄子首创水、镜合喻，总摄水之动与静，镜之静与应，故《德充符》曰："人莫鉴于流水而鉴于止水"，"水停之盛也，其可以为法"。

〇关尹第二义：顺应天道，因循内德，因应外境。

［13］芴乎若亡，寂乎若清：摹状自"逍"己德之"内圣"。〇《吕览·不二》："关尹贵清，子列子贵虚。"列子为关尹弟子。庄子承之，如《大宗师》"古之真人，其心忘，其容寂"。"清"、"虚"、"忘"、"寂"义同。

〇关尹第三义：葆德清虚，自"道"己德。

［14］同焉者和：齐同万物，方能合和万物。抉发"遥"达彼道之"外王"一义，就万物总体而言。〇庄子承之，参看《德充符》"自其同者视之，万物皆一也"、"游心乎德之和"，《大宗师》"假于异物，托于同体"。

［15］得焉者失：此物之得，即为彼物之失。抉发"遥"达彼道之"外王"二义，就万物个体而言。〇庄子承之，参看《齐物论》"道通为一。其分也，成也；其成也，毁也。凡物无成与毁，复通为一"，《德充符》"物视其所一，而不见其所丧"。

〇关尹第四义：齐同万物，"遥"达彼道。

［16］未尝先人，而常随人：总结自"逍"己德之"内圣"，"遥"达彼道之"外王"。〇此义承自老聃"人皆取先，己独取后"（下节），庄子亦承之，参看《德充符》"未尝闻其有唱者也，常和人而已矣"、"和而不唱"。

〇关尹第五义：先人后己，内圣外王。

【辨析二五】《关尹子》九篇全佚，魏撰《天下》所引本节十一句四十四字，是今日仅存的关尹遗说。〇老聃道术"外王内圣"（详下节），外向而注重群体。关尹道术"内圣外王"，内转而注重个体。庄周道术"内圣外王"（详下章），格局远承祖师老聃，义理直承宗师关尹，又均大大突破。魏撰《天下》遂将老聃弟子关尹，列于老聃之前。

◎关老章第三节：先引关言，抉发关尹"道术"之宗旨："内圣"为主，"外王"为辅。

［17］知其雄，守其雌，为天下溪：语见《老子》，各本均同。

〔18〕知其白，守其辱，为天下谷：语见长沙马王堆西汉帛书甲本、乙本《老子》、北京大学藏西汉竹简本《老子》及王弼本《老子》。河上公本《老子》改"白"为"荣"，已非先秦旧貌。辱亦训黑，非"荣辱"之"辱"，字又作"黵"。《广雅》："辱，污也。"《玉篇》："辱，垢黑也。"《广韵》："黵，黑垢。"○节首"老聃曰"六句，引自先秦《老子》，乃是老学总纲。

○老聃第一义：由"知雄守雌，知白守黑"之"内圣"，至"为天下溪，为天下谷"之"外王"。

〔19〕人皆取先，己独取后：概括老聃一义。义本《老子》"圣人后其身而身先"，"必以身后之"，"不敢为天下先"，"不敢为主而为客"。

〔20〕受天下之垢：再引老言以证。语本《老子》"受国之垢，是谓社稷主"。

○老聃第二义：由"取后"、"为客"之"内圣"，至"为社稷主"之"外王"。

〔21〕人皆取实，己独取虚：概括老义。义本《老子》"致虚极，守静笃"。

〔22〕无藏也，故有余，岿kuī然而有余：概括老义。义本《老子》"既以为人，己愈有；既以与人，己愈多"，"天之道，损有余而补不足"。

〔23〕其行身也，徐而不费：概括老义。义本《老子》"圣人后其身而身先，外其身而身存"。

○老聃第三义：由"无藏"、"不积"之"内圣"，至"有余"、"不费"之"外王"。

〔24〕无为也，而笑巧：概括老义。义本《老子》"圣人处无为之事"，"为无为，则无不治"，"道恒无为而无不为，侯王若能守之，万物将自化"，"无有入无间，吾是以知无为之有益。无为之益，天下希及之"，"为学日益，为道日损。损之又损，以至于无为，无为而无不为"，"我无为而民自化"，"为无为，事无事，味无味"，"为者败之，执者失之。是以圣人无为，故无败；无执，故无失"。

〔25〕人皆求福，己独曲全：概括老义。义本《老子》"祸兮，福之所倚；福兮，祸之所伏"，"曲则全，枉则直"。

［26］苟免于咎 jiù：引老言以证，不见今本《老子》。慎到章"苟可以免"，或即源于《老子》古本。○参看《老子》"富贵而骄，自遗其咎"，"祸莫大于不知足，咎莫大于欲得，故知足之足常足矣"。

○老聃第四义：由"无为"、"笑巧"之"内圣"，至"曲全"、"免咎"之"外王"。

［27］以深为根：概括老义。义本《老子》"深根固柢"。

［28］以约为纪：概括老义。义本《老子》"道纪"。约，简约，即章首"太一"。道为至高简约的万物之纲纪。

［29］坚则毁矣，锐则挫矣：引老言以证，不见今本《老子》。前句参看《老子》"人之生也柔弱，其死也坚强。故坚强者死之徒，柔弱者生之徒。是以兵强则灭，木强则折。强大处下，柔弱处上。"后句参看《老子》"持而盈之，不如其已；揣而锐之，不可长保"，"挫其锐"。

○老聃第五义：由"深根"、"柔弱"之"内圣"，至"以柔克刚"之"外王"。

［30］常宽于物，不削于人：总结老学宗旨。义本《老子》"以道莅天下，其鬼不神。非其鬼不神，其神不伤人。非其神不伤人，圣人亦不伤人"。

【校勘】"宽"后旧衍"容"字。王孝鱼、于省吾、陈鼓应据日本高山寺古钞本校删。

○老聃第六义：概括老学宗旨。由"宽物容人"之"内圣"，至"莅临天下"之"外王"。

◎关老章第四节：再引老言，抉发老聃"道术"之宗旨："外王"为主，"内圣"为辅。

［31］可谓至极，关尹、老聃乎：倒装句，义同"关尹、老聃可谓至极乎？"

［32］古之博大真人哉：称扬而留余地，否认"至极"而不欲明言，以便下章推尊庄周"至极"。

【辨析二六】旧多未明前句乃是问句，以为本章明推关老"至极"，与下章隐推庄子"至极"抵牾，故《庄子阙误》江南李氏本、文如海本遂作"虽未至极，关尹、老聃乎"，日本高山寺古钞本则作"虽未至于极，关尹、老聃乎"（均为感叹句），均改"可谓"为"虽未"。姚鼐、王叔岷从之。郭庆藩、王先谦、刘文典、陈鼓应不从，但把"可谓至极"移至上节之末，义不可通。

◎关老章第五节：关尹、老聃，博大真人；庄周先驱，尚未至极。

●第五关老道术章："道术"二章之首章。关尹道术，内圣外王；老聃道术，外王内圣。

六

芴漠无形[1]，变化无常[2]。死欤生欤？天地并欤[3]？神明往欤[4]？芒乎何之？芴乎何适[5]？万物毕罗，莫足以归[6]；古之道术有在于是者，庄周闻其风而悦之。[7]

以谬悠之说，荒唐之言，无端崖之辞[8]，时恣纵而不傥[9]，不以觭见之也[10]。以天下为沉浊，不可与庄语[11]。以卮言为曼衍[12]，以重言为真[13]，以寓言为广[14]。独与天地精神往来[15]，而不傲睨于万物[16]。不谴是非[17]，以与世俗处。[18]

其书虽瑰玮[19]，而连抃无伤也[20]。其辞虽参差，而诚诡可观[21]。彼其充实不可以已[22]，上与造物者游[23]，而下与外死生、无终始者为友。[24]

其于本也，弘大而辟，深闳而肆[25]；其于宗也，可谓调适而上遂矣[26]。虽然，其应于化而解于物也[27]，其理不竭，其来不蜕[28]，芒乎昧乎，未之尽者。[29]

今译

寂寞无形，变化无常。有死有生吗？天地合并吗？神明往至吗？恍兮何所至？惚兮何所适？万物毕罗其身，不足言其归宿；古之道术流传后世，庄周闻其遗风而心悦诚服。

庄周以乖谬悠远的论说，荒诞唐突的言谈，无端无崖的辞句，时时恣肆放纵而倜傥不羁，不以独断之见观照世界。以为天下沉沦浑浊，不可与之庄重言语。遂以支离之言蔓衍成文，以重复之言暗示真义，以寓意之言广演宗旨。独与天地精神往来，而不傲视于万物。不谴责世俗是非，以与世俗相处。

庄周之书虽如循环美玉，然而连遭拍击无所损伤。庄周之言虽然支离参差，然而诙谐奇诡大有可观。他充实真德从不停止，上与造化天道同游，下与超越死生、无终无始之人为友。

他对于物德根本，弘阔博大而通辟，深邃闳巨而恣肆；他对于天道宗师，可谓协调自适而上臻道极。尽管如此，庄周顺应造化而知解万物，其义理不会穷竭，其未来不会蜕亡，芒芒昧昧，未有能够穷尽庄学之人。

校注

［1］芴漠无形：概括庄周所闻"古之道术"对"道体"（造化之道）之认知。参看《大宗师》"夫道，有情有信，无为无形"。

［2］变化无常：概括庄周所闻"古之道术"对"万物"（造化主宰的物化）之认知。参看《大宗师》"万化未始有极"。

［3］死欤生欤？天地并欤：概括造化主宰的物化死生，遍在永在于天地万物。

［4］神明往欤：首章之"神明"，先系于关老章，再系于庄周章，义有递进。上章"澹然独与神明居"，乃谓真人"遥"达彼道，上扣首章"明何由出"。本章"神明往欤"，乃谓彼道往于至人，上扣首章"神何由降"。参看《人间世》"唯道集虚，鬼神将来舍"。

［5］芒乎何之？芴乎何适：芒、芴，语出先秦《老子》"芴兮芒兮"（汉后《老子》改为"惚兮恍兮"）。此将《老子》摹状"道体"之"芒芴"，移用于弘扬"道术"之至人。"之"、"适"义同，参看《大宗师》"自适其适"。○"芴"旧作"忽"，字通。

［6］万物毕罗，莫足以归："道体"往于至人，"万物"归于至人，仍

不足以摹状至人"道术"之博大。参看《逍遥游》"之人也，之德也，将旁薄万物以为一"，《齐物论》"天地与我并生，万物与我为一"。○章首九句，概括庄周所闻"古之道术"大全，实亦描述庄周。

[7] 古之道术有在于是者，庄周闻其风而悦之：庄周之"道术"，并非凭空自创，亦有闻于"古之道术"（前承老聃、关尹，进而突破上达，参看《大宗师》闻道九阶），故仍沿用分论五章的统一句式。

◎庄周章第一节：道术大全，在于庄周；神明来降，万物毕罗。

[8] 以谬悠之说，荒唐之言，无端崖之辞：三句摹状内七篇之文风。○三句亦适用于魏撰之篇，乃因魏牟文学悟性极高，文学才华不逊庄子，仿拟内七篇极为神似，虽有诸多小异，文风足以乱真。蔺撰之篇和其他外杂篇，均无如此文风。

[9] 时恣纵而傥 tǎng：傥，"倜傥"之略，略同"荡"。此谓内七篇之文风，时时恣肆放纵，非常洒脱放荡。○南朝梁简文帝萧纲："立身先须谨重，文章且须放荡。"萧纲曾注《庄子》（陆释引用"简文"注甚多），其言得于《庄子》。

【校勘】"傥"前旧衍"不"，"傥"旧讹为"党"。王先谦据陆释本无"不"、作"傥"校正。○成疏"不偏党"，乃据慎到章"公而不党"，妄改"傥"为"党"，又增"不"字。混淆二义为一。

[10] 不以奇 jī 见之也：奇，与"偶"对言。"以奇见之"，即把"我"、"此"相对之"是"，拔高为绝对之"是"，把"人"、"彼"相对之"是"，贬低为绝对之"非"。"不以奇见之"，即双见每物相对之"是"，又均不拔高为绝对之"是"。参看《齐物论》"无物不可，无物不然"。

【校勘】"奇"旧作"觭"，字通。宣颖、王先谦、王叔岷据成疏"不偶"校正。

[11] 以天下为沉浊，不可与庄语：抉发内七篇"支离其言、晦藏其旨"的根本原因。○"沉"旧作"沈"，字通。"庄语"即谓庄重之语。陆释："郭云：庄，庄周也。"今本郭注已无。郭象追随者删去郭象妄注。

[12] 以卮 zhī 言为蔓衍：卮言，支离之言。以支离之言（晦藏其旨）蔓衍成文。此句承之蔺撰《寓言》"卮言日出"。"日出"、"蔓衍"义同，均

谓散见内七篇各处。○"蔓"旧作"曼"，字通。

〔13〕以重 chóng 言为真：重言，重复之言（包括变文）。以重复之言暗示真意（揭破晦藏之旨）。此句承之蔺撰《寓言》"重言十七"。蔺言"十七"，明其篇幅，不知篇幅则难明变文亦属"重言"。魏言"为真"，明其功能，不知功能则难明"重言"揭破庄学真义。○郭象反注"重言"为借重 zhòng 古人之言。盲从者众。

〔14〕以寓言为广：寓言，寓意之言。以寓意之言广演庄义。此句承之蔺撰《寓言》"寓言十九"。蔺言"十九"，明其篇幅，魏言"为广"，明其功能（广演兼及篇幅）。○蔺撰《寓言》抉发内七篇三言，首创之功至伟。魏撰《天下》抉发三言功能，可谓后来居上。多篇外杂篇无寓言，可证本章仅言内七篇，非言整部《庄子》。《天下》既非庄撰，更非整部《庄子》之"自序"。

〔15〕独与天地精神往来：兼扣章首"神明往欤"之"往"，以及《人间世》"唯道集虚，鬼神将来舍"之"来"。○关、老道术"独与神明居"（往而不来），超越"不与神明居"的一切方术。庄周道术"独与天地精神往来"（往而复来），又超越"独与神明居"的关、老道术。

〔16〕而不傲睨 nì 于万物：虽有至高道术，却不傲视万物（而是自"道"己德，齐一万物）。○"傲"旧作"敖"，字通。

〔17〕不谴是非：不以人道为标准而谴责相对是非，仅以天道为标准而谴责绝对是非。

【辨析二七】郭象反注："己无是非，故恣物两行。"《齐物论》"两行"，乃谓"名教异于自然"（《齐物论》辨析二七）。郭象反注，乃谓"名教即自然"。成疏反注"不谴"为"谴"，释"不谴是非"为遣是遣非、是非双遣（《齐物论》成疏）。盲从者进而厚诬庄学为"相对主义"。

〔18〕以与世俗处：身形"外化"（《知北游》）、"顺人"（《外物》）、"虚而委蛇"（《应帝王》），避免"自掊击于世俗"（《人间世》）。

【辨析二八】庄学真谛"因循内德"，主张德心"不内变，不外从"（《达生》）、"内不化"（《知北游》）、"不失己"（《外物》）、"捐俗"（《山木》）、"行殊乎俗"（《秋水》）、"异乎俗"（《让王》）、"不为穷约趋俗"（《缮性》）、

"不拘于俗"(《渔父》)、"不与之为事所宜"(《管仲》)、"方且与世违，而心不屑与之俱"(《则阳》)，反对德心"内变"、"内化"、"外从"、"失己"、"从其俗"(《山木》)、"与俗化世"(《子张》)、"受变于俗"(《渔父》)、"缮性于俗"、"滑欲于俗"、"失性于俗"(《缮性》)。庄学俗谛"因应外境"，主张身形"外化"(《知北游》)、"顺人"(《外物》)、"以与世俗处"(《天下》)，反对"君之所言而然，所行而善……世俗之所谓然而然之，所谓善而善之……以媚一世"(《泰初》)，拒绝得到"世俗之偿"(《管仲》)。○旧多盲从郭象反注，无视诸多反证，谬解庄学主张"从其俗"。

◎庄周章第二节：抉发内七篇微观结构且推尊至极。微观结构，无端无崖；天下沉浊，不可庄语。

[19]环玮 wěi：环，玉环，隐喻内七篇之结构循环。玮，美玉，隐喻内七篇之结构瑰玮。○参看《大宗师》"返复终始，不知端倪"、蔺撰《寓言》谓内七篇"始卒若环，莫得其伦"。

【校勘】"环玮"历代各本均同，陆释、成疏亦同。刘文典《庄子补正》误校为"瑰玮"，并改成疏"环玮"为"瑰玮"。

[20]抃 biàn：击掌。连抃：连连击掌。○"其书虽环玮"二句，乃谓内七篇之结构，虽如循环无端的连环美玉，然而连连拍击无所损伤。故郭象大肆篡改，仍然无法彻底遮蔽庄学真义。

【校勘】"抃"旧讹为"犿"("獾"之古字)，义不可通。王叔岷据陆释一本作"抃"校正。○王叔岷："抃为拚之俗字，抃复变为犿耳。"

[21]其辞虽参差，而谀 chù 诡可观：内七篇之辞虽然参差错落，极尽变文，然而奇异吊诡极其可观。○不少外杂篇结构整饬，不合"参差"、"谀诡"。

[22]彼其充实不可以已：庄周自我充实，永不停止。此谓庄周自"道"己德之"内圣"。○反扣篇首"天下之治方术者，皆以其有，为不可加"。

[23]上与造物者游：义本《人间世》"乘物以游心（于道）"，《大宗师》"登假于道"，《大宗师》、《应帝王》"与造物者为人"。此谓庄周"遥"达彼道之"外王"。

[24]而下与外死生、无终始者为友：义本《大宗师》"孰能知死生存

亡之一体者，吾与之友矣"。亦谓庄周"遥"达彼道之"外王"。

◎庄周章第三节：抉发内七篇宏观结构且推尊至极。结构循环，诡诡可观；循德进道，内圣外王。

[25]其于本也：上扣首章"以德为本"。弘大而辟，深闳hóng而肆：上扣首章"六通四辟"。○"六通四辟"未系于关、老，独系于庄周。乃谓庄周道术"备天地之美，称神明之容，见天地之纯，古人之大体"，集古之道术大成。三句仍谓庄周自"逍"己德之"内圣"。

[26]其于宗也：上扣首章"以天为宗，以道为门"。可谓调tiáo适而上遂矣："调"扣宋钘"以调海内"，"适"扣《大宗师》"自适其适"，"上遂"扣《大宗师》"以天为父"、"登假于道"。二句仍谓庄周"遥"达彼道之"外王"。

【校勘】"调"旧讹为"稠"，形近而讹。朱骏声、王叔岷据成疏、陆释一本、陆西星本、赵谏议本均作"调"校正。

[27]其应于化而解于物也：庄周顺应造化（及其主宰之物化），而知解天地外物。此句兼言庄周"遥"达彼道之"外王"，自"逍"己德之"内圣"。

[28]其理不竭，其来不蜕tuì：蜕训变。此谓庄周"内圣外王"之道术，义理不可穷竭，未来永不蜕变。

[29]芒乎昧乎，未之尽者：此谓庄周"内圣外王"之道术，芒昧浑沌，难以穷尽。本章尽管推尊至极，仍难尽其万一。

【辨析二九】郭象谬注："庄子通以平意说己，与说他人无异也。"妄言《天下》为庄所撰，意在证其谬见《天下》尊孔尊儒至极。苏轼盲从："庄子论天下道术，自墨翟、禽滑釐、彭蒙、慎到、田骈、关尹、老聃之徒，以至于其身，皆以为一家，而孔子不与，其尊之也至矣。"林云铭驳正："此篇庄子一段，备极赞扬，真所谓上无古人，下无来者，庄叟断无毁人自誉至此，是订《庄》者所作无疑。"王叔岷亦驳正："此篇非庄子作，不当视为庄子自序或后序，盖庄子学派所述，故于庄周道术章，推尊庄子至极。庄子固未尝自是者也。"○今补四证。其一，全章二用"其书"、"其辞"指称庄周之书（内七篇），六用"彼"、"其"、"彼其"指称庄周其人，是《天下》非庄所撰的文本证据。其二，全章异于分论五章之前四章，既不概括庄义，也不引用庄言，是《天下》非庄所撰的结构证据。其三，篇首贬斥天下治方术者"自好"为"不可加"，篇末推尊庄周道术"未可尽"，是《天下》非庄所撰的篇内义理证据。其四，内七篇主张"无己"（《逍遥游》），"丧我"（《齐物论》），"善刀而藏之"（《养生主》），"支离其德"、"唯道集虚"（《人间世》），"才全而德不形，内葆之而外不荡"（《德充符》），"不雄成"、"不自得"（《大宗师》），"无见得"（《应帝王》），是《天下》非庄所撰的篇外义理证据。

◎庄周章第四节：篇终推尊庄周至极。至人庄周，循德进道；调适上遂，其理难尽。

●第六庄周道术章："道术"二章之末章，终篇章。庄周道术，可谓至极；集古大成，达至大全。

【说明】

魏牟版外篇《天下》2053字，至此文完义足。郭象版杂篇《天下》，此下拼接魏牟版外篇《惠施》残篇526字，本书复原于魏牟版之外篇（见下）。

【附论】

道术传承大要：老、关、列、杨、庄（此略杨、庄之间的子华子）。老聃道术"外王内圣"，外向而注重群体。关尹道术"内圣外王"，内转而注重个体。此即"老聃贵柔，关尹贵清"（《吕览·不二》）之老、关小异。关尹弟子列子仍然"道术内转"，更轻"外王"，更重"内圣"，于"内圣"又偏重"自逍己德"。此即"关尹贵清，列子贵虚"（《吕览·不二》）之关、列小异。老聃数传弟子杨朱，鉴于列子虚己而藏，导致道术隐微，方术猖獗，于是彰明老聃道术，突显"外王"，稍减"内圣"，于"内圣"又偏重"自葆己德"，以矫列子之弊。此即"列子贵虚，阳生贵己"（《吕览·不二》）之列、杨小异。庄子鉴于杨学影响极大，虽有光大道术之功，小屈方术之力，但有矫枉过正之弊，自矜自得之嫌，遂承老聃道术之总体格局，又承关尹道术之内转义理，首重"内圣"，不废"外王"，于"内圣"则兼明"自葆己德，自逍己德"，以矫杨朱之弊。此即"杨子为我"、"庄子无己"之杨、庄小异。庄义"自葆己德，自逍己德"，即《齐物论》"葆光"二义，《养生主》谓之"善刀而藏之"，《德充符》谓之"才全而德不形，内葆之而外不荡"，《应帝王》谓之"尽其所受乎天，而无见得"，均合老义"光而不耀"。

庄学三义"顺应天道，因循内德，因应外境"，集古之道术大成。庄学宗旨"顺应天道"，为古今道术共有之宗旨。庄学真谛"因循内德"，为古今道术共有之"内圣"。庄学俗谛"因应外境"，为古今道术共有之"外王"。庄周道术，终古不废；传之大年，后世大幸。

惠施 ▲

题解

《惠施》被后于魏牟的《荀子》钞引，必在魏牟版外篇。刘安版仍在外篇，郭象版外篇无《惠施》，是郭删十九篇之一。

崔譔、向秀《庄子注》均"有外无杂"（陆序），郭象版杂篇《天下》九章，"天下"六章有陆引崔注十八条、向注二条，"惠施"三章却无陆引崔注、向注，而且两大部分结构断裂、义理脱节，证明郭象并未全删《惠施》，而是裁剪刘安版外篇《惠施》526字，拼接于刘安版外篇《天下》2053字，合为郭象版杂篇《天下》2579字，再移外入杂；同时证明崔、向均注刘安版外篇《天下》，均未注刘安版外篇《惠施》。详见绪论三《刘安版大全本篇目考》，参看《天下》题解。张默生认为，《惠施》"当另为一篇"。谭戒甫认为，《惠施》"经后人糅合"于《天下》。王叔岷认为，《天下》、《惠施》"盖郭象合之"。

本书从郭象版杂篇《天下》2579字中，摘出郭象拼接的魏牟版、刘安版外篇《惠施》526字，复原于魏牟版外篇第十八。校正郭象篡改和历代讹误：删衍文2字，订讹文2字。

《惠施》文风张扬夸诞，意旨鲜明辛辣，撰者当为先崇名家、后宗道家、杂学极广的庄子再传弟子魏牟。

魏撰《惠施》，篇名见于《北齐书·杜弼传》。今存三章，似非完璧。

第一章，列举惠施"历物十事"。

第二章，列举公孙龙等人"辩者二十一事"。

第三章，贬斥惠施，兼及公孙龙。

先秦名家之学，殊非一般战国士人所能详知，亦为后世中国知识所稀缺。魏牟亲历惠施、公孙龙之大梁辩论，故能深入施、龙二家之堂奥。魏牟以庄学立场极而斥之，未尽公允。由于《惠子》一卷全佚，《公孙龙子》十四篇数万字已佚大半，仅存五篇三千字，《惠施》详录施、龙二家之重要辩题，仍为弥足珍贵的先秦名家重要资料。由于郭象删残，惠施"历物十事"、公孙龙等人"辩者二十一事"仅存辩题，难明题旨。本篇注释，仅供参考。

<h1 style="text-align:center">一</h1>

惠施多方[1]，其书五车[2]；其道舛驳[3]，其言也不中。[4]

"历物"之意曰[5]："至大无外，谓之'大一'[6]；至小无内，谓之'小一'[7]。无厚，不可积也，其大千里[8]。天与地卑，山与泽平[9]。日方中方睨，物方生方死[10]。'大同'而与'小同'异，此之谓小'同异'[11]；万物毕同毕异，此之谓大'同异'[12]。南方无穷而有穷[13]。今日适越而昔来[14]。连环可解也[15]。我知天之中央，燕之北，越之南是也[16]。泛爱万物，天地一体也。"[17]

惠施以此为大[18]，观于天下，而晓辩者。[19]

今译

惠施博通多种方术，所著之书五车；其道错乱驳杂，其言不合于道。

惠施历论万物的大意是："（一）至大之物无外，谓之'大一'；至小之物无内，谓之'小一'。（二）没有厚度之物，不可积叠，其大千里。（三）天与地同低，山与泽齐平。（四）太阳才抵中天即已开始倾斜，每物刚刚出生即已开始死亡。（五）同类大同与异类小同之异，这叫小的同异；万物本质全同表象全异，这叫大的同异。（六）南方本质无穷而表象有穷。（七）今日往越而昨天来此。（八）相连圆环可以分解。（九）我知道天的中央，可在燕国之北，可在越国之南。（十）泛爱万物，因为天地一体。"

惠施以此自大，传观天下，晓谕天下辩者。

校注

[1] 惠施多方：方，方术。惠施精通多种方术。○惠施与墨子同为宋人，精通墨子"方术"。惠施为南方墨者之代表（《天下》辨析十一），开创了源于墨家的"名家"之学，成为"第一位伟大的辩者"（胡适）。惠施曾任魏相，曾订魏刑，精通治术。

[2] 其书五车：惠施著书甚多，简牍五车。

[3] 舛chuǎn：错乱。驳：驳杂。此谓"多方"相互抵牾。

[4] 其言也不中：惠施虽通多种方术，然而未能"缘督"（《养生主》）执中。○《齐物论》谓惠施"彼非所明而明之，故以坚白之昧终"。

[5] 历物：历，分析量度（梁启超），亦可训"遍"、"尽"。此谓惠施开创名家之学，辨析遍及万物。○以下引述惠施"历物"学说之大要，共计十题，谓之"历物十事"。

【辨析一】合观《人间世》"乘物以游心（于道）"，《大宗师》"乐通物，非圣人也"，蔺撰《山木》所引庄言"物物而不物于物"，可明庄义："通物"之理，归一于道，就是庄子主张的"乘物"、"物物"、"役物"。"通物"之理，拔高为道，就是庄子反对的"物于物"、"役于物"。○旧谓庄子反对知识，反对探索物类之理，囿于庄学一端，未明庄学全体。庄子，弟子蔺且，再传弟子魏牟，无不博通物类各殊之理，进窥万类同一之道。

[6] "至大无外"二句：万物之气的总和。此为第一事之前义，乃言物，非言道。

[7] "至小无内"二句：组成每物的气之最小单位，即万物始基，近似今语"原子"。此为第一事之后义，亦言物，非言道。○《庄子》佚文："遍谓周曰：吾知道近乎无内，远乎无外。"当属慕庄后学综合魏撰《知北游》所引庄言"周、遍、咸"，魏撰《惠施》"至大无外，至小无内"，演为寓言。后被郭象删去。

【辨析二】惠施认为"大一"（气之总和）由"小一"（气之最小单位）组成，故主张"原子"论、"始基"论（古希腊辩者亦多类此），此与庄学小同。惠施探索分摄"物类"之殊"理"，不探索"万物"之同"道"，故其"至大"、"至小"均言"物"，非言"道"，此与庄学大异。

[8]"无厚"三句："无厚"之平面，可大至千里，但无体积。○《墨子·经上》"厚，有所大也"，义近惠施此题。

[9]"天与地卑"二句：天、地、山、泽虽为大物，但非至大之物。自至大之物之极点观之，天地皆卑，山泽皆平。○今从太空观察地球，即然。

[10]日方中方睨nì，物方生方死：睨，斜视，引申为日斜。此谓太阳居中，即趋倾斜；每物始生，即趋死亡。此谓运动变化无时不在，万物皆有生死。○《齐物论》"方生方死，方死方生"，化用惠施此题。庄子"物化"论，小同惠施。庄子"造化"论，大异惠施。

[11]"大同"二句：同类之物，表象"大同"。异类之物，表象"小同"。囿于物类者，仅知小"同异"。此为第五事之前义。○旧多未明二句读法而误释，今标引号以明之。

[12]"万物"二句：万物本质（始基）"毕同"，表象"毕异"（同类个体大同小异，异类个体小同大异）。超越物类者，方明大"同异"。此为第五事之后义。○惠施业已超越"万物毕异"之表象，彻悟"万物毕同"之本质（参看第十事"泛爱万物，天地一体"），小同庄子。

[13]南方无穷而有穷："南方"涵盖各方。"无穷"为本质义，"有穷"为表象义。此谓空间无穷。《墨子·经上》："穷，或有前不容尺也。"《墨子·经说上》："或不容尺，有穷。莫不容尺，无穷也。"○《逍遥游》"无极之外，复无极也"，魏撰《秋水》"夫物，量无穷"、"四方之无穷"，魏撰《则阳》"四方上下无穷"，小同惠施此题。

[14]今日适越而昔来：某人今日从某地前往越国，不碍其昔日从越国来到某地。此谓时间无穷。○《齐物论》："未成乎心而有是非，是今日适越而昔至也。"暗引惠施此题，改"来"为"至"。庄子改字化用，不宜视为惠施原义。古之辩者，一如今之"标题党"，仅以乖谬表象吸引眼球，故历物十事、辩者二十一事，虽有"诡辩"表象，内涵无不合理，无一诡辩。

[15]连环可解也：义同第四事"物方生方死"。○《齐物论》"其分也，成也；其成也，毁也。凡物无成与毁，复通为一"，与此相通。惠施仅谓万

物无不解体，未及由道主宰。庄子则谓万物无不生死成毁，专明由道主宰。

【辨析三】《吕览·君守》记载鲁鄙人献闭（闭即"连环"），兒说弟子"以不解解之"。《战国策·齐策六》记载秦始皇遗齐玉连环，齐国王后"椎破之"（事在惠殁之后七八十年）。二事均非"解之"，旧多牵扯以释此题，既悖此题之"可解"，又悖此题之普遍意义。

［16］"我知天之中央"三句：惠施此义，合于"浑天说"。"燕之北"的"天之中央"，即地球自转轴北端所指；"越之南"（即南半球）的"天之中央"，即地球自转轴南端所指。

【校勘】"天"下旧衍"下"字。王叔岷、张默生据陆释本、元纂图互注本、世德堂本均无"下"字、成疏"燕北越南，可为天中"校正。

［17］泛爱万物，天地一体也：此为"历物"学说之宗旨。惠施之政纲"偃兵"，惠施之名学"泛爱万物"，均本墨子"兼爱"。○《齐物论》"天地与我并生，万物与我为一"，与之相通。惠施仅谓万物一体同质，未及万物齐一于道。庄子乃谓万物一体同质，专明万物齐一于道。

【辨析四】"历物"学说未必仅此十事，撰者略引未必全面。惠施"其书五车"，《汉书·艺文志》著录《惠子》一卷，已非全貌，今又全佚。幸赖本篇略引，惠施名学得存大纲。○本篇原当另有"历物十事"、"辩者二十一事"之辨析，今被郭象删去。名家之辩题常欲惊人，名家之辨析常极精深。辨析既失，义遂难明。今据《墨经》、《公孙龙子》和相关史料疏通大义，或有不确，仅供参考。

［18］惠施以此为大：略同《天下》篇首"天下之治方术者多矣，皆以其有，为不可加矣"。○惠施多方，亦有"治方术者"之通病。

［19］观于天下，而晓辩者：前魏相惠施，约于前305年于魏都大梁公布"历物"学说，引致天下辩者齐集大梁展开辩论，成为战国名辨思潮一大盛会。少年魏牟躬逢其盛。

●第一惠施历物章：概括惠施"历物"学说之大纲，贬斥"合同异，盈坚白"的惠施名学。

二

天下之辩者相与乐之[1]："卵有毛[2]。鸡三足[3]。郢有天
下[4]。犬可以为羊[5]。马有卵[6]。丁子有尾[7]。火不热[8]。山
出口[9]。轮不辗地[10]。目不见[11]。指不至，至不绝[12]。龟长
于蛇[13]。矩不方，规不可以为圆[14]。凿不围枘[15]。飞鸟之影，
未尝动也[16]。镞矢之疾，而有不行不止之时[17]。狗非犬[18]。
黄马、骊牛三[19]。白狗黑[20]。孤驹未尝有母[21]。一尺之棰，
日取其半，万世不竭。"[22]

辩者以此与惠施相应[23]，终身无穷[24]。桓团、公孙龙辩者
之徒[25]，饰人之心[26]，易人之意[27]；能胜人之口，不能服人
之心[28]，辩者之囿也。[29]

今译

天下的辩者共同乐此不疲："(1)卵有毛。(2)鸡三足。(3)楚国郢都
拥有天下。(4)犬可以称为羊。(5)马有卵。(6)蛤蟆有尾巴。(7)火不热。
(8)山有出口。(9)车轮不辗地。(10)眼睛看不见。(11)手指不能达至，
达至不能穷尽。(12)龟长于蛇。(13)矩尺不能画方，圆规不能画圆。(14)
卯眼不能密围榫头。(15)飞鸟之影，未曾移动。(16)箭矢疾行，却有不
行不止之时。(17)狗非犬。(18)黄马、黑牛计为三。(19)白狗黑。(20)
孤驹未尝有母。(21)一尺之木，每日截取其半，万世不能穷竭。"

辩者以此与惠施相互应对，终身没有穷尽。桓团、公孙龙之流，雕饰
他人的德心，改易他人的命意；能够战胜他人之口，不能服膺他人之心，
这是辩者的局限。

校注

［1］天下之辩者：以三晋（韩、赵、魏）辩者为主。三晋为战国名辨思潮之中心。韩人桓团、赵人公孙龙、前公孙信徒中山人魏牟（本篇撰者），均为三晋之人。

相与乐之："乐"谓乐于名辨，非谓赞成惠施。下举"辩者二十一事"，多驳惠施。○旧释"乐"为赞成，强合"历物十事"与"辩者二十一事"，所释多非。

［2］卵有毛：孵卵可得有毛之禽鸟。乃谓卵之表象无毛，本质有毛。○此为表象、本质之辨。

【辨析五】《荀子·不苟》引"山渊平，天地比"、"卵有毛"，而谓"惠施邓析能之"。"山渊平，天地比"即历物第三事"天与地卑，山与泽平"，系于"惠施"无误。"卵有毛"即辩者第一事（公孙辩题），系于春秋末年之"邓析"，乃是故意之误，实为"公孙"之代词（详见本书绪论二，拙著《庄子奥义》绪论一）。

［3］鸡三足：《公孙龙子·通变论》"谓鸡足一，数足二，二而一，故三。鸡足三"，意为鸡足之名相仅一，数鸡足之实体有二，二实加一名，故成三。○此为名、实之辨。

［4］郢yǐng有天下：战国之时，周王名有"天下"，实无"天下"。列国之中，楚疆最大，楚王名无"天下"，实有"天下"（夸大之词）。此题乃谓，名实不应相悖。○此为名、实之辨。

［5］犬可以为羊：名相指称哪一实体，均属人为"约定俗成"（《荀子·正名》）。"羊"之名相，亦可指称犬之实体（暗号、密码皆然）。参看《老子》"名可名，非恒名"，《齐物论》"物谓之而然"。○此为名、实之辨。

［6］马有卵：鸟类卵生，兽类胎生，此为鸟兽生子之相异表象。母鸟出卵于体外而孵成子鸟，母马孕卵于体内而生出子马，此为鸟兽以卵生子之相同本质。○此为表象、本质之辨。

［7］丁子有尾：丁子，蛤蟆（成疏）。蝌蚪有尾，蛤蟆无尾，表象虽变，本质不变。○此为表象、本质之辨。

〔8〕火不热：或谓主体、客体所感有异，或谓有生之物（特指人类）能够感知，无生之物不能感知。若属前义，则谓人感火热，火不感其热。若属后义，则谓有生之物能够感知火热，无生之物不能感知火热。参看《墨子·经下》："谓'火热'也，非以火之热我有。"即驳公孙此题。○此为感、知之辨。

〔9〕山出口：山有回声，火山喷发，均出于山之"口"。持此说者，以人拟物，以物拟人，乃谓"万物同理"。庄学"万物殊理（同道）"（魏撰《则阳》），义与此异。○此为物、人之辨。

〔10〕轮不辗niǎn地：辗，同"碾"。轮之诸多局部，并不同时辗地。此据"轮辗地"（轮之局部相继辗地）易被误解为"轮之整体同时辗地"，辨析名相涵盖实体之整体，然而运用名相常常仅及实体之局部，易于以偏概全。○此为名、实之辨。

〔11〕目不见：人之见物，经于目，达于心，心盲则目虽在，亦不能见物。此据盲人有目不能见，遂谓能感之官，并非能知之心。《公孙龙子·坚白论》："白，以目以火见，而火与目不见，而神见。""目"即能感之官，"神"即能知之心。《墨子·经说下》："以目见。目以火见，而火不见。"承认公孙所言"火不见"，反驳"目不见"。○此为感、知之辨。

〔12〕指不至，至不绝：手指（能指）不能达至（受指、所指），达至永无止境（无限逼近，永难合一）。参看《列子·仲尼》乐正子舆批评公孙龙辩题"意不心，指不至"，魏牟辩护为"无意则心同，无指则皆至"（详见绪论二）。以及《公孙龙子·指物论》，拙文《〈指物论〉奥义》。○此为名、实之辨，乃谓能指（名相）不能彻底达至受指（实体）。兼为言、意之辨，乃谓能指（名相）不能彻底达至所指（意旨）。

〔13〕龟长于蛇：龟类之共性为短，蛇类之共性为长，然而个体之大龟，可以长于个体之小蛇。此谓物类虽有共性，不能抹杀个性。○此为共性、个性之辨，兼为名、实之辨（名相仅及共性，实体各有个性）。

〔14〕矩不方，规不可以为圆：名相的规、矩、方、圆，为绝对的规、矩、方、圆。实体的规、矩、方、圆，乃相对的规、矩、方、圆。此谓名相之理想，不等于实体之实际。或谓制法之理想，不等于执法之实际。

○此为名、实之辨（名相之理想，实体之不理想）。

[15]凿不围枘 ruì：凿，凹入之卯眼。枘，凸出之榫头。凿不能无隙密围于枘。此谓欲达之理想，不等于实达之实际。参看刘安版新外篇《天道》"斫轮，徐则甘而不固，疾则苦而不入"。○此为理想、实际之辨（思维之理想，实际之不理想）。

[16]飞鸟之影，未尝动也：鸟飞于天，影投于地，无数投地之影相连，影遂幻动，影动为人类感知的世界表象。每一投地之影，鸟动即灭，新影改旧影，每影均未动，影不动为超越人类感知的世界本质。此谓人类感知的世界表象，不等于世界本质。参看《列子·仲尼》乐正子舆批评公孙龙辩题"影不移"，魏牟辩护为"影不移者，说在改也"（详见绪论二）。《墨子·经下》："影不徙，说在改为。"《经说下》："影，光至影亡。"同于公孙此题。○此为表象、本质之辨。

[17]镞 zú 矢之疾，而有不行不止之时：以镞矢为参照系，则镞矢不行而止（镞矢之外的世界则动）。以镞矢之外的世界为参照系，则镞矢行而不止。二义相并，遂有此论。乃谓判断动静，与参照系有关。古希腊辩者芝诺亦谓"飞矢不动"。○此为参照系之辨。

[18]狗非犬：《尔雅·释畜》："犬未成毫，曰狗。"乃谓分名"狗"异于类名"犬"，略同《公孙龙子·白马论》"白马非马"。参看《列子·仲尼》乐正子舆批评公孙辩题"白马非马"，魏牟辩护为"白马非马，形名离也"（详见绪论二）。《墨子·经下》："狗，犬也。'杀狗非杀犬'，可。"《墨子·小取》"杀盗非杀人"。均同公孙此题。《墨子·经说下》："'杀狗'谓之'杀犬'，可。"则驳公孙"狗非犬"，与"杀盗非杀人"自相抵牾。可证《墨经》并非成于一时一人，虽多反驳公孙，亦有偶同公孙。○此为类名、分名之辨。

[19]黄马、骊 lí 牛三："黄"、"骊"、"黄骊"命色，"马"、"牛"、"马牛"命形，形、色各自有三。此谓形、色相离。参看《公孙龙子·坚白论》。○此为形、色之辨。

[20]白狗黑：名相"白"仅言白狗之总实，未及黑目之分实。旧释此题义同"犬可以为羊"，则失独立价值。魏牟精通名辩，尤精公孙名学，在无数辩题中选录若干，均当各具独立价值。○此为总实、分实之辨。

［21］孤犊dú未尝有母：母牛死后，子牛实体未改，名相改为"孤犊"。又辨"未尝有"二义，题义实为"已经没有"，易被误解为"从来没有"。参看《列子·仲尼》乐正子舆批评公孙辩题"孤犊未尝有母"，魏牟辩护为"有母非孤犊也"（详见绪论二）。○此为名、实之辨，兼为名相歧义之辨。

【校勘】"犊"旧讹为"驹"。据《列子·仲尼》"孤犊未尝有母"、《文心雕龙·诸子》"公孙之白马、孤犊"校正。○《文心雕龙·诸子》："公孙之白马、孤犊，辞巧理拙，魏牟比之鸮鸟，非妄贬也。"当非本于《列子·仲尼》（详见绪论二。其中记载少年魏牟赞扬公孙之"白马"、"孤犊"，异于《文心雕龙》），而是本于魏牟改宗以后所撰《惠施》。刘勰未必明白《惠施》为魏牟所撰，但《惠施》原文当有魏牟直接出面贬斥公孙之文，今被郭象删去。

［22］"一尺之棰chuí"三句：反驳惠施"至小无内，谓之小一"之原子论，乃谓任何"小一"，均可再析为二（理论可以如此，实际则有极限）。参看《列子·仲尼》乐正子舆批评公孙辩题"物不尽"，魏牟辩护为"尽物者常有"（详见绪论二），意为公孙此题，乃斥"尽物者"惠施。○此为反驳惠施原子论的非原子论。

［23］辩者以此与惠施相应："相应"义同"相与乐之"，亦非赞成惠施，而是乐与惠施辩论。可证"辩者二十一事"多驳惠施。

［24］终身无穷：此证《惠施》撰于施、龙殁后。施、龙均以辩者终其身，魏牟则已改宗庄学。

［25］桓huán团：即《列子·仲尼》之"韩檀"，当属韩人。年辈长于公孙（或与惠施相当），故列于前。实则"辩者二十一事"多为公孙针对惠施"历物"学说的独创辩题，多见于今存《公孙龙子》残本，或合于《列子·仲尼》所引公孙之题。

公孙龙（前325—前250）：赵人，"第二位伟大的辩者"（胡适），小惠施（前380—前300）约五十五岁。旧疑施、龙年辈不及，未曾与辩。此为二人辩论之一证。○《汉书·艺文志》著录《公孙龙子》十四篇，扬雄《法言》谓"公孙龙诡辞数万"。今传残本五篇（首篇《迹符》非其所撰），不足三千字。全本若在，必有更多辩题可与印证。

［26］饰人之心：雕饰众人之心。义同"黥劓"（《大宗师》）、"雕琢"（《应帝王》）。此为魏牟改宗庄学之后，以庄学贬斥公孙。

［27］易人之意：改易他人之意。义同今语"偷换概念"。

［28］能胜人之口，不能服人之心：义承《列子·仲尼》乐正子舆批评公孙"好怪而妄言，欲惑人之心，屈人之口，与韩檀等肄之"，又承蔺撰《寓言》"好恶是非直服人之口而已矣"。○魏牟亡国之前热衷名辩，崇信公孙，反驳乐正子舆对公孙之批评。亡国之后鄙弃公孙，改宗庄子，批评公孙远甚于乐正子舆（参看魏撰《秋水》魏牟颂庄斥龙章，魏撰《让王》魏牟问道詹何章，绪论二）。

［29］辩者之囿 yòu 也：贬斥公孙，兼斥惠施。

●第二公孙辩题章：列举惠施论敌之"辩者二十一事"，贬斥"别同异，离坚白"的公孙名学。

三

惠施日以其知与之辩[1]，特与天下之辩者为怪，此其柢也[2]。然惠施之口谈，自以为最贤[3]，曰："天地其壮乎？施存，雄而无术。"[4]

南方有畸人焉[5]，曰黄缭[6]，问天地所以不坠不陷，风雨雷霆之故[7]。惠施不辞而应，不虑而对，遍为万物说；说而不休，多而无已，犹以为寡，益之以怪[8]。以反人为实[9]，而欲以胜人为名，是以与众不适也。弱于德，强于物，其途隩矣[10]。由天地之道，观惠施之能，其犹一蚊一虻之劳者也，其于物也何庸[11]？夫充一尚可曰愈，贵道几矣[12]。惠施不能以此自宁[13]，散于万物而不厌[14]，卒以善辩为名[15]。惜乎！惠施之才！骀荡而不得[16]，逐万物而不返[17]，是穷响以声[18]，形与影竞走也[19]。悲夫！

今译

惠施每日自矜心知与他们辩论，只是与天下辩者故作怪论，这是他们的根柢。然而惠施的辩才，自以为第一，说："天地岂不壮观？有我惠施存在，雄壮的天地也莫奈我何。"

南方有位异人，名叫黄缭，问惠施为何天不坠、地不陷，风雨雷霆产生的原因。惠施不加推辞而应对，不加思虑而回答，遍及万物一一解说；说而不停，多而不止，仍然以为说得太少，添加各种怪论。以反对他人作为实质，而想胜过他人获取声名，因此与众人不能调适。弱于葆全内德，强于博通外物，实为误入歧途。从天地之道，观照惠施的才能，犹如蚊子虻虫的徒劳，对于万物有何用处？充当众技之一尚可视为杰出，若是贵重于道才会有望。惠施不能凭其大才自我安宁，散于万物而不知厌倦，最终以善辩闻名。可惜啊！惠施之才！劣马游荡而不得正道，追逐万物而迷途不返，这是发声欲止回响，身形与影子赛跑。可悲啊！

校注

[1] 惠施日以其知与之辩：之，即桓团、公孙龙等辩者。旧疑施、龙年辈不及，未曾与辩。此为二人辩论之又证。○魏撰《徐无鬼》"惠子曰：'今夫儒墨杨秉，且方与我以辩。'""秉"即公孙龙。

【校勘】"之"前旧衍"人"字。俞樾、方勇、陆永品据日本高山寺古钞本无"人"字校正。

[2] 柢 dǐ：根柢。

[3] 惠施之口谈，自以为最贤：此斥惠施自矜自得，"以其有，为不可加"、"得一察焉以自好"（魏撰《天下》）。

[4] "天地其壮"三句，惠施"自雄"而不知守雌，竟贬天地。○《大宗师》"不雄成"，正可以斥惠施。

[5] 南方：隐指楚国。畸 jī 人：语本《大宗师》"畸人者，畸于人而侔于天"。

【校勘】"畸"旧讹为"倚",形近而讹。据陆释一本、《大宗师》"畸人"校正。

［6］黄缭liáo：楚人。道家之徒，反诘惠施者。○徐廷槐："《战国策》云：'魏王使惠子于楚，楚中善辩如黄缭辈，争为诘难。'"今本《战国策》无此语，或为佚文。

［7］问天地所以不坠不陷，风雨雷霆之故：黄缭之问，隐斥惠施囿于知物，未能明道。

［8］益之以怪：上扣"特与天下之辩者为怪"。○辩者"怪论"多有诡辩之貌，少有诡辩之实。

［9］以反人为实：辩者虽反众人之常识，实胜众人之常识。

［10］其途隩ào矣：隩，角落。此谓惠施误入歧途。○"途"旧作"涂"，字通。

［11］"由天地之道"四句：此斥惠施"拙于用大"(《逍遥游》)。○"蚊"旧作"蚉"，异体字。

［12］"夫充一尚可曰愈"二句：一，一技。参看薗撰《达生》"臣工人，何术之有？虽然，有一焉"。此谓惠施之学充当一技可称长技，若能贵道方能上达。○旧多断为："夫充一尚可，曰愈贵，道几矣。"义不可通。

［13］惠施不能以此自宁：惠施惑于外撄，未能"撄宁"(《大宗师》)。

［14］散于万物而不厌：惠施追逐物类之殊理，不能归于万类之同道。

［15］卒以善辩为名：义本《德充符》谓惠施"天选子之形，子以坚白鸣"。参看《齐物论》"众人辩之以相示也"。

［16］骀tái荡而不得：骀，劣马。荡，真德外荡。不得道术。

［17］逐万物而不返：追逐万物，不能返归于道。○"返"旧作"反"，字通。

［18］穷响以声：声，声源。响，回声。响源于声，以声止响，譬解手段与目的抵牾。

［19］形与影竞走：影不离形，形影竞走，譬解手段与目的抵牾。

【辨析六】墨子之后，墨离为三(《韩非子·显学》)。名家出于墨家，独成一家。宋人惠施恪守宋人墨子之"不异"，故而主"合"。赵人公孙龙渐近鲁人孔子之"辨异"，故而主"离"。《墨经》之旨，大同于惠施，大异于公孙（《天下》辨析十一）。○惠施虽无"道论"，物论层面则主"合"、"同"、"盈"，故与庄学小通。庄、惠小异，仍可为友。公孙既无"道论"，物论层面又主"别"、"异"、"离"，故与庄学难通。庄、龙大异，难以为友。○魏牟亲历三晋名辨大潮，早年崇信公孙，精通施、龙之学，中年改宗庄学，因而魏撰《秋水》、《惠施》旨承内七篇，大斥公孙，小斥惠施。蔺且随庄达道，不谙施、龙之学，罕闻百家之学，因而蔺撰之篇仅及庄、惠之异，未及公孙。

●第三辩者逐物章：贬斥惠施，兼斥公孙。辩者追逐万物，离析万物，不能齐一万物，返归天道。

【附论】

庄学大鹏，以哲学义理、文学表述为其两翼。蔺且、魏牟各有所偏。蔺且哲学悟性较强，文学悟性较弱。魏牟文学悟性较强，哲学悟性较弱。

魏牟文学悟性较强，因而魏撰十三篇的文风可与内七篇乱真。诸多细证，详见各篇，此举其三。

一，内七篇有大量人格化动植物，说话动物5种、植物6种。蔺撰五篇极少人格化动植物，无一说话。魏撰之篇有大量人格化动植物，说话动物8种、植物3种（均见索引四、五）。

二，《德充符》之鲁哀公改变自称，蔺且未窥此义，导致蔺撰《达生》之周威公自称不当，而魏撰《徐无鬼》之魏武侯自称得当。

三，魏牟具有撰写长篇寓言的能力，《秋水》第一章、《庚桑楚》、《盗跖》、《列御寇》，均为后世中国短篇小说的祖构。

魏牟哲学悟性较弱，对于内七篇奥义少有新的抉发，但是相当全面地理解了蔺撰五篇抉发的内七篇奥义，而且凭借其文学才华作出了生动演绎，使内七篇义理更为形象易解。仅有《秋水》失误一次，把庄学真谛"然不然"、庄学俗谛"不可乎不可"混淆为一，变文为"然不然，可不可"归于被其痛诋的公孙龙，成为后世混淆庄学二谛、不明庄学真谛之滥觞。

魏牟的学术视野，则比蔺且远为宽广，甚至比庄子也有过之。而其编纂《庄子》初始本的传播庄学之功，则无人能及。

概而言之，道家创始于老聃、关尹，关学传于列子，老学传于杨朱。四人穷尽了道家人格风范的四条逻辑分岔，成为后世道家者流的四种范型：老聃隐于庙堂而功成身退，范蠡、张良、刘基之属近之。关尹远离庙堂而隐于江湖，后世隐于士农工商、渔樵耕读、琴棋书画、医卜星相的江湖达人近之。列子隐于江湖而含蓄内敛，蔺且、阮籍、陶潜、曹雪芹、资耀华之属近之。杨朱傲立江湖而夸诞张扬，魏牟、刘安、嵇康、李白、苏东坡、金圣叹之属近之，然而先秦的杨朱、魏牟极尽夸诞张扬之能事，为后世同道难望项背，却均得以终其天年，先秦以后的刘安、嵇康、金圣叹之属，却"未终其天年而中道夭于斧斤"，李白、苏东坡之属，则受尽折腾而幸免于难。

集道家大成的庄子，其"无极之外复无极"的"藐姑射神人"风范，实在难称范型。因为两千三百年来的道家者流顺道循德，仍然难以趋而近之，唯有浩叹藐乎远哉。

宇泰定△

题解

《宇泰定》被后于魏牟的《吕览》、《韩非子》钞引，必在魏牟版外篇。刘安版仍在外篇，郭象版外篇无《宇泰定》，是郭删十九篇之一。

向秀《庄子注》"有外无杂"（陆序），郭象版杂篇《庚桑楚》九章，"庚桑楚"四章有陆引向注二十八条，"宇泰定"五章却无陆引向注，而且两大部分结构断裂、义理脱节，证明郭象并未全删《宇泰定》，而是裁剪刘安版外篇《宇泰定》1197字，拼接于刘安版外篇《庚桑楚》1293字，合为篇幅超长的郭象版杂篇《庚桑楚》2490字，再移外入杂。详见绪论三《刘安版大全本篇目考》，参看《庚桑楚》题解。

本书从郭象版杂篇《庚桑楚》2490字中，摘出郭象拼接的魏牟版、刘安版外篇《宇泰定》1197字，复原于魏牟版外篇第十九。校正郭象篡改和历代讹误：补脱文41字，删衍文2字，订讹文14字，厘正误倒1处。

《宇泰定》文风、义理均异于蔺撰、魏撰诸篇，撰者当为其他庄子弟子或再传弟子。

或撰《宇泰定》，篇名未见史籍，今按外杂篇之篇名惯例拟名。今存五章，似为完璧。在魏牟版外篇二十二之中，是暗引内七篇最多之篇。多引《齐物论》，文风亦近《齐物论》。然而《齐物论》卮言虽多，仍有诸多寓言。本篇通篇卮言，无一寓言，仅有数喻，大异于内七篇之"寓言十九"。

前三章义理绵密，层层推进，大异于内七篇之"支离其言"。后二章演绎庄义，略有小失。用语甚为不谨，又常以老解庄，水准逊于蔺撰、魏撰之篇。唯其义理绵密，层层推进，反复重言，不避语复，有助于理解跳跃极大、省略极多的老、庄义理。

一

宇泰定者[1]，发乎天光[2]。发乎天光者，人见其人，物见其物[3]。人有修者[4]，乃今有恒[5]；有恒者，人舍之，天助之[6]。人之所舍，谓之天民；天之所助，谓之天子。[7]

学者，学其所不能学也；行者，行其所不能行也；辩者，辩其所不能辩也[8]。知止乎其所不能知，至矣[9]。若有不即是者，天均败之。[10]

备物以将形[11]，藏不虞以生心[12]，敬中以达彼[13]，若是而万恶至者，皆天也，而非人也[14]，不足以滑和，不可纳于灵台[15]。灵台者有持，而不知其所持，而不可持者也[16]。不见其诚己而发[17]，每发而不当[18]；业入而不舍，每更为失[19]。为不善乎显明之中者，人得而诛之[20]；为不善乎幽暗之中者，鬼得而诛之[21]。明乎人，明乎鬼者[22]，然后能独行。[23]

今译

心宇泰然宁定者，焕发天赋之光。焕发天赋之光者，观人洞见其人，观物洞见其物。人能修复真德，方能葆有恒德；葆有恒德者，人道舍弃他，天道襄助他。人道舍弃者，称为"天民"；天道襄助者，称为"天子"。

为学者，欲学他所不能学的；为行者，欲行他所不能行的；为辩者，欲辩他所不能辩的。心知止于不知之域，就是至境。若是有人不能如此，天道之轮必将挫败他。

整备庶物用于将养身形，藏知不谋用于葆养德心，诚敬德心用于遥达彼道，若能如此而后万千恶运仍至，都是天命，而非人力未尽，不足以滑乱德心和顺，不可纳入于心灵。心灵有所持守，然而不能尽知其所持守的天道，因而不可自矜物德。不能诚敬己心而妄发言行，每发必有不当；已发而不肯舍弃，每次更改仍有所失。所为不善若是显明，将会受到人道的诛罚；所为不善若是隐秘，将会受到天道的诛罚。明白人道危殆不测，明白天道疏而不漏，然后方能独行天道。

校注

[1] 宇泰定：宇，喻德心。泰，同"太"。泰定，义同"大定"（魏撰《管仲》）。德心宁定，即"撄宁"（《大宗师》）。

[2] 发乎天光：焕发天赋物德之光。义同《应帝王》"尽其所受乎天"。参看《齐物论》"葆光"。

[3] 人见其人，物见其物：鉴照万物，符合本真。义同《应帝王》"至人之用心若镜"。

【校勘】"物见其物"四字旧脱。奚侗、马叙伦、刘文典、王孝鱼、王叔岷、陈鼓应据《庄子阙误》引张君房本、郭注"天光自发，则人见其人，物见其物"校补。

[4] 人有修者：修，修复。参看刘安版新外篇《缮性》"返其情性而复其初"。○庄学贬斥"修身"、"修心"，主张"至人不修"（"修"训修剪），参看《田子方》辨析二。

[5] 乃今有恒：方能葆有恒德。义本《老子》"恒德不离，恒德不忒，恒德乃足"（汉人避文帝刘恒讳，改"恒"为"常"）。

[6] 有恒者，人舍之，天助之：义本《齐物论》天、人"两行"，《大宗师》"天之君子，人之小人"。葆有恒德者，"人舍之"，故为"人之小人"；"天助之"，故为"天之君子"。

[7] "人之所舍"四句：展开上义。"天民"、"天子"变文重言，故意语犯"天子"名相，义本《人间世》"天子之与己，皆天之所子"。句谓葆德者均为天道之子，贬斥庙堂假君僭擅"天子"名相，实为逆天之子。○郭象以降均训"天子"为庙堂假君，全反原义。

◎第一章第一节：演绎《齐物论》天、人"两行"、《大宗师》"天之君子，人之小人"、《人间世》"天子之与己，皆天之所子"之义。

［8］学者：重“学”的儒家。行者：重“行”的墨家。辩者：重“辩”的名家。

学其所不能学、行其所不能行、辩其所不能辩：均谓超出物德极限，涉入不知之域，而强不知以为知。○旧多释为撰者之主张，全反原义。

［9］知止乎其所不能知，至矣：语本《齐物论》“知止其所不知，至矣”。主张止于物德极限，不自矜尽知天道。

［10］若有不即是者，天均败之：不能止于物德极限，天道之轮必将挫败之。○“均”旧作“钧”，字通。“天均”语本《齐物论》，又见蔺撰《寓言》。

◎第一章第二节：演绎《齐物论》“至知无知”、“人难尽知天道”之义。

［11］备物以将形：整备外物，以便将养身形。此言“保身”（《养生主》）。参看蔺撰《达生》“养形必先之以物”。

［12］藏不虞 yú：虞，预测。不虞，不预测。此谓晦藏己知，而不预测。义同下文“至知不谋”。有预测，有预谋，源于自矜尽知天道的“成心”（《齐物论》）、“前识”（《老子》）。《老子》“前识者，道之华而愚之始”，《齐物论》“道隐于小成，言隐于荣华”。

以生心：以便葆养德心。此言自“葆”己德（《齐物论》“葆光”二义之前义）。

［13］敬中：诚敬德心。此言自“逍”己德（《齐物论》“葆光”二义之后义）。

以达彼：以便“遥”达彼道。

［14］“若是而万恶至者”三句：此言“安命”。义本《人间世》、《德充符》“知其不可奈何而安之若命”。

［15］滑 gǔ：音骨，乱也（《广韵》）。

“不足以滑和”二句：语本《德充符》“不足以滑和，不可入于灵府”。义本《大宗师》“撄宁”。

【校勘】“和”旧讹为“成”。刘文典据《德充符》“不足以滑和”、《淮南子·原道训》“不以欲滑和”、《俶真训》“不足以滑其和”、《精神训》“何足以滑和”校正。○刘文典：“‘滑成’无义，‘成’、‘和’二字草书形相近，故

'和'误为'成'。"○"纳"旧作"内",字通。

[16]"灵台者有持"三句:心灵当持守天道,而又不能尽知天道,故不可自矜自得。

[17]诚己:诚敬己心,即知一己物德极限,即明人难尽知天道。

[18]每发而不当:超出物德极限而妄发言行,必然不当。

[19]业入而不舍,每更为失:不当之言行既发,倘若坚执不舍,遇到相反事实即不断更改妄言妄行,每次更改仍必有失,仍属妄言妄行。

[20]"为不善乎显明之中者"二句:义同《人间世》"人道之患"。

[21]"为不善乎幽暗之中者"二句:义同《人间世》"阴阳之患",即下文"阴阳贼之"。

【校勘】"闇"(暗)旧讹为"聞"或"閑",形近而讹,义不可通。褚伯秀、王叔岷据《北山录·报应验》一二、《净土三部经音义》二、《太平御览》六四五、《记纂渊海》五〇引文均作"闇"校正。

[22]明乎人,明乎鬼者:义本《大宗师》"知天之所为,知人之所为者,至矣"。

[23]独行:独行天道,不盲从人道。

◎第一章第三节:自"逍"己德,"遥"达彼道;知天知人,天、人"两行"。

●第一宇泰定章:抉发内七篇诸义。

二

券内者[1],行乎无名[2];券外者[3],志乎期费[4]。行乎无名者,唯庸有光[5];志乎期费者,唯贾人也[6],人见其跂,犹之魁然[7]。与物穷者,物入焉[8];与物蛆者,其身之不能容,焉能容人[9]?不能容人者无亲,无亲者尽人[10]。兵莫憯于志,而镆铘为下;寇莫大于阴阳,而桴鼓为小。无适而非阴阳,无所逃于天地之间[11]。非阴阳贼之,心则使之也。[12]

道通为一，其分也，成也；其成也，毁也[13]。所以恶乎分者，其分也以备[14]；所以恶乎备者，其有也以备[15]。故出而不返，见其鬼[16]；出而得，是谓德死[17]。灭而有实，鬼之一也[18]。以有形者象无形者，而定矣。[19]

出无本，入无窍[20]。有实而无乎处[21]，有长而无乎本标[22]；有所出而无窍者有实[23]，有所入而无本者有长[24]。有实而无乎处者，宇也[25]；有长而无本标者，宙也[26]。有乎生，有乎死，有乎出，有乎入，出入而无见其形，是谓天门[27]。天门者，无有也；万物出乎无有[28]。有，不能以有为有，必出乎无有[29]。而无有，一无有，圣人藏乎是。[30]

今译

契合内德者，行事致无声名；迎合外境者，志在期求财货。行事致无声名，寓诸庸常葆有德光；志在期求财货，只是如同商贾一样，旁人见其踂足，仍然自矜魁伟。与物不通者，外物撄入其心；与物龃龉者，其身不能容物，其心怎能容人？不能容人者无人亲近，无人亲近者自绝于人。凶器之惨毒无过于心志，而镆铘宝剑尚属下等；敌寇之强大无过于阴阳，而擂鼓敌军尚属小敌。无往而非阴阳，天地之间无处可逃。并非阴阳贼害于人，而是人的心志自招贼害。

天道通约万物为一。天道分施物德，于是万物形成；天道成就万物，同时毁坏万物。之所以厌恶万物之分，乃是分物之道才是唯一完备；之所以厌恶自矜完备，乃是坚执其有才会自矜完备。所以出离天道而不返天道，就会鬼迷心窍；出离天道而自矜自得，叫作德心死灭。德心死灭却仍有实体，是鬼的一种。以有形万物取象于无形天道，而后心宇泰然宁定。

出离天道则失根本，返入天道又无孔窍。天道有实存而无定处，有长度而无始终；生出万物却无孔窍的天道确有实存，纳入万物却无始终的天道确有恒长。有实存而无定处的天道，遍在于宇；有恒长而无始终的天道，永在于宙。天道能使万物生，能使万物死，能使万物出，能使万物入，万物出而生、死而入却不见其形，叫作天道之门。天道之门，是无形之有；万物出于无形之有。有形之有，不能出于有形之有，必定出于无形之有。而无形之有，就是一无所有，圣人藏身于一无所有。

校注

[1] 券 quàn 内者：券，契也（《说文》）。契合内德者。即《大宗师》"以德为循，自适其适"者。

[2] 行乎无名：义本《逍遥游》"圣人无名"。"无"为动词，训致无。

[3] 券外者：契合、迎合外境者。即《大宗师》"役人之役，适人之适"者。

[4] 志乎期费：志在期求靡费（财货）。

[5] 唯庸有光：义本《齐物论》"不用而寓诸庸"、"葆光"。

[6] 志乎期费者，唯贾 gǔ 人也：义本《德充符》"不货，恶用商？"

[7] 跂 qǐ：同"企"，踮足，引申为自我拔高。

[8] 与物穷者，物入焉：穷，与"通"相反。与物不通，外物反而撄入其心。与物相通，方能容物而不被撄扰。

[9] 龃："龃龉"略语。龃 jǔ 龉 yǔ，本义上下牙齿不齐，引申为意见不合，互相抵触。

【校勘】"龃"旧讹为"且"。褚伯秀校正。○章太炎、王叔岷释"且"为"阻"。

[10] 尽人：尽，绝也。自绝于人。

[11] 憯 cǎn：音义均同"惨"，毒也（《说文》）。枹 fú：鼓槌。枹鼓：战鼓，引申为对阵敌军。

【校勘】"镆铘"前旧脱"而"字，乃因下句之脱而被注家删去。○"而枹鼓为小。无适而非阴阳"十一字旧脱。奚侗、王叔岷据《文子·道原》作"故兵莫憯于志，镆铘为下；寇莫大于阴阳，而枹鼓为细"、《淮南子·缪称训》及《主术训》均作"故兵莫憯于志，镆铘为下；寇莫大于阴阳，而枹鼓为小"，校补"而枹鼓为小"五字。刘文典据《人间世》"无适而非君也，无所逃于天地之间"，校补"无适而非阴阳"六字。

［12］非阴阳贼之，心则使之也：义承上章"为不善乎幽暗之中者，鬼得而诛之"。〇"券外"、"志乎期费"、"为不善"、"与物穷"、"与物龃"、"不能容人"为因，"鬼得而诛之"、"阴阳贼之"为果。

◎第二章第一节：至人因循内德，自"道"己德；众人迎合外境，自矜自得。

［13］"道通为一"五句：暗引《齐物论》。

【校勘】"道通"后旧脱"为一"二字，据《齐物论》校补。〇"其分也"后旧脱"成也"二字，于省吾、王叔岷、陈鼓应据日本高山寺古钞本、《齐物论》校补。

［14］"所以恶乎分者"二句：分，万物之分。备，道之完备。

【校勘】"所以恶乎分者"之"以"旧脱。本书据下句"所以恶乎备者"校补。

［15］"所以恶乎备者"二句：二"备"，均谓自矜完备。有，坚执其有，未能"无何有"（《逍遥游》）。〇二句隐斥《孟子》"万物皆备于我"，"有我"而自矜为"备"。

【校勘】"其有也以备"之"也"旧脱。王叔岷据上句"其分也以备"校补。

［16］出而不返，见其鬼：物乃道所分出，倘若不返入道，就会鬼迷心窍。

［17］出而得，是谓德死：道所分出之物，倘若自矜自得，就会德心死灭。

［18］灭而有实，鬼之一也：德心（虚）死灭，仅剩身形（实），是鬼之一种。

［19］有形者：万物。象：动词，仿效。无形者：天道。而定矣：上扣"宇泰定"。〇"以有形者象无形者"，义同魏撰《庚桑楚》"仿道而行"。句谓有形之人，仿效无形之道，就能心宇泰定。

◎第二章第二节：认识论之道术，仿效本体论之道体，就能心宇泰定。

［20］出无本，入无窍：出离（天道）则失根本，返入（天道）又无孔窍。〇郭嵩焘："郭象以出入为生死，非也。"

【辨析一】道生万物，似当有生出万物之"窍"，然而道生万物的"天门"，并非有形之"窍"，而是无形之"窍"（《老子》谓之"玄牝"）。本节义承上章，均略主语"道"（不明省略，义均难明），均释"天门"为何是无形之"窍"：天道遍在于"宇"，永在于"宙"，然而天道"无形"，故天门亦"无见其形"。

［21］有实而无乎处：道有实，而无特定之处。此伏下文之"宇"。

［22］有长而无乎本标：标，树杪末也（《说文》）。本标，同"本末"、"始终"。道有长，而无始无终。此伏下文之"宙"。

【校勘】"標"（标）旧作"剽"（成疏本）或"摽"（陆释一本）。卢文弨、朱骏声、奚侗、方勇、陆永品据陈景元本作"標"（标）校正。

［23］有所出而无窍者有实：前七字承上，乃"道"之变文。句谓"道有实"，再伏下文之"宇"。

［24］有所入而无本者有长：前七字承上，亦"道"之变文。句谓"道有长"，再伏下文之"宙"。

【校勘】后句"有所入而无本者有长"九字旧脱。本书据文义拟补。○宣颖因后句之脱，遂删前句"有所出而无窍者有实"九字，导致文义断裂。○吕惠卿误以为所脱为前句，拟补前句"有所出而无本者有长"，遂将未脱之前句移为后句，又改"出"为"入"，变成"有所入而无窍者有实"（褚伯秀引）。于鬯、方勇、陆永品从之。○吕氏盲从否定"道"的郭象反注，以为整节均言"物"，不知整节均言"道"，故所补前句，所改后句，位置不对，义亦不通。

［25］有实而无乎处者，宇也：此扣上伏二句，谓道遍在于"宇"。

［26］有长而无本标者，宙也：此扣上伏二句，谓道永在于"宙"。○"宇宙"名相，见于《齐物论》。

［27］"有乎生"六句：万物之"生死"，即"出入"于不见其形的天道之门。○义本《老子》"出生，入死"，"天门开阖，能为雌乎"，"玄之又玄，众妙之门"，"玄牝之门，是谓天地根"。参看魏撰《则阳》"万物有乎生，而莫见其根；有乎出，而莫见其门"。

【校勘】"出入"旧误倒为"入出"。刘文典、王叔岷据《庄子阙误》引张君房本、郭注均作"出入"校正。

［28］"天门者"三句：此扣上句"无见其形"，乃谓天门无形，非谓天门不存在。○郭象反注："徒有名耳，竟无出入，门其安在乎？以无为门，则无门也。"

［29］"有"三句：结上。乃言"道体"。○义本《老子》"天下万物生于有，有生于无"。参看魏撰《知北游》"物物者非物，物固不得先物也"。

［30］"而无有"三句：转言"道术"。○本节与上节，都是先言道体遍在永在，末句则言"有形者"之道术，仿效"无形者"之道体（上节）；"圣人"之"无何有"道术，仿效"一无有"之道体（本节）。撰者思路清晰，并未混淆。然而不明本体论"道体"、认识论"道术"之异者，极易混淆。

◎第二章第三节：抉发内七篇"天道遍在永在"、"有情有信，无为无形"；圣人道术，仿效道体。

●第二宇宙章：天道遍在永在宇宙。圣人道术，仿效道体；以人合天，心宇泰定。

三

古之人，其知有所至矣。恶乎至？有以为未始有物者，至矣，尽矣，弗可以加矣[1]。其次以为有物矣，将以生为丧也，以死为返也，是以分矣[2]。其次曰始无有，既而有生，生俄而死[3]；以无有为首，以生为体，以死为尻，孰知有无死生之一宗者，吾与之为友[4]。是三者虽异，公族也[5]。昭景也，著戴也[6]；屈氏也，著封也[7]。非一邪？[8]

有生，黬也[9]。披然曰"移是"[10]。尝言"移是"，非所言也[11]。虽然，不可知者也[12]。腊者之有膍胲[13]，可散而不可散也[14]；观室者周于寝庙，又适其偃焉，为是举"移是"。[15]

请尝言"移是"[16]：是以生为本[17]，以知为师[18]，因以乘是非[19]；果有名实，因以己为质；使人以为己节，因以死偿节[20]。

若然者，以用为知，以不用为愚[21]；以彻为名，以穷为辱[22]。移是，今之人也，是蜩与鸒鸠同于同也。[23]

今译

古之至人，其知达于至境。怎样的至境？有人认为万物生于"无"，这就是至境，这就是尽头，无以复加了。其次有人认为后来产生了有形之物，每物之生即失天道，每物之死即返天道，因此每物均从天道分出。其次有人认为宇宙初始一无所有，随后产生有生之物，有生而后有死；把一无所有的天道视为头脑，把每物的生命视为身体，把每物的死亡视为屁股，谁能彻悟有、无、死、生出于同一祖宗，吾人就与之为友。以上三种认知虽有差异，却是出于同一祖宗的子孙公族。正如昭氏景氏，以职官为姓；屈氏，以封邑为姓。楚室三大公族岂非出于同一祖宗？

有生之物，是天道的尘垢。众人纷乱妄言"是非不断转移"。他们所言"是非不断转移"，并非所言之意。尽管如此，其意不可尽知。腊祭虽有可食的牛胃，但是祭后可以散而食之，祭前不可散而食之；观祭之人围观于庙堂，祭毕又会移步如厕，为此众人纷乱妄言"是非不断转移"。

请允许试论众人为何纷乱妄言"是非不断转移"：这是由于众人以有限的生命为本，以有限的心知为师，因而驾乘相对是非；为了证明相对是非果真有其名实，因而以自己为人质；使人以为自己很有节操，因而以死证明节操。如此之人，把用于庙堂视为有知，把不用于庙堂视为愚人；把通于庙堂视为名誉，把穷于庙堂视为耻辱。坚执是非相对却不断转移相对是非，正是如今的众人，一如蜩与鸒鸠仅仅赞同与己相同者。

校注

[1]"古之人"至"弗可以加矣"七句：全同《齐物论》。○此谓至人对道之认知。

[2]"其次以为有物矣"四句：参看《齐物论》"其次以为有物矣，而未

始有封也。"首句同，后三句异。○此谓至人对物之认知。

[3]"始无有"三句：语本蔺撰《至乐》所引庄言"然察其始，而本无生……形变而有生，今又变而之死"。

[4]"以无有为首"五句：语本《大宗师》"孰能以无为首，以生为脊，以死为尻？孰能知死生存亡之一体者，吾与之友矣"。以上八句未引《齐物论》第三境之文，改引蔺撰《至乐》所引庄言、《大宗师》。○此谓至人对生死之认知。

【校勘】"宗"旧讹为"守"，形近而讹。据《庄子阙误》引文如海本作"宗"、此处暗引《大宗师》校正。○下举同宗三族为例，亦证字当作"宗"。

【辨析二】《齐物论》"古之人"章运用庄学四境，分论四种人对于宇宙之道的四种认知，"有以为"乃言至人，"其次以为"则言大知、小知。本篇"有以为"、"其次以为"、"其次曰"，分言至人对道、物、生死之认知（下文又谓认知"虽异"，实则圆融合一）。此证本篇非庄所撰。

[5]是三者虽异，公族也：以一祖同宗分出三公族，譬解至人对道、物、生死之三层认知，层次虽异，实则合一。

[6]昭景也，著戴也：昭氏、景氏，以所著官职的头戴之冠为氏。

[7]屈氏也，著封也：屈氏，以所著封邑为氏。○前句并提"昭、景"，故略"氏"字。后句单言"屈氏"，故加"氏"字。两句分释楚室公族分出三氏之由，上扣"三者虽异，公族也"。

【校勘】"屈"旧讹为"甲"，形近而讹。郭嵩焘据《楚辞》王逸序"三闾之职，掌王族三姓，曰昭屈景"校正。成疏："昭、屈、景，楚之公族三姓。"亦作"屈"。○"楚虽三户，亡秦必楚"。屈原为三闾大夫，掌公族三氏。"三户"、"三闾"均谓昭、景、屈。

[8]非一邪：上扣"三者虽异，公族也"。反问肯定。

【校勘】郭象篡改"邪"为"也"，证见郭象反注："此四者虽公族，然已非一。"本书复原。○郭象连读"昭景也，著戴也，屈氏也，著封也，非一邪"，误释"昭景"、"著戴"、"屈氏"、"著封"为"四者"并列之"公族"，与"三者虽异，公族也"抵牾。郭象又改"邪"为"也"，导致反问句"非一邪"（肯定其为一），变成陈述句"非一也"（否定其为一），义遂反转。

○参看郭象篡改《泰初》"汝将固惊也"之"也"为"邪",导致陈述句转为反问句,义亦反转。

◎第三章第一节:继续抉发上章暗引的《齐物论》"道通为一"、"唯达者知通为一"。

[9]有生,黬yǎn也:黬,釜底黑灰(《玉篇》),即"尘垢"。此谓生命乃是天道所生之尘垢。参看《齐物论》"游乎尘垢之外"、《大宗师》"茫然彷徨乎尘垢之外"。○本节承上"有无死生之一宗",谓"生"不可执,"死"不可惧。

[10]披然曰"移是":此句先言下文贬斥之目标。

【辨析三】万物有其"同是"(《齐物论》)、"公是"(魏撰《徐无鬼》所引庄言)。"达者知通为一",以天道为绝对之是,所以其言有定,"是"不可"移"。未达者不知"道通为一",拔高一己相对之是为绝对之是,所以其言无定,纷披淆乱,"是"常游"移"。

[11]尝言"移是",非所言也:"移是"之说,貌似近理,实非"公是"。

[12]虽然,不可知者也:"移是"者之所"是",不可确知。○《齐物论》"其所言者特未定",蔺撰《寓言》"始时所是,卒而非之",魏撰《则阳》"始于是之,而卒黜之以非"。

[13]腊:腊祭。膍pí胘xián:(腊祭所用)牛肚,即牛胃。孙诒让:"《说文》'膍'、'胘'二字同训'牛百叶'。《广雅》:'胃谓之胘。'"

【校勘】"胘"旧讹为"胲",形近而讹。孙诒让、王叔岷校正。

[14]可散而不可散也:腊祭之前,祭物不可散于群臣;腊祭之后,祭物方可散于群臣。譬解相对之是因时而移。

[15]"观室者周于寝庙"三句:偃,偃溲,厕所。引申前喻。腊祭之时,群臣观于庙堂;腊祭既毕,群臣移步如厕,俗见遂据相对之是因时而移,而谓绝对之是亦因时而移,或谓世无绝对之是,否定道之存在。○旧因郭象反注,遂将本篇贬斥之"移是",视为庄学正面主张,认为庄子主张否定是非的"相对主义"。

◎第三章第二节:"移是"之人,不知绝对之"是"遍在于"宇"、永在于"宙"。

［16］请尝言"移是"：请允许论述"移是"之非。○此下均为撰者贬斥"移是"之辨析，旧多释为撰者褒扬"移是"之论证。

［17］是以生为本：上扣"有生，黬也"。贬斥"移是"者不以道为本。

［18］以知为师：贬斥"移是"者不"以天为师"（魏撰《则阳》）。

［19］因以乘是非：贬斥"移是"者"此亦一是非，彼亦一是非"（《齐物论》贬斥，郭象反注为庄子所褒）。○郭象反注："是非之移，一彼一此，谁能常之！故至人因而乘之则均耳。"反注为撰者褒扬"移是"、"因以乘是非"。

［20］"果有名实"四句："移是"者"其所言者特未定"（《齐物论》），必遭违背名实、毫无"特操"（《齐物论》）之讥，遂以己身为人质，自证己有节操，乃至不惜赴死，以证其说不谬。○盲从伪道，即便"杀身成仁"（孔子）、"舍生取义"（孟子），其道仍属伪道，其死纯属枉死（参看魏撰《盗跖》谓子路之死）。

［21］"若然者"三句：贬斥"移是"者以有用（于庙堂）为有知，以不用（于庙堂）为愚人。○参看《逍遥游》、魏撰《外物》庄惠辩用，《人间世》"人皆知有用之用，而莫知无用之用也"。

［22］以彻为名，以穷为辱：彻，同"通"（撰者谓达者乃"通"，遂易为"彻"）。贬斥"移是"者以通达（于庙堂）为名誉，以穷困（于庙堂）为耻辱。○孟子名言"达则兼济天下"、"穷则独善其身"，"达"、"穷"均谓通达于庙堂，穷困于庙堂，非谓通达于天道，穷困于天道。

［23］同于同：义同蔺撰《寓言》"同于己为是之，异于己为非之"，刘安版新外篇《在宥》"同于己而欲之，异于己而不欲"，刘安版杂篇《渔父》"人同于己则可，不同于己则虽善不善"。参看《齐物论》"吹万不同"，《天地》所引庄言"不同同之之谓大"。○章末三句总斥今之"移是"者，一如蜩与鸴鸠（《逍遥游》）嘲笑异于己的大鹏，以同于己者为是，以异于己者为非。

◎第三章第三节："移是"之人一如蜩鸠，拔高一己相对之是为绝对之是。

●第三至人章：古之至人心宇泰定，齐观物德之质，信仰终古恒定的天道绝对之是。今之愚人心宇不定，剪齐物德之量，信奉游移难定的人道相对之是。

四

蹒市人之足，则辞以放傲，兄则以妪，太亲则已矣[1]。故曰：至礼不人，至义不物，至知不谋，至仁无亲，至信辟金。[2]

彻志之悖，解心之谬，去德之累，达道之塞。贵富显严名利六者，悖志者也。容动色理气意六者，谬心者也。恶欲喜怒哀乐六者，累德者也。去就取与知能六者，塞道者也[3]。此四六者不荡胸中则正，正则静，静则清，清则明，明则虚[4]，虚则无为而无不为也。[5]

道者，德之钦也；生者，德之光也；性者，生之质也。性之动，谓之为；为之伪，谓之失[6]。知者，接也；知者，谋也[7]；知者之所不知，犹睨也[8]。动以不得已之谓德[9]，动无非我之谓治[10]，名相反而实相顺也。[11]

今译

踩了路人之脚，必须卑辞道歉放弃傲慢，踩了兄长只须弯一弯腰，踩了父母无须任何表示。所以说：至高之礼不把他人视为外人，至高之义不把万物视为外物，至高之知不做预谋，至高之仁无所亲疏，至高之信不用金钱担保。

消除意志的悖乱，解除心知的谬妄，去除德心的牵累，打通达道的阻塞。尊贵、富有、显赫、威严、名声、利禄六项，导致意志的悖乱。容貌、举止、色欲、辩理、使气、意愿六项，导致心知的谬妄。憎恶、嗜欲、喜悦、愤怒、悲哀、快乐六项，导致德心的牵累。舍弃、趋就、索取、赠与、知虑、技能六项，导致天道的阻塞。以上四类六项不鼓荡胸中就能正直，正直使人宁静，宁静使人清寂，清寂使人澄明，澄明使人虚己，虚己使人顺道无为而后循德无不为。

天道，是物德钦仰的宗师；生命，是物德自身的光华；天性，是生命固有的本质。因循天性而动，就是物所当为；迎合人为而伪，就是物之过失。知识，得于交接；知识，得于预谋；有知之人必有不知，所知有限犹如一瞥。行动出于不得停止叫作德，行动无不因循真我叫作治，名虽相反而实则相顺。

校注

［1］蹍niǎn：足踩。伛yǔ：弯腰。○四句承上，譬解可"移"之"是"，均属相对之是。

【校勘】"傲"旧作"鷔"，"伛"旧讹为"妪"，王念孙、刘文典、王叔岷据褚伯秀本、《白孔六帖》一一引文作"傲"、"伛"校正。○"太"旧作"大"，字通。

［2］"至礼不人"五句：譬解庄学至境，天道绝对之是。○首句正论（贬斥庙堂"礼"教），后四句引申。

【校勘】首句旧作"至礼有不人"，"有"字衍，与后四句不谐。

◎第四章第一节：可"移"之"是"，均属人道相对之是。天道绝对之是，不可移易。

［3］彻：消除。义同下二句"解"、"去"。

【校勘】二"悖"、二"谬"，旧皆作"勃"、"缪"，字通。○"悖志"、"谬心"、"累德"、"塞道"下，旧皆脱"者"。王叔岷据日本高山寺古钞本、《吕览·有度》引文均有"者"字校补。

［4］【校勘】"清清则"三字旧脱。裘锡圭据《吕览·有度》作"静则清明，清明则虚"，辨析校补："未误之文当作'静则清＝则明＝则虚'，读为'静则清，清则明，明则虚'。《庚桑楚》的抄写者大概由于'清'字、'明'字前都有'则'字，一时疏忽误接'静则'于'明'，以致抄脱成今本之文。"按：＝为古人重复前字之符号。

〔5〕虚则无为而无不为也：此谓道术之"无为无不为"（仿效道体之"无为无不为"），"无为"即顺应天道，"无不为"即因循内德（《大宗师》辨析十二）。

◎第四章第二节：信仰天道绝对之是，顺道"无为"。因循道所分施之德，循德"无不为"。

〔6〕谓之为：此"为"谓无为之为。为之伪：此"为"谓有为之为。

〔7〕知者，接也：与物相接的直接之知。知者，谋也：诉诸谋虑的间接之知。四句乃谓人类有限知识的两种来源。○"谋"旧作"谟"，字通。

〔8〕知者之所不知，犹睨 nì 也：睨，斜视，一瞥。参看魏撰《管仲》"是以一人之断制利天下，譬之犹一瞥也"。

〔9〕动以不得已之谓德：句谓"无不为"的因循内德。

〔10〕动无非我之谓治：动由真我，方可谓"治"。动若适人，不可谓"治"，而是"被治"。

〔11〕名相反而实相顺也：此谓顺道"无为"，循德"无不为"，名虽相反，实则相顺。

◎第四章第三节：顺应天道即"无为"，因循内德即"无不为"。

●第四顺道循德章：抉发庄义"顺应天道，因循内德"、老义"无为而无不为"。

五

羿工乎中微，而拙乎使人无己誉[1]。圣人工乎天，而拙乎人[2]。夫工乎天而良乎人者，唯全人能之[3]。唯虫能虫，唯虫能天[4]。全人恶有天？恶有人之天？而况天乎人乎？[5]

一雀过羿，羿必得之，惑也[6]。以天下为之笼，则雀无所逃矣[7]。是故汤以庖人笼伊尹，秦穆公以五羊之皮笼百里奚[8]。是故非以其所好笼之，而可得者，无有也[9]。

兀者拸画，外非誉也[10]；胥靡登高而不惧，遗死生也[11]。

夫复习不愧，而忘人[12]。忘人，因以为天人矣[13]。故敬之而不喜，侮之而不怒者[14]，唯同乎天和者为然。出怒不怒，则怒出于不怒矣[15]；出为无为，则为出于无为矣[16]。欲静则平气，欲神则顺心[17]；有为也欲当[18]，则缘于不得已[19]。不得已之类，圣人之道。[20]

今译

后羿善于射中微小目标，然而拙于使人不赞誉自己。圣人善于顺应天道，然而拙于因应人道。既善于顺应天道又善于因应人道的，唯有全人能够做到。唯有动物能够因循内德，唯有动物能够顺应天道。全人何曾拥有天道？何曾信奉人为虚构的天道？何况区分天道、人道呢？

一只雀鸟飞过后羿，后羿自矜必能射中，就是大惑。以天下为樊笼，雀鸟才会无处可逃。因此商汤用庖厨之职笼络伊尹，秦穆公用五张羊皮笼络百里奚。因此不以他人所好笼络他人，而后欲得他人，从来没有。

刖足之人拒绝雕饰，是因为置毁誉于度外；刑徒之人登高不惧，是因为置死生于度外。复归习性不愧天地，而后丧忘人道。丧忘人道，因而成为天道庇佑之人。所以被人敬重而不喜悦，被人侮蔑而不愤怒，唯有同于天然祥和者方能如此。出离愤怒者不会真正愤怒，即使因境愤怒也是出于不怒的德心；出离有为者不会真正有为，即使循德有为也是出于无为的天道。意欲宁静必须心平气和，意欲通神必须顺应德心；有为而意欲恰当，必须缘于不得停止的真德。不得停止地顺道循德，就是圣人的道术。

校注

[1]"羿工乎中微"二句：义同魏撰《列御寇》"非汝能使人保汝，而汝不能使人无保汝也"。均谓有技甚易，"技进于道"(《养生主》)甚难。

[2]圣人工乎天，而拙乎人：工乎天，达于"知天之所为"(《大宗师》)。拙乎人，未达"知人之所为"(《大宗师》)。

［3］全人：全德之人（《德充符》）。异于《人间世》"全人"（全形之人）。〇全人"良乎人"，胜于圣人"拙乎人"，达于"知天之所为、知人之所为者，至矣"（《大宗师》）。〇"良"旧作"佷"，字通。

［4］唯虫：古人以"虫"为动物总名，此指不含人的一切动物。能虫：能够因循真德。能天：能够顺应天道。〇二句譬解"全人"。

［5］天：天道。人之天：人为虚构、损益的天道。三句参看《大宗师》"庸讵知吾所谓天之非人乎？所谓人之非天乎？"蔺撰《山木》"人与天一"、《达生》"与天为一"。〇人为虚构、损益天道者，尚不否认人当顺应天道，仅以人道冒充天道。主张人道异于天道者，不屑以人道冒充天道。后者悖道更甚前者，撰者据此递进分斥。

【校勘】前二句旧皆脱"有"字，据王敔注校补。王敔："全人恶有所谓天者？恶有所谓人之天者？"〇末句旧作"而况吾天乎人乎"，"吾"字衍，义不可通。

◎第五章第一节：全人仿效动物，顺道循德；信仰天道，丧忘人道。

［6］"一雀过羿"三句：雀逃后羿之箭毂，譬解人逃庙堂之樊笼。取义于《德充符》"游于羿之毂中"，贬斥庙堂刑网繁密，但必无效。

【校勘】"过"（过）旧讹为"适"（适），形近而讹。孙诒让、刘文典据《韩非子·难三》、《艺文类聚》九二、《太平御览》七六四引皆作"过"校正。〇郭象篡改"或"（惑）为"威"，证见郭注："威以取物，物必逃之。"孙诒让、王叔岷据陆释引崔譔本、《艺文类聚》九二、《太平御览》七六四、九二二引文均作"或"、日本高山寺古钞本"威"旁注"或"校正。

［7］"以天下为之笼"二句：乃谓人刑之网虽密可逃，天刑之网虽疏难逃。义本《大宗师》"藏小大有宜，犹有所遁；若夫藏天下于天下，而不得所遁"，《老子》"天网恢恢，疏而不失"。

【校勘】"雀无所逃"下，旧脱"矣"字。王叔岷据《韩非子·难三》、《太平御览》七六四引均有"矣"字校补。

［8］"汤以庖人笼伊尹"二句：本斥庙堂樊笼无效，竟举俗君笼络成功二例。引喻失义。

【校勘】"庖"旧作"胞"，字通。卢文弨、郭庆藩、王叔岷据陆释一本作"庖"校正。

[9] 以其所好笼之：此义远于庄义，近于老义。庄义乃谓"不笼"（《养生主》"不祈畜于樊中"）、"不治"。老义乃谓以所好笼之，无为而治。

◎第五章第二节：圣君仿效天道，无为而治；以民所好，笼络天下。

[10] 兀者：语本《德充符》。挢 chǐ：同"辞"。画：雕饰。外：动词。非誉：毁誉。句谓兀者拒绝雕饰，视毁誉为外在于己。

【校勘】"兀"旧讹为"介"。据陆释引崔譔本作"兀"、郭注"刖者"校正。○"介"为独足（不论先天后天），"兀"为后天刖刑而独足。本章文义，乃斥庙堂人刑，字当作"兀"。下句"胥靡"即刑徒，亦为旁证。

[11] 胥 xū 靡 mí：刑徒。登高而不惧：义本《大宗师》"古之真人，登高不慄"。遗死生：义同《大宗师》"外死生"。○《大宗师》形容真人之语，撰者用于"兀者"、"胥靡"，可证"兀者"、"胥靡"均属顺道循德而被庙堂惩罚者，同于《德充符》三兀者。

[12] 复习：复性，复归故德。忘人：丧忘人道。○《论语·阳货》孔言："性相近也，习相远也。""性"谓先天之性，"习"谓后天之习。撰者以"习"言"性"，似乎故意取义与孔相反，实属用语不当。

【校勘】"习"（习）旧作"謵"，字通。成疏释"謵"为"本性"（视"謵"通"习"）。○"愧"旧讹为"馛"，形近而讹。据成疏引一本、陆释引元嘉本皆作"愧"校正。

[13] 天人：语本魏撰《天下》，义近或撰《宇泰定》"天民"。内七篇无。

[14] 敬之而不喜，侮之而不怒：上扣"外非誉"。义本《逍遥游》"举世誉之而不加劝，举世非之而不加沮"。

[15] 出怒不怒，则怒出于不怒矣：参看《德充符》申徒嘉（"兀者"兼"胥靡"）之言："人以其全足笑吾不全足者多矣，我怫然而怒；而适先生之所，则废然而反。"句谓天人出离愤怒，不再对众人"侮之"有怒，有怒亦非真怒，因为心如止水。

[16] 出为无为，则为出于无为矣：此释"无为而无不为"（顺道无为，循德无不为）。句谓天人出离有为人道而顺道无为，其循德无不为，异于人道之有为。

［17］顺心：顺从德心，"自适其适"（《大宗师》）。

［18］有为也欲当：循德有为而当，即顺道"无为"。

［19］不得已：不得停止。义本《人间世》"乘物以游心，托不得已以养中，至矣"、《大宗师》"催乎其不得已"。○"缘于不得已"，即缘于真德之驱迫。

［20］不得已之类，圣人之道：不得停止地顺道无为，循德无不为，乃是圣人之道术。○章首"圣人"则用俗义（不如"全人"），章末"圣人"又用庄义（同于"天人"），撰者用语不谨。

◎第五章第三节：圣人顺道无为，循德无不为。

●第五逃羿顺天章：逃遁有为人道，顺应无为天道。

胠箧

题解

《胠箧》被后于魏牟的《吕览》钞引，必在魏牟版外篇。刘安版、郭象版仍在外篇。

本书把魏牟版、刘安版、郭象版外篇《胠箧》1281字，复原于魏牟版外篇第二十。校正郭象篡改和历代讹误：订讹文12字。

《胠箧》文风、义理均异于蔺撰、魏撰诸篇，撰者当为其他庄子弟子或再传弟子。

篇中言及"田成子十二世有齐国"，证明撰于前264年（庄殁22年）田齐第十二世齐王建即位，至前240年魏牟卒年（初始本成书下限）之间，撰者必非庄子。高亨以《吕览》钞引此句为据，认为《胠箧》撰于前221年秦灭齐之后。高亨之论，既与《吕览》成书于前239年抵牾，又与吕不韦死于前235年，其时秦未灭齐抵牾。又有学者以高亨之论为据，推论《庄子》成书于《吕览》之后，推论《庄子》钞引《吕览》。高亨之论既误，据之推论亦误。

或撰《胠箧》，全文连贯，不宜分章，为明层次，分为七节。通篇义理绵密，层层推进，大异于内七篇之"支离其言"。主旨鲜明，反复重言，大异于内七篇之"晦藏其旨"。寓言仅一，又不独立，大异于内七篇之"寓言十九"。二用"尝试论之"，三用"世俗之所谓"，四用"何以知其然邪"，七用"人含其"，句法、章法单调，大异于内七篇之"其辞参差"。以老演庄，多引老言。文风直白，缺乏蔺且之含蓄蕴藉。持论激烈，缺乏魏牟之辛辣戏谑。唯其义理绵密，层层推进，反复重言，不避语复，有助于理解跳跃极大、省略极多的老、庄义理。

老聃、庄子、蔺且、魏牟无不褒扬"圣人"（用道家义），从不贬斥。

本篇开启贬斥"圣人"（用儒家义）之先河，为魏牟版外篇仅有之例。刘安版新外篇《骈拇》、《马蹄》、《天道》承袭。

本篇两处贬斥"儒墨"，郭象篡改为"杨墨"。

　　将为胠箧探囊发匮之盗而为守备[1]，则必摄缄縢，固扃鐍[2]，此世俗之所谓知也[3]。然而巨盗至，则负匮揭箧担囊而趋，唯恐缄縢扃鐍之不固也[4]。然则向之所谓知者，不乃为大盗积者也？[5]

今译

　　为了预防开箱、掏袋、撬柜的小盗而有为于守护准备，那么必定捆紧绳结，加固锁钮，这是世俗所谓知者。然而大盗一至，就会背柜、举箱、挑袋而逃走，唯恐绳结、锁钮不够坚固。那么世俗所谓知者，不正是为大盗积聚货财的人吗？

校注

　　[1]胠qū：开。箧qiè：箱。囊náng：袋。匮guì：同"柜"。

　　胠箧探囊发匮之盗：隐喻下文"窃钩者"，即窃物"小盗"，异于窃国"大盗"。

　　[2]摄：收束，捆绑。缄jiān縢téng：绳结。扃jiōng：门闩。鐍jué：环形锁钮。

　　则必摄缄縢，固扃鐍：防备"窃钩者"。

　　[3]此世俗之所谓知也：世俗、伪道之知，仅知防备"窃钩者"。

　　[4]巨盗：隐喻下文"窃国者"、"诸侯"。

　　"然而巨盗至"三句：防备"窃钩者"，有利于"窃国者"。

　　[5]向之所谓知者，不乃为大盗积者也：至人之知，始知防备"窃国

者"、"诸侯"。○本节演绎《老子》"多藏必厚亡",《大宗师》"藏小大有宜,犹有所遁",蔺撰《山木》"知作而不知藏"。

◎第一节:世俗圣知,仅防窃钩小偷;藏货箱柜,难防窃国大盗。

故尝试论之:世俗之所谓知者,有不为大盗积者乎?所谓圣者,有不为大盗守者乎[1]?何以知其然邪?昔者齐国邻邑相望,鸡狗之音相闻,网罟之所布,耒耨之所刺,方二千余里[2];阖四境之内,所以立宗庙社稷,治邑屋州闾乡曲者[3],曷尝不法圣人哉[4]?然而田成子一旦杀齐君而盗其国[5],所盗者岂独其国邪?并与其圣知之法而盗之[6]。故田成子有乎盗贼之名,而身处尧舜之安[7];小国不敢非,大国不敢诛[8],十二世有齐国[9]。则是不乃窃齐国并与其圣知之法,以守其盗贼之身乎?[10]

今译

所以尝试论之:世俗所谓知者,有不为大盗积藏货财的人吗?世俗所谓圣人,有不为大盗守护货财的人吗?何以知道如此呢?从前齐国毗邻的乡邑相互望见,鸡狗的叫声相互听闻;罗网所布之处,犁锄所耕之地,方圆二千余里;全部四境之内,所用来建立宗庙社稷,治理采邑、屋井、州县、闾里、乡党、部曲的,何尝不是师法圣人呢?然而田成子一旦杀害齐君而后盗窃其国,所盗的岂仅邦国呢?连同圣知之法也一并盗取。所以田成子虽有盗贼之名,然而身处尧舜之安;小国不敢非议,大国不敢征伐,十二世拥有齐国。那么这不是窃取齐国连同圣知之法,用于守护盗贼之身吗?

校注

[1]世俗之所谓知者、所谓圣者:贬斥世俗、伪道之"圣知"。此义贯彻全篇。

有不为大盗积者乎、有不为大盗守者乎:伪道之"圣知",乃为"窃国者"积而守之。

[２]昔者齐国：周武王所封姜齐。网罟gǔ：网，捕兽网。罟，捕鱼网。耒lěi耨nòu：耒，手耕曲木（《说文》）。耨，锄。

[３]邑：三屋为井，四井为邑（《司马法》）。采邑，诸侯分给大夫的封地。

屋：六尺为步，百步为亩，百亩为夫，三夫为屋（《司马法》）。○古代井田区划，一屋合三百亩。

州：五闾为族，五族为党，五党为州（《司马法》）。○郑玄："二千五百家为州。"

闾：五家为比，五比为闾（《司马法》）。○郑玄："二十五家为闾。"

乡：五州为乡（成疏引《司马法》）。○郑玄："万二千五百家为乡。"

曲：偏僻乡村。

[４]曷hé尝不法圣人哉：姜齐何尝不是效法世俗圣人，建立行政区划、整治其国？

[５]田成子：姓田，名恒（后避汉文帝刘恒讳改为常），谥成。

杀齐君而盗其国：前481年，田成子杀齐简公，姜齐遂成田齐。

[６]并与其圣知之法而盗之："窃国者"同时窃取"圣知之法"。

[７]"故田成子"二句："窃国者"名为"盗贼"，实如"尧舜"。

[８]小国不敢非，大国不敢诛：前380年，周安王承认田齐篡姜齐之既成事实，册封田成子四世孙田和（前400—前379在位）为诸侯。○魏撰《管仲》言及"田和"。

[９]十二世有齐国：田成子、田襄子、田庄子、田悼子、田齐太公（田和）、田侯剡、田齐桓公（田午）、齐威王（田因齐）、齐宣王（田辟疆）、齐湣王（田地）、齐襄王（田法章）、齐王建（前264—前221在位），共计十二世。

【辨析一】《史记·田敬仲完世家》误脱田悼子、田侯剡二世，导致俞樾误改"十二世有齐国"为"世世有齐国"，严灵峰、陈鼓应误改为"专有齐国"。于鬯、钱穆、高亨、王叔岷据《史记索隐》、《竹书纪年》校正。○高亨据"十二世有齐国"，误以为《胠箧》撰于前221年秦灭齐之后，与

《吕览》(成书于前239)钞引《胠箧》抵牾。《胠箧》必撰于前264年(齐王建即位年,庄殁22年)至前240年(魏牟卒年)之间。此为本篇非庄所撰的史实硬证。

[10]"则是"二句:并非仅斥田齐为窃国大盗,乃斥一切俗君僭主均为窃国大盗,又斥伪道"圣知之法"维护一切窃国大盗。

◎第二节:窃国大盗,安如圣君尧舜;既窃邦国,兼窃圣知之法。

尝试论之:世俗之所谓至知者,有不为大盗积者乎?所谓至圣者,有不为大盗守者乎[1]?何以知其然邪?昔者龙逢斩,比干剖,苌弘胣,子胥靡,故四子之贤,而身不免乎戮[2]。故跖之徒问于跖曰[3]:"盗亦有道乎?"[4]跖曰:"何适而无有道邪?夫妄意室中之藏,圣也;入先,勇也;出后,义也;知可否,知也;分均,仁也[5]。五者不备而能成大盗者,天下未之有也。"[6]由是观之,善人不得圣人之道不立[7],盗跖不得圣人之道不行[8]。天下之善人少,而不善人多,则圣人之利天下也少,而害天下也多[9]。故曰:唇揭则齿寒[10],鲁酒薄而邯郸围[11],圣人生而大盗起[12]。掊击圣人,纵舍盗贼,而天下始治矣[13]。夫川竭而谷虚,丘夷而渊实[14],圣人已死则大盗不起,天下平而无故矣。[15]

今译

尝试论之:世俗所谓至知之人,有不为大盗积藏货财的人吗?世俗所谓至圣之人,有不为大盗守护货财的人吗?何以知道如此呢?从前关龙逢被夏桀斩首,比干被商纣剖心,苌弘被周王刳肠,伍子胥被吴王碎尸,所以四人虽然贤明,然而身形不免于刑戮。所以盗跖的徒属问盗跖说:"盗也有道吗?"盗跖说:"往于何处没有道呢?凭空臆测室内的积藏,是圣;入室在前,是勇;出室居后,是义;知晓可否入室盗窃,是知;分赃平均,是仁。五者不具备而能成为大盗的,天下从未有过。"由此看来,善人不得圣人之道不能立身,盗跖不得圣人之道不能横行。天下善人很少,然而恶人很多，可见圣人有利天下很少，然而危害天下很多。所以说：嘴唇揭起而后牙齿寒冷，鲁国酒薄而后邯郸被围，圣人降生而后大盗兴起。抨击圣人，放过盗贼，而后天下始能治理。水源枯竭而后溪谷空虚，山丘削平而后深渊充实，圣人死灭而后大盗消失，就天下太平而没有变故了。

校注

[1]世俗之所谓至知者、至圣者：变文重言第二节节首之言。〇上节贬斥世俗之所谓"知"、"圣"，仅属"小知"。本节各增"至"字，进斥世俗之所谓"至知"、"至圣"，仅属"大知"，并非"至知"、"至圣"。

有不为大盗积者乎、有不为大盗守者乎：伪道之"至知"、"至圣"，仍为"窃国者"积而守之。

[2]"何以知其然邪"七句：朏chǐ，刳肠。举出龙逢、比干、苌弘、子胥四例（注详魏撰《外物》），阐明世俗所谓"至知"、"至圣"，实为窃国大盗积守其所盗窃之邦国，而窃国大盗不识好歹予以诛戮。

[3]跖zhí：盗跖，隐喻"窃国者"、"诸侯"。义承魏撰《盗跖》。

[4]盗亦有道：盗跖窃取世俗圣知，隐喻"窃国者"、"诸侯"窃取世俗圣知。

[5]圣、勇、义、知、仁：譬解"仁、义、礼、智、信"，为合语境而变文。〇亦证撰者水准不高。若为蔺且、魏牟所撰，无须变文亦能合于语境。

[6]五者不备而能成大盗者，天下未之有也："窃国者"必具伪道鼓吹的"仁、义、礼、智、信"，否则不能成为"诸侯"。

[7]善人：隐指尧舜之类世俗圣知视为"圣君"的俗君僭主。

[8]盗跖：隐指桀纣、田成子之类世俗圣知视为"恶君"的俗君僭主。

[9]"天下之善人少"四句：承上。天下俗君僭主，尧舜少而桀纣多，故世俗圣知、"圣人之道"，利天下少，害天下多。

[10]唇揭：因。齿寒：果。此喻显见之因果。

【校勘】"揭"旧讹为"竭"，形近而讹，义不可通。王念孙、孙诒让据《战国策·韩策》作"揭"校正。

[11] 鲁酒薄：因。邯郸围：果。此喻不显见之因果。○楚宣王（前369—前340在位）朝诸侯，鲁恭公（前382—前355在位）后至，所献之酒甚薄。楚宣王怒而欲辱，鲁恭公不辞而还，楚遂攻鲁。魏惠王（前369—前319在位）久欲击赵，但畏楚救，于是乘楚攻鲁，遂围赵都邯郸（兼采陆释、成疏）。○魏武侯（前395—前370在位）卒后，公中缓、魏惠王争立，赵成侯（前374—前350在位）助公中缓。魏惠王即位以后，遂数度伐赵。魏惠王八年（前362）伐赵而围邯郸，楚宣王、鲁恭公均在位。魏惠王十六年（前354）伐赵而围邯郸，楚宣王在位，鲁恭公已死。故此处所言，当指前一次。

[12] 圣人生：因。大盗起：果。此亦不显见之因果，一如"鲁酒薄而邯郸围"，为世俗圣知始料不及。○参看魏撰《盗跖》孔子教诲盗跖不为"小盗"而为"诸侯"，不"窃钩"而"窃国"。

[13]"掊击圣人"三句："掊击圣人，纵舍盗贼"，是为治本不治标，故"天下始治"。○世俗圣知、伪道俗见反之，纵舍圣人（誉尧），掊击盗贼（非桀），是为治标不治本，天下越治越乱。义本《大宗师》"与其誉尧而非桀也，不如两忘而化其道"。

[14]"夫川竭而谷虚"二句：设譬。去其因（川竭、丘夷），则无其果（谷虚、渊实）。去除世俗圣知，则无窃国大盗。

[15]"圣人已死"二句：承譬。去除世俗圣知，则无窃国大盗。

◎第三节：伪道圣知，必为大盗之资；鄙弃伪道，方能釜底抽薪。

圣人不死，大盗不止[1]。虽重圣人而治天下，则是重利盗跖也[2]。为之斗斛以量之，则并与斗斛而窃之[3]；为之权衡以称之，则并与权衡而窃之[4]；为之符玺以信之，则并与符玺而窃之[5]；为之仁义以矫之，则并与仁义而窃之。何以知其然邪？彼窃钩者诛，窃国者为诸侯；诸侯之门，而仁义存焉[6]。则是非窃仁义圣知邪？故逐于大盗、揭诸侯、窃仁义并斗斛权衡符玺之利者，虽有轩冕之赏弗能劝，斧钺之威弗能禁[7]。此重利盗跖而使不可禁者，是乃圣人之过也。[8]

今译

　　圣人不死，大盗不止。虽然推重圣人意在治理天下，却会大利盗跖。圣人制作斗斛意在公平计量，大盗就连斗斛一并窃取；圣人制作权衡意在公平称重，大盗就连权衡一并窃取；圣人制作符玺意在维持信用，大盗就连符玺一并窃取；圣人倡导仁义意在矫正天下，大盗就连仁义一并窃取。何以知道如此呢？那些窃钩小盗遭到诛杀，窃国大盗却成诸侯；诸侯之门，即被视为仁义所在。这不是诸侯窃取了仁义圣知吗？所以那些追随大盗、效法诸侯、窃取仁义以及斗斛、权衡、符玺之利的人，即使有轩冕的奖赏也不能劝阻，即使有斧钺的威吓也不能禁绝。如此大利盗跖而使窃国大盗不能禁绝，这些乃是圣人的罪过。

校注

　　[1] 圣人不死，大盗不止：义承上节"掊击圣人，纵舍盗贼"、"圣人已死，大盗不起"，再予申论。

　　[2] 重 zhòng 圣人：即"誉尧而非桀"（《逍遥游》），此为因。重 zhòng 利盗跖：此为"誉尧而非桀"之果。

　　[3] 斗斛 hú：古制十升一斗，十斗一斛。南宋末年改为五斗一斛。

　　[4] 权衡：秤砣为"权"，秤杆为"衡"。

　　[5] 符玺 xǐ：各持一半为"符"，独持印章为"玺"。

　　[6]"彼窃钩者诛"四句：点题警语，千古名言。○刘安版杂篇《子张》"小盗者拘，大盗者为诸侯。诸侯之门，仁义存焉"承之。

　　[7] 逐于大盗、揭诸侯：非谓甲（小盗）追逐于乙（大盗）、丙（诸侯），乃谓不善人（甲）追逐的世俗成功，就是始为窃国者（甲），终成诸侯（甲）。

　　"故逐于大盗"三句：圣知之法、"圣人之道"，导致不善人皆不欲成为"窃钩者"，皆欲成为"窃国者"、"诸侯"，而无力预防、阻止、追究、惩罚"窃国者"。

◎第四节：庙堂圣人不死，窃国大盗不止；窃钩小偷被诛，窃国大盗为侯。

故曰："鱼不可脱于渊，国之利器不可以示人。"[1]彼圣知者，天下之利器也，非所以明天下也[2]。故绝圣弃知，大盗乃止[3]；摘玉毁珠，小盗不起。焚符破玺，而民朴鄙；掊斗折衡，而民不争；殚残天下之圣法，而民始可与论议[4]。擢乱六律，铄绝竽瑟，塞师旷之耳，而天下始人含其聪矣。灭文章，散五采，胶离朱之目[5]，而天下始人含其明矣。毁绝钩绳，而弃规矩，攦工倕之指，而天下始人含其巧矣[6]。故曰："大巧若拙。"[7]削曾史之行，钳儒墨之口，攘弃仁义，而天下之德始玄同矣[8]。彼人含其明，则天下不烁矣[9]；人含其聪，则天下不累矣；人含其知，则天下不惑矣；人含其德，则天下不僻矣。彼曾史、儒墨、师旷、工倕、离朱，皆外立其德而以爚乱天下者也[10]，法之所无用也。[11]

今译

所以说："鱼不可脱离水域，邦国利器不可示于众人。"那些圣知，是天下的利器，不可用来明示天下。所以绝圣弃知，大盗才止；砸玉毁珠，小盗不起；焚符破玺，而后民众始归纯朴；砸坏斗斛折断秤杆，而后民众不再争斗；摧毁天下的圣知之法，而后民众始可与之议论。废弃六律，销毁乐器，堵塞师旷的耳朵，而后天下始能人人均含天赋之聪；毁灭文饰，离散五色，封住离朱的眼睛，而后天下始能人人均含天赋之明；毁绝曲钩准绳，摈弃圆规方矩，折断工倕的手指，而后天下始能人人均含天赋之巧。所以说："至高灵巧有如笨拙。"削除曾参、史鳝的戾行，钳制儒家、墨家的利口，鄙弃庙堂的假仁假义，而后天下物德始能玄同天道。人人均含天赋之明，天下就不会混乱；人人均含天赋之聪，天下就不会受累；人人均含天赋之知，天下就不会迷惑；人人均含天赋之德，天下就不会邪僻。那些曾参、史鰌、儒家、墨家、师旷、工倕、离朱，都是外荡耀德而祸乱天下之人，效法他们毫无用处。

校注

[1] 鱼不可脱于渊，国之利器不可以示人：语见《老子》。"国之利器"喻"圣知之法"，"不可以示人"即老义"愚民"。参看《老子》"古之善为道者，非以明民，将以愚之。民之难治，以其智多。故以智治国，国之贼。不以智治国，国之福"。

【辨析二】"鱼不可脱于渊"为老聃之设喻，"国之利器不可以示人"为老聃之正论。庄子不取老聃之正论，仅取老聃之设喻，转喻庙堂人道迫使民众脱离天道，如同鱼处于陆。参看《大宗师》"泉涸，鱼相与处于陆"、魏撰《外物》之庄子寓言"涸辙之鱼"。撰者引用老言，乃用老义（合于篇旨），非用庄义（不合篇旨）。

[2] 彼圣知者，天下之利器也，非所以明天下也：参看《齐物论》"彼非所明而明之"。○"圣知之法"、"仁义"之属，只可晦藏而自律，不可示人而律人。用于示人而律人，民众必定假装仁义以谋利。参看或撰《天运》所引庄言："夫孝悌仁义，忠信贞廉，此皆自勉以役其德者也，不足多也。"

【校勘】"圣知"旧讹为"圣人"。褚伯秀据《庄子阙误》引张君房本作"圣知"校正。○下句"故绝圣弃知"可为旁证。

[3] 绝圣弃知，大盗乃止：上扣"圣人不死，大盗不止"。义本《老子》"绝圣弃知，民利百倍；绝仁弃义，民复孝慈；绝巧弃利，盗贼无有"。○刘安版新外篇《在宥》"绝圣弃知，而天下大治"。

[4] 擿 zhì：古同"掷"。殚 dān：竭尽。

[5] 擢 zhuó：拔除。铄 shuò：销熔。

师旷：晋平公乐师，精通音律。离朱：传为黄帝时明目人，百步能见毫末，千里能见针尖。

【校勘】"师旷"旧讹为"瞽旷"。王叔岷据下文、《鹖冠子·泰鸿》引文均作"师旷"、《骈拇》两以"师旷"、"离朱"对举校正。

[6]擺lǐ：折断。工倕chuí：传为唐尧时巧匠。

【校勘】"人含其巧"旧讹为"人有其巧"。王叔岷、陈鼓应据上文"人含其聪"、"人含其明"，下文"人含其明"、"人含其聪"、"人含其知"、"人含其德"校正。

[7]大巧若拙：语见《老子》。〇此为撰者以老演庄之又证。

[8]曾史：曾参（孔子弟子），以"孝"著称。史鰌（卫灵公臣），以"忠"著称。〇参看刘安版新外篇《在宥》"上有曾史，而儒墨毕起"。

【校勘】郭象篡改"儒墨"为"杨墨"（下同），证见《骈拇》郭注"杨墨"。详见辨析三。本书复原。

【辨析三】郭象据《孟子》贬斥"杨墨"，篡改外杂篇三篇五处"儒墨"为"杨墨"：《胠箧》二，《骈拇》二，《天地》一（本书在刘安版杂篇《泰初》）。其证至少有五。其一，郭注证据。《骈拇》郭注："竞辩于杨墨之间，则杨墨乃乱群言之主也。"《骈拇》为郭象版外篇之首，故仅注《骈拇》之"杨墨"，后皆改而不注。其二，原文证据。郭象版二篇四处（《胠箧》、《骈拇》各二）并提"曾史杨墨"，与郭象版《在宥》"上有曾史，而儒墨毕起"（郭象漏改）之并提"曾史儒墨"抵牾。其三，义理证据。杨朱主张"攘弃仁义"，《胠箧》、《骈拇》、《泰初》既然主张"攘弃仁义"，决无斥杨之理。其四，内七篇证据。杨朱为老聃数传弟子，庄子之同道前辈，故《应帝王》褒之。其五，学派证据。外杂篇演绎内七篇义理，亦当褒杨。蔺撰《寓言》、《山木》尚未以老演庄，亦未斥杨。魏牟版或撰四篇、刘安版新外篇六、刘安版杂篇以老演庄，更无斥杨之理。

[9]【校勘】"烁"旧讹为"铄"。据陆释引向秀注音"耀"（耀）、成疏训"炫"校正。〇下句"爚乱天下"之"爚"，成疏小训"炫耀"。"烁"、"爚"互文同训，作"铄"（熔化金属）义不可通。

[10]外立其德：义同《人间世》"德之所荡"、"临人以德"。外立其德，必成伪德。

爚yuè乱天下：爚，照耀。伪德照耀、炫耀于天下，必定淆乱天下。

[11]法之所无用也：法之，效法之。效法盲从伪道、炫耀伪德者，实

无致治之用。

◎第五节：圣知利器，不可示人；曾史儒墨，淆乱天下。

子独不知至德之世乎[1]？昔者容成氏、大庭氏、伯皇氏、中央氏、栗陆氏、骊畜氏、轩辕氏、赫胥氏、尊卢氏、祝融氏、伏牺氏、神农氏[2]，当是时也，民结绳而用之，甘其食，美其服，乐其俗，安其居，邻国相望，鸡狗之音相闻，民至老死而不相往来[3]。若此之时，则至治矣[4]。今遂至使民延颈举踵曰："某所有贤者！"[5]攍粮而趣之，则内弃其亲，而外去其主之事，足迹接乎诸侯之境，车轨结乎千里之外[6]，则是上好知之过也。[7]

今译

你难道不曾知晓至德之世吗？从前容成氏、大庭氏、伯皇氏、中央氏、栗陆氏、骊畜氏、轩辕氏、赫胥氏、尊卢氏、祝融氏、伏羲氏、神农氏，当此之时，民众结绳而用于记事，饮食简单而香甜，衣服素朴而美丽，风俗淳朴而快乐，住处简陋而安适，毗邻的邦国相互望见，鸡狗的叫声相互听闻，民众直到老死也不相互往来。如此之时，就是至治。如今竟然到了驱使人民伸脖踮脚说："某处有贤人！"背上干粮而后趋赴那里，于是内弃双亲，外去主人的事务，足迹连接于诸侯边境，车辙绵延于千里之外，这就是居上位者喜好世俗圣知的过错。

校注

[1]子独不知：《逍遥游》"子独不见"，《大宗师》"子独恶乎闻之"，蔺撰《山木》、《达生》、魏撰《秋水》之"子独不闻"，魏撰《则阳》"子独先罹之"，或撰《天运》"子独不见"，均用于寓言，"子"有确指。本篇不用于寓言，"子"无确指，乃是盲目仿拟。

[2]"容成氏"至"神农氏"十二氏，均为上古部落酋长（魏撰《让王》

称为"后")。旧多释为"上古帝王"(司马彪、成疏），既悖史实，又悖庄学。○内七篇无此穷举笔法。撰者褒扬尧舜以前古人，多采夏代以前的上古史，而将"轩辕氏"（黄帝）误列于"伏牺氏、神农氏（炎帝）"之前。

［3］"当是时也"九句：化用《老子》之文。

［4］若此之时，则至治矣：以"不治"为"至治"，演绎庄学至境"至治不治"。

［5］"今遂"二句：譬解庙堂圣知之"誉尧而非桀"（《逍遥游》）。

［6］"攍 yíng 粮而趣之"五句：庙堂圣知"誉尧"之后，今之民众均被庙堂圣知"黥劓"、"雕琢"，于是不乐其俗，不安其居，竞趋"圣君"，而不知"圣君"治民仍属悖道。

［7］则是上好知之过也：民众竞趋悖道"圣君"，愿适"圣君"之适，愿役"圣君"之适，根源在于庙堂圣知"黥劓"、"雕琢"民众。

◎第六节：上古至德之世，至治不治；当今悖道之世，越治越乱。

上诚好知而无道，则天下大乱矣[1]。何以知其然邪？夫弓弩、毕弋、机羉之知多，则鸟乱于上矣[2]；钩饵、网罟、罾笱之知多，则鱼乱于水矣[3]；削格、罗络、罝罘之知多，则兽乱于泽矣[4]；知诈渐毒、颉滑坚白、解垢同异之变多，则俗惑于辩矣[5]。故天下每每大乱，罪在于好知。故天下皆知求其所不知[6]，而莫知求其所已知者[7]，皆知非其所不善，而莫知非其所已善者，是以大乱[8]。故上悖日月之明，下铄山川之精，中堕四时之施[9]；喘耎之虫[10]，肖翘之物[11]，莫不失其性。甚矣夫，好知之乱天下也！自三代以下者是矣[12]。舍夫种种之民[13]，而悦夫役役之佞[14]；释夫恬淡无为，而悦夫啍啍之意。啍啍，已乱天下矣！[15]

今译

居上位者真好世俗圣知却不明天道，就会天下大乱。何以知晓如此呢？弓弩、网罗、机关之类知识一多，飞鸟就会乱于天上；钩饵、渔网、樊笼之类知识一多，游鱼就会乱于水下；陷阱、栅栏、套夹之类知识一多，走兽就会乱于山野。知诈渐侵之毒、滑乱坚白之辞、解析同异之类变化一多，世俗就会惑于雄辩。所以天下常常大乱，罪过在于喜好世俗圣知。所以天下皆知外求自己不能知晓的知识，而不知内求自己已经知晓的知识，皆知非议自己以为不善的真善，而不知非议自己以为真善的伪善，因此天下大乱。所以上悖日月的光明，下毁山川的精华，中乱四季的运行；喘息柔软的爬虫，劲俏挺拔的植物，无不丧失天性。太过分了，喜好世俗圣知之祸乱天下！从三代以降都是如此。舍弃自适其适的天民，却爱悦役人之役的佞人；舍弃恬淡无为的天道，却爱悦谆谆教诲的人道。谆谆教诲，就已祸乱天下了！

校注

［1］好知而无道：无道之知，均属假知。有道之知，方为真知。○《大宗师》"有真人而后有真知"。

［2］毕：前有小网的长柄捕鸟工具，形似毕星。弋yì：系绳之箭。机：弩机。羉luán：彘罟（《尔雅·释器》）。捕捉野猪之网。

【校勘】"羉"旧作"變"（变），形近而讹。奚侗、王叔岷校正。○奚侗："'弓弩毕弋机变'，与'钩饵网罟罾笱'、'削格罗络置罘'平列，皆器用也。'變'非器用，当是'羉'字之误。"○王叔岷："窃疑'變'本作'戀'，'戀'即'羉'之借字。"

［3］罾zēng：以竹木为支架的方形渔网。笱gǒu：曲竹捕鱼笱也（《说文》），即魏撰《外物》之"筌"。

［4］削格：捕兽的陷阱。罗络：捕大兽的罗网。罝jū罘fú：捕小兽的罗网。○鸟、鱼、兽三喻，承上"鱼不可脱于渊"而广之。

［5］知诈渐毒：心知诈伪，渐侵毒害真德。

颉xié滑gǔ：颉，"颉颃"略语，本义为鸟向上向下飞，引申为不相上下。滑，音骨，乱也（《广韵》）。○此词独特，又见魏撰《管仲》，不见内七篇和蔺撰之篇。撰者或为魏牟弟子。

解诟gòu：诟，批评，辱骂。解析诟辩。

【校勘】"诟"旧讹为"垢"，形近而讹。马其昶、钱穆据《天地》"喫诟"校正。

［6］故天下皆知求其所不知：天下皆知外求己所不知之知。此谓后天假知。

［7］莫知求其所已知：莫知内求己所已知之知。此谓先天真知（真德）。

［8］"皆知非其所不善"三句：义本《老子》"天下皆知善之为善，斯不善矣"。信奉伪道者，无不非议伪道视为"不善"的真善，而不知非议伪道视为"善"的伪善，是以天下大乱。○刘安版杂篇《渔父》"人同于己则可，不同于己，则虽善不善"。

［9］"故上悖日月之明"三句：天下盲从伪道，因而皆悖天道。

【校勘】"铄"旧讹为"烁"，义不可通。"山川之精"谓金属矿藏，字当作"铄"（熔化金属），不当作"烁"（闪烁、炫耀）。○上文"烁"误为"铄"，此处"铄"误为"烁"。二字互讹。

［10］喘蝡ruǎn之虫：动虫（崔譔）。《说文》："蝡，动也。从虫，耎声。"耎ruǎn，同"软"。

【校勘】"喘"旧讹为"惴"，形近而讹。朱骏声、奚侗、王叔岷据陆释一本、赵谏议本、南宋蜀本、覆宋本、道藏各本、《一切经音义》三一引文均作"喘"校正。○"蝡"旧讹为"耎"，形近而讹。朱骏声、奚侗、王叔岷据《一切经音义》三一引文作"蝡"校正。○"耎"，"软"之古字。《韵会》："耎，音软。"《玉篇》："耎，柔也。"《类篇》："耎，弱也。"

［11］肖翘之物：植物（崔譔）。肖，同"俏"、"峭"，与"翘"同训，均谓挺拔。上文鸟、鱼、兽、虫均言动物之失性，此又兼言植物之失性。○以上六句，略同或撰《天运》："三王之知，上悖日月之明，下睽山川之精，中堕四时之施，其知憯于蛎虿之尾，鲜规之兽，莫得安其性命之情者。"二篇撰者或同。

［12］"甚矣夫"三句：贬斥"三代以下"之俗君僭主，无不悖道。○刘安版新外篇《骈拇》"自三代以下者，天下莫不以物易其性矣"，刘安版新外篇《在宥》"灾及草木，祸及昆虫"、"自三代以下者，匈匈焉终以赏罚

为事，彼何暇安其性命之情哉？无为也，而后安其性命之情。"义承本篇。

[13] 种种："种己之种"之缩略（《秋水》辨析七），下句"役役"之仿词。以自己的天赋物德为天道的种子，引申为循德自适。○李颐训"谨悫"，陆释训"淳厚"，成疏训"淳朴"。乃据语境而释，虽亦可通，未明构词法。

[14] 役役之佞：役人之役的佞人。○"役役"语本《齐物论》（《大宗师》"役人之役"之缩略）。

[15] "释夫恬淡无为"四句：啍啍zhūn，同"谆谆"（宣颖、奚侗），谆谆教诲。三代以下，舍弃恬淡无为的天道，崇尚悖道有为的人道，世俗圣知谆谆教诲民众，"黥劓"、"雕琢"民众真德，因而淆乱天下。

◎第七节：庙堂好知无道，天下大乱；佞人黥劓民众，淆乱天下。

【附论】

本篇贬斥"世俗之所谓知"、"世俗之所谓至知"、"仁义圣知"、"上好知之过"、"上诚好知而无道，则天下大乱矣"、"弓弩、毕弋、机辟之知"、"钩饵、网罟、罾笱之知"、"削格、罗络、罝罘之知"、"甚矣夫，好知之乱天下也"，主张"绝圣弃知"（《老子》），认为"天下每每大乱，罪在于好知"。遂成外杂篇中贬斥"好知"最为集中、最为激烈之篇，激烈贬斥庙堂伪道之"圣知"（悖道假知），热烈褒扬江湖真道之"圣知"（顺道真知）。旧多盲从郭象反注，以为撰者贬斥一切知识，又视为庄撰，厚诬庄子"反知"。

天地

题解

《天地》被后于魏牟的《吕览》钞引，必在魏牟版外篇。刘安版、郭象版仍在外篇。

崔譔、向秀《庄子注》均"有外无杂"（陆序），郭象版外篇《天地》十二章，"天地"五章无陆引崔注、向注，"泰初"七章却有陆引崔注、向注，而且两大部分结构断裂、义理脱节，证明郭象裁剪刘安版杂篇《泰初》2005字，拼接于刘安版外篇《天地》1151字，合为篇幅超长的郭象版外篇《天地》3156字；同时证明崔譔、向秀均未注刘安版外篇《天地》，均把刘安版杂篇《泰初》移杂入外而注。

《天地》首章最后的"夫子（庄子）曰"二节，陆释谓"崔譔本、元嘉本在别篇"，亦为郭象裁剪别篇移入。详见绪论三《刘安版大全本篇目考》，参看《泰初》题解。

本书从郭象版外篇《天地》3156字中，摘出魏牟版、刘安版外篇《天地》1151字，复原于魏牟版外篇第二十一。校正郭象篡改和历代讹误：补脱文13字，删衍文4字，订讹文5字，厘正误倒4处。

《天地》文风、义理均异于蔺撰、魏撰诸篇，撰者当为其他庄子弟子或再传弟子。

或撰《天地》，可分五章。首章卮言，阐明篇旨。其后四章寓言，顺时而下贬斥黄帝失道、尧让啮缺、尧非圣人、乱自禹始。文完义足，结构井然。然而句法单调，用语不谨，文境既低，义理亦悖。以老演庄，大悖庄义，小悖老义，是魏牟版外篇最劣之篇。

第一卮言章，主张君主无为而治，略合老义。所言"人卒虽众，其主君也"、"君臣之义明"，悖于庄义。认为"天"（天帝）高于"道"，悖于老、庄之义，后被刘安版新外篇《在宥》、《天道》承袭。

第二闉象得珠章，贬斥黄帝有为治民，遂遗玄珠。略合庄义。

第三尧师许由章，贬斥唐尧以人"配天"。主张啮缺可以为"众父"（君主），悖于庄义。反对啮缺欲为"众父父"（天道），略合庄义。妄拟被衣（《应帝王》之"蒲衣子"）、王倪、啮缺、许由、唐尧之师承关系，不合内篇。连用七"方且"，句法单调。

第四封人斥尧章，贬斥唐尧，合于庄义。鼓吹"神仙"论，悖于庄义，后被刘安版新外篇《在宥》承袭。

第五子高斥禹章，自尧而舜，贬斥夏禹有为而治。略合庄义。

一

天地虽大，其化均也；万物虽多，其治一也；人卒虽众，其主君也[1]。君原于德，而成于天[2]。故曰：玄古之君天下，无为也，天德而已矣。

以道观言，而天下之名正[3]；以道观分，而君臣之义明[4]；以道观能，而天下之官治[5]；以道泛观，而万物之应备[6]。故通于天者，道也[7]；顺于地者，德也[8]；行于万物者，义也[9]；上治人者，事也；能有所艺者，技也[10]。技兼于事，事兼于义，义兼于德，德兼于道，道兼于天[11]。故曰："古之畜天下者，无欲而天下足，无为而万物化，渊静而百姓定。"[12]《记》曰："通于一而万事毕，无心得而鬼神服。"[13]

夫子曰[14]："夫道，覆载天地，化生万物者也，洋洋乎大哉[15]！君子不可以不刳心焉[16]：无为为之之谓天，无为言之之谓德，爱人利物之谓仁[17]，不同同之之谓大[18]，行不崖异之谓宽[19]，有万不同之谓富[20]，执故德之谓纪[21]，德成之谓立[22]，循于道之谓备[23]，不以物挫志之谓完[24]。君子明于此十者[25]，则蹈乎其事心之大也[26]，沛乎其为万物逝也[27]。若然者，藏金于山，藏珠于渊[28]，不利货财，不近贵富，不乐寿，不哀夭，不荣通，不丑穷[29]；不拘一世之利以为己私分，不以王天下为己处显[30]。万物一府[31]，死生同状。"[32]

夫子曰[33]："夫道，渊乎其居也，漻乎其清也[34]。金石不得，无以鸣[35]，故金石有声，不考不鸣[36]，万物孰能定之[37]？夫王德之人[38]，素逝而耻通于事[39]，立之本原而知通于神[40]，故其德广[41]；其心之出，有物采之[42]。故形非道不生，生非德不明[43]。存形穷生，立德明道，非王德者邪[44]？荡荡乎，忽然出，勃然动，而万物从之乎[45]？此谓王德之人，视乎冥冥，听乎无声；冥冥之中，独见晓焉；无声之中，独闻和焉[46]；故深之又深，而能物焉；神之又神，而能精焉[47]；故其与万物接也，至无而供其求，时骋而要其宿[48]；大小长短修远，各得其宜。"[49]

今译

天地虽然广大，化育万物却很均平；万物虽然繁多，治理万物的却是道一；人类虽然众多，主宰人类的却是君主。君主推原于物德，而成就于天命。所以说：远古的君临天下者，顺道无为，因循天赋物德而止。

运用天道观照言论，而后天下之名就能得正；运用天道观照名分，而后君臣之义就能显明；运用天道观照能力，而后天下的官守就能治理；运用天道广泛观照一切，而后万物的应然就能齐备。所以通达于天的，是道；顺应于地的，是德；遍行于物的，是义；上官治理下民，是事；能力各有专精，是技。技兼容于事，事兼容于义，义兼容于德，德兼容于道，道兼容于天。所以说："古时畜养天下的君王，无私少欲而后天下富足，无为自然而后万物顺化，渊默宁静而后百姓安定。"《记》曰："通达于道一而后万事完毕，无心于得利而后鬼神臣服。"

夫子（庄子）说："道，覆盖天空承载大地，化育万物，洋洋大观啊！君子不可不洗濯德心：无为为之叫作天道，无为言之叫作人德，爱人利物叫作仁爱，不同而予同之叫作博大，行为不标卓异叫作宽容，拥有万千不同叫作丰富，持守故德叫作纲纪，葆德大成叫作立身，因循天道叫作齐备，不被外物挫败心志叫作完人。君子明白以上十项，就能履践自事己心的大德，丰沛地与万物共同远逝。如此之人，藏金于山，藏珠于渊，不求利益货财，不趋尊贵富有，不以长寿为乐，不以早夭为哀，不以通达为荣，不以穷困为耻；不把一世利益视为一己私有，不把称王天下标榜一己尊显。万物共处一府，死生同其状貌。"

夫子（庄子）说："道，深渊般静居，澄澈如清泉。钟磬不得道施之德，无法鸣响，所以钟磬虽有声响，不叩击就不鸣响，万物谁能决定钟磬的声响？王德之人，素朴远逝而耻于通达俗事，立于物德本原而心知通达神明，所以物德广大；其心发出鸣响，必有外物叩击。所以有形之物若非天道不能得生，得生之后若非真德不能澄明。保存身形穷尽一生，立于真德明于天道，岂非王德之人呢？浩浩荡荡，忽然而出，勃然而动，而后万物才会跟从吧？这是说王德之人，凝视于幽冥，倾听于无声；从幽冥之中，独见破晓的天道之光；从无声之中，独闻和合的天籁之声；所以深邃而又深邃，而后能够驾乘万物；神妙而又神妙，而后能够达至精微。所以王德之人与万物应接，致无己德却供应外物索求，时常驰骋却要约外物留宿；大小长短远近之物，各得自适其适之宜。"

校注

［1］人卒虽众，其主君也：二句违背《人间世》"天子之与己，皆天之所子"。

［2］君原于德，而成于天：此句违背《齐物论》"天地与我并生，万物与我为一"。万物均"原于德，成于天"，不应单言君主"原于德，成于天"。

［3］【校勘】郭象篡改"名"为"君"，证见郭注："无为者，自然为君，

非邪也。"〇"言"、"名"对举，与"君"无关（下句"分"、"义"对举，始及"君臣"）。钱穆、严灵峰、陈鼓应校正。

［4］以道观分，而君臣之义明：二句违背《齐物论》"君乎牧乎，固哉"、"忘义"，《人间世》"以义誉之，不亦远乎"，《大宗师》"忘仁义"，《应帝王》贬斥"君人者以己出经式义"等。又违背蔺撰《山木》"不知义之所适"，蔺撰《至乐》"义设于适"。又违背魏撰《秋水》"轻伯夷之义"，魏撰《田子方》"中国之君子，明乎礼义而陋于知人心"。

［5］以道观能，而天下之官治：二句违背《逍遥游》贬斥"知效一官"，《齐物论》"君乎牧乎，固哉"（"牧"即"官"），魏撰《外物》所引庄言"柴生乎守官"。又违背魏撰《天下》贬斥"百官以此相齿"。

［6］以道泛观，而万物之应备：万物之应，万物之应然。表层义不悖庄学，但视"人卒虽众，其主君也"、"君臣之义"为万物之应然，违背庄学。

［7］通于天者，道也："天"高于"道"，违背庄学"天"、"道"同格。

［8］顺于地者，德也："德"得"地"，违背庄学"德"得于"道"。

［9］行于万物者，义也："义"扣上文"君臣之义"。撰者认为"君臣之义，行于万物"，违背庄学。

【校勘】旧作"故通于天地者，德也"，"天"下脱"者道也顺于"五字。注家因脱文而改"义"为"道"，义遂不通。刘文典、王懋竑、王叔岷、陈鼓应、方勇、陆永品据《庄子阙误》引江南古藏本作"故通于天者，道也；顺于地者，德也；行于万物者，义也"校正。

［10］上治人者，事也；能有所艺者，技也：以"治人"为"能事"，违背《应帝王》"夫圣人之治也，治外乎？正而后行，确乎能其事者而已矣"。

［11］"技兼于事"至"道兼于天"五句：逆应上文数句，罗列"技↗事↗义↗德↗道↗天"价值序列。兼于，兼容于，乃谓下兼容于上。〇撰者之"天"，实为人格化之"天帝"（第四章"帝乡"之"帝"，亦为"天帝"），遂高于"道"。老、庄均以"道"为至高，高于天地鬼神。参看《老子》谓道"象帝之先"、"天法道"，《大宗师》谓道"神鬼神帝"。

［12］"故曰"四句：化用《老子》。

［13］"《记》曰"二句：引用古道家之书。〇"《记》曰"二句，被后

人暗引化入道教伪经《老子西升经》。陆德明、褚伯秀等颠倒因果，以为本篇引用《老子西升经》，以为《记》即《老子西升经》。本篇被《吕览》引用，必在魏牟版《庄子》初始本，早于汉后所出《老子西升经》。

●第一天地均化节：古君无为，万物自化。

[14]【校勘】陆释："此两夫子曰，元嘉本皆为别章，崔本亦尔。"崔譔早于郭象，选注《庄子》大全本。元嘉本晚于郭象（"元嘉"为南朝宋年号），为《庄子》大全本。可证"夫子曰"二节，原在《庄子》大全本之别篇。二节均为弟子所引庄言，有助于理解内七篇，今已难以复原至初始之篇，姑且仍存于本篇。

夫子：庄子（司马彪）。

【辨析一】司马彪全注刘安版《庄子》大全本，故知外杂篇、解说三均非庄撰，亦知"夫子"乃庄门后学称庄子。外杂篇非对话语境引用"夫子"之言共计三章（《天地》二章、《天道》一章），均为庄门后学所记庄言，其义全合内七篇，不合老学、孔学，均为非庄所撰之硬证（《泰初》辨析二）。○成疏、陆释盲从郭象，误视本篇为庄所撰，遂谓"夫子"乃庄子称老子。○道士陈景元盲从道士陶弘景所言，遂释"夫子"乃庄子之师长桑公。○宣颖以"夫子"为孔子专名，遂释"夫子"为孔子。○俞樾据郭象版《天地》下文"夫子（孔子）问于老聃曰"（郭象拼接之杂篇《泰初》第二章），亦释"夫子"为孔子。"夫子曰"二节本在别篇，俞说无据。

[15]"夫道"四句：此言本体论之"道体"。○常言为"天覆地载"，此易为"覆载天地"。

【校勘】"覆载"下旧脱"天地化生"四字。王叔岷据《鹖冠子·学问篇》陆注引作"覆载天地，化生万物者也"、成疏"二仪待之以覆载，万物得之以化生"、《大宗师》"覆载天地"校补。

[16]刳kū心：义同"息黥补劓"（《大宗师》）、"雕琢复朴"（《应帝王》）。语本蔺撰《山木》"刳形去皮，洗心去欲"。

君子不可以不刳心焉：此言认识论之"道术"（仿效"道体"），总领下文十句（展开"刳心"十义）。

[17]无为为之之谓天，无为言之之谓德，爱人利物之谓仁："刳心"

第一、第二、第三义，分言"道"（"天"即"道"）、"德"、"仁"。庄子不反对"仁"，仅谓"道"、"德"高于"仁"。

［18］不同同之之谓大："不同"谓物德之量，"同之"谓物德之质。此言"（博）大"。

［19］行不崖异之谓宽：知人我物德之质均同，故不视他人异于自己；知人我物德之量均异，故不求他人同于自己。此言"宽（容）"。

［20］有万不同之谓富：义同《齐物论》"吹万不同"。此言"（丰）富"。○"刳心"第四、第五、第六义，分言"（博）大"、"宽（容）"、"（丰）富"。

［21］执：固守。故德：天赋初始真德。执故德：义同《德充符》"葆始"。○"刳心"第七义。

【校勘】郭象篡改"执故德"为"故执德"，证见郭注："德者，人之纲要。"王叔岷据成疏"能持以前之德行者，可谓群物之纲纪也"校正。参看《韩非子·解老》："夫能令故德不去，新和气日至者，蚤（早）服者也。故曰：'蚤（早）服，是谓重积德。'"○"君子明于此十者"以上十句，即"君子不可以不刳心焉"之"刳心"十义，原为并列关系。郭象之篡改，隔断"刳心"十义，导致"故"字构成了原义所无的因果关系。

【辨析二】旧因郭象妄改庄言"执故德"为"故执德"，遂不明"故"训"故德"，释均难通。○庄言"故德"（真德），与《应帝王》"欺德"（伪德）对举。蔺撰《达生》"始乎故"，蔺撰《山木》"有故／无故"（《山木》辨析四），魏撰《秋水》"无以故灭命"，魏撰《知北游》"不以故自持"，刘安版新外篇《刻意》"去知与故"，"故"均为庄学名相"故德"之缩略。《大宗师》"息黥补劓"，《应帝王》"雕琢复朴"，魏撰《秋水》"是谓返其真"，刘安版新外篇《缮性》"返其情性而复其初"，刘安版杂篇《泰初》"性修返德，德至同于初"，均谓"执故德"，均谓返归初始真德。道难尽知，德乃道施，唯有循德，方能进道，故庄学以"执故德"为顺道人生之纲纪。

［22］德成之谓立：葆全故德，"撄而后成"（《大宗师》），谓之"立（身）"。

［23］循于道之谓备：因循天道，谓之"（齐）备"。参看魏撰《管仲》"大备莫若天地"，魏撰《则阳》"人不赐，故德备"，魏撰《天下》"古之人

其备乎"。

[24] 不以物挫志之谓完：不被外物外境挫败顺道循德之志，谓之"完（人）"。○"刳心"第八、第九、第十义，分言"立（身）"、"（齐）备"、"完（人）"。

[25] 君子明于此十者：明白点出"刳心"十义。

[26] 事心：义同《人间世》"自事其心"。○君子明于"刳心"十义，即已"息黥补劓"（《大宗师》）、"雕琢复朴"（《应帝王》），即能"自事其心"（《人间世》）、"自适其适，以德为循"（《大宗师》）。

[27] 沛乎其为万物逝也："逝"训"远"，即"遥"达彼道。《老子》"逝曰远，远曰返"。蔺撰《山木》"与之偕逝……圣人晏然体逝而终矣"。○以上三句，小结"刳心"十义（"道术"之核心）。

[28] 藏金于山，藏珠于渊：义同《大宗师》"藏舟于壑，藏山于泽，藏天下于天下"。此谓万物各得其宜，各适其适。

[29] "不利货财"六句：此谓外物不能撄扰己心。

[30] 不以王天下为己处显：义同《天运》所引庄言"至贵，国爵摒焉；至富，国财摒焉；至显，名誉摒焉"。

【校勘】"不以王天下为己处显"下，旧衍"显则明"三字，乃郭注羼入正文。钱穆、王叔岷校删。○今本郭注："不显则默而已。"王叔岷："郭注本作：'显则明，不显则默而已。'"

[31] 万物一府：义同《齐物论》"天地与我并生，万物与我为一"，《德充符》"官天地，府万物"。

[32] 死生同状：义同《人间世》"以死生为一条"，《大宗师》"知死生存亡之一体"。

● "夫子曰"首节：刳心十义，息黥补劓；持守故德，自事其心。

[33] 夫子曰：本节另起。与上章"夫子曰"无直接义理关联，未必同属一篇。

[34] "夫道"三句：开言仍谓"道体"。

[35] 金石不得，无以鸣：金，铜钟。石，石磬。金石不得道所分施的物德，就不能鸣响。

［36］故金石有声，不考不鸣：考，叩击。句谓金石虽有可鸣之物德，外物不叩击，则不鸣声。○此句设譬，"金石"隐喻下文"王德之人"。"不考不鸣"隐喻王德之人"和而不唱"（《德充符》）、"感而后应"（刘安版新外篇《刻意》）。

［37］万物孰能定之：万物谁能决定钟磬之声？于内而言，唯有道施之德能定。于外而言，唯有施德之道能定。

［38］王德之人：至德之人。庄学重要名相。"王"即《应帝王》之"王"，"王德"即至人之德。○《应帝王》篇名意为"顺应天帝（天道）的王德之人"，篇中对应于至人壶子（并非俗王）。《齐物论》"王倪"，《德充符》"王骀"，均为"王德之人"。

［39］素逝：素朴远逝（"遥"达彼道）。耻通于事：义同《逍遥游》"孰弊弊焉以天下为事"、"孰肯纷纷然以物为事"，《齐物论》"圣人不从事于务"，《德充符》"彼且何肯以物为事乎"，《大宗师》"不谋事"、"相造乎道者，无事而性足"。

［40］立之本原：即下"立德"。知通于神：即下"明道"。○旧释"本原"为"道"，不合庄义，又与"知通于神"难通。参看魏撰《天下》"以德为本"。

［41］故其德广："立德明道"，方能"德广"而达于"王德"。

［42］其心之出，有物采之：至人德心出声，必有外物叩击。上扣"金石有声，不考不鸣"。

［43］故形非道不生：有形万物，非道不能得生。生非德不明：得生之后，非德不能"以明"（《齐物论》）。

［44］存形穷生：保存身形，穷尽天年。立德明道：立于真德，明于天道。

［45］"荡荡乎"四句：义同《德充符》"彼且择日而登假，人则从是也"。

［46］"此谓王德之人"七句：重言"王德之人"。"冥冥"（无形）、"无声"，均为"道"之变文。"视"道则"见晓"，"听"道则"闻和"，谓王德之人超乎视听之悟道。○"此谓王德之人"总领下文至终，旧多单独断句，导致下文均失主语，义遂难通。

[47]"故深之又深"四句：王德之人深之又深，故能驾乘万物；神之又神，故能达至精微。○魏撰《庚桑楚》"夫全其形生之人，藏其身也，不厌深渺而已矣"。

　　[48]"故其与万物接也"三句：王德之人应接万物，致无己德而"乘物"（《人间世》），故供应外物索求（有叩皆鸣）；时常驰骋而"游心"（《人间世》）于道，故要约外物留宿（同宿于道）。

　　[49]大小长短修远，各得其宜：王德之人听任万物各得自适之宜。○"宜"同"适"，参看"适↘乂（宜）"之辨（《山木》辨析一、《至乐》辨析三）。

　　【校勘】"各得其宜"四字旧脱，义遂难通。据《淮南子·主术训》"毋小大修远，各得其宜"及"无大小修短，各得其所宜"校补。○姚鼐、王叔岷、方勇、陆永品据《淮南子·原道训》"大小修短，各有其具"，校补"各有其具"。《原道训》"各有其具"之"具"，为"宜"字之讹，当据《主术训》校正。○王叔岷："淮南王安父讳长，故改《庄子》'长短'为'修短'，又略去'修远'二字，以避'修'字之复耳。"刘安撰著《淮南子》虽避父讳，编纂《庄子》大全本却不轻改原文。

　　●"夫子曰"次节：王德之人，立德明道；天地万物，各得其宜。

　　【辨析三】郭象从别篇移入"夫子曰"二章，把"夫子曰"首章庄言"王天下"，与《天地》首章"君天下"强为牵合，谬解庄子赞成"王天下"。实则庄言"不以王天下为己处显"，明确否定"王天下"。○郭象又把"夫子曰"次章庄言"王德之人"，与《天地》首章"主君"强为牵合，谬解"王"为俗王，谬解"王德"为俗王之德，谬解"王德之人"为有君王之德的人。实则庄言"王德之人"非谓俗王，乃谓至人。

二

　　黄帝游乎赤水之北[1]，登乎昆仑之丘而南望[2]，还归，遗其玄珠。[3]

使知索之，而不得。[4]

使离朱索之，而不得。[5]

使喫诟索之，而不得也。[6]

乃使罔象，罔象得之。[7]

黄帝曰："异哉！罔象乃可以得之乎?"

今译

黄帝巡游于赤水北岸，登上昆仑之丘而后向南眺望，返回之时，遗失了自己的玄珠。

派遣心知求索玄珠，却不能得到。

派遣离朱求索玄珠，却不能得到。

派遣喫诟求索玄珠，却不能得到。

于是派遣罔象，罔象得到了玄珠。

黄帝说："奇异呀！罔象竟能得到玄珠吗?"

校注

[1] 黄帝游乎赤水之北："北"寓暗。隐喻黄帝达至俗谛至高之境。

[2] 登乎昆仑之丘而南望：昆仑之丘，人间至高之山（传说黄帝所居)，隐喻俗谛至高之境。"南"寓明。二句隐喻黄帝从俗谛至高之境，向往真谛之境。

[3] 玄珠："道"之变文。义本《老子》"玄之又玄，众妙之门"。

还归，遗其玄珠：隐喻黄帝以俗谛之知，求至真谛之境，未能悟道。

[4] 知：囿于名相的心知，成心之知。隐喻自矜其知的"大知"、"小知"。命名仿拟《知北游》之"知"。

使知索之，而不得：黄帝运用心知，从名相之中寻觅天道，不得（天道超越名相）。○黄帝"使知"、"使离朱"、"使喫诟"、"使罔象"，表层义为黄帝派人求"玄珠"，深层义为黄帝自运不同感官求道。

〔5〕使离朱索之，而不得：黄帝运用眼睛，从物形之中寻觅天道，仍然不得（天道超越形迹）。

〔6〕喫chī诟gòu：喫，同"吃"。口吃之舌辩。黄帝于言辩之中寻觅天道，仍然不得（天道超越言辩）。

〔7〕罔象：罔，通"亡"、"无"。隐喻"无物之象"，义本《老子》"是谓无状之状，无物之象，是谓芴芒"、"大象无形"。黄帝超越心知、形迹、言辩，从"无物之象"寻觅天道，终于得之。

【校勘】"罔象"旧误倒为"象罔"。刘文典、王叔岷据郭注、成疏、覆宋本、《文选》王褒《洞箫赋》注、《太平御览》八〇三引、《云笈七笺》、李白诗《大猎赋》、白居易《求玄珠赋》均作"罔象"校正。〇《达生》"水有罔象"，名相虽同，义则有异。

●第二罔象得珠章：囿于物形，不能悟道；超越物形，始能悟道。

三

尧之师曰许由，许由之师曰啮缺，啮缺之师曰王倪，王倪之师曰被衣。[1]

尧问于许由曰："啮缺可以配天乎？吾藉王倪以要之。"[2]

许由曰："殆哉岌乎天下！啮缺之为人也，聪明睿知，给数以敏，其性过人[3]，而又乃以人受天[4]。彼审乎禁过，而不知过之所由生[5]。与之配天乎[6]？彼且乘人而无天[7]，方且本身而异形[8]，方且尊知而北驰[9]，方且为绪使[10]，方且为物絯[11]，方且四顾而物应[12]，方且应众宜[13]，方且与物化而未始有恒[14]。夫何足以配天乎？虽然，有族，有祖[15]，可以为众父，而不可以为众父父[16]。治，乱之率也[17]，北面之祸也，南面之贼也。"[18]

今译

唐尧之师叫许由，许由之师叫啮缺，啮缺之师叫王倪，王倪之师叫被衣。

唐尧问许由说："啮缺可以匹配天道吗？我想借助王倪要求啮缺担任天子。"

许由说："岌岌可危啊天下！啮缺的为人，聪明睿知，精通数术而敏锐，天性超过常人，而又以人道僭代天道。他只知禁止过错，却不知过错产生的根源。他可以匹配天道吗？他将会驾乘人道而无视天道，将会依据自身而排斥异己，将会推尊心知而背道而驰，将会被琐事役使，将会被外物拘束，将会四顾而应酬外物，将会应酬众人之宜，将会随物变化而没有恒德。那样如何足以匹配天道呢？尽管如此，有族类，有宗祖，啮缺可以成为众人之父，却不可以成为万物之父。整治天下，是大乱的先导，是民众的灾祸，是君位的窃贼。"

校注

[1]"尧之师曰许由"四句：所言师承关系无据。

【辨析四】《逍遥游》"尧让许由"，未言许由为尧之师。《齐物论》"啮缺问乎王倪"，未言王倪为啮缺之师。《应帝王》"啮缺问于王倪，行以告蒲衣子"，未言蒲衣子为王倪之师。撰者无据牵合，妄言师承。"蒲衣子"（撰者变文为"被衣"）若为王倪之师，啮缺闻教于本师王倪，何必往告师祖蒲衣子？妄言啮缺为许由之师，尤属无稽。○旧多误据本篇妄言，以释内七篇之许由、王倪、啮缺、蒲衣子，乃至误释四人为"藐姑射四子"（《逍遥游》）。

[2]啮缺可以配天乎：唐尧欲使啮缺"配天"，下文撰者斥之。藉jiè：同"借"。

[3]"啮缺之为人也"四句：乃谓啮缺物德甚厚。○物德甚厚者尚不可"配天"，故任何人均不可"配天"。

[4]以人受天：以人之物德，承受（僭代）天道之位。即下"乘人而

无天"，以"众父"（君主）僭代"众父父"（天道）。

［5］彼审乎禁过，而不知过之所由生：义本《人间世》"其知适足以知人之过，而不知其所以过"。○《人间世》乃是颜阖批评"其德天杀"的弟子卫灵公太子，撰者移用于许由贬斥老师啮缺，又证其妄拟师承之无据。

［6］与之配天乎：贬斥唐尧以人（啮缺）配天（天道）。

［7］乘人而无天：义同"以人灭天"（魏撰《秋水》）。句谓啮缺将会驾乘"人道"，否定"天道"。

［8］方且：将要。本身：本于自身，未能"丧我"。异形：自异于有形之物，未能"齐物"。

［9］尊知：尊大拔高己知。北驰：背道而驰。上扣黄帝北游（故遗玄珠）。

【校勘】"北"旧讹为"火"，形近而讹，王叔岷校正。○《外物》"北驰而不顾"，"北"亦讹为"火"，王叔岷亦已校正。

［10］为绪使：为，被。绪，绪余，琐事。使，役使。啮缺将被琐事役使。

［11］为物絯gāi：絯，拘束。啮缺将被外物拘束。

［12］四顾而物应：物应，义同"应物"。应，应酬。句谓啮缺将四顾而应酬外物。

［13］应众宜：应酬众人之宜。字面义似合魏撰《外物》所引庄言"事果乎众宜"。与上"本身"合观，则谓啮缺虚假应酬众人之宜，不许众人自适，强使众人适于人、役于人（即适于、役于啮缺）。

［14］与物化而未始有恒：此谓啮缺之德心随物变化，未有恒德。○撰者用语不谨，语犯蔺撰《山木》所引庄言"与时俱化而无肯专为"、魏撰《秋水》"无一尔行"、刘安版杂篇《子张》"无专尔行"。三篇乃谓身形随物变化，义与此异。

［15］有族：物各有族，族有君长。○此悖庄学。

有祖：万物齐一，共有祖宗（天道）。○此合庄学。

［16］众父：民众之父，即"天子"（俗君）。○此悖庄学。

众父父："天子"之父，即"天道"。○此合庄学。

可以为众父：上扣"有族"。乃谓啮缺可为"天子"（人类之长）。○此悖庄义"天子之与己，皆天之所子"（《人间世》）。

而不可以为众父父：上扣"有祖"。乃谓啮缺不可"配天"，天子不可僭代天道。○此合庄学。

【辨析五】撰者以老演庄，欲证首章"人卒虽众，其主君也"，又反对君主可以"配天"，遂谓"君主"可为"众父"，不可为"众父父"（不可僭代天道）。既悖庄义，亦悖老义。○《老子》"以阅众父"，《大宗师》"以天为父"，均以"天道"为"众父"，未以"天道"为"众父父"。

［17］治，乱之率也：君主僭代天道整治天下，乃是天下大乱之根源。○或撰《天运》"三王之治天下，名曰治之，而乱莫甚焉"。参看《说苑·谈丛》"治者，乱之先也"。

［18］北面：面朝北，臣民之位。南面：面朝南，君主之位。

●第三尧师许由章：假君僭主，不可配天；代天治民，世乱之源。

四

尧观乎华。

华封人曰[1]："嘻，圣人！请祝圣人：使圣人寿！"

尧曰："辞。"

"使圣人富！"

尧曰："辞。"

"使圣人多男子！"

尧曰："辞。"

封人曰："寿，富，多男子，人之所欲也。汝独不欲，何邪？"

尧曰："多男子则多惧，富则多事，寿则多辱。是三者，非所以养德也，故辞。"

封人曰："始也，我以汝为圣人也；今然，君子也[2]。天生万民，必授之职。多男子而授之职，则何惧之有[3]？富而使人分之，则何事之有^[4]？夫圣人，鹑裾而鷇食，鸟行而无影^[5]；天下有道，则与物皆昌；天下无道，则修德就闲^[6]；千岁厌世，去而上仙^[7]；乘彼白云，至于帝乡^[8]。三患莫至，身常无殃，则何辱之有？"

封人去之。

尧随之，曰："请问？"

封人曰："退矣！"^[9]

今译

唐尧到华地视察。

华封人说："嘻嘻，圣人！请允许我祝福圣人：祝圣人长寿！"

唐尧说："辞谢。"

"祝圣人富有！"

唐尧说："辞谢。"

"祝圣人多子嗣！"

唐尧说："辞谢。"

封人说："长寿，富有，多子嗣，是众人所欲求。你独不欲求，是何缘故？"

唐尧说："多子嗣就多忧，富有就多事，长寿就多辱。这三件事，都不利于颐养德行，所以辞谢。"

封人说："原先，我以为你是圣人；如今这样，只是君子。天生万民，必授职事。多子嗣而授予职事，又有何忧？富有而与人分享，又有何事？圣人，鹑衣百结而食如雏鸟，如鸟飞行而不著形迹；天下有道，就与万物共同昌盛；天下无道，就修养德心安处闲适；千岁以后厌烦俗世，就远离人世上达仙界；驾乘白云，抵达帝乡。三患不来，身常无灾，又有何辱？"

封人说完离去。

唐尧跟随于后，说："请教？"

华封人说："退下！"

校注

［1］华 huà：地名。封人：守封疆之人。○"华封人"仿拟魏撰《则阳》"长梧封人"。

［2］"始也"四句：古人认为有圣德者方可为天子。尧为天子，当有圣德，故华封人开始以为尧是圣人。封人三祝而尧三辞，遂知尧非"圣人"，仅是"君子"。

【校勘】"圣人"下之"也"，旧作"邪"。刘文典、王叔岷据《群书治要》引文作"也"、《养生主》"始也吾以为至人也，而今非也"句法相同校正。

［3］多男子而授之职：庄学未言民众之职当由上授，仅言"吹万不同"（《齐物论》）、"有万不同"（郭象移入首章之庄言），任人自适其适，自择其业。此悖庄学。

［4］富而使人分之：参看魏撰《管仲》"以德分人谓之圣，以财分人谓之贤"。尧不能以财分人，尚非贤人，遑论圣人。

［5］鹑 chún 裾 jū：鹑衣百结。鷇 kòu 食：初生小鸟，所食甚少。

鸟行而无影：鸟行空中，地上无影。

【校勘】"裾"旧讹为"居"，"影"旧讹为"彰"，均形近而讹。○奚侗、马其昶据《艺文类聚》二〇引文、郭注"率性而动，非常迹也"，校"彰"为"迹"。郭注之"迹"，实为释"影"，不可释"彰"。

［6］"天下有道"四句：义同《论语·泰伯》孔言"天下有道则见，无道则隐"。

［7］千岁厌世，去而上仙：内七篇无"厌世"论，亦不言"仙"。○此悖庄学。参看《养生主》"常因自然而不益生"。

［8］乘彼白云，至于帝乡：褒扬"乘彼白云"，违背《逍遥游》"列子御风而行，犹有所待"。褒扬"帝乡"，不合《逍遥游》"无何有之乡"。○此证首章高于"道"之"天"，乃谓"天帝"。

［9］退矣：矣，旧作"已"，字通。○唐尧下属小吏华封人，竟然斥退唐尧。此合庄义。○上章明斥啮缺，隐斥唐尧，其义较晦。本章明斥唐尧，揭破上章晦藏之义。

●第四封人斥尧章：尧非圣人，不足为君；圣人无为，身常无殃。

五

尧治天下，伯成子高立为诸侯[1]。尧授舜，舜授禹，伯成子高辞为诸侯而耕。禹往见之，则耕在野。

禹趋就下风而问焉[2]，曰："昔尧治天下，吾子立为诸侯。尧授舜，舜授予，而吾子辞为诸侯而耕。敢问其故何也？"

子高曰："昔尧治天下，不赏而民劝，不罚而民畏。今子赏罚而民且不仁，德自此衰，刑自此立，后世之乱自此始矣夫[3]！子盍行邪？无落吾事！"

俋俋乎耕而不顾。[4]

今译

唐尧治理天下，册立伯成子高为诸侯。唐尧禅位虞舜，虞舜禅位夏禹，伯成子高辞去诸侯而躬耕。夏禹前往拜见，他正躬耕于田野。

夏禹快步趋就下风而后问他，说："从前唐尧治理天下，册立先生为诸侯。唐尧禅位虞舜，虞舜禅位于我，然而先生辞去诸侯而躬耕。请问是何缘故？"

子高说："从前唐尧治理天下，不必赏善而民众迁善，不必罚恶而民众敬畏。如今你赏善罚恶而民众趋于不仁，民德从此衰败，刑教从此妄立，后世祸乱从此开始了。你为何不走开？不要妨碍我耕地！"

埋头耕地而不再理睬夏禹。

校注

[1] 伯成子高：虚构至人。伯，四境排行隐喻定位于至人。○陆释："伯成子高，《通变经》云：'老子从此天地开辟以来，吾身一千二百变，后

世得道，伯成子高是也。'"实为据后释前。《通变经》为汉后道教鼓吹神仙论之书，取资于《天地》上章"千岁厌世，去而上仙，乘彼白云，至于帝乡"，进而妄言《天地》本章"伯成子高"为老子转世（仿拟佛陀"本生"故事），不足为据。

［2］【校勘】"下风"下旧衍"立"字。王叔岷据《世说新语·言语》注引、《文选》嵇康《与山巨源绝交书》注引、《吕览·长利》引文、《新序·节士》引文均无"立"字校删。

［3］后世之乱自此始矣夫：参看《人间世》"其（禹）用兵不止，其求实无已"，或撰《天运》"禹之治天下，使民心变"。

［4］伛伛yì乎：用力貌。

●第五子高斥禹章：尧治天下，民劝民畏；禹治天下，德衰刑立。

【说明】

魏牟版外篇《天地》1151字，至此文完义足。郭象版外篇《天地》，移入"夫子曰"二节于首章之末，本书仍予保留；郭象版外篇《天地》篇末拼接刘安版杂篇《泰初》2005字，本书复原于刘安之杂篇。

天运

题解

《天运》被先于刘安的贾谊《鹏鸟赋》钞引，必在魏牟版外篇。刘安版、郭象版仍在外篇。

本书把魏牟版、刘安版、郭象版外篇《天运》2565字，复原于魏牟版外篇第二十二。校正郭象篡改和历代讹误：补脱文85字，删衍文57字，订讹文15字，厘正误倒3处。

《天运》文风、义理均异于蔺撰、魏撰诸篇，撰者当为其他庄子弟子或再传弟子。著录庄子一事"太宰问仁"，难明亲闻或转闻。

或撰《天运》，全文八章。

前三章正面论道。第一卮言章，总领全篇。第二章，著录庄论"至仁"（或撰四篇著录的唯一庄事），隐伏下文老聃贬斥孔子之"仁"。第三章，黄帝借乐论道，演绎庄义，精准透彻。文境之高，不逊内篇。

后五章均与孔子有关。第四章，师金斥孔，独立成章。第五至第八章，情节连贯，是《盗跖》之外篇幅最长、贬斥最烈的斥孔寓言。遍斥三皇、五帝、三王、周公、孔子师徒，遂成郭象删改最多之篇，以致本篇精义湮灭不彰。

通篇持论激烈，不乏魏牟之辛辣戏谑。文风亦不直白，不乏蔺且之含蓄蕴藉。义理绵密，层层推进，反复重言，不避语复，有助于理解跳跃极大、省略极多的老、庄义理。

一

"天其运乎？地其处乎[1]？日月其争于所乎[2]？孰主张是？孰维纲是？孰居无事而推行是[3]？意者其有机缄而不得已邪？意者其运转而不能止邪[4]？云者为雨乎？雨者为云乎？孰隆施是[5]？孰居无事淫乐而劝是？风起北方，一西一东，在上彷徨，孰嘘吸是[6]？孰居无事而披拂是？敢问何故？"[7]

务成昭曰[8]："来！吾语汝。天有六极五常[9]，帝王顺之则治，逆之则凶[10]。九洛之事[11]，治成德备，监照下土，天下戴之，此谓上皇。"[12]

今译

"天是否运动呢？地是否静处呢？日月是否争夺处所呢？谁主宰张罗这些？谁维持纲纪这些？谁闲居无事而推动运行这些？莫非存有机械不得停止吗？莫非它们的运转不会停止吗？是云气降施雨水呢？还是雨水隆起云团呢？谁在隆云施雨呢？谁闲居无事沉浸玩乐而推动这些？风起北方，一时在西一时在东，在天上彷徨，谁嘘吸这些？谁闲居无事而扇动这些？请问是何缘故？"

务成昭说："过来！我告诉你。天道有六极五常，帝王顺应天道就天下大治，悖逆天道就天下大乱。九州聚落之事，治理成功德行完备，监临普照大地，天下无不推戴，这叫至高天道。"

校注

[1]"天其运乎"二句：运，动。处，静。天之象，阳而动。地之象，阴而静。

〔2〕日月其争于所乎：日出为昼，月出为夜，两者交替，为天道之显证。○参看《齐物论》"日夜相代乎前，而莫知其所萌"，《大宗师》"其有夜旦之常，天也"。

〔3〕"孰主张是"三句：乃问主宰天之阳动、地之阴静、日月相代、昼夜交替之"道"，义同《齐物论》"怒者其谁"。

【校勘】"而推"旧误倒为"推而"。奚侗、王叔岷、陶鸿庆、方勇、陆永品据《辅行记》(即《止观辅行传弘决》)、《朱子语类》引文均作"而推行是"校正。

〔4〕意者：推测之词，引出下文。不得已、不能止："已"、"止"互文。

【校勘】郭象为了自圆"独化自得"谬说，篡改"不能止"为"不能自止"(《达生》辨析七)，义不可通，与上句"孰居无事而推行"抵牾。证见郭注："自尔，故不可知也。"本书据成疏无"自"义，校删"自"字。○参看《人间世》"其用兵不止，其求实无已"、《庚桑楚》"能止乎？能已乎？"均为"止"、"已"互文，均无"自"字。

〔5〕隆：隆起云团，上扣"雨者为云乎"。施：降施雨露，上扣"云者为雨乎"。○俞樾谓"隆"当作"降"，未明原义。"隆施"有"循环"义，"降施"无"循环"义。

〔6〕【校勘】"在"旧讹为"有"，形近而讹。褚伯秀、林自、奚侗、刘文典、王孝鱼、王叔岷、陈鼓应、方勇、陆永品据《庄子阙误》引张君房本、唐写本、成疏均作"在"校正。

〔7〕敢问何故：开篇连举"天"、"地"、"日"、"月"、"云"、"雨"、"风"七项，连出七"孰"，问其成因。

〔8〕务成昭：传说虞舜时人。此为庄学代言人。

【校勘】"务成昭"旧讹为"巫咸袑"。裘锡圭校正："马王堆三号墓竹书有神人'巫成招'，银雀山竹书残简有舜与'牟成牧'问答，《荀子·大略》有'舜学于务成昭'，《庄子·天运》'巫咸袑'无疑是'务成昭'之讹。"○旧多不明讹字，牵扯为《应帝王》之反面角色"神巫季咸"。

〔9〕六极：六合，四方上下。五常：五行，金木水火土。句谓天道有常。

［10］帝王顺之则治，逆之则凶："帝王"连读成词（不合《应帝王》之义），为魏牟版外篇仅有之例。刘安版新外篇《天道》七称"帝王"，刘安版杂篇《泰初》一称"帝王"，均承此误。

［11］九洛：九州聚落之事（成疏）。○成疏释"洛"为"（聚）落"，可从。旧或以为"九"指洪范九畴，"洛"指"洛书"，不可从。

［12］上皇："道"之变文，义同"太皇"。魏撰《秋水》"跐黄泉而登太皇"，"太皇"可"登"，既非言神，亦非言人。○成疏："上皇之治。"宣颖："上皇，三皇以上人也。"方勇、陆永品："上皇，上古帝王。"均释"上皇"为人、帝王，违背原义。

●第一天运有常章：开篇卮言章。天道有常，天下戴之；帝王顺道则治，帝王悖道则凶。

二

商太宰荡问仁于庄子。[1]

庄子曰："虎狼，仁也。"[2]

曰："何谓也？"

庄子曰："父子相亲，何为不仁？"

曰："请问至仁。"

庄子曰："至仁无亲。"[3]

太宰曰："盈闻之[4]：'无亲则不爱，不爱则不孝。'[5]谓至仁不孝，可乎？"[6]

庄子曰："不然。夫至仁尚矣，孝固不足以言之[7]。此非过孝之言也，不及孝之言也[8]。夫南行者至于郢，北面而不见冥山，是何也？则去之远也[9]。故曰：以敬孝易，以爱孝难[10]；以爱孝易，以忘亲难[11]；忘亲易，使亲忘我难[12]；使亲忘我易，兼忘天下难[13]；兼忘天下易，使天下兼忘我难[14]。夫德遗尧舜，而不为也[15]；利泽施于万世，天下莫知也[16]；岂直太息而言仁孝乎哉[17]？夫孝悌仁义，忠信贞廉，此皆自勉以役其德者也，不足多也[18]。故曰：至贵，国爵摒焉；至富，国财摒焉；至显，名誉摒焉[19]。是以至道不渝。"[20]

今译

宋太宰荡问庄子什么是仁。

庄子说："虎狼，就是仁。"

太宰荡说："此言何意？"

庄子说："虎狼父子相亲，为何不仁？"

太宰荡说："请问何为至高之仁？"

庄子说："至仁无亲。"

太宰荡说："我听说：'无亲就不爱，不爱就不孝。'认为至仁不孝，可以吗？"

庄子说："不可以。至仁太高尚了，孝亲根本不足以相提并论。这并非视孝亲为过错，而是认为孝亲不及至仁。南行之人到达郢都，面北却不见冥山，是何缘故？是因为远离冥山。所以说：用敬亲来孝亲容易，用爱亲来孝亲困难；用爱亲来孝亲容易，用忘亲来孝亲困难；我忘亲容易，让双亲忘记我（是他们儿子）困难；让双亲忘记我容易，我丧忘天下困难；我丧忘天下容易，让天下人忘记我（的存在）困难。至仁之德遗弃尧舜的亲亲之仁，而不欲为之；至仁的利益恩泽施及万世，天下无人知道；至仁何曾叹息而大谈自己的仁孝呢？孝悌仁义，忠信贞廉，都是只可自勉以便受役于真德，不足以拔高。所以说：至贵，摒弃邦国爵位；至富，摒弃邦国财富；至显，摒弃俗世名誉。因此至道永不改变。"

校注

[1]商：宋。太宰：官号。荡：姓戴，名盈（见下），字荡。即《孟子·滕文公》的"戴盈之"。○内七篇庄子四章，均在篇末。本篇章法仿拟

蔺撰《寓言》、《至乐》、魏撰《外物》，开篇卮言章之后，即为庄子章，章法异于内七篇。

[2]虎狼，仁也：儒家认为"仁"为人类独有的至高价值。庄子认为虎狼亦有仁，故"仁"非至高价值。○道家价值序列"道↘德↘仁↘义↘礼↘乐"，"道"为至高价值，"德"为次高价值，"仁"为第三价值。

[3]至仁无亲：又见或撰《宇泰定》。参看《齐物论》"至仁不亲"，《大宗师》"有亲非仁"，魏撰《管仲》"无所甚亲，无所甚疏"。《老子》"天道无亲"。○儒家主张以"亲亲之仁"为起点，扩充为"至仁"，无可厚非。仅因后儒常以"亲亲"为"仁"或"至仁"，复以"仁"为至高价值，故庄子斥之。庄子主张齐一万物、无所偏袒、一视同仁的"至仁"，反对宗法伦理的"亲亲之仁"。

[4]盈闻之：古人自称，皆称名，不称字。故"盈"为名，"荡"为字。

【校勘】"盈"旧讹为"荡"，汉代避惠帝刘盈讳而改。本书据陆释一本、崔譔本均作"盈"校正。

[5]无亲则不爱，不爱则不孝：太宰荡所闻之儒家宗法伦理，以"亲亲"为价值体系之起点，由"亲亲"而"爱亲"，由"爱亲"而"孝亲"。○"孝亲"为"忠君"之模板。

[6]谓至仁不孝，可乎：庄子认为"亲亲"并非"至仁"，导致儒家宗法伦理失去立足点而面临崩溃。故太宰荡问：主张"至仁"，是否即为主张"不孝"？○"不孝（亲）"蕴含"不忠（君）"。

[7]"不然"三句：庄子阐明，主张"至仁"并非主张"不孝"，而是"亲亲之仁"并非至高价值，从属于"亲亲之仁"的"孝亲"更非至高价值。

[8]此非过孝之言也，不及孝之言也："过"、"不及"均为动词。"过孝"义同"以孝为过"，"不及孝"义同"以孝为不及"。庄子阐明，"孝亲"虽非至高价值，亦非过错，仅是不及"至仁"。

[9]"夫南行者至于郢"四句：庄子据宋（对话发生之地）设譬。宋喻"亲亲之仁"，宋北的"冥山"喻"至仁无亲"，宋南的楚国郢都喻"孝亲"，譬解"孝亲"去"亲亲之仁"已远，去"至仁无亲"更远。

[10]以敬孝易，以爱孝难：因"敬亲"（服从宗法）而"孝亲"较易，

因"爱亲"（超越宗法）而"孝亲"较难。

[11] 以爱孝易，以忘亲难：因"爱亲"（囿于血缘）而"孝亲"（不爱非亲）也较易，因"忘亲"（超越血缘）而"爱亲"（亦爱非亲）又较难。

[12] 忘亲易，使亲忘我难：自己"忘亲"而"爱亲"（亦爱非亲）也较易，让双亲忘记我（是他们的子女接受我之"忘亲"）又较难。○双亲若是囿于宗法伦理，会以"你是我的子女"为据，要求子女履行亲疏有别的"亲亲之仁"。

[13] 使亲忘我易，兼忘天下难：让双亲忘记我（是他们的子女接受我之"忘亲"）又较易，我丧忘天下（之亲疏而泛爱万物）又较难。

[14] 兼忘天下易，使天下兼忘我难：我丧忘天下（之亲疏而泛爱万物）又较易，让天下忘记我（之泛爱万物而安之）又较难。○此即下文"利泽施于万世，天下莫知也"之"至仁"。魏撰《则阳》"圣人之爱人也终无已，人之安之亦无已"，亦谓"至仁"。"施于人而不忘"（蔺撰《曹商》），则人不安之；"施于人而忘"，则人安之。

[15] 夫德遗尧舜，而不为也：尧舜为宗法伦理"亲亲之仁"的始祖。故"至仁无亲"之"德"，遗弃尧舜倡导的宗法伦理，不为"亲亲之仁"。

[16] 利泽施于万世，天下莫知也："至仁无亲"利泽施于万世，天下莫知其"至仁"。○《大宗师》"（天道）泽及万世而不为仁"。

[17] 岂直太息而言仁孝乎哉："至仁无亲"之"德"，岂会自赞自叹地妄言"亲亲之仁"、"亲亲之孝"？

[18]"夫孝悌仁义"四句：宗法伦理之"孝悌仁义，忠信贞廉"，只能自勉并受役于天赋真德，不可违背真德，不可强制民众，不可拔高为至高价值。

[19]"故曰"三义：小结上文，增广其义。"至贵"者摒弃"国爵"之"贵"，"至富"者摒弃"国财"之"富"，"至显"者摒弃"名誉"之"显"，故"至仁"者摒弃"亲亲"之"仁"。○以上共言四项庄学至境：至仁不仁，至贵不贵，至富不富，至显不显。

【校勘】"顯"（显）旧讹为"願"（愿），形近而讹。奚侗、陈鼓应据下文"以富为是者不能让禄，以显为是者不能让名，亲权者不能与人柄"、

《庚桑楚》"贵富显严名利"校正。〇三"摒"旧作"并"，字通。

[20]至道不渝yú：渝，变也。至道不变，对天地万物无所亲疏，一视同仁。至仁亦不变，亦对天地万物无所亲疏，一视同仁。

【校勘】"道"上旧脱"至"字。马叙伦、李勉据上文三句均有"至"、外杂篇七见"至道"校补。

●第二太宰问仁章：宗法伦理，有亲非仁；天道伦理，至仁无亲。

三

北门成问于黄帝曰[1]："帝张《咸池》之乐于洞庭之野[2]，吾始闻之惧，复闻之怠，卒闻之而惑[3]，荡荡默默，乃不自得。"[4]

帝曰："汝殆其然哉！[5]

"吾奏之以人，征之以天[6]，行之以礼义[7]，建之以太清[8]。四时迭起，万物循生；一盛一衰，文武伦经[9]。一清一浊，流光其声[10]。蛰虫始作，吾惊之以雷霆[11]。其卒无尾，其始无首[12]。一死一生，一偾一起[13]。所常无穷，而一不可待，汝故惧也。[14]

"吾又奏之以阴阳之和，烛之以日月之明[15]；其声能短能长，能柔能刚，变化齐一，不主故常[16]。在谷满谷，在坑满坑[17]；杜隙守神[18]，以物为量[19]。其声挥绰，其名高明[20]。是故鬼神守其幽，日月星辰行其纪[21]。吾止之于有穷，流之于无止[22]。予欲虑之而不能知也，望之而不能见也，逐之而不能及也[23]；傥然立于四虚之道，倚于槁梧而吟[24]。心困乎所欲知，目穷乎所欲见，力屈乎所欲逐[25]，吾既不及，已夫[26]！形充空虚，乃至委蛇[27]。汝委蛇，故怠。[28]

"吾又奏之以无怠之声，调之以自然之命[29]，故若混逐丛生，体乐而无形[30]；布挥而不曳，幽昏而无声[31]，动于无方，居于窈冥[32]。或谓之死，或谓之生；或谓之实，或谓之荣[33]；行流散徙，不主常声[34]。世疑之，稽于圣人[35]。圣也者，达于情而遂于命也[36]；天机不张而五官皆备，此之谓天乐，无言而心悦[37]。故有炎氏为之颂曰[38]：'听之不闻其声，视之不见其形[39]，充满天地，包裹六极[40]。'汝欲听之而无接焉，尔故惑也。[41]

　　"乐也者，始于惧，惧故祟[42]。吾又次之以怠，怠故遁[43]。卒之于惑，惑故愚[44]。愚故道，道可载尔与之俱也。"[45]

今译

北门成问黄帝说："帝君演奏《咸池》之乐于洞庭之野，我初听感到惊惧，再听感到倦怠，听到最后却感到困惑，德心空荡静默，不再自矜自得。"

黄帝说："你的感觉很对啊！

"我先演奏人之德，印证于天之道，用礼义来运行，用太清来建构。四季交迭而起，万物因循而生；一盛一衰，就像文武伦理的常经。一清一浊，就像流水光波的声音。蛰伏的冬虫至春始醒，我的乐声就仿拟惊骇的雷霆。终止没有结尾，开始没有起首。万物一死一生，乐音一伏一起。物化常态没有穷尽，然而无一可以倚待，所以你惊惧了。

"我又演奏阴阳的交和，烛照以日月的光明；乐声忽短忽长，时柔时刚，变化然而齐一，没有固定恒常。心在山谷充满山谷，心在坑穴充满坑穴；杜塞德心裂隙而葆守天赋心神，以符合每物作为量度。乐声挥洒宽绰，乐音高亮明敞；因此人鬼天神守于幽冥，日月星辰行于轨道。我的演奏停止于有限，余音流淌于无穷。我欲思虑无穷而不能尽知，欲遥望无穷而不能尽见，欲追逐无穷而不能企及；茫然立于四面空虚之处，倚着枯槁梧桐而吟唱。德心困惑于所欲知，目力穷尽于所欲见，体力衰竭于所欲及，我既然不能企及无穷，只能停止于有限！身形充满空虚，就会随顺松弛。你随顺松弛，所以倦怠了。

"我又演奏永无倦怠之道，用自然之命调节乐音，所以乐音如同混合追逐丛生，体悟至乐而不得其形；布乐挥音而不拖曳，幽幽昏昏而至无声，启动于无方无隅，归居于窅窅冥冥。或是理解为死亡，或是理解为生命；

或是理解为果实，或是理解为荣华；行进流动播散迁移，没有恒常乐音。世人疑惑，稽问于圣人。圣人啊，通达万物之情而进窥自然之命；天机晦藏而五官俱备，这就叫天籁之乐，无须言语而德心欢悦。所以炎帝曾为天籁之乐作颂：'听之不闻其声，视之不见其形，充满天地，包裹六极。'你欲听闻天籁之乐然而无从应接，所以你困惑了。

"这一乐曲，始于让听者惊惧，惊惧就会中邪；我又让听者倦怠，倦怠就会隐遁；最后让听者困惑，困惑就会自知愚钝。自知愚钝就能趋近天道，天道可以运载你与之同行。"

校注

［1］北门成：虚构小知。"北"寓暗，"成"喻其始于"道隐于小成"（《齐物论》），终于"撄而后成"（《大宗师》）。黄帝：庄学代言人。

［2］咸池：传为黄帝之乐。洞庭之野：虚构的寓意地名。成疏："洞庭之野，天地之间，非太湖之洞庭。"○蔺撰《至乐》："《咸池》、《九韶》之乐，张之洞庭之野，鸟闻之而飞，兽闻之而走，鱼闻之而下入，人卒闻之，相与还而观之。"本章据其末句演绎。

［3］"始闻之惧"三句：北门成听乐过程的三阶段感受，是为本章之关目。

［4］荡荡默默，乃不自得：北门成听乐结束的最终感受，是为本章之宗旨。○郭注："不自得，坐忘之谓也。"《大宗师》"不自得"、"坐忘"均为褒词，此处郭注与郭义"自得"自相矛盾，"终始本末不相坐"（刘安版杂篇《泰初》）。

［5］汝殆其然哉：汝，旧作"女"，字通。○黄帝肯定北门成之听乐感受。以下黄帝之言共计四层，前三层肯定北门成听乐过程的三阶段感受（隐喻悟道过程），第四层肯定北门成听乐的最终感悟（隐喻悟道）。

［6］吾奏之以人，征之以天：第一奏表现万物（人为其一）循环，印证于天道。

【校勘】"徵"（征）旧讹为"徽"，形近而讹。据陆释本作"徵"校正。

［7］行之以礼义：即魏撰《天下》"系于末度"。

［8］建之以太清：即魏撰《天下》"明于本数"。〇句同魏撰《天下》"建之以常无有，主之以太一"，"太清"、"太一"义同，均为"道"之变文。

【校勘】"建之以太清"下，旧衍"夫至乐者，先应之以人事，顺之以天理，行之以五德，应之以自然，然后调理四时，太和万物"三十五字，乃成疏（旧或以为郭注）羼入正文。〇苏辙、徐立山、王世贞、姚鼐、唐顺之、沈一贯、宣颖、王先谦、马其昶、刘文典、于省吾、王叔岷、陈鼓应、方勇、陆永品、日本池田知久，据唐写本、赵谏议本、道藏白文本、成疏本、王元泽本、林希逸本、《北堂书钞》一〇五、《玉海》一〇三引文均无此三十五字校删。

［9］四时迭起，万物循生：表现之内容。一盛一衰，文武伦经：表现之方式。

［10］一清一浊：表现之内容。流光其声：表现之方式。

【校勘】"一清一浊"下，旧衍"阴阳调和"四字，亦为成疏羼入。"清"、"浊"即"阴"、"阳"，羼入成疏则义复。且上下文皆二句对言，羼入成疏则失对。

［11］蛰zhé虫始作：表现之内容（展开"四时迭起，万物循生"）。吾惊之以雷霆：表现之方式。

［12］其卒无尾，其始无首：二句义同《大宗师》"返复终始，不知端倪"、蔺撰《寓言》"始卒若环，莫得其伦"。双关表现内容（物化循环）、表现方式（旋律循环）。

［13］"一死一生"二句：双关表现内容（死生循环）、表现方式（乐音灭起）。偾fèn，败坏，摹状"死"。起，摹状"生"。

［14］所常无穷，而一不可待，汝故惧也：汝，旧作"女"，字通。〇黄帝小结第一奏。阐明第一奏表现物化常态之无穷循环，万物无一可以终极倚待，因此北门成"始闻之惧"。

◎黄帝之言第一层：阐明第一奏表现"物化循环"，肯定北门成之"始闻之惧"。

［15］"吾又奏之以阴阳之和"二句：第二奏表现"万物合和"，"阴阳之

和"、"日月之明"均为表现内容。○上扣首章"日月争于所"。"日月之争"、"阴阳之分"均属表象,"日月之明"、"阴阳之和"方为本质。

［16］"其声能短能长"四句:上二句的表现方式。○第一奏"一盛一衰"、"一清一浊"、"一死一生"、"一偾一起",均言万物表象之"变化"。第二奏"能短能长"、"能柔能刚",均言万物本质之"齐一"。

［17］"在谷满谷"二句:双关表现内容(德心在谷在坑)、表现方式(乐音满谷满坑)。

［18］杜隙守神:黄帝自谓演奏之时专心守神。○参看《应帝王》壶子之"杜德机",《德充符》"(灵府)日夜无隙",《逍遥游》"其神凝",蔺撰《达生》"其天守全,其神无隙"。

【校勘】"杜"旧作"涂",字通。参看郭注:"塞其兑也。"成疏:"涂,塞也。"陈鼓应:"涂,借为杜,即杜塞。"

［19］以物为量:黄帝自谓不以主观成心扭曲万物,以符合每物为量度。○魏撰《秋水》"物,量无穷",蔺撰《山木》所引庄言"以和为量"。

［20］"其声挥绰"二句:摹状乐音。挥洒宽绰,高亮明敞。

［21］"是故鬼神守其幽"二句:展开"以物为量"。表现"鬼神",则摹状其"守其幽"。表现"日月星辰",则摹状其"行其纪"。

［22］"吾止之于有穷"二句:双关表现内容(我的德心止于物德之有限,游心天道之无限)、表现方式(我的演奏止于乐音之有穷,余音流淌于无穷)。

［23］"予欲虑之而不能知"三句:展开"流之于无止"。隐喻人难尽知天道。

【辨析一】马叙伦、王叔岷、陈鼓应、方勇、陆永品据唐写本作"子",改"予"为"子",释"子"为"北门成",乃是误校而后误释。若作"子欲虑之而不能知",则是黄帝自矜己德,不合庄义,亦不合黄帝肯定北门成"不自得"。下文"吾既不及",即扣"予逐之而不能及",可证字必作"予"。

［24］傥 tǎng 然立于四虚之道:上扣"洞庭之野"。倚于槁梧而吟:上扣"帝张《咸池》之乐"。○钱穆:"此明袭《齐物论》语,而殊不贴切。

外篇决不出庄子，此等处皆可见。"《齐物论》"惠子之据梧也"、《德充符》"惠子据梧而瞑"均斥惠施，撰者变文移用于本章之庄学代言人黄帝，确实"殊不贴切"。

〔25〕"心困乎所欲知"三句：展开"吾止之于有穷"。隐喻物德之极限。

【校勘】"心困乎所欲知"，旧脱前五字"心困乎所欲"，末字"知"误移于下句"目"下。○马叙伦："'目穷乎所欲见'，应上文'望之'句，'力屈乎所欲逐'，应上文'逐之'句，则应有一句应上文'虑之'句。"马叙伦拟补"口穷乎所欲知"，王叔岷拟补"知穷乎所欲虑"，陈鼓应拟补"心穷乎所欲知"（方勇、陆永品从之），第二字均作"穷"，与下句"目穷乎所欲见"之"穷"重复，故宜作"困"。

〔26〕吾既不及，已夫：上扣"予逐之而不能及"。物德"有穷"，故当"已"。义本《齐物论》"因是已"、《养生主》"殆而已"。

〔27〕形充空虚，乃至委 wēi 蛇 yí：黄帝自谓身形充满空虚，止于物德极限而怠。

〔28〕汝委蛇，故怠：黄帝小结第二奏，阐明第二奏表现"万物合和"，然而万物难以尽知（天道更难尽知），黄帝止于物德极限而怠，因此北门成"复闻之怠"。

◎黄帝之言第二层：阐明第二奏表现"万物合和"，肯定北门成"复闻之怠"。

〔29〕"吾又奏之以无怠之声"二句：第三奏表现"无怠之声"、"自然之命"（均为"道"之变文）。○第一奏、第二奏表现"有怠"、"有穷"的物德（物化循环、万物合和）。第三奏表现"无怠"、"无穷"的天道（主宰物化循环、万物合和）。

〔30〕"故若混逐丛生"二句：上二句的表现方式。

【校勘】"体"旧讹为"林"，形近而讹，义不可通。刘文典据郭注"适在体中，故无别形"释"体乐而无形"校正。○下文成疏"体兹至乐"，亦证此处当作"体乐"。

〔31〕"布挥而不曳 yè"二句：摹状乐音。不曳，不拖曳，不作绵长之音，而作短促之音。

［32］无方：道术（《大宗师》）。参看《秋水》辨析四，以及下章"无方之转"。

眑yǎo冥míng：幽暗之域。〇"眑"旧作"窈"，字通。

"动于无方"二句：第三奏表现天道，没有物象，故属"动于无方"。〇第一奏、第二奏表现物德，均有物象，乃是"动于有方"。

［33］"或谓之死"四句：或人囿于表象，误以为有死、生、实、荣（第一奏、第二奏主题）。以道观之，实无死、生、实、荣（第三奏主题）。

［34］行流散徙xǐ，不主常声：与第二奏"变化齐一，不主故常"对比。〇第二奏表现"万物合和"，故于"变化"之中，感悟"齐一"。第三奏表现天道，故"行流散徙，不主常声"，进窥无声天籁。

［35］世疑之，稽于圣人：第三奏表现超越物象、不主常声的天道，囿于物象、常声的世人（寓言中扣北门成）疑之，稽问于圣人（寓言中扣黄帝）。

［36］遂：上遂，进窥。参看魏撰《天下》"其（庄子）于宗也，可谓调适而上遂矣"。

［37］"天机不张"三句：圣人天机深而闭（真德不外荡），故于无声之中，得闻天籁，不涉言路而心悦道体。〇或撰《天地》所引庄言"无声之中，独闻和焉"。

［38］有炎氏：炎帝（神农）。

【校勘】"炎"旧作"焱"。据陆释一本作"炎"、蔺撰《山木》"歌炎氏之风"校正。

［39］听之不闻其声，视之不见其形：此谓天道无声无形。语本《老子》，寓言中由黄帝引之，故假托为先于黄帝的炎帝之言。

［40］充满天地，包裹六极：此谓天道遍在永在于宇宙万物。上扣首章"天有六极五常"。

【校勘】"包"旧作"苞"。据陆释一本、成疏均作"包"校正。

［41］汝欲听之而无接焉，尔故惑也：尔，旧作"而"，字通。〇黄帝小结第三奏。阐明第三奏表现天道，北门成欲听之而无从应接，因此"卒闻之而惑"。

◎黄帝之言第三层：阐明第三奏表现天道，肯定北门成"卒闻之而惑"。

［42］"乐也者"三句：黄帝再次肯定北门成"始闻之惧"。○此为"小知"之境，囿于此境则"惧"（怕死）、"祟"（惑于生死）。

［43］"吾又次之以怠"二句：黄帝再次肯定北门成"复闻之怠"。此为"大知"之境，囿于此境则"怠"（心意倦怠）、"遁"（逃遁死亡）。○参看蔺撰《达生》"意怠"，《养生主》贬斥"遁天悖情"、"遁天之刑"。

［44］卒之于惑，惑故愚：黄帝再次肯定北门成"卒闻之而惑"。此为"至知无知"之境，达于此境则"惑"（不自得）、"愚"（致无其知）。○参看刘安版杂篇《泰初》"知其愚者，非大愚也；知其惑者，非大惑也。大惑者，终身不解；大愚者，终身不灵"。

［45］愚故道，道可载尔与之俱也：黄帝最终肯定北门成"荡荡默默，乃不自得"。阐明唯有自"道"己德，方能"遥"达彼道。○北门成闻乐悟道，先悟其"惧"、"祟"而超越小知，再悟其"怠"、"遁"而超越大知，终悟其"惑"、"愚"而达于至知无知，因而与道同行，"与造物者为人"（《大宗师》、《应帝王》）。

【辨析二】本章之黄帝，是首章"帝王顺之则治"的顺道无为典范，教诲北门成自"逍"己德，"遥"达彼道，并对首章诸问，做出形象回答（首章务成昭仅有抽象回答）。以"日月星辰行其纪"，回答"日月其争于所乎"。以"四时迭起，万物循生"，回答"其有机缄而不得已邪"、"其运转而不能止邪"。以"其卒无尾，其始无首"，回答"云者为雨乎"、"雨者为云乎"。以"一盛一衰"、"一清一浊"、"一死一生"、"一偾一起"，回答"一西一东，在上彷徨"。以"听之不闻其声，视之不见其形，充满天地，包裹六极"，回答"天有六极五常"。最后以"道可载尔与之俱"，回答"孰主张是"、"孰维纲是"、"孰居无事而推行是"、"孰居无事淫乐而劝是"、"孰嘘吸是"、"孰居无事而披拂是"、"敢问何故"。最终阐明唯有自知其愚，致无其知，方能循德顺道。

◎黄帝之言第四层：总结全曲，肯定北门成"荡荡默默，乃不自得"。

●第三黄帝论乐章：黄帝代言，庄学乐教；北门闻乐，彻悟天道。

四

孔子西游于卫。

颜渊问师金曰[1]："以夫子之行，为奚如？"

师金曰："惜乎！尔夫子其穷哉！"

颜渊曰："何也？"

师金曰："夫刍狗之未陈也，盛以箧衍，巾以文绣，尸祝斋戒以将之[2]。及其已陈也，行者践其首脊，苏者取而爨之而已[3]。将复取而盛以箧衍，巾以文绣，游居寝卧其下，彼不得梦，必且数眯焉[4]。今尔夫子，亦取先王已陈刍狗，聚弟子游居寝卧其下[5]，故伐树于宋，削迹于卫，穷于商周，是非其梦邪？围于陈蔡之间，七日不火食，死生相与邻，是非其眯邪？[6]

"夫水行莫如用舟，而陆行莫如用车[7]。以舟之可行于水也，而求推之于陆，则没世不行寻常[8]。古今非水陆欤？周鲁非舟车欤[9]？今祈行周于鲁，是犹推舟于陆也，劳而无功，身必有殃[10]。彼未知夫无方之转，应物而不穷者也[11]。且子独不见夫桔槔者乎[12]？引之则俯，舍之则仰[13]。彼，人之所引，非引人者也，故俯仰而不得罪于人。[14]

"故夫三皇五帝之礼仪法度，不矜于同而矜于治[15]。故譬三皇五帝之礼仪法度，其犹柤梨橘柚、果蓏之属邪？虽其味相反，而皆可于口[16]。故礼仪法度者，应时而变者也[17]。今取猨狙而衣以周公之服，彼必龁啮挽裂，尽去而后慊[18]。观古今之异，犹猨狙之异乎周公也[19]。故西施病心而矉，其里之丑人见而美之，归亦捧心而矉。其里之富人见之，坚闭门而不出；贫人见之，挈妻子而去之走[20]。彼知矉美，而不知矉之所以美[21]。惜乎！尔夫子其穷哉！"[22]

今译

孔子西游卫国。

颜渊问师金说：“先生以为夫子此行，将会怎样？”

师金说：“可惜啊！你的夫子必将穷困！”

颜渊问：“是何缘故？”

师金说：“草狗尚未陈列献祭之时，用箱柜收藏，用锦绣包裹，祭司斋戒以后才敢送上祭坛。等到已经陈列献祭以后，行路者践踏草狗的头脊，打柴者拾取而后烧灶。谁若重新拾取而用箱柜收藏，用锦绣包裹，出游家居睡卧其下，那人除非不做梦，否则必将屡遭梦魇而迷途。如今你的夫子，就是拾取先王已经陈列献祭的草狗，聚集弟子出游家居睡卧在草狗之下，所以被宋人砍掉倚靠的大树，被卫人铲除留下的足迹，在商周故地陷于穷途，这不是他的梦魇吗？在陈蔡边界遭到围困，七天不能生火做饭，死亡与生命相邻，这不是他的迷途吗？

“水行不如用舟，陆行不如用车。以为舟可行于水，而妄求推舟行于陆，那么终生也推行不了几尺。古、今岂非水、陆呢？周、鲁岂非舟、车呢？如今你的夫子祈求推行周礼于鲁，这就犹如推舟行于陆，劳而无功，身必有殃。他未能知晓无方道术的运转，因应万物而永无穷尽。况且你难道没见过汲水的桔槔吗？用手牵引就下俯，把手松开就上仰。桔槔，是被人牵引的，而不是牵引人的，所以下俯上仰而不得罪于人。

“三皇五帝的礼仪法度，不崇尚相同而崇尚治理天下。所以譬解三皇五帝的礼仪法度，岂非犹如山楂、梨子、橘子、柚子，树果草瓜之类呢？虽然味道相反，但都十分可口。所以礼仪法度之类，因应时势而改变。如今为猿猴穿上周公的礼服，它们必定咬破撕裂，全部脱掉而后惬意。观照今之异于古，犹如猿猴之异于周公。所以西施心痛而皱眉，乡里的丑女见了觉得很美，回家也捧着心口而皱眉。乡里的富人见了，关紧房门而不肯出来；穷人见了，携带妻儿而避开逃走。那人仅知西施皱眉很美，然而不知西施皱眉很美的原因。可惜啊！你的夫子必将穷困！”

校注

[1]师金：虚构至人。"师"指乐师，上承论乐之黄帝，隐喻达道。○李颐以为乃鲁国乐师，未言何据。钟泰以为虚构，"金"喻其言如金，不可磨灭。

[2]刍狗：祭祀所用的草扎之狗。隐喻周公之礼。○"夫刍狗之未陈也"四句，隐喻周公之礼当时合用。○"尔夫子"之"尔"旧作"而"，字通。

[3]苏者：取草者。爨cuàn之：爨，灶火，此作动词。○"及其已陈也"三句，隐喻周公之礼过时无用。

[4]眯：物入眼为病（《字林》），引申为迷目，迷途。○"将复取而盛以箧衍"五句，隐喻孔子推崇过时无用的周公之礼，必有祸患。

[5]"今尔夫子"三句：点破隐喻。○"尔"旧作"而"，字通。

[6]"伐树于宋"五事：变文又见蔺撰《山木》，魏撰《让王》、《盗跖》，刘安版杂篇《渔父》。详见《山木》注。○"是非其梦邪"，义本《齐物论》"丘也与汝皆梦也"。

◎师金斥孔第一层：先王之道，已陈刍狗；欲行今世，必受祸患。

[7]"夫水行莫如用舟"二句：前句隐喻周公之道，后句隐喻今世之道。

[8]"以舟之可行于水也"三句：寻常，八尺为寻，倍寻为常。隐喻孔子欲行周公之道于今世。

[9]"古今非水陆欤"二句：揭破隐喻。

[10]"今祈行周于鲁"四句：贬斥孔子"行周于鲁"，一如"行舟于陆"（谐音），劳而无功，身必有殃。

[11]"彼未知夫无方之转"二句：无方，道术（上扣"动于无方"）。贬斥孔子囿于一方一隅、不随时变、应物有穷的方术，未明不囿一方一隅、循环运转、应物不穷的道术。

【校勘】"转"旧讹为"传"，形近而讹。王念孙校正。

[12]桔jié槔gāo：一种运用杠杆原理的抽水工具。隐喻下文"礼仪法度"。

［13］引之则俯，舍之则仰：譬解道术"无方之转"，义同下文"虽其味相反，而皆可于口"。周公因应时势而"引之"则治，孔子违背时势而不肯"舍之"则不治。

　　［14］"彼"四句：乃谓工具（制度）为人所用，人不应被工具（制度）所用。时势既异，工具（制度）亦异。故罪不在周公制度，而在用周公制度于今世之孔子。

　　【校勘】"引人"下旧脱"者"字。刘文典、王叔岷、方勇、陆永品据唐写本、《太平御览》七六五、《记纂渊海》四六引文均有"者"校补。

　　◎师金斥孔第二层：行舟于陆，劳而无功；行周于鲁，身必有殃。

　　［15］"故夫三皇五帝"二句：矜，崇尚。进论三皇五帝，不崇尚礼仪法度相同，而崇尚（顺应时势改变礼仪法度）治理天下。

　　［16］柤zhā：同"楂"，山楂树。果蓏luǒ：在树曰果，在地曰蓏。参看《人间世》"柤梨橘柚，果蓏之属"。〇"故譬"四句，再予譬解。

　　【校勘】旧脱"果蓏之属"四字。刘文典、王叔岷据《太平御览》五二三引文有此四字、《人间世》"柤梨橘柚，果蓏之属"校补。〇"虽"字旧脱，王叔岷据《初学记》二一、《太平御览》六一〇引文均有"虽"字校补。

　　［17］故礼仪法度者，应时而变者也：至此得出结论。

　　［18］"今取猨狙而衣以周公之服"三句：演绎结论，再次设譬。龁hé，咬。慊qiè，同"惬"。

　　［19］"观古今之异"二句：揭破譬喻。

　　［20］西施：隐喻周公。其里之丑人：隐喻孔子。

　　矉pín：皱眉。病心而矉、捧心而矉：心痛而捧心皱眉。挈qiè妻子：带领妻儿。

　　【校勘】四"矉"旧皆作"矉"，异体字。〇两"其里"旧皆重叠，即两处前句分别为"西施病心而矉其里"、"归亦捧心而矉其里"。俞樾、奚侗、刘文典、王叔岷据《太平御览》三九二、七四一引文两处皆不叠，唐写本、《韵府群玉》四引文第一处皆不叠校删。

　　［21］彼知矉美，而不知矉之所以美：隐喻孔子仅知周公的礼仪法度之美，而不知为何美。〇"美/所以美"，参看第八章"迹/所以迹"。

［22］惜乎，尔夫子其穷哉：尔，旧作"而"，字通。重言首句。〇本章孔子，上扣首章"逆之则凶"的悖道有为者。孔子倡导之"仁"，又与第二章庄子所论"至仁"对比。以下三章，由老聃正面贬斥孔子之"仁"。

◎师金斥孔第三层：西施矉心虽美，效矉则丑；孔子效矉周公，于今则穷。

●第四师金斥孔章：周礼已陈刍狗，可行于古；孔子欲复周礼，东施效矉。

五

孔子行年五十有一而不闻道[1]，乃南之沛见老聃。[2]

老聃曰："子来乎？吾闻子，北方之贤者也，子亦得道乎？"[3]

孔子曰："未得也。"

老子曰："子恶乎求之哉？"

曰："吾求之于度数，五年而未得也。"[4]

老子曰："子又恶乎求之哉？"

曰："吾求之于阴阳，十有二年而未得也。"[5]

老子曰："然[6]。使道而可献，则人莫不献之于其君；使道而可进，则人莫不进之于其亲；使道而可以告人，则人莫不告其兄弟；使道而可以与人，则人莫不与其子孙[7]。然而不可者[8]，无它也，中无主而不止，外无征而不行[9]。由中出者，不受于外，圣人不出[10]；由外入者，无主于中，圣人不隐[11]。名者，公器也，不可多取[12]。仁义者，先王之蘧庐也[13]，止可以一宿，而不可久处，觏而多责。[14]

"古之至人，假道于仁，托宿于义[15]，以游逍遥之墟，食于苟简之田，立于不贷之圃[16]。逍遥，无为也[17]；苟简，易养也[18]；不贷，无出也[19]。古者谓是采真之游[20]。以富为是者不能让禄，以显为是者不能让名，亲权者不能与人柄[21]；操之则慄，舍之则悲[22]。尔一无所鉴，以窥其所不休者[23]，是天之戮民也！[24]

"怨恩、取与、谏教、生杀[25]，八者正之器也[26]，唯循大变无所湮者，为能用之[27]。故曰：正者，正也[28]。其心以为不然者，天门弗开矣。"[29]

今译

孔子活到五十一岁而不闻天道，于是南行前往沛邑拜见老聃。

老聃说："你来啦？我听说过你，是北方的贤人，你也得闻天道了吗？"

孔子说："未曾得闻。"

老子说："你如何寻求呢？"

孔子说："我寻求于人文制度，五年而未能得闻。"

老子说："你又如何寻求呢？"

孔子说："我又寻求于阴阳，十二年而未能得闻。"

老子说："确实如此。假使天道可以进献，那么人们无不进献于君主；假使天道可以进呈，那么人们无不进呈于双亲；假使天道可以告知，那么人们无不告知兄弟；假使天道可以赠与，那么人们无不赠与子孙。然而不可以，没有其他原因，心中没有宗主则天道不能栖止，外境没有征象则天道不能通行。从心中悟出天道者，不接受外在人道，所以圣人不出仕；被外在人道攫入德心者，心中没有宗主，所以圣人不隐居。名声，是天下的公器，不可多取。仁义，是先王的驿舍，只可一夜寄宿，然而不可久住，否则遇见主人多受责备。

"古之至人，借道于仁，寄宿于义，以便游于逍遥之墟，食于简朴之田，立于不施之圃。逍遥，就顺道无为；简朴，就易于奉养；不施，就不愿出仕。古人称为采集真德之游。以富有为理想者不能辞让禄位，以显要为理想者不能辞让名声，以权力为理想者不能放弃权柄；拥有三者就忧惧，失去三者就悲伤。你一无鉴识，却窥视三者追逐不休，真是德心受到天道刑戮之人啊！

"罚恶赏善、索取施与、谏上教下、生养杀伐，八项都是校正民德的工具，唯有因循天道变化不予湮灭者，方能使用这些。所以说：欲正民德，先正己德。内心以为不然者，天道之门不会对你洞开。"

校注

〔1〕孔子行年五十有一而不闻道：隐讽《论语·为政》孔言"五十而知天命"。参看蔺撰《寓言》"孔子行年六十而六十化，始时所是，卒而非之"，隐讽孔言"六十而耳顺"。刘安版杂篇《渔父》"六十九岁矣，无所得闻至教"，隐讽孔言"七十而从心所欲不逾矩"。○孔子问道于老聃，参看《田子方》辨析一。

〔2〕乃南之沛见老聃：参看蔺撰《寓言》"阳子居南之沛"见老聃。

〔3〕北方之贤者：不视为"圣人"。得道：得于道术。

〔4〕度数：即上章"三皇五帝之礼仪法度"、"周公"之礼，古之人文制度。

〔5〕阴阳：道之"用"、"有"（物质性的万物始基）。异于道之"体"、"无"（精神性的万物规律）。

【校勘】"未得"下旧脱"也"字。刘文典据上文及唐写本均有"也"字校补。

〔6〕然：老聃谓孔子之求道，取径不当，故而未得。

〔7〕使道而可献、可进、可以告人、可以与人：四句假设。

〔8〕然而不可者：否定四句之假设。道不可献人、进人、告人、与人。

〔9〕中无主而不止，外无征而不行：此谓孔子已失真德，外境又悖天道，故孔子求道于内心、外境，均无所得。

【校勘】"征"旧作"正"，字通。第三章"吾奏之以人，征之以天"之"征"为动词，训印证。此处取名词义，当作"征"（天道之征象）。○王敔："正，证也。"林希逸："今禅家所谓印证也。"均取动词义，不合此处文义。

〔10〕由中出者，不受于外，圣人不出：由内德悟出天道之人，不接受外在人道，所以圣人不欲出仕（出仕即接受外在人道）。此斥孔子常欲出仕。

［11］由外入者，无主于中，圣人不隐：被外在人道撄入内心之人，心中已无真德，所以圣人不会隐居（隐居即无力抵御撄扰）。此斥孔子被伪道撄扰。○"中无主而不止"以下八句，参看魏撰《则阳》"自外入者，有主而不执；由中出者，有征而不拒"。

［12］名者，公器也，不可多取：此斥孔子好名。

【校勘】"名"下旧脱"者"字。刘文典、王孝鱼、王叔岷据《庄子阙误》引张君房本、《辅行记》（即《止观辅行传弘决》）三二、白居易《与元九书》引文均有"者"字校补。

［13］蘧qú庐：古时供传递公文者暂宿之官设驿站。○"蘧庐"取义，略同上章"刍狗"。

【校勘】"仁义"下旧脱"者"字。刘文典、王叔岷据《太平御览》一九四引文有"者"字校补。

［14］觏gòu：遇见。客人久处，遇见主人多受责备。

◎老子斥孔第一层：中无真德，难悟真道；仁义非道，止可一宿。

［15］假道于仁，托宿于义：上扣第二章庄论"至仁"。"仁义"并非至高价值，只可假借托宿一时，作为通往"道德"的中途驿站。

［16］逍遥之墟、苟简之田、不贷之圃：均为"道"之变文，下文分释。《说文》："贷，施也。"

［17］逍遥，无为也：释上"以游逍遥之墟"。此斥庙堂"仁义"之悖道有为。

［18］苟简，易养也：释上"食于苟简之田"。此斥庙堂"仁义"之靡费难养。○魏撰《徐无鬼》"君独为万乘之主，以苦一国之民，以养耳目鼻口"。

［19］不贷，无出也：上扣"圣人不出"。不施庙堂"仁义"，即无须出仕。此斥孔子欲行"仁义"，施恩民众，故欲出仕。

［20］采真：义同"葆真"（魏撰《田子方》）。○后世道教转用于"神仙术"。

［21］"以富为是者不能让禄"三句：分别反扣第二章所引庄言"至贵，国爵摒焉；至富，国财摒焉；至显，名誉摒焉"。此斥孔子求富禄、求显名、求权柄。

［22］操之则慄，舍之则悲：持有三者则慄（惧其失去），失去三者则悲。

［23］尔一无所鉴，以窥其所不休者：此斥孔子不能鉴识三者之弊，而窥探追逐不休。〇"尔"旧作"而"，字通。"窥"旧作"阚"，异体字。

［24］是天之戮民也：遭受天之心刑而德薄池小之人。语本《大宗师》斥孔"天之戮民"。

◎老子斥孔第二层：信奉伪道，追逐外物；一无所鉴，天之戮民。

［25］怨：罚恶。恩：赏善。取：索取。与：施与。谏：谏上。教：教下。生：仁也。杀：义也。

［26］八者正之器也：八者为正教天下的工具。〇古人"道器"之辨，谓器低于道。

［27］大变："道"之变文。即上章"无方之转"。

"唯循大变无所湮者"二句：唯有因循天道而不湮灭天道者，方能正确运用正教天下的工具。

［28］正者，正也：仿拟并贬斥孔子对季康子之言："政者，正也。子帅以正，孰敢不正！"（《论语·颜渊》）。孔子认为庙堂欲以"仁义"正天下，必当先以"仁义"自正己身。此斥孔子不知"道德"高于"仁义"，仅以"仁义"正己正人，不能正天下。

［29］"其心以为不然者"二句：终极回答孔子求道不得的原因。反扣第三章末句"道可载尔与之俱也"。〇"天门"语本《老子》，又见或撰《宇泰定》。

◎老子斥孔第三层：欲正天下，先正己身；以为不然，天门弗开。

●第五老子斥孔章：孔子五十，求道未得；天之戮民，天门弗开。

六

孔子见老聃而语仁义。[1]

老聃曰："夫簸糠眯目，则天地四方易位矣[2]；蚊虻噆肤，则通夕不寐矣[3]。夫仁义憯然，乃愤吾心，乱莫大焉[4]。吾子使天下无失其朴，吾子亦仿风而动，总德而立矣[5]。又奚傑傑然揭仁义[6]，若负建鼓而求亡子者邪[7]？夫鹄不日浴而白，乌不日黔而黑[8]。黑白之朴，不足以为变[9]；名誉之观，不足以为广[10]。泉涸，鱼相与处于陆；与其相呴以湿，相濡以沫，不若相忘于江湖。"[11]

今译

孔子拜见老聃而谈论仁义。

老聃说："簸糠眯糊眼睛，则天地四方易位；蚊虻叮咬皮肤，则整夜不能睡好。仁义的惨毒，足以昏愦吾人的德心，祸乱之大莫过于此。你欲使天下不失淳朴真德，应该仿效天道而动，葆全真德而立。又何必自视杰出而高举仁义，如同敲响战鼓而寻找逃亡者呢？天鹅不必天天洗澡却白，乌鸦不必天天染墨却黑。黑白的淳朴，不可加以改变；名誉的外观，不可加以推广。泉水干涸以后，鱼类才会共同相处于陆地；与其处于陆地相互嘘气润湿，相互濡染唾沫，不如遨游江湖相互忘记。"

校注

[1] 本章情节，承于上章。上章老子总斥孔子求道未得，兼斥孔学宗旨"仁义"。本章专斥孔学宗旨"仁义"，再扣第二章庄论"至仁"。

[2] 簸糠眯目：上扣第四章师金斥孔"数眯"。

[3] 蚊虻噆zǎn肤：噆，（蚊虻）叮咬。隐喻下句"仁义憯然，乃愦吾心"。○"夕"旧作"昔"，字通。

[4] 憯cǎn：音义均同"惨"，毒也（《说文》）。愦kuì：乱也（《说文》），撄扰（德心）。

"夫仁义憯然"三句：老聃教诲孔子，以"仁义"为至高价值，必悖"道德"，自治治人，均愈治愈乱。

【校勘】"愦"旧讹为"愤"，形近而讹。郭庆藩、王叔岷据陆释一本、

《艺文类聚》一七、《太平御览》三六六引文均作"愦"校正。

[5] 总：聚束（《说文》）。少儿头发聚束如角，谓之"总角"。总德：内敛真德，而不外荡。

"吾子使天下无失其朴"三句：老聃教诲孔子，当使天下不失淳朴，仿效天道而动，葆全真德而立。○"仿"旧作"放"，字通（《庚桑楚》辨析三）。

[6] 傑：傲也（《说文》），自视杰出。揭：高举（《说文》）。

【校勘】"傑"（杰）旧不叠，"揭仁义"三字旧脱。刘师培、刘文典、王孝鱼、于省吾、王叔岷、陈鼓应据唐写本、赵谏议本、《庄子阙误》引张君房本均叠"傑"字，郭注、成疏均有"揭仁义以趋道德之乡"、《天道》"又何偈偈乎揭仁义"校补。

[7] 负：通"捊"pǒu，击也（刘师培）。建鼓：乐舞之鼓。○刘安版新外篇《天道》仿拟本篇，作"击鼓而求亡子焉"。

[8] 鹄hú：天鹅。乌：乌鸦。黔qián：黑色，此用作动词，使黑。○二句设譬。

[9] 黑白之朴，不足以为变：合譬。鹄之白，乌之黑，均属天赋真德之"朴"。此斥孔子以"仁义"黥劓天下、雕琢民众，使真德之"朴"变成伪德之"器"。义本《老子》"朴散则为器"。

【校勘】"变"旧作"辩"，字通。《逍遥游》"御六气之辩"、《齐物论》"吾恶能知其辩"，"辩"皆通"变"。○成疏："辩，变也，黑白分定，不可变白为黑也。"

[10] 名誉之观，不足以为广：此斥孔子追求名誉外观，"广己造大"（蔺撰《山木》）。

[11] "泉涸"五句：暗引《大宗师》，作为老聃教孔最终之言。此斥孔子鼓吹的庙堂伪道"使鱼处陆"，失其正处。撰者深明此为内七篇要义。○成疏："此斥仁义之弊。江湖比于道德，濡沫方于仁义，以此格量，故不同日而语矣。"亦明此为庄学要义。

【校勘】"与其"二字旧脱。详见《大宗师》校勘。

●第六老斥孔仁章：任鱼处水，方有真道真德；使鱼处陆，仅有假仁假义。

七

孔子见老聃归，三日不谈。[1]

弟子问曰："夫子见老聃，亦将何规哉?"[2]

孔子曰："吾与汝处于鲁之时，人用意如飞鸿者，吾为弓弩而射之；用意如游鹿者，吾为走狗而逐之；用意如井鱼者，吾为钩缴以投之。至于龙，吾不知也[3]。吾乃今于是乎见龙[4]！龙，合而成体，散而成章，乘乎云气，而养乎阴阳。予口张而不能嗋[5]，舌举而不能讱[6]，予又何规老聃哉?"[7]

子贡曰："然则人固有尸居而龙见，渊默而雷声[8]，发动如天地者乎? 赐亦可得而观乎?" 遂以孔子声见老聃。[9]

老聃方将倨堂而应，微曰："予年运而往矣，子将何以诚我乎?"[10]

子贡曰："夫三王之治天下不同，其系声名一也。而先生独以为非圣人，如何哉?"[11]

老聃曰："小子少进！子何以谓不同?"

对曰："禹用力而汤用兵，文王顺纣而不敢逆，武王逆纣而不肯顺，故曰不同。"[12]

老聃曰："小子少进！余语汝三皇五帝之治天下[13]。黄帝之治天下，使民心一[14]；民有其亲死不哭，而民不非也[15]。尧之治天下，使民心亲[16]；民有为其亲杀其服，而民不非也[17]。舜之治天下，使民心竞[18]；民妇孕七月而生子[19]，子生五月而能言[20]，不至乎孩而始谁[21]，则人始有夭矣[22]。禹之治天下，使民心变[23]；人有心而兵有顺[24]，杀盗非杀人[25]，自为种而天下耳[26]。是以天下大骇，儒墨皆起[27]。其作始有伦，而今乎归[28]。汝何言哉? 余语汝：三王之治天下，名曰治之，而乱莫甚焉[29]。三王之知，上悖日月之明，下睽山川之精，中堕四时之施^[30]，其知憯于蛎虿之尾、鲜窥之兽^[31]。莫得安其性命之情者，尔犹自以为圣人，不可耻乎？其无耻也！"^[32]

子贡蹵蹵然，立不安。^[33]

今译

孔子拜见老聃归来，三天没有言谈。

弟子问："夫子去见老聃，对他有何规谏呢？"

孔子说："我与你们住在鲁国之时，有人用意如同高飞的大雁，我就用意如同弓弩而射击之；有人用意如同闲游的麋鹿，我就用意如同猎狗而追逐之；有人用意如同井中的游鱼，我就用意如同钩绳而垂钓之。至于龙，我从未见过。我如今在此见到了龙。龙，合观见其妙体，散观见其文章，驾乘云气，而颐养于阴阳。我口张而不能闭，舌举而不能言，我又如何规谏老聃呢？"

子贡说："那么人竟能静居如尸而动现如龙，渊深缄默而震响如雷，天机发动如同天地吗？我也可以去观瞻一下吗？"于是以孔子弟子的名义拜见老聃。

老聃正好坐在客堂而接待子贡，轻声说："我年纪已经大了，你要告诫我什么呢？"

子贡说："三王治理天下的方式不同，享有的声名一样。然而先生唯独以为三王并非圣人，是何缘故呢？"

老聃说："年轻人过来！你为何说三王治理天下的方式不同？"

子贡答道："夏禹用力治水而商汤用兵伐桀，文王顺从商纣而不敢叛逆，武王叛逆商纣而不肯顺从，所以说方式不同。"

老聃说："年轻人过来！我告诉你三皇五帝如何治理天下。黄帝治理天下，是使民心齐一；有人死了双亲不哭，然而民众不以为非。唐尧治理天下，是使民心相亲；有人死了双亲递降丧服，然而民众不以为非。虞舜治理天下，是使民心竞争；妇人怀孕七月就能分娩，婴儿出生五月就能说话，还不能笑就能辨别他人，于是人类开始短命早夭。夏禹治理天下，是使民心改变；人们有了私心而认为用兵顺于天道，杀盗并非杀人，自居为人而视天下人为非人。因此天下大受惊骇，儒墨纷纷兴起。他们开始规定人伦等级，如今天下归心臣服君主。你有何话说呢？我告诉你：三王的治理天下，名为治理天下，然而祸乱莫此为甚。三王的心知，上悖日月的光辉，下违山川的精华，中乱四季的运行，他们的心知惨毒甚于蝎子的尾巴、罕见的猛兽。不能安于物性天命之实情的乱人，你仍然自以为圣人，不可耻吗？太无耻了！"

子贡惶惶然，站立不安。

校注

［1］本章情节，仍承上章。

［2］夫子见老聃，亦将何规哉：孔门弟子以孔为圣，以为"诲人不倦"的孔子亦当教诲老聃。

［3］钩：鱼钩。缴 zhuó：带绳之箭。

"吾与汝处于鲁之时"九句：此谓孔子多见如鸿、鹿、鱼之人，均知如何规之（教诲之），唯未曾一见如龙之人。下文孔子遂谓其见老聃乃是首次"见龙"，更不知如何规之，故曰"予又何规老聃哉"。〇撰者运用庄学四境，隐喻老聃为至人，虽明四境，未明四境动植象征。或撰四篇皆然，可证均非蔺、魏所撰。

【校勘】"吾与汝处于鲁之时"至"吾不知也"九句五十五字旧脱，必非偶然之脱，当属郭象尊孔而删。本书兼采刘文典、王叔岷之说，据《文选》夏侯湛《东方朔画赞》注、《太平御览》六一七及九二九引、《困学纪闻》卷十、《论衡·龙虚》、《艺文类聚》之《鳞介部》及《鸟部》引、《史记·老子韩非列传》、《天中记》五六引校补。〇刘文典、王叔岷校补前七句四十八字，未补"至于龙，吾不知也"（《史记·老子韩非列传》）七字，仍与下文脱节。

［4］吾乃今于是乎见龙：孔子喻老为龙，极赞。〇《德充符》喻孔为凤。

［5］嗋 xié：闭合。〇句释上章孔子受教之后，未言一字。

［6］讱 rèn：顿也（《说文》）。出言停顿、缓慢、嗫嚅。不能讱：嗫嚅之言亦无。隐讽《论语·颜渊》孔言"仁者其言也讱"。

【校勘】"舌举而不能讱"六字旧脱。奚侗、刘文典、王叔岷、方勇、陆永品据《庄子阙误》引江南古藏本、《艺文类聚》引、《太平御览》六一七及九二九引、葛洪《神仙传》、《天中记》引文均有六字校补。

［7］予又何规老聃哉：大知孔子，对无知（井中鱼）、小知（林中鹿）、大知（天上鸿），均可俯视而教诲，唯对至人老聃（上天入地之龙），只能仰慕而受教。

［8］【校勘】"渊默而雷声"旧误倒为"雷声而渊默"，与上句"尸居而龙见"不谐。奚侗、方勇、陆永品据《在宥》"尸居而龙见，渊默而雷声"校正。

［9］赐：子贡名。遂以孔子声见老聃：子贡以孔为圣，不信孔子之极赞，故欲亲见老聃以释其疑。

［10］子将何以诚我乎：诚，旧作"戒"，字通。○老聃自"逍"己德，故作此问。反扣孔言"予又何规老聃哉"。

［11］先生独以为非圣人：儒家褒扬"三王"（夏商周），道家贬斥"三王"。

【校勘】"三王"旧或讹为"三皇"，下又衍"五帝"。当属未明文义者（如陆释引或本、《庄子阙误》引江南古藏本），据下文"三皇五帝"而妄增"五帝"。又因"三王五帝"不通（"三王"后于"五帝"），而改"王"为"皇"，遂讹为"三皇五帝"。今据成疏"先生乃排三王为非圣"，陆释"'三王'本或作'三皇'，依注，作'王'是也"，校正校删。○陆释所引郭注，不见今本，已被后人删去。

［12］【校勘】"禹用力"前，旧衍"尧授舜，舜授禹"六字。乃上文妄增"五帝"者，系统妄增。○于省吾："敦煌古钞本'尧授舜，舜授禹'作'尧与而舜受'，是也。'尧授舜，舜授禹'是同也。"于氏谓六字言"同"，与"不同"抵牾，则是。于氏以敦煌古钞本五字为正，仍非。唐写本乃因妄增六字与"不同"抵牾，遂改为五字以弥缝。

［13］余语汝三皇五帝之治天下：子贡褒扬"三王"，老聃遂先斥"三

皇五帝"由顺道转为悖道（下文再斥"三王"加剧悖道）。〇成疏："三皇者，伏羲、神农、黄帝也。五帝，少昊、颛顼、高辛、唐、虞也。"成疏至此方释"三皇五帝"，足证上文必无"三皇五帝"、"尧授舜，舜授禹"。

〔14〕黄帝之治天下，使民心一：黄帝悖道有为，始治天下，"黥劓"、"雕琢"民心，剪齐民众物德之量，"劳神明为一"（《齐物论》）。〇隐褒伏羲、神农顺道无为，不治天下。参看《应帝王》"泰氏（伏羲）未始入于非人"。

〔15〕民有其亲死不哭，而民不非也：庙堂伪道初行，民众尚未彻底盲从，对于不奉伪道之真人，不予非议。

〔16〕尧之治天下，使民心亲：黄帝之后，唐尧加剧悖道有为，加剧"黥劓"、"雕琢"民心，使民众"亲亲辨异"（《天下》辨析六），亲其亲族，不亲非亲族。

〔17〕民有为其亲杀其服，而民不非也："亲亲辨异"之首义，即按亲疏远近，降杀递减丧服为"五服"。庙堂伪道续行，民众仍未彻底盲从，任人自择是否奉行伪道，仍不非议。参看《应帝王》"有虞氏未始出于非人"。

【校勘】"杀其服"旧讹为"杀其杀"，义不可通。刘文典、王孝鱼、王叔岷据成疏"为降杀之服"及《天道》"降杀之服"校正。

〔18〕舜之治天下，使民心竞：唐尧之后，虞舜加剧悖道有为，加剧"黥劓"、"雕琢"民心，使民众为了"光宗耀祖"（宗法伦理核心），竞趋"上进"（用于庙堂）。

〔19〕民妇孕七月而生子：顺道无为则十月生子，悖道相竞则七月生子。

【校勘】"七"旧讹为"十"。成疏"古者怀孕之妇，十四月而诞育"，乃据讹文妄疏。此斥"舜之治天下，使民心竞"，破坏自然节律，人为使之提前（下三句同）。〇"民妇孕"旧多误倒为"民孕妇"，义不可通。〇"而"字旧脱。刘文典、王叔岷据下二句均有"而"字，《太平御览》三六〇引文此句亦有"而"字校补。

〔20〕子生五月而能言：顺道无为则婴儿一年能言，悖道相竞则五月能言。

〔21〕孩：同"咳"hái。笑也（《说文》）。〇王叔岷："《系传通论》：'咳

者，小儿之笑也。咳咳然，笑声也。'三月而咳'本《礼记·内则》。"参看《老子》"如婴儿之未孩"。

不至乎孩而始谁：顺道无为则婴儿先笑而后辨人，悖道相竞则未笑即已辨人。

［22］人始有夭：顺道无为则"散木终其天年"，悖道相竞则"文木夭于斧斤"。〇以上四句均言提前，义同刘安版新外篇《在宥》"云气不待族而雨，草木不待黄而落"。

［23］禹之治天下，使民心变：三皇（黄帝）、五帝（尧舜）之后，三王（以夏禹为例，省略商汤、周文武）加剧悖道有为，加剧"黥劓"、"雕琢"民心，完成民心之"变"。〇反扣第六章"黑白之朴，不足以为变"。参看或撰《天地》"今子（禹）赏罚而民且不仁，德自此衰，刑自此立，后世之乱自此始矣夫"。

［24］人有心而兵有顺：民心变则有私心，遂以用兵谋利为顺天（实为逆天）。〇参看《人间世》"其（禹）用兵不止，其求实无已"，魏撰《列御寇》"顺于兵，故行有求。兵，恃之则亡"。

［25］杀盗非杀人：墨家（尊禹）辩题，义同"白马非马"（均谓分名异于类名）。〇郭象以降多误断"人"字属下，孙诒让、刘文典、王叔岷、方勇、陆永品据《墨子·小取》、《荀子·正名》均有"杀盗非杀人"驳正。

［26］自为种而天下耳：义承上句"杀盗非杀人"。人人自视为"人类"之"种"，遂视天下人均为可杀之"盗"（非"种"）。宗法伦理之"亲亲辨异"，至此达于极致，连"虎狼之仁"（第二章所引庄言）亦失。〇此句或有脱误，仍可意会。

［27］是以天下大骇，儒墨皆起：伪道猖獗之末世，人类恶于虎狼，于是天下大为惊骇，儒墨纷纷兴起。

［28］其作始有伦，而今乎归：以上历斥伪道形成之简史，黄帝"作始"，直至"儒墨"，无不信奉宗法伦理，如今天下归心，无不盲从庙堂伪道。

【校勘】"归"旧讹为"妇"，"汝"旧作"女"，郭象以降遂多误断为"而今乎妇女，何言哉"，义不可通。奚侗、刘文典、钱穆、陈鼓应均已驳正。

【辨析三】"归"指"天下归心"（齐一于庙堂伪道），即"黄帝之治天下，使民心一"。从黄帝作始"使民心一"，至儒墨皆起"而今乎归"，完成了有为人道对无为天道的"以人灭天"（魏撰《秋水》）。"黥劓"、"雕琢"天下，伪道终成俗见。〇伪道俗见无不崇尚"使民心一"、"天下归心"，庄学主张"吹万不同"（《齐物论》）、"有万不同"（《天地》所引庄言）、"以德为循，自适其适"（《大宗师》），故反对"使民心一"、"天下归心"，视"天下归心"为"哀莫大于心死"（魏撰《田子方》）。

［29］"三王之治天下"三句：上文铺垫已毕，至此总斥子贡所颂"三王"。〇三句参看或撰《天地》"治，乱之率也"。

【校勘】此处"三王"，旧亦讹为"三皇"，本书校正。其下亦衍"五帝"，刘文典据唐写本此处、成疏此处均无"五帝"校删。均为未明文义者系统妄改妄增。

［30］"三王之知"四句：续斥子贡所颂"三王"。睽kuí，乖也（《周易·序卦》），背离。〇后三句略同或撰《胠箧》"上悖日月之明，下铄山川之精，中堕四时之施"。二篇撰者或同。

【校勘】此处"三王"，旧亦讹为"三皇"。王先谦校正："此'三皇'当作'三王'，否则不可通。"王叔岷从之："作'三王'，则此所述，与上文不相矛盾矣。"〇本章多处"三王"、"三皇"、"五帝"淆乱，旧校偶得一端，未能全部校正，义均无法全通。

［31］蛎lì虿chài：皆蝎之异名（王引之）。鲜窥之兽：鲜为人见的猛兽。

【校勘】"窥"旧作"规"，字通。吴汝纶校正："规当读窥，鲜窥，不常见也。"马其昶是之。〇"蛎虿之尾、鲜窥之兽"，义承先秦《老子》"蜂虿虺蛇弗螫，攫鸟猛兽弗搏"（见于战国中期郭店竹简《老子》及西汉早期马王堆帛书《老子》甲、乙，今本稍异）。"蛎虿之尾"为"蜂虿虺蛇"之变文，"鲜窥之兽"为"攫鸟猛兽"之变文。初版漏校，修订版补校。

［32］"莫得安其性命之情者"四句：尔，旧作"而"，字通。老聃小结。贬斥子贡所颂"三王"非"圣人"。贬斥庙堂圣人非圣而自居为圣，实属无耻。〇本章遍斥三皇、五帝、三王、孔子、子贡、儒墨，对象之众多，用语之激烈，均为外杂篇之最（全篇亦然），故郭象及其追随者之篡改、妄

断、反注，亦为外杂篇之最。

[33] 子贡蹴蹴 cù 然，立不安：子贡受教不安，无言一如上章之孔子。

●第七老斥子贡章：三王之治，乱莫甚焉；推崇三王，儒墨伪道。

八

孔子谓老聃曰[1]："丘治《诗》、《书》、《礼》、《乐》、《易》、《春秋》六经，自以为久矣，熟知其故矣[2]；以干者七十二君[3]，论先王之道，而明周召之迹[4]，一君无所钩用[5]。甚矣夫！人之难说也？道之难明邪？"[6]

老子曰："幸矣，子之不遇治世之君也[7]！夫六经，先王之陈迹也，岂其所以迹哉[8]？今子之所言，犹迹也[9]。夫迹，履之所出，而迹岂履哉[10]？夫白鶂之相视[11]，眸子不运而风化[12]。虫，雄鸣于上风，雌应于下风而化[13]。类自为雌雄，故曰风化[14]。性不可易，命不可变[15]，时不可止，道不可壅[16]。苟得于道，无自而不可；失焉者，无自而可。"[17]

孔子不出三月，复见曰："丘得之矣。乌鹊孺[18]，鱼傅沫[19]，细腰者化[20]；有弟而兄啼[21]。久矣夫，丘不与化为人[22]！不与化为人，安能化人？"[23]

老子曰："可。丘得之矣。"[24]

今译

孔子对老聃说："我研治《诗》、《书》、《礼》、《乐》、《易》、《春秋》六经，自以为很久了，熟知其中典故了；以此干谒七十二位君主，谈论先王之道，阐明周公、召公的功迹，没有一位君主愿意采用。太过分了！是人难以说服呢？还是道难以阐明呢？"

老子说："幸运啊，你没遇到愿意整治世界的君主！六经，只是先王的陈旧鞋印，岂是踩出鞋印之物？如今你之所言，犹如鞋印。鞋印，是鞋子所踩出，然而鞋印岂是鞋子？白鹭雌雄对视，眼珠不转而感风孕化。虫子，雄虫鸣于上风，雌虫应于下风而孕化。同类自为雌雄，所以说感风孕化。物性不可改易，天命不可变更，时光不可终止，天道不可壅塞。若是得于天道，没有一种自适不能认可；若是失于天道，没有一种自适值得认可。"

孔子闭门不出三月，重新拜见老子说："我得道了。乌鹊卵生，鱼儿湿生，蜜蜂化生；有了弟弟以后哥哥就哭。太久啦，我不顺应造化而做人！不顺应造化而做人，怎能教化他人？"

老子说："可以。孔丘得道了。"

校注

[1] 本章仍承上章，专斥孔子编纂的儒家"六经"。

[2] 六经：汉语史首见。熟知其故：熟知其中典故。

【辨析四】王应麟："'六经'始见于《庄子·天运篇》。"黄震："'六经'之名始于汉，《庄子》书称'六经'，未尽出于庄子也。"王叔岷："以《礼》、《乐》、《诗》、《书》、《易》、《春秋》为'六艺'，始见于太史公《滑稽列传》。"诸说有是有非。《天运》被先于刘安、司马迁的贾谊《鵩鸟赋》钞引，必在魏牟版外篇，撰定时间不能晚于魏牟卒年（前240）。"六经"之名至迟始于战国末年，早于《史记·滑稽列传》。

[3] 干：干谒。七十二君：夸诞之说，并非实数。

【校勘】"干"旧作"奸"，字通。王敔、王叔岷、马其昶据陆释"奸音干"、《北堂书钞》九六、《太平御览》六〇八、《太平广记·神仙一》引文均作"干"校正。

[4] 论先王之道，而明周召之迹：周召，周公旦，召公奭。上扣第四章师金斥孔"今祈行周于鲁，是犹推舟于陆也"。

[5] 一君无所钩用：钩，取也（陆释）。孔子周游列国，诸侯未有用之者。

[6] "甚矣夫"三句：孔子主张治世，以己不遇治世之君为悲。

〔7〕幸矣，子之不遇治世之君也：老子主张不治世，以孔不遇治世之君为幸。

【辨析五】孔子处于"春秋五霸"之末世，贬斥庙堂"霸道"（桀纣之道），鼓吹庙堂"王道"（尧舜、文武之道），诸侯均欲行"霸道"，不欲行"王道"，延至战国，愈演愈烈。秦国推行"霸道"至极，一统天下而迅速崩溃。汉朝遂予修正而"王霸杂用"，终成庙堂伪道之正果，行于天下两千年。

〔8〕迹、所以迹：义同魏撰《田子方》"著"、"所以著"。均本《德充符》"非爱其形也，爱使其形者也"。"形"、"迹"、"著"谓表象，"使其形"、"所以迹"、"所以著"谓本质。○"先王之陈迹"，义同第四章"先王已陈刍狗"、第五章"先王之蓬庐"。

〔9〕今子之所言，犹迹也：贬斥孔言"论先王之道，而明周召之迹"。

〔10〕夫迹，履之所出，而迹岂履哉：迹，隐喻"仁义"。履（所以迹），隐喻"仁义"所从出之"道德"。无履则迹无从出，无"道德"则"仁义"无从出。此斥孔子未能"明于本数"，仅是"系于末度"（魏撰《天下》）。

〔11〕鹢yì：似鹭之水鸟。古之船首，多饰鹢形。

【校勘】"鹢"旧作"鶂"。王叔岷据《左传·僖公十六年》、《太平御览》九二五引均作"鹢"、《禽经》"白鹢相视而孕"、《博物志》四"白鹢雄雌相视则孕"校正。

〔12〕风化：感风成孕而化育后代。隐喻天道无为，化育天下。上扣第六章老聃教孔"仿风而动"，下伏章末孔言"与化为人"。○宣颖："风，马牛其风之风，谓雌雄相诱也。化者，感而成孕。"

〔13〕"虫"三句：参看或撰《宇泰定》"唯虫能虫，唯虫能天"。

〔14〕类自为雌雄，故曰风化：总释"鹢"、"虫"之雌雄属于同类，故可感风成孕。○旧或引《山海经》雌雄同体之兽"类"以释，义不可通。雌雄同体则无须感风成孕。

【校勘】"曰"字旧脱。王孝鱼、王叔岷据《庄子阙误》引张君房本校补。○王叔岷："有'曰'字，文义尤明。"

〔15〕性不可易，命不可变：正扣上文"黑白之朴，不足以为变"，反

扣上文"使民心变"、"莫得安其性命之情"。

[16] 时不可止，道不可壅 yōng：贬斥庙堂伪道欲使时间停止于"先王之治"，欲使天道壅塞不转。○上扣第四章"无方之转"。参看魏撰《秋水》"年不可举，时不可止；消息盈虚，终则有始"。

[17]"苟得于道"四句：自，自适。此斥伪道"使民心变"之后，民众从已被黥劓、雕琢、攖扰、改变之心，"自得"立基于宗法伦理的"君臣"纲常，视为"名教即自然"（郭义宗旨），遂将"适人之适"视为"自适其适"。○郭义"自得"，孟义"自得之，则居之安"，均谓此义。

[18] 乌：乌鸦。鹊：喜鹊。孺：通"乳"（朱骏声），孚乳而生（李颐）。

[19] 鱼傅沫：以沫相育（司马彪）。

[20] 细腰：腰，旧作"要"，字通。此指蜂。化：取桑虫祝之，使其似己。○《诗经·小雅·小苑》："螟蛉有子，蜾蠃负之。"方勇、陆永品："蜾蠃蜂常向螟蛉虫体内注射毒素，使其麻痹，然后负至巢内，为幼蜂备下食料，古人误认为蜾蠃负养螟蛉为子。"

[21] 有弟而兄啼：有弟而兄失爱，舍长怜幼，故啼（成疏）。○唐顺之："乌鹊孺，卵生；鱼傅沫，湿生；细要者，化生；有弟而兄啼，胎生。"

[22] 化：造化。与化为人：顺应造化为人，义同"与造物者为人"（《大宗师》、《应帝王》）、"与造化者为人"（《淮南子》之《原道训》、《俶真训》及《齐俗训》、《文子·道原》）。○郭象反注："夫与化为人者，任其自化者也。"又申"独化自得"谬说。刘文典驳正："郭未得其义。"

[23] 不与化为人，安能化人：上扣第五章老聃教孔"正者，正也"。自己不能顺应造化之道，安能教化他人（顺应造化之道）？

[24] 丘得之矣：上扣第五章谓实际孔子"五十有一而不闻道"。经老聃教诲，真际孔子完成改宗，皈依天道。○五至八章是情节连贯的长篇寓言，近于后世短篇小说。

●第八孔子改宗章：老聃教诲，孔子改宗；与化为人，方能化人。

【附论一】

魏牟版初始本外篇或撰四篇《宇泰定》、《胠箧》、《天地》、《天运》，与蔺撰、魏撰诸篇差异较大。四篇的共同特点是以老演庄，文风则互有差异，文境亦高低不同。

《宇泰定》虽属残篇，已非完璧，但是残篇部分全为卮言，无一寓言，仅有数喻，大异于内七篇之"寓言十九"。即使郭删部分另有寓言，文风仍与其他外杂篇差异极大。措辞用语，甚为不谨。演绎庄义，略有小失。

《胠箧》寓言仅一，亦异于内七篇之"寓言十九"。句法、章法单调，通篇结构浑一，大异于内七篇之"其辞参差"。文风直白，缺乏蔺且之含蓄蕴藉。持论激烈，缺乏魏牟之辛辣戏谑。开启贬斥"圣人"（用儒家义）之先河，为魏牟版外篇仅有之例，刘安版新外篇《骈拇》、《马蹄》、《天道》承袭。

《天地》、《天运》之结构，颇似内七篇和蔺、魏所撰诸篇，但又不同。

《天地》句法单调，用语不谨，文境既低，义理亦悖。大悖庄义，小悖老义。认为"天"（天帝）高于"道"，鼓吹"神仙"论，尤悖老、庄之义。是魏牟版外篇最劣之篇。

《天运》是四篇之中著录庄事的仅有之篇。演绎庄义精准透彻，不逊蔺、魏所撰诸篇。文境之高，不逊内篇。持论激烈，然而不乏魏牟之辛辣戏谑。文风亦不直白，不乏蔺且之含蓄蕴藉。若非亲闻庄教的庄子高徒，即为得到蔺、魏真传的蔺、魏高徒。

或撰四篇，《天地》文境较低，义理常悖；《宇泰定》、《胠箧》、《天运》三篇，结构、文风虽异，无不义理绵密，层层推进，大异于内七篇之"支离其言"。唯其义理绵密，层层推进，反复重言，不避语复，对于理解跳跃极大、省略极多的老、庄义理，仍然大有助益。

魏牟版《庄子》初始本至此终，魏后刘前五子钞引篇目亦至此终。

【附论二】

本书无法完全复原魏牟版"外篇二十二"之排序，今以蔺撰（五篇）、魏撰（十三篇）、或撰（四篇）三组为序，意在便于读者首先了解蔺撰、魏撰诸篇的文风特点、义理水准，然后判断或撰四篇之差异。排序细目，若有推测依据，则不取郭象版排序，若无推测依据，则取郭象版排序。《徐无鬼》之后，续以郭象拼接之《管仲》，《天下》之后，续以郭象拼接之《惠施》，意在便于读者比较郭象拼接的两篇之结构断裂、义理脱节。

魏牟编纂初始本外篇之时，理应遵循庄学核心义理自"逍"己德，从而排序如下：蔺撰五篇在前，或撰四篇居中，魏撰十三篇殿后。因此魏牟版初始本外篇的中间排序虽然不易判断，然而蔺撰《寓言》当为外篇之首篇，魏撰《天下》当为外篇之末篇（刘安版当亦从之）。郭象将《天下》移外入杂，排于杂篇之末，仍存魏牟版、刘安版部分之真。